종 합 아 랍 어

ELEMENTARY MODERN STANDARD ARABIC

제 2 권

이 두 선
이 규 철 편저

松 山 出 版 社

머 리 말

종합 아랍어 제2권은 제1권의 속편으로서, 이 두 권에 현대 표준 아랍어의 기초적인 문법이 거의 들어 있다. 그러므로 여기에 나오는 문법사항만 완전히 알고 있으면 혼자서도 중·고급의 문법지식을 터득할 수 있는 발판이 마련되리라고 믿는다.

이 책은 제1권과 마찬가지로 미국 미시간 대학의 근동연구학과에서 펴낸 Elementary Modern Standard Arabic, Part Ⅱ(1976)를 기본으로, 우리의 실정에 맞는 방향으로 손질하여 펴냈다. 그리하여 필요에 따라 원 책에서 떼어 버리거나 덧붙였으며, 설명 부분이나 문법용어에서도 우리말의 특성과 아랍어 원어의 용어를 참작하여 그에 알맞는 용어를 선정하였다.

이 책의 체제는 제1권의 체제와 거의 같으나 다음과 같은 점이 다르다.

첫째, 각 과의 처음 부분에 "예비문"을 도입하여 여기에서 새로운 단어를 문장 안에서 소개하였다. 이 예비문은 대부분 그 자체가 하나의 연관된 줄거리 있는 이야기를 이룬다. 이들 문장에서 새로운 단어에는 밑줄을 치고, 각 문장의 다음의 단어를 "인용형"이나 사전의 표제어형으로 소개하였다. 명사와 형용사는 단수형과 —의 뒤에 복수형(두 가지 이상이면 ,로 구분함)을 기입하고, 특정 전치사가 있으면 역시 표시하였다. 동사는 기본형(3인칭 남성 단수 완료형)·미완료형의 중간모음·동명사(그 앞에 ,로 표시함)·(필요시에) 특정 전치사의 순서로 배열하였다.

예비문에서 소개된 단어는 모두 그 과의 기본문에 나오게 된다. 그러나 보충어는 일반적으로 연습문제에만 나오게 된다. 필수 단어가 아닌 경우에는 〔 〕로 둘러 쌓았으며, 기본문에서는 밑줄을 치고 난외에 설명을 붙였다.

둘째, 41—45과에서는 기본문에 우리말이 주어지지 않았다. 이것은 이들 과에서는 문법설명도 많지 않고 또한 학생들이 그 때까지 배운 문법 지식으로 혼자서 충분히 해석할 수 있으므로 굳이 우리말 해석을 붙이지 않아도 되기 때문이다. 또 여기에서는 강독 부분을 늘린 대신에 연습문제의 수를 줄였다.

편저자는 이 책을 내는 데에도 제1권에서와 마찬가지로 여러분들의 도움이 많았음을 밝히며, 그들의 노고에 진심으로 감사를 드린다. 특히, 어려움을 무릅쓰고 이 책의 제작에 흔쾌히 동의해 주신 송산출판사의 윤 한 사장님과 편집·교정에 참여한 그 직원 여러분들에게 감사를 드리고, 바쁜 중에도 편집·교정에 애써 준 한국외국어대학교 아랍어과의 이 태영 조교와 류 승완, 한 규 군에게 심심한 감사를 드린다.

그렇지만 여기에서 발견되는 어떤 내용상의 잘못이나 오자도 편저자에게 책임이 돌아옴을 밝히며, 이 책을 이용하시는 여러분들의 끊임없는 질정과 충고를 바라마지 않는다.

1986. 4.

편 저 자

개정판에 붙여서

"종합 아랍어" 제 2 권의 초판이 나온지도 4년 여의 시간이 흘렀다. 그동안 사용하신 여러 선생님들과 학생들의 좋은 의견을 수렴하여 이번에 개정판을 내게 되었다. 여기에서는 초판에서 발견된 오자·탈자 들을 많이 고치고, 초판에서는 없던 아랍어 부분의 모음 부호를 31 − 40과까지와 45과의 예비문·기본문·문법 설명·강독에 일일이 붙여서 혼자서 예습·복습을 하는데 도움이 되도록 하였다. 41 − 44과까지의 아랍어 부분은 그 앞까지의 문법·단어의 기초 지식으로 충분히 학습할 수 있기 때문에 따로 모음 부호를 붙이지는 않았다.

그러나, 또 미진한 부분이 많으리라고 본다.
이것은 이 책을 사용하시는 여러분들의 질책을 달게 받아서 더 나은 책을 만들려고 한다. 아직도 잘못된 부분이 있으면 모두 이 편저자의 책임으로 돌려야 한다.

이 개정판에서도 여러분의 도움이 컸었다.
특히 류승완 선생에게 고마움을 표시하고, 이 개정판을 내어주신 송산출판사의 윤 한 사장님께도 감사를 드린다.

1990. 2 .

부산외대 연구실에서　편저자

목 차

제 43 과

제 44 과

제 45 과

제 31 과

الدرس الحادي والثلاثون

أ ـ اَلْجُمَلُ ٱلتَّمْهِيدِيَّةُ

가. 예비문

١ ـ لِي صَدِيقٌ أَمْرِيكِيٌّ يُدَرِّسُ ٱلتَّارِيخَ ٱلْمِصْرِيَّ ٱلْقَدِيمَ فِي جَامِعَةِ شِيكَاغُو وَهُوَ يَزُورُ مِصْرَ كُلَّ سَنَةٍ لِمُشَاهَدَةِ آثَارِهَا .

나에게 한 미국인 친구가 있는데, 그는 시카고 대학에서 이집트 고대사를 가르치며 이집트의 유적을 보러 해마다 거기를 방문한다.

زَارَ ـُ ، زِيَارَةٌ — 방문하다

٢ ـ فِي ٱلسَّنَةِ ٱثْنَانِ وَخَمْسُونَ أُسْبُوعًا وَفِي ٱلْأُسْبُوعِ سَبْعَةُ أَيَّامٍ .

1년에는 52주가 있고, 1주에는 7일이 있다.

أُسْبُوعٌ ـ أَسَابِيعُ — 주, 주간

٣ ـ رَجَعَ أَخِي مِنْ فَرَنْسَا بَعْدَ ٱلْحُصُولِ عَلَى ٱلدُّكْتُورَاه ، فَٱحْتَفَلَتِ ٱلْعَائِلَةُ بِرُجُوعِهِ ٱحْتِفَالًا عَظِيمًا. حَضَرَ ٱلْحَفْلَةَ كَثِيرٌ مِنَ ٱلْأَصْدِقَاءِ وَأَحْضَرَ بَعْضُهُمُ ٱلْهَدَايَا إِلَى أَخِي.

나의 형은 박사학위를 얻은 뒤에 프랑스에서 돌아왔는데, 가족이 그의 돌아옴을 크게 축하했다. 그 축하연에 많은 친구들이 참석했고, 그 중 일부는 형에게 선물들을 가져왔다.

اِحْتَفَلَ ، اِحْتِفَالٌ (بِ) — Ⅷ 축하식을 하다

حَفْلَةٌ ـ حَفَلَاتٌ — 파티, 축하연, 예식

أَحْضَرَ ، إِحْضَارٌ — Ⅳ 가져오다

هَدِيَّةٌ ـ هَدَايَا — 선물

٤ ـ اِحْتَفَلْنَا بِزَوَاجِ صَدِيقِي ٱحْتِفَالًا كَبِيرًا . دَامَتِ ٱلِاحْتِفَالَاتُ سَبْعَةَ أَيَّامٍ ، وَحَضَرَهَا ٱلْأَهْلُ وَٱلْأَصْدِقَاءُ .

우리는 나의 친구의 결혼을 크게 축하했다. 그 축제는 이렛 동안 계속됐는데, 거기에 친지와 친구들이 참석했다.

زَوَاجٌ — 결혼

دَامَ ـُ ، دَوَامٌ — 계속되다

٥ ـ قَالَتْ صُحُفُ ٱلْيَوْمِ إِنَّ ٱجْتِمَاعَ ٱلْوُزَرَاءِ بَدَأَ فِي ٱلسَّاعَةِ ٱلثَّامِنَةِ مِنْ مَسَاءِ أَمْسِ ، وَإِنَّ ٱلْوُزَرَاءَ ٱنْصَرَفُوا فِي سَاعَةٍ مُتَأَخِّرَةٍ مِنَ ٱللَّيْلِ.

오늘 신문들은 장관들의 회합이 어제 저녁 8시에 시작했으며, 장관들이 밤의 늦은 시간에 떠나갔다고 말했다.

تَأَخَّرَ ، تَأَخُّرٌ — V 늦다, 미루어지다; 뒤떨어지다; 지체하다, 망설이다

لَيْلٌ — 밤

٦ ـ جَاءَ كْرِيسْتُوفِر كُولُمْبُس إِلَى أَمْرِيكَا فِي سَنَةِ ١٤٩٢ .

크리스토퍼 콜롬버스는 1492년에 아메리카에 왔다.

جَاءَ ـِ ، مَجِيءٌ — 오다

٧ ـ ذَهَبْتُ مَعَ طُلَّابِ صَفِّي مَسَاءَ أَمْسِ إِلَى مَطْعَمٍ عَرَبِيٍّ . وَفِي نَفْسِ اللَّيْلَةِ ذَهَبْنَا مَعًا إِلَى السِّينَمَا لِمُشَاهَدَةِ فِيلْمِ "كْلِيُوبَاتْرَا". خَرَجْنَا مِنَ السِّينَمَا فِي سَاعَةٍ مُتَأَخِّرَةٍ ، وَذَهَبَ كُلٌّ مِنَّا إِلَى بَيْتِهِ كَيْ يَنَامَ .

나는 어제 저녁 나의 반 학생들과 한 아랍 식당에 갔다. 그날 밤("같은 밤")에 우리는 "클레오파트라"라는 영화를 보러 영화관에 함께 갔다. 우리는 영화관에서 늦은 시간에 나와서, 각자 잠자러 집으로 갔다.

نَامَ ـَ ، نَوْمٌ — 잠자다

٨ ـ ذَهَبَ الْمُرَاسِلُونَ إِلَى مُؤْتَمَرِ الْوُزَرَاءِ فَاسْتَقْبَلَهُمُ الْمُشْرِفُ عَلَى الْمُؤْتَمَرِ عِنْدَ الْبَابِ ثُمَّ أَجْلَسَهُمْ وَرَاءَ الْوُزَرَاءِ .

기자들은 각료회견에 갔는데, 그 회견의 주재관이 그들을 문에서 맞이하여 장관들의 뒤에 앉혔다.

أَجْلَسَ ، إِجْلَاسٌ — IV (아무를) 앉히다

وَرَاءَ — ~의 뒤에

٩ ـ صَدِيقِي مُوَظَّفٌ كَبِيرٌ . وَصَلَتْنِي رِسَالَةٌ مِنْهُ قَالَ فِيهَا : أُحِبُّ أَنْ تَزُورَنِي فِي مَكْتَبِي . مَكْتَبِي فِي بِنَاءٍ كَبِيرٍ جِدًّا ، لِذٰلِكَ سَأَطْلُبُ مِنْ سِكْرِتِيرَتِي أَنْ تَسْتَقْبِلَكَ عِنْدَ الْبَابِ الْخَارِجِيِّ ، وَأَنْ تَسِيرَ بِكَ إِلَى مَكْتَبِي ، ثُمَّ أَنْ تَعُودَ بِكَ إِلَى الْبَابِ الْخَارِجِيِّ بَعْدَ الزِّيَارَةِ .

나의 친구는 고관이다. 그에게서 편지가 왔는데, 그는 거기에서, "자네가 내 사무실로 나를 방문해 주기를 바라네. 내 사무실은 매우 큰 건물에 있네. 그래서 나는 비서에게 자네를 바깥문에서 맞이하여 내 사무실로 모셔오고, 또 방문 뒤에는 바깥문까지 모셔가도록 요청하겠네."라고 말했다.

سَارَ ـِ ، سَيْرٌ بِـ — (아무를) 데리고 가다

عَادَ ـُ ، عَوْدَةٌ بِـ — (아무를) 데리고 돌아가다

١٠ – اَلسَّيَّارَاتُ كَثِيرَةٌ جِدًّا فِي طُرُقِ
بَيْرُوتَ ، خَاصَّةً وَسْطَ ٱلْمَدِينَةِ. لٰكِنِّي
شَاهَدْتُ بَعْضَ ٱلنَّاسِ فِي بَيْرُوتَ
يَسِيرُونَ وَسْطَ ٱلطَّرِيقِ بَيْنَ ٱلسَّيَّارَاتِ.

차가 베이루트의 길들, 특히 도심지에 매우 많다. 그러나 나는 베이루트에서 길 가운데 차들 사이로 걸어가는 몇몇 사람을 보았다.

طَرِيقٌ – طُرُقٌ — (남성 또는 여성) 길, 거리

وَسْطَ — ~의 가운데에

سَارَ ـِ ، سَيْرٌ ، مَسِيرٌ — 걷다, 가다

١١ – فِي لُبْنَانَ مُدُنٌ كَبِيرَةٌ ، لٰكِنَّ فِيهِ
كَذٰلِكَ قُرًى صَغِيرَةٌ قَلِيلَةُ ٱلسُّكَّانِ.
وَمِنْ أَجْمَلِ ٱلْقُرَى ٱللُّبْنَانِيَّةِ قَرْيَةُ
بِشْمِزِّينَ ٱلْقَرِيبَةُ مِنْ بَيْرُوتَ.

레바논에는 큰 도시들이 있다. 그러나 거기에는 또한 작고 인구가 적은 마을들도 있다. 가장 아름다운 레바논 마을 중의 하나가 베이루트에서 가까운 비슈밋진 마을이다.

قَرْيَةٌ – قُرًى — 마을

قَلِيلٌ – قَلَائِلُ ، قِلَالٌ — 적은

سَاكِنٌ – سُكَّانٌ — 주민, 거주자; (복수) 인구

١٢ – أَذْهَبُ إِلَى مَكْتَبِي فِي ٱلصَّبَاحِ.
وَعِنْدَ ٱلظُّهْرِ أَذْهَبُ إِلَى مَطْعَمٍ قَرِيبٍ
مِنْ مَكْتَبِي فَآكُلُ وَأَشْرَبُ ٱلْقَهْوَةَ ،
ثُمَّ أَعُودُ إِلَى مَكْتَبِي. وَفِي ٱلْمَسَاءِ
أَرْجِعُ إِلَى بَيْتِي.

나는 아침에 (내) 사무실에 간다. 나는 정오에 사무실에서 가까운 한 식당에 가서, (음식을) 먹고 커피를 마신다. 그리고는 사무실로 돌아온다. 저녁에는 (내) 집으로 돌아온다.

عَادَ ـُ ، عَوْدَةٌ — 돌아오다, 돌아가다

١٢ – ذَهَبْتُ مَعَ صَدِيقٍ لِي إِلَى مَقْهًى صَغِيرٍ
وَشَرِبْنَا هُنَاكَ قَهْوَةً عَرَبِيَّةً.

나는 한 친구와 조그만 다방으로 가서, 거기서 우리는 아랍 커피를 마셨다.

مَقْهًى – مَقَاهٍ — 다방

※ 어휘 주: جَاءَ '오다'의 명령형(جِئْ ، جِيئِي 등)은 보통, تَعَالَ (남, 단), تَعَالَيْ (여, 단), تَعَالَا (쌍), تَعَالَوْا (남, 복) '오너라'로 바꿔 쓰인다.

ب - النص الأساسي

عُرْسٌ فِي قَرْيَةٍ أُرْدُنِّيَّةٍ

(عُرْسٌ: 결혼식, 혼례)

كُنْتُ أَزُورُ قَرْيَةً أُرْدُنِّيَّةً فَعَلِمْتُ أَنَّ صَدِيقًا لِي مِنْ سُكَّانِ ٱلْقَرْيَةِ
سَيَتَزَوَّجُ بَعْدَ أُسْبُوعٍ . طَلَبَ صَدِيقِي مِنِّي أَنْ أَحْضُرَ ٱحْتِفَالَاتِ ٱلزَّوَاجِ فَحَضَرْتُهَا

دَامَتِ ٱلِاحْتِفَالَاتُ أُسْبُوعًا : كَانَ ٱلنَّاسُ يَجِيئُونَ كُلَّ لَيْلَةٍ إِلَى بَيْتِ
ٱلْعَرِيسِ فَيُهَنِّئُونَ ٱلْعَائِلَةَ وَيَتَحَدَّثُونَ مَعًا مُدَّةً ، ثُمَّ يُقْبِلُونَ عَلَى ٱلدَّبْكَةِ
وَٱلْغِنَاءِ ، وَفِي سَاعَةٍ مُتَأَخِّرَةٍ مِنَ ٱللَّيْلِ يَرْجِعُونَ إِلَى بُيُوتِهِمْ لِيَنَامُوا .

(ٱلْعَرِيسِ: 신랑; فَيُهَنِّئُونَ: 그들이 축하한다. ٱلدَّبْكَةِ: 답카(민속춤) ٱلْغِنَاءِ: 노래(하기))

وَفِي ٱلْيَوْمِ ٱلسَّابِعِ ، وَهُوَ يَوْمُ ٱلْعُرْسِ ، جَاءَ ٱلنَّاسُ إِلَى بَيْتِ ٱلْعَرِيسِ
فَتَحَدَّثُوا مَعًا مُدَّةَ سَاعَةٍ ، ثُمَّ أَجْلَسُوا ٱلْعَرِيسَ عَلَى كُرْسِيٍّ وَسَارُوا بِهِ فِي
طُرُقِ ٱلْقَرْيَةِ وَسْطَ ٱلْغِنَاءِ وَٱلدَّبْكَةِ . وَعِنْدَ ٱلظُّهْرِ عَادُوا بِهِ إِلَى ٱلْبَيْتِ
فَٱسْتَقْبَلَهُمْ أَهْلُهُ بِٱلتَّرْحِيبِ . قُدِّمَ ٱلطَّعَامُ بَعْدَ ذٰلِكَ فَأَكَلَ ٱلنَّاسُ .

(ٱلْعُرْسِ: 결혼식; ٱلْعَرِيسِ: 신랑; ٱلْغِنَاءِ: 노래(하기); ٱلدَّبْكَةِ: 답카)

وَبَعْدَ ٱلظُّهْرِ أَحْضَرَتِ ٱلنِّسَاءُ ٱلْعَرُوسَ وَسِرْنَ وَرَاءَهَا إِلَى بَيْتِ
ٱلْعَرِيسِ وَهُنَاكَ تَمَّ ٱلزَّوَاجُ ، ثُمَّ قَدَّمَ ٱلْأَصْدِقَاءُ ٱلْهَدَايَا لِلْعَرُوسَيْنِ فِي
حَفْلَةٍ جَمِيلَةٍ .

(ٱلْعَرُوسَ: 신부; لِلْعَرُوسَيْنِ: 신랑신부, 신혼부부)

나. 기본문

한 요르단 마을에서의 결혼식

나는 요르단의 한 마을을 방문하고 있었는데, 그 마을 주민(중의 한 사람)인 나의 한 친구가 한 주일 뒤에 결혼할 것이라는 것을 알았다. 나의 친구는 나에게 결혼식 행사에 참석하도록 요청했다. 그래서 나는 거기에 참가했다.

축하 행사는 일주일간 계속되었다. 사람들은 매일 밤 신랑의 집으로 와서 그 가족에게 축하하고 한 동안 함께 이야기한다. 그리고는 답카춤과 노래를 시작하고는 밤 늦은 시간에 자기 위하여 그들의 집으로 돌아간다.

혼례일인 일곱번째 날에 사람들은 신랑의 집으로 와서 함께 한 시간 동안 이야기했다. 그리고는 신랑을 의자에 앉히고, 노래와 답카를 추면서 그를 데리고 마을 길로 행진했다. 정오에 그를 데리고 집으로 돌아왔으며, 그의 가족이 그들을 환영하며 맞이했다. 그 뒤에 음식이 대접되었고 사람들이 먹었다.

오후에 여인들이 신부 뒤에 걸어서 신부를 신랑의 집으로 데려왔고, 거기서 결혼이 성립되었다. 그리고 친구들은 멋진 축하연에서 신랑신부에게 선물을 주었다.

다. 문법과 연습 ج - القواعد والتمارين

1. ع약동사 : 원형
2. 불격변화 명사 및 형용사
3. 불변화 명사 및 형용사
4. 동작동사와 함께 쓰이는 사역의 بِ
5. 집합명사와 개체명사
6. 동명사 : 요약

1. ع약동사 : 원형

아랍어 문자 중에서 ا, و, ي 를 약문자(حُرُوفُ ٱلْعِلَّةِ)라고 하며, 그 나머지를 강문자라고 한다. 아랍어 동사 중에서 어근자의 어느 하나 이상이 이들 약문자로 이루어진 것을 약동사(اَلْفِعْلُ ٱلْمُعْتَلُّ)라고 하고, 그렇지 않은 것을 강동사(اَلْفِعْلُ ٱلصَّحِيحُ)라고 한다. 이 과에서는 이들 약동사 중에서 두번째 어근자(ع)가 약문자로 되어 있는 ع약동사(اَلْفِعْلُ ٱلْأَجْوَفُ ; 공허동사) 의 원형(I형)동사를 익히게 된다.

ع약동사는 어근에서 ع 이 و 또는 ي 로 되어 있으며, 이 و 또는 ي 는 뒤에 접미되는 주격형 대명사에 따라 ا 또는 해당 모음(ـُ, ـُو , 또는 ـِ , ـِي)으로 변하게 된다. 즉, 완료형에서

⊞ و 또는 ي 는 모음으로 시작하는 대명사 앞(장어간)에서는 ا로, 자음으로 시작하는 대명사 (그 앞이 ـْ으로 끝나는 폐음절임) 앞(단어간)에서는 단모음으로 변한다. 미완료형에서는 해당 중간모음의 장모음을 갖되, 폐음절(자음으로 끝나는 음절로 ـْ 으로 끝남)일 때는 그 장모음이 단모음으로 짧아진다(32. 다. 2.ㄱ의 1 참조). 원형 약동사는 그 변화 유형에 따라 다음과 같이 셋으로 나뉜다.

〈유형 I〉 ع이 و 인 경우 ; 미완료형의 중간모음이 ـُ, 완료형 어간 : فَالَ / فُلْ , 미완료형 어간 : فُولَ / فُلْ 이를 زَارَ '방문하다' (어근: زور) 동사로 도시한다.

زَارَ – يَزُورُ

	완료형	미완료형			
		직설법	접속법	단축법	명령법
3 남단	زَارَ	يَزُورُ	يَزُورَ	يَزُرْ	
여단	زَارَتْ	تَزُورُ	تَزُورَ	تَزُرْ	
2 남단	زُرْتَ	تَزُورُ	تَزُورَ	تَزُرْ	زُرْ
여단	زُرْتِ	تَزُورِينَ	تَزُورِي	تَزُورِي	زُورِي
1 단	زُرْتُ	أَزُورُ	أَزُورَ	أَزُرْ	
3 남쌍	زَارَا	يَزُورَانِ	يَزُورَا	يَزُورَا	
여쌍	زَارَتَا	تَزُورَانِ	تَزُورَا	تَزُورَا	
2 쌍	زُرْتُمَا	تَزُورَانِ	تَزُورَا	تَزُورَا	زُورَا
3 남복	زَارُوا	يَزُورُونَ	يَزُورُوا	يَزُورُوا	
여복	زُرْنَ	يَزُرْنَ	يَزُرْنَ	يَزُرْنَ	
2 남복	زُرْتُمْ	تَزُورُونَ	تَزُورُوا	تَزُورُوا	زُورُوا
여복	زُرْتُنَّ	تَزُرْنَ	تَزُرْنَ	تَزُرْنَ	زُرْنَ
1 복	زُرْنَا	نَزُورُ	نَزُورَ	نَزُرْ	

능동분사는 그 유형에 관계없이 فَائِلٌ 형이다(ع 이 ء 임).

زَائِرٌ ‘방문하는’

동명사는 다른 원형동사에서처럼 다양한 형을 취한다. زَارَ 동사의 동명사는 زِيَارَةٌ ‘방문(하기)’이다.

다음은 지금까지 나온 이 유형의 ع약 원형동사를 모은 것이다.

완료형	미완료형	능동분사	동명사	뜻
زَارَ	يَزُورُ	زَائِرٌ	زِيَارَةٌ	‘방문하다’
عَادَ	يَعُودُ	عَائِدٌ	عَوْدَةٌ	‘돌아오다, 돌아가다’
قَالَ	يَقُولُ	قَائِلٌ	قَوْلٌ	‘말하다’
كَانَ	يَكُونُ	كَائِنٌ	كَوْنٌ	‘있다’

〈유형Ⅱ〉 ع 이 ي 인 경우 : 미완료형의 중간모음이 ـِ 완료형 어간 : فَالْ فِلْ
미완료형 어간 : فِيلْ فِلْ
이를 سَارَ ‘걷다’(어근 : سير) 동사로 도시한다.

سَارَ – يَسِيرُ

	완료형	미완료형			
		직설법	접속법	단축법	명령법
3 남단	سَارَ	يَسِيرُ	يَسِيرَ	يَسِرْ	
여단	سَارَتْ	تَسِيرُ	تَسِيرَ	تَسِرْ	
2 남단	سِرْتَ	تَسِيرُ	تَسِيرَ	تَسِرْ	سِرْ
여단	سِرْتِ	تَسِيرِينَ	تَسِيرِي	تَسِيرِي	سِيرِي

1단	سِرْتُ	أَسِيرُ	أَسِيرَ	أَسِرْ	
3남쌍	سَارَا	يَسِيرَانِ	يَسِيرَا	يَسِيرَا	
여쌍	سَارَتَا	تَسِيرَانِ	تَسِيرَا	تَسِيرَا	
2쌍	سِرْتُمَا	تَسِيرَانِ	تَسِيرَا	تَسِيرَا	سِيرَا
3남복	سَارُوا	يَسِيرُونَ	يَسِيرُوا	يَسِيرُوا	
여복	سِرْنَ	يَسِرْنَ	يَسِرْنَ	يَسِرْنَ	
2남복	سِرْتُمْ	تَسِيرُونَ	تَسِيرُوا	تَسِيرُوا	سِيرُوا
여복	سِرْتُنَّ	تَسِرْنَ	تَسِرْنَ	تَسِرْنَ	سِرْنَ
1복	سِرْنَا	نَسِيرُ	نَسِيرَ	نَسِرْ	

능동분사 : سَائِرٌ

동 명 사 : سَيْرٌ ، مَسِيرٌ

지금까지 나온 이 유형의 동사는 다음의 두 개이다.

완료형	미완료형	능동분사	동명사	뜻
سَارَ	يَسِيرُ	سَائِرٌ	سَيْرٌ	'걷다'
جَاءَ	يَجِيءُ	جَاءٍ	مَجِيءٌ	'오다'

(جَاءَ 의 능동분사는 '결여' 형용사이다. 34.다. 3. 참조).

〈유형Ⅲ〉 ع 이 و 또는 ي 이지만 완료형의 중간모음이 ـِ (즉, فَوِلَ 또는 فَيِلَ 형이지만, 실제 이런 형태로는 나타나지 않음)이고 미완료형의 중간모음이 ـَ 인 경우 :

완료형 어간 : فِلْ / فَا ل
미완료형 어간 : فَلْ / فَا ل

이를 نَامَ '잠자다'(어근 : نوم) 동사로 도시한다.

نَامَ ـ يَنَامُ

	완료형	미 완 료 형			
		직설법	접속법	단축법	명령법
3 남단	نَامَ	يَنَامُ	يَنَامَ	يَنَمْ	
여단	نَامَتْ	تَنَامُ	تَنَامَ	تَنَمْ	
2 남단	نِمْتَ	تَنَامُ	تَنَامَ	تَنَمْ	نَمْ
여단	نِمْتِ	تَنَامِينَ	تَنَامِي	تَنَامِي	نَامِي
1 단	نِمْتُ	أَنَامُ	أَنَامَ	أَنَمْ	
3 남쌍	نَامَا	يَنَامَانِ	يَنَامَا	يَنَامَا	
여쌍	نَامَتَا	تَنَامَانِ	تَنَامَا	تَنَامَا	
2 쌍	نِمْتُمَا	تَنَامَانِ	تَنَامَا	تَنَامَا	نَامَا
3 남복	نَامُوا	يَنَامُونَ	يَنَامُوا	يَنَامُوا	
여복	نِمْنَ	يَنَمْنَ	يَنَمْنَ	يَنَمْنَ	
2 남복	نِمْتُمْ	تَنَامُونَ	تَنَامُوا	تَنَامُوا	نَامُوا
여복	نِمْتُنَّ	تَنَمْنَ	تَنَمْنَ	تَنَمْنَ	نَمْنَ
1 복	نِمْنَا	نَنَامُ	نَنَامَ	نَنَمْ	

능동분사 : نَائِمٌ

동 명 사 : نَوْمٌ

지금까지 나온 이 유형의 동사는 다음의 두 개이다.

완료형	미완료형	능동분사	동명사	뜻
نَامَ	يَنَامُ	نَائِمٌ	نَوْمٌ	'잠자다'
زَالَ	يَزَالُ	زَائِلٌ	زَوَالٌ	'그치다'

〈수동태〉 ع약 원형동사는 그 유형에 관계없이 수동태에서 똑같은 형태를 가진다. 즉, 완료형에서 فُعِلَ 형이 ـِ 모음의 영향으로 فِيلَ 형으로 되고, 미완료형에서는 يُفْعَلُ 형이 يُفَالُ 형으로 된다.

완료형 어간 : فِلْ / فِيلْ
미완료형 어간 : فَلْ / فَالْ

다음에 ع약 원형동사의 수동태를 زِيرَ '방문받다' (미완료형 : يُزَارُ) 동사로 도시한다.

زِيرَ – يُزَارُ

	완 료 형	미 완 료 형		
		직 설 법	접 속 법	단 축 법
3 남단	زِيرَ	يُزَارُ	يُزَارَ	يُزَرْ
여단	زِيرَتْ	تُزَارُ	تُزَارَ	تُزَرْ
2 남단	زِرْتَ	تُزَارُ	تُزَارَ	تُزَرْ
여단	زِرْتِ	تُزَارِينَ	تُزَارِي	تُزَارِي
1 단	زِرْتُ	أُزَارُ	أُزَارَ	أُزَرْ
3 남쌍	زِيرَا	يُزَارَانِ	يُزَارَا	يُزَارَا
여쌍	زِيرَتَا	تُزَارَانِ	تُزَارَا	تُزَارَا
2 쌍	زِرْتُمَا	تُزَارَانِ	تُزَارَا	تُزَارَا
3 남복	زِيرُوا	يُزَارُونَ	يُزَارُوا	يُزَارُوا
여복	زِرْنَ	يُزَرْنَ	يُزَرْنَ	يُزَرْنَ
2 남복	زِرْتُمْ	تُزَارُونَ	تُزَارُوا	تُزَارُوا
2 복	زِرْتُنَّ	تُزَرْنَ	تُزَرْنَ	تُزَرْنَ
1 복	زِرْنَا	نُزَارُ	نُزَارَ	نُزَرْ

ع 약 원형동사의 수동분사는 그 유형에 관계없이 ع 이 و 이면 مَفُولٌ 형, ي 이면 مَفِيلٌ 형이다.

유형 Ⅰ:

زَارَ - يَزُورُ　　　　مَزُورٌ 'ㅂ방문받는'

유형 Ⅱ:

بَاعَ - يَبِيعُ　　　　مَبِيعٌ '팔리는'

유형Ⅲ(ع이 و 인 경우):

خَافَ - يَخَافُ　　　　مَخُوفٌ '두려워지는'

유형Ⅲ(ع이 ي인 경우):

نَالَ - يَنَالُ　　　　مَنِيلٌ '얻어지는'

〈요약〉 다음에 모든 유형의 ع약 원형동사의 능·수동태 형태를 요약하여 도시한다. 완료형 난에서, 첫번째 형(3. 남. 단)은 모음으로 시작하는 대명사가 붙는 형의 보기이고, 괄호 안의 형(1. 단)은 자음으로 시작하는 대명사가 붙는 형의 보기이다. 미완료형 난에서는, 3. 남. 단와 3. 여. 복형이 각각 중간모음의 음절이 개·폐음절인 경우의 보기이다. 동명사는 그 형에 따라 다양하게 나타나므로 생략하였다.

능동태	완료형	미완료형	능동분사	뜻
유형 Ⅰ	زَارَ (زُرْتُ)	يَزُورُ (يَزُرْنَ)	زَائِرٌ	'방문하다'
유형 Ⅱ	سَارَ (سِرْتُ)	يَسِيرُ (يَسِرْنَ)	سَائِرٌ	'걷다'
유형 Ⅲ	نَامَ (نِمْتُ)	يَنَامُ (يَنَمْنَ)	نَائِمٌ	'잠자다'

수동태	완료형	미완료형	수동분사	뜻
유형 I	زِيرَ (زُِرْتُ)	يُزَارُ (يُزَرْنَ)	مَزُورٌ	'방문받다'
유형 II	بِيعَ (بِعْتُ)	يُبَاعُ (يُبَعْنَ)	مَبِيعٌ	'팔리다'
유형 III (ع이 و인 경우)	خِيفَ (خِفْتُ)	يُخَافُ (يُخَفْنَ)	مَخُوفٌ	'두려워지다'
유형 III (ع이 ي인 경우)	نِيلَ (نِلْتُ)	يُنَالُ (يُنَلْنَ)	مَنِيلٌ	'얻어지다'

주 : 사자음동사 سَيْطَرَ عَلَى 의 수동태는 ع 약동사처럼 변한다. سُيْطِرَ عَلَى

كَيْفَ سُيْطِرَ عَلَيْهِمْ ؟	'그들은 어떻게 지배받았느냐?'

연습 1. (테이프에 수록) 동사활용 : ع 약동사 완료형

연습 2. (테이프에도 수록) 동사활용 : ع 약동사 미완료형

أ : هل ستزور مصر أم العراق ؟

ط : سأزور مصر ، أمّا العراق فلن أزوره هذا العام •

'당신은 이집트를 방문할 것인가, 이락을 방문할 것인가?'
'나는 이집트를 방문할 것이다. 이락은 올해 방문하지 않을 것이다.'

١ ـ هل ستزورين السودان أم الكويت ؟

٢ ـ هل ستزور ليلى أم نادية اليوم ؟

٣ ـ هل سيزوران العريس اليوم أم غدا ؟

٤ ـ هل سيزرن بغداد أم البصرة ؟

٥ – هل ستزوران الجامعة أم المتحف ؟

٦ – هل سيزورون العريس أم الأصدقاء ؟

연습 3. (테이프에도 수록) 동사활용 : ع약동사 미완료형

أ : هل زرت مصر ؟

'이집트를 방문했읍니까?'

ط : لا،لم أزرها ، ولكنني سأزورها قريبا .

'아니오, 방문하지 않았읍니다. 그러나, 곧 방문할 것입니다.'

١ – هل زرتم بغداد ؟

٢ – هل عادوا ؟

٣ – هل جئن لزيارتكم ؟

٤ – هل زارتا الآثار المصرية ؟

٥ – هل زاروا باريس ؟

٦ – هل عدن من المؤتمر ؟

연습 4. 쓰기

다음 동사들의 능동분사를 만들어라.

زار ، سار ، نام ، عاد ، دام ، قال

연습 5. 쓰기, 완성하기

다음 빈 칸에 알맞는 동명사를 넣어라.

زرت العراق ———— قصيرة .

زرت العراق زيارة قصيرة .

'나는 이락을 짧게 방문했다.'

١ – ساروا ———— طويلا .

٢ – عاد الوزير الى مصر أمس ، وبعد ———— ه قابل رئيس الجمهورية .

٣ – سيجيء قريبا ، ولكننا لا نعرف موعد ———— ه .

٤ – سوف أنام بعد ساعة ، ولكنني سأقرأ هذه المقالة قبل الـ———— .

٥ ـ يرغب في الذهاب الى فرنسا ، ولن أقاوم ــــــ ـه .

٦ ـ يعتقد ان شعبه أعظم الشعوب ، وهو مخلص في ــــــ ـه .

٧ ـ تختلف مصر عن أمريكا ــــــ عظيما .

٨ ـ قابلت ابنته الكبيرة ــــــ قصيرة .

2. 불격변화 명사 및 형용사

지금까지 배운 명사와 형용사는 다음과 같은 여러 유형으로 나눌 수 있다.

1) 삼격명사 : 탄윈과 세 가지 형태의 격어미를 갖는 단수와 불규칙 복수의 명사로 대다수의 명사와 형용사가 이에 속한다. (보기) كِتَابٌ

2) 쌍격명사 : 탄윈이 붙지 않고, 두 가지 형태의 격어미만을 갖는 단수와 불규칙 복수의 명사. 그러나, 관사를 갖거나 연결형의 제1요소로 쓰이면 삼격명사로 된다(13. 다. 3. 참조). (보기) مَكَاتِبُ

3) 여성 규칙 복수형 : 탄윈과 두 가지 형태의 격어미를 갖는다. (보기) مُعَلِّمَاتٌ

4) 쌍수 및 남성 규칙 복수형 : 탄윈이 붙지 않고, 두 가지 형태의 격어미를 갖는다. (보기) مُعَلِّمُونَ ، مُعَلِّمَانِ

이 과에서는 두 가지 다른 유형—불격변화·불변화—을 배우게 된다. 불변화는 아래의 3에서 다룬다.

먼저, 불격변화 명사와 형용사는 탄윈이 붙지만 격에 따른 변화가 없는 것을 말한다. 이에는 단수 또는 복수의 명사와 형용사가 있다. (보기) مَقْهًى '다방', قُرًى '마을들'

	비 한 정	한 정
주/소/목	مَقْهًى '(한) 다방'	اَلْمَقْهَى '(그) 다방' مَقْهَى صَدِيقِي '나의 친구의 다방'
주/소/목	قُرًى '마을들'	اَلْقُرَى '(그) 마을들'

모든 불격변화는 세 가지 격에서 비한정일 때는 ـًا , 한정일 때는 ـَا 로 발음된다. 몇몇 명사는 ـا 로 쓰이기도 한다.(보기)

عَصًا '(한) 막대기'	اَلْعَصَا '(그) 막대기'

그러나 대부분은 ى 로 쓰인다.(보기) مَقْهًى

불격변화는, 마지막 어근자(ل)가 و 또는 ي 이고 중간모음이 ـَ 인 명사 또는 형용사가 다음과 같은 과정을 거쳐 만들어진다.

어근이 جمل 인 جُمْلَةٌ 의 복수형이 جُمَلٌ 이듯이, 같은 복수형을 가지는 어근이 قري 인 قَرْيَةٌ 의 복수형은 قُرَيٌ 이어야 한다. 그러나, 아랍어에서는 음운법칙상 ـَيْ + ـُ, + ـِ, + ـَ'의 연속이 불가능하며, 'ـَيْ + 단모음'의 연속체는 자동적으로 ـَا 로 바뀌어 발음된다. 다음표는 이를 보여준다(괄호 안은 가설형임).

فَعَلٌ 형	
주 (اَلْقُرَيُ)	
소 (اَلْقُرَيِ)	اَلْقُرَى '(그) 마을들'
목 (اَلْقُرَيَ)	

마찬가지로, 탄윈이 붙게 되면 'ـَيْ + ـٌ, + ـٍ, + ـً'의 연속체는 모두 ـًا 으로 바뀌어 발음된다.

주 (قُرَيٌ)	
소 (قُرَيٍ)	قُرًى '마을들'
목 (قُرَيًا)	

위의 규칙은 마지막 어근자가 و 인 경우에도 그대로 적용된다. 이것을 عَصًا '막대기'(فَعَلٌ 형, 어근: عصو)를 사용하여 아래와 같이 도시한다.

فَعَلٌ 형	
주 (اَلْعَصَوُ) 소 (اَلْعَصَوِ) 목 (اَلْعَصَوَ)	اَلْعَصَا '(그) 막대기'
주 (عَصَوٌ) 소 (عَصَوٍ) 목 (عَصَوًا)	عَصًا '막대기'

마지막 어근자가 ي 인 불격변화는 اَلْقُرَى '(그) 마을들'에서처럼 أَلِفٌ مَقْصُورَةٌ 로 끝난다(그러나, 이것은 일반 철자법 규칙대로 다른 말이 접미되면 ا 로 바뀐다. 〔보기〕 قُرَانَا '우리의 마을들').

마지막 어근자가 و 인 경우는 다음과 같이 철자한다. ① 그 단어 어간의 자음이 어근자로만 이루어지면 ا 로 쓴다. (보기) اَلْعَصَا '(그) 막대기', ② 어근자 외의 자음이 들어가면, 그 و 는 ى 로 철자되고 모든 변화에서 그렇게 간주된다. (보기) مَقْهًى '다방' (어근 : قهو)

불격변화의 단수형에서 쌍수형을 만들 때는 마지막 어근자 و 또는 ي 는 정상적인 자음(강자음 ; 강문자)으로 쓰인다.

(보기) ① عَصًا '막대기' (어근 : عصو , فَعَلٌ 형, 어간 عَصَو)

주 : عَصَوَانِ	'두 막대기'
소/목 : عَصَوَيْنِ	

② مَقْهًى '다방' (어근 : قهو , 그러나 여기서 어간은 مَقْهَي 임)

주 : مَقْهَيَانِ	'두 다방'
소/목 : مَقْهَيَيْنِ	

연습6. 전개

ㄱ. '이락 학생'

أ : طالب عراقيّ

'이 이는 이락 학생이냐?'

ط ١: هل هذا طالب عراقيّ ؟

'당신은 이락 학생을 보았느냐?'

ط ٢: هل شاهدت طالبا عراقيا ؟

'당신은 이락 학생을 찾았느냐?'

ط ٣: هل تبحث عن طالب عراقيّ ؟

١ – مراسل سوريّ .

٢ – قرى لبنانية .

٣ – أدباء مصريّون .

٤ – أستاذات أمريكيات .

٥ – طالبان سودانيّان .

٦ – مقهى عربيّ .

٧ – موظفات جديدات .

ㄴ. '그 이락 학생'

أ : الطالب العراقيّ

'이 이는 그 이락 학생이냐?'

ط١ : هل هذا هو الطالب العراقي ؟

'당신은 그 이락 학생을 보았느냐?'

ط٢ : هل شاهدت الطالب العراقيّ ؟

'당신은 그 이락 학생을 찾았느냐?'

ط٣: هل تبحث عن الطالب العراقيّ ؟

١ – المراسل الخاصّ .

٢ – القرى اللبنانيّة .

٣ – الأدباء السوريّون .

٤ – الأستاذان الأجنبيّان .

٥ – الطالبان الجديدان .

٦ – المقهى العربيّ .

٧ – الموظفات التونسيات .

연습7. (테이프에 수록) 변형: 연계형 대명사

연습8. (테이프에도 수록) 묻고 대답하기: 쌍수

'몇 명의 요르단 학생이 당신의 학급에 있느냐?'

أ : كم طالبا أردنيا في صفّك ؟

ط : في صفّي طالبان أردنيان .

'우리 학급에는 요르단 학생 두 명이 있다.'

١ ـ كم مقهى عربيّا في هذه المدينة ؟

٢ ـ كم مقهى عربيّا تعرف ؟

٣ ـ الى كم مقهى عربيّ ذهبوا ؟

٤ ـ كم قرية من قرى لبنان أعجبك ؟

٥ ـ في كم قرية تونسيّة سكنت ؟

٦ ـ كم قرية ليبيّة زرتم ؟

٧ ـ كم مقهى في شارع الجمهوريّة ؟

٨ ـ كم جملة جديدة في هذا الدرس ؟

3. 불변화 명사 및 형용사

불변화 명사와 형용사란, 위의 2.에서 설명한 불격변화와는 달리 격에 따른 변화는 물론 탄윈도 붙지 않는 것을 말한다. 모든 불변화 명사와 형용사는 ـَا 또는 ـَى로 철자되며, 두 경우에 ـَا 로 발음된다.

هَدَايَا '선물들'	اَلْهَدَايَا '(그) 선물들'

이 불변화에는 외국어에서 온 단어와 많은 지명이 포함되며, 대개 ـَا 로 철자된다.

سِينَمَا	'영화관'
أَمْرِيكَا	'미국'
فَرَنْسَا	'프랑스'
بَرِيطَانِيَا	'영국'

순수 아랍어의 불변화는 فُعْلَى 형과 같이 ى가 마지막 어근자가 아닌 경우에 나타난다. 이 때의 ى는 여성의 표지어이다.

فُعْلَى형 :
كُبْرَى (우선급 여성형) '가장 큰'
عُلْيَا (우선급 여성형) '가장 높은'
فَعَالَى형(불규칙 복수형):
صَحَارَى '사막들'
هَدَايَا '선물들'

위의 각각의 두번째 보기에서처럼 ي 자가 두 번 쓰이면, 뒤의 ي 자는 ا 로 철자된다.

연습 9. (테이프에 수록) 묻고 대답하기 : 불변화

4. 동작동사와 함께 쓰이는 사역의 بِ

전치사 بِ 에는 다음과 같이 다양한 뜻이 있다.

(ㄱ) ~에(장소와 시간):

اَلْجَامِعَةُ ٱلْأَمْرِيكِيَّةُ بِٱلْقَاهِرَةِ	'카이로에 있는 아메리칸 대학'
بِٱللَّيْلِ	'밤에'

(ㄴ) ~으로(기구, 도구):

سَافَرَ بِٱلسَّيَّارَةِ .	'그는 차로 여행했다.'
كَتَبَهَا بِقَلَمِي .	'그는 그것들을 내 연필로 썼다.'

또, 다음과 같은 동사-전치사구에서도 나타난다. رَحَّبَ بِ ، عُرِفَ بِ ، سَمَحَ بِ ،

تَأَثَّرَ بِ ، تَقَدَّمَ بِ ، أَخْبَرَ بِ ، طَالَبَ بِ ، فَكَّرَ بِ .

전치사 بِـ는 또한 일단의 동사들—일반적으로 왕래, 발착 등의 뜻의 동사—과 동사—전치사구를 이루어, 사역—아무에게 ~을 어디로 오·가게 하다. 즉, 아무를 어디로 데려가다 등—의 뜻을 갖게 한다. 29과의 기본문에서 그 보기를 찾을 수 있다.

ذَهَبَتْ بِهِ إِلَى ٱلصَّائِغِ. '그 여자는 그를 금세공인에게 데려갔다.'

다음은 지금까지 나온 이러한 용법의 보기이다.

도 착 동 사	보 냄 의 동 사
سَارَ '걷다, 행진하다'	سَارَ بِـ '(아무를) 데리고 걷다'
عَادَ '돌아오다, 돌아가다'	عَادَ بِـ '(아무를) 데려오다, ~을 가져오다'
ذَهَبَ '가다'	ذَهَبَ بِـ '(아무를) 데려가다, ~을 가져가다'
جَاءَ '오다'	جَاءَ بِـ '데려오다, 가져오다'
رَجَعَ '돌아오다, 돌아가다'	رَجَعَ بِـ '데려오다, 가져오다'
تَقَدَّمَ '전진하다'	تَقَدَّمَ بِـ '~을 제출하다'

이들 동사—전치사구는 타동사이므로 수동태로 만들 수 있다. 이 경우에 동사는 항상 비인칭 용법의 3인칭 남성 단수형으로 쓰이며, 동작의 행위자는 전치사의 목적어로 쓰인다.

능동태 :

جَاءُوا بِهَا. '그들은 그 여자를 데려왔다.'

수동태 :

جِيءَ بِهَا • '그 여자는 데려와졌다.'

연습 10. 변형 : 능동태 → 수동태

'그 여자의 아버지는 그를 학교에 데려갔다.' ذَهَبَ بها والدها الى المدرسة • ←

'그 여자는 학교에 데려가졌다.' ذُهِبَ بها الى المدرسة •

١ – جاء به صديقي الى البيت •

٢ – ساروا به في شوارع القرية •

٣ – ذهبنا به الى المصنع في الصباح •

٤ – احتفل أهله برجوعه •

٥ – حافظنا عليه كل المحافظة •

٦ – هذا رجل يعتمد الناس عليه •

٧ – سوف تجيء السكرتيرة به الى المكتب •

٨ – سوف يسيرون به في طرق القرية •

٩ – سوف اذهب به الى مكتب المدير •

5. 집합명사와 개체명사

"밤"이라는 단어는 아랍어로 لَيْلٌ '밤'과 لَيْلَةٌ '밤, 하룻밤'의 두 가지로 옮길 수 있는데, 이 둘은 의미상 차이가 있다. 즉, لَيْلٌ 은 '낮'의 반대 개념으로서의 '밤'을 뜻하며, ـَةٌ 가 붙은 형은 '밤의 한 단위=하룻밤', 또는 اَللَّيْلَةَ '오늘 밤에'에서처럼 특수한 밤을 뜻한다.

لَيْلٌ 와 같은 것을 집합명사라고 하며, 문법적으로는 남성단수이다.

لَيْلَةٌ 와 같이 해당 집합명사에 ـَةٌ 를 붙여 만든 것은 개체명사라고 하며, 문법적으로 여성 단수로 받는다.

개체명사는 일반적으로 여성 규칙 복수형 어미 ـَاتٌ 를 붙여 복수형을 만든다. (보기) لَيْلَاتٌ '밤들', 간혹 불규칙 복수형을 취하기도 한다. (보기) لَيَالٍ '밤들.'

다른 개체명사 وَرَقَةٌ '한 장의 종이'의 집합명사 وَرَقٌ '종이'는 '다른 물질이 아닌 일반적인 종이'를 뜻한다. 물질을 나타내는 집합명사는 그 물질의 집합이나 집단, 또는 추상명사로서의 그 물질 자체를 가리킨다. (보기) بَيْتٌ مِنْ وَرَقٍ (가령, '벽돌집'이 아닌) '종이집.' 개체명사는 집합의 한 개를 나타내며, 따라서 수사와 함께 쓰일 수 있다. (보기) خَمْسُ وَرَقَاتٍ '종이 5장.' 몇몇 집합명사는 개체명사 외에도 그 자체로 복수형을 가질 수 있다. (보기) أَوْرَاقٌ '여러 종류의 종이'

끝으로, 일부 집합명사는 그 자체가 복수형을 취할 수 있으나 해당 개체명사가 없는 경우도 있다. (보기) زَيْتٌ '기름'은 개체명사가 없으나, 그 복수형 زُيُوتٌ 이 있다. 이러한 집합명사는 다음과 같이 단위를 사용하여 그 개체를 나타낸다. (보기) نُقْطَةُ زَيْتٍ '기름 한 방울',

فِنْجَانُ زَيْتٍ '기름 한 컵.'

6. 동명사 : 요약

(ㄱ) 원형의 동명사

우리는 16과에서 원형(Ⅰ형) 동사의 동명사의 여러 형에 대해서 배웠다. 다음은 그 뒤와 앞으로 이 책에서 나오게 될 동명사(괄호 안에 넣었음)를 정리하여 놓은 것이다.

〈동명사형〉 (보기)

ㅌ. فَعِيلٌ 형 رَحَلَ ، رَحِيلٌ '돌아다니다'

주: 이 형은 위의 보기에서처럼 움직임 또는 동물울음이나 자연의 소리를 나타내는 동사에 자주 쓰인다. (보기) نَهِيقٌ ، نَهَقَ '(당나귀가) 울다'

ㅍ. فَعِلٌ 형　　ضَحِكَ ـَـ ، ضَحِكٌ　　'웃다'

ㅎ. فيلولة 형　　دَامَ ـُـ ، دَوَامٌ ، دَيْمُومَةٌ　　'계속하다'

سَارَ ـِـ ، سَيْرٌ ، سَيْرُورَةٌ　　'걷다, 행진하다'

صَارَ ـِـ ، صَيْرٌ ، صَيْرُورَةٌ　　'되다'

주:

이 형은 ع 약 원형동사에 한정되며, 그 대부분은 자동사이고, 일반적으로 "되기, 움직임, 있음 등"의 뜻을 가진다. 이 형은 위의 보기에서처럼 흔히 더 일반적인 다른 동명사형과 같이 쓰인다.

ㅏ. فُعَالٌ 형　　(نَهَقَ ـَـ ، نُهَاقٌ)　　'(당나귀가) 울다'

주:

흔히 자연음에 사용된다.

ㅑ. فِعْلاَنٌ 형　　عَرَفَ ـِـ ، مَعْرِفَةٌ ، عِرْفَانٌ　　'알다'

فَقَدَ ـِـ ، فَقْدٌ ، فِقْدَانٌ　　'잃다'

(ㄴ) 밈형동명사(مَصْدَرٌ مِيمِيٌّ ; مَ 가 접두되는 동명사로 다음이 이에 속한다. 이 명칭은 아랍 문자 م 의 이름에서 따온 것이다.

ㅓ. مَفْعِلَةٌ 형　　عَرَفَ ـِـ ، مَعْرِفَةٌ　　'알다'

이 형은 ع 약동사에서는 다음과 같은 형태로 된다.

ㅕ. مَفِيلَةٌ 형　　شَاءَ ـِـ ، مَشِيئَةٌ　　'바라다'

سَارَ ـِـ ، سَيْرٌ ، مَسِيرَةٌ　　'걷다, 행진하다'

ㅗ. مَفْعِلٌ 형　　وَلَدَ يَلِدُ ، وِلاَدَةٌ ، مَوْلِدٌ　　'낳다'

이 형은 ع 약동사에서는 다음과 같은 형태로 된다.

ㅛ. مَفِيلٌ 형 — جَاءَ يَجِيءُ ، مَجِيءٌ 'オ다'

سَارَ يَسِيرُ ، سَيْرٌ ، مَسِيرٌ '걷다, 행진하다'

(عَاشَ يَعِيشُ ، عَيْشَةٌ ، مَعِيشَةٌ '살다')

(صَارَ يَصِيرُ ، مَصِيرٌ '되다')

다음의 ㅜ형도 ع 약동사에 적용된다.

ㅜ. مَفَالٌ 형 — قَالَ يَقُولُ ، قَوْلٌ ، مَقَالٌ '말하다'

ㅠ형은 동화동사(33. 다. 1. 참조)에서 첫번째 어근자 و 가 떨어진 형태이다.

ㅠ. عِلَةٌ 형 — (وَصَفَ يَصِفُ ، وَصْفٌ ، صِفَةٌ '묘사하다')

(وَثِقَ يَثِقُ ، ثِقَةٌ ، وُثُوقٌ بِـ '을 신임하다')

(وَهَبَ يَهَبُ ، وَهْبٌ ، هِبَةٌ '주다')

위에 소개한 것이 원형의 모든 동명사는 아니지만, 중요한 것은 거의 망라되어 있다. 다음과 같은 점에 유의하면서 동명사를 관찰하여 보라. (1) 많은 동사가 위의 보기에서처럼 하나 이상의 동명사를 가지고 있다. 이들은 대개의 아랍어 사전에 실려 있지만, ㅎ형과 같이 잘 쓰이지 않는 것은 실리지 않는 수도 있다. (2) 어떠한 유형—위의 ㅎ·ㅕ·ㅛ·ㅜ·ㅠ형—은 특정 어근에만 쓰인다. (3) 어떠한 유형은 특정한 의미를 가진다. 즉, 위의 ㅌ·ㅏ형과 아래와 같은 것이 있다.

ㅅ. فَعَالَةٌ 형 : 추상 — سَلَامَةٌ '안전'

ㅈ. فِعَالَةٌ 형 : 사무소 또는 직업 — دِرَاسَةٌ '공부(함)'

وِزَارَةٌ '부, 성'(وَزِيرٌ 의 사무소)

إِمَارَةٌ ('토후국')

ㅋ. فُعُولٌ 형 : 움직임의 자동사, 수동의미

وُصُولٌ 'ᄃ착'

سُرُورٌ '즐거워짐' (= '즐거움')

(4) 어떠한 동사는 의미에 따라 다른 동명사를 가지고 있다.

모든 동명사의 의미가 같은 경우 :

سَارَ ـِ ، سَيْرٌ ، سَيْرُورَةٌ ، مَسِيرٌ ، مَسِيرَةٌ '걷다, 행진하다'

의미에 따라 동명사가 다른 경우 :

وَصَلَ ، وُصُولٌ '도착하다' (رَأَى ، رُؤْيَةٌ '보다')

(وَصَلَ ، وَصْلٌ ، صِلَةٌ '잇다, 연결하다') (رَأَى ، رَأْيٌ أَنَّ '~라고 생각하다')

(ㄷ) 단일 발생을 나타내는 동명사(횟수명사 : إِسْمُ ٱلْمَرَّةِ)

동명사는 어떤 동사의 행위 또는 상태를 추상적으로 나타내는 말이다. 따라서, شُرْبٌ '마심, 마시기'는 마시는 동작을 추상적으로 나타내며, 행위자·완료·동작의 횟수 등을 나타내지는 않는다. 그러나, 한 번의 행위를 나타내려면, 동명사에 여성 어미 ـَةٌ 를 붙여서 횟수명사를 만들 수 있다. 원형의 횟수명사를 만들려면 일반적으로 فَعْلَةٌ 형을 사용한다.

동 명 사	횟 수 명 사
أَكْلٌ '먹음'	أَكْلَةٌ '한 입'
ضَحِكٌ '웃음'	ضَحْكَةٌ '한 번 웃음'
شُرْبٌ '마심'	شَرْبَةٌ '한 모금'
فِكْرٌ '생각함'	فِكْرَةٌ '생각, 사상, 개념'
إِكْرَامٌ '존경함'	إِكْرَامَةٌ '한 번 존경함'

이 횟수명사로 규칙적으로 쌍수 또는 복수를 취할 수 있다.

شَرِبَ شَرْبَتَيْنِ .	'그는 두 번 마셨다.'
ضَحِكَتْ ضَحَكَاتٍ .	'그 여자는 여러 번 웃었다.'

동명사는 그 행위를 추상적으로 가리키고 ـَةٌ 를 붙여서 횟수명사를 만든다는 점에서 집합명사(위의 다. 5. 참조)에 비유될 수 있다.

횟수명사는 한 번의 특정 행위를 나타낼 뿐만 아니라, 가끔 그 의미가 확대되기도 한다. 그래서, أَكْلَةٌ 는 '한 입'뿐만 아니라 '식사' 또는 '식사 대접'까지 의미할 수 있다. 또, شَرْبَةٌ 는 '한 모금'뿐만 아니라 '(약의) 한 첩, 설사약'도 뜻한다.

(ㄹ) Ⅱ형의 동명사

Ⅱ형 동사의 동명사는 17. 다. 5.에서 익힌 تَفْعِيلٌ 형 밖에도, 일부 동사에는 의미 변화없이 تَفْعِلَةٌ 형도 같이 쓰인다(이 تَفْعِلَةٌ 형은 37. 다. 1.에서 배우게 되듯이 ل 약동사("결여" 동사)에서 나타난다). (보기) قَدَّمَ ، تَقْدِيمٌ ، تَقْدِمَةٌ '제출하다, 제공하다'

تَفْعِلَةٌ 형의 단어는 일반명사로 쓰일 때 불규칙 복수형 또는 여성 규칙 복수형을 취한다.

تَقْدِمَةٌ ـ ات ، تَقَادِمُ '선물'

Ⅱ형의 동명사에는 또 تَفْعَالٌ 형이 있는데, 이것은 반복·강조의 의미를 나타낸다. (보기)
كَرَّرَ '반복하다'의 동명사 تَكْرَارٌ '(계속적인) 반복'
이 형은 가끔 원형 동사의 동명사로 쓰인다. (보기) سَارَ '걷다'의 동명사 تَسْيَارٌ '(계속적인) 행진'

라. 강 독 د ـ نُصُوصٌ لِلْفَهْمِ

다음 문장을 읽고 연습 11을 하라.

جُحَا وَالنَّاسُ

كُنْتُ يَوْمًا فِي مَقْهًى مَعَ صَدِيقٍ سُعُودِيٍّ فَقَالَ لِي :

هَلْ تَعْرِفُ قِصَّةَ جُحَا مَعَ ٱلنَّاسِ ؟

قُلْتُ : لَا . مَا قِصَّتُهُ ؟

قَالَ : فِي أَحَدِ ٱلْأَيَّامِ تَحَدَّثَ جُحَا إِلَى ٱلنَّاسِ فَقَالَ :

هَلْ تَعْرِفُونَ مَاذَا سَأَقُولُ لَكُمْ ؟

قَالُوا : لَا . نَحْنُ لَا نَعْرِفُ .

모름, 무지 قَالَ جُحَا : جَهْلُكُمْ إِذَنْ هُوَ خَيْرٌ لَكُمْ . ثُمَّ ٱنْصَرَفَ . 그러면, 그렇다면

وَبَعْدَ أَيَّامٍ عَادَ جُحَا إِلَى ٱلنَّاسِ وَقَالَ :

هَلْ تَعْرِفُونَ مَاذَا سَأَقُولُ لَكُمْ ؟

أَجَابُوا : نَعَمْ . نَحْنُ نَعْرِفُ . 그들이 대답했다

فَقَالَ جُحَا : مَعْرِفَتُكُمْ إِذَنْ هِيَ خَيْرٌ لَكُمْ . ثُمَّ ٱنْصَرَفَ .

وَبَعْدَ أَيَّامٍ عَادَ إِلَيْهِمْ وَقَالَ :

هَلْ تَعْرِفُونَ مَاذَا سَأَقُولُ لَكُمْ ؟

قَالَ بَعْضُهُمْ : نَعَمْ . نَحْنُ نَعْرِفُ . وَقَالَ بَعْضُهُمُ ٱلْآخَرُ : لَا . نَحْنُ لَا نَعْرِفُ .

그러면 فَضَحِكَ جُحَا وَقَالَ : إِذَنِ ٱلْعَارِفُونَ مِنْكُمْ يُخْبِرُونَ ٱلْجَاهِلِينَ . ثُمَّ ٱنْصَرَفَ . 모르는 사람들

연습 11. 묻고 대답하기

1) 위의 일화에서 주하는 사람들에게 몇 번 연설했느냐?

2) 주하는 사람들에게 무엇인가 이야기했느냐? 설명하라.

3) 사람들은 먼저번에 "아니오, 우리는 알지 못합니다"라고 말하고는, 왜 "예, 우리는 압니다" 라고 말했느냐?

4) 주하는 그의 질문을 세번째 했을 때 어떤 대답을 들었느냐? 왜 이런 대답을 들었겠는가?

5) 사람들은 어떤 상황에 일화를 말하는가?

6) 주하는 실존 인물인가, 상징적 인물인가? 왜 그렇게 생각하나?

마. 종합 연습　　　　　　　　　　　　　　　　　هـ - التمارين العامة

연습12. 쓰기, أَنَّ / أَنْ 절

إِنَّ ، أَنَّ ، أَنْ 중의 하나를 사용하여 괄호 안의 말을 본 문장에 붙이고, 우리 말로 옮겨라.

١ - لم أكن أعلم (الاجتماع السياسي دام ثلاث ساعات) •

٢ - قيل لي (بينكم ادباء عرب) •

٣ - يجب (يحضرون) كتبهم معهم •

٤ - يرغب ابني في (يسافر) الى باريس لدراسة الادب الفرنسي •

٥ - سوف تمنعك الحكومة من (تنشر) هذا الكتاب •

٦ - ساعدته على (يدرس) القواعد الصحية •

٧ - أعلم (يفضّلون) العمل هنا على العمل في السودان •

٨ - أظهر الكاتب في مقاله (تقدمت الصناعة) في مصر تقدّما عظيما •

٩ - أحبّ (يحترم ابني) أساتذته •

연습13. 쓰기, 변형 : 능동태 → 수동태

١ - سوف يسألكم الأستاذ عن رأيكم في هذه المشكلة الدولية •

٢ - يقول المصريون إن نجيب محفوظ من أعظم كتاب القصة المعاصرين•

٣ - سوف يذكر الكاتب أعمال الحزب في الكتاب •

٤ - سيعيّن الوزير رئيسا جديدا للجامعة هذا الأسبوع •

٥ - في جميع بلاد العالم تقاوم الشعوب الحكم الأجنبي •

٦ - سوف تنشىء الحكومة عددا من المصانع الجديدة هذا العام •

٧ ـ ينتخب الشعب الرئيس الامريكي كل اربع سنوات •

٨ ـ في الشرق الاوسط يستقبل الناس الزائر بالترحيب والاكرام •

연습14. 쓰기, 전개 : 관계절

괄호 안의 표현으로 밑줄 친 단어를 수식하여 다음 문장을 다시 써라.

قابلت رجلا في مكتب المدير • (من سوريا) ← ‘나는 국장실에서 한 사람을 만났다.(시리아에서 온)’ →

قابلت رجلا من سوريا في مكتب المدير • ‘나는 국장실에서 시리아에서 온 한 사람을 만났다.’

١ ـ بعض المهندسين عرب وبعضهم أجانب •(تستخدمهم شركة أرامكو)

٢ ـ يتحدث الكتاب عن وضع المرأة العربية • (ترجمتُهُ)

٣ ـ مي زيادة أديبة عربية معروفة • (أحبها جبران خليل جبران)

٤ ـ نازك الملائكة من الاديبات المعروفات • (تأثرت بهنّ النهضة الادبية في العالم العربي)

٥ ـ قَاسِمٌ أَمِينٌ من اهمّ المفكرين العرب • (طالبوا بأن تمنح المرأة حقوقها الاجتماعية)

٦ ـ قابلت استاذا فرنسيا امس • (يدرّس في جامعة القاهرة)

٧ ـ قرأت كتابا عن الكاتبين طَهَ حُسَيْنٍ وعَبَّاسٍ ٱلْعَقَّادِ • (خدما الادب العربي خدمة عظيمة)

٨ ـ ذكر الكاتب في مقالته أديبتين هامتين لهما مكانة عالية •
(هما مي زيادة ونازك الملائكة) •

٩ ـ لا اعرف الرجل • (في مكتب المدير)

١٠ ـ نشرت جريدة النيويورك تايمز مقالة عن النساء العربيات (يطالبن بحرية التصرف)

١١ ـ الاستاذتان العربيتان من لبنان • (في جامعة جورجتاون)

연습15. 어 휘

다음의 주어진 단어를 빈 칸에 알맞게 넣어라.

غالب ، صغير ، مستعدة ، منتشرة ، يعود ، اراسل ، انتقلت ، حافظت على ، عاصرت ، زمن •

١ ـ ______ صديقا من امريكا منذ ______ طويل •

٢ ـ ______ عائلتي الى بغداد منذ سنة •

٣ ـ هذه المجلة ______ في كل العالم العربي •

٤ ـ اذهب الى المكتبة بعد الصف في ______ الاحيان ثم ارجع الى البيت•

제 32 과

الدرس الثاني والثلاثون

أ - اَلْجُمَلُ التَّمْهِيدِيَّةُ

가. 예비문

اَلزَّيْتُ الْعَرَبِيُّ

아랍 석유

١ - مَوَارِدُ الزَّيْتِ كَثِيرَةٌ فِي بَعْضِ الْبُلْدَانِ الْعَرَبِيَّةِ، لٰكِنَّهَا قَلِيلَةٌ فِي الْبَعْضِ الْآخَرِ.

석유 자원은 몇몇 아랍 국가들에는 많지만, 다른 일부에서는 적다.

مَوْرِدٌ - مَوَارِدُ — 자원

زَيْتٌ - زُيُوتٌ — (집합) 기름, 석유

بَلَدٌ - بُلْدَانٌ، بِلَادٌ — (남 또는 여) 나라

٢ - مِنَ الدُّوَلِ الْغَنِيَّةِ بِالزَّيْتِ: الْكُوَيْتُ وَالسُّعُودِيَّةُ وَالْعِرَاقُ وَلِيبِيَا وَمِنَ الدُّوَلِ الْعَرَبِيَّةِ الْفَقِيرَةِ فِي مَوَارِدِ الزَّيْتِ: سُورِيَا وَلُبْنَانُ وَالْأُرْدُنُّ وَتُونِسُ.

석유가 풍부한 나라 중에는 쿠웨이트 · 사우디 아라비아 · 이락 · 리비아가 있고, 석유 자원이 빈약한 아랍 국가 중에는 시리아 · 레바논 · 요르단 · 튀니지가 있다.

غَنِيٌّ - أَغْنِيَاءُ (بِـ) — (~이) 부유한, 풍부한

فَقِيرٌ - فُقَرَاءُ (فِي) — (~이) 빈약한, 가난한

٣ - اِسْتَفَادَتْ تِلْكَ الدُّوَلُ الْغَنِيَّةُ بِالزَّيْتِ اسْتِفَادَةً كَبِيرَةً مِنْ إِنْتَاجِ الزَّيْتِ فَنَتِيجَةً لِإِنْتَاجِهِ تَقَدَّمَ الِاقْتِصَادُ فِي تِلْكَ الدُّوَلِ تَقَدُّمًا عَظِيمًا.

석유가 풍부한 그 국가들은 석유 생산에서 큰 이득을 얻었으며, 그것의 생산의 결과로 그들 국가의 경제는 크게 발전했다.

اِسْتَفَادَ، اِسْتِفَادَةٌ (مِنْ، بِـ) — (~에서) 이득을 얻다 ; 이용하다

نَتِيجَةٌ - نَتَائِجُ — 결과

نَتِيجَةً لِـ — ~의 결과로

٤ - كَانَ لِإِنْتَاجِ الزَّيْتِ تَأْثِيرٌ كَبِيرٌ عَلَى الِاقْتِصَادِ الْعَرَبِيِّ.

석유 생산은 아랍 경제에 큰 영향력을 미쳤다.

٥ - فَقَدْ حَسَّنَ ٱلْأَوْضَاعَ ٱلِاقْتِصَادِيَّةَ إِلَى حَدٍّ بَعِيدٍ وَبِسَبَبِ ٱلزَّيْتِ أَصْبَحَتْ فِي ٱلْعَالَمِ ٱلْعَرَبِيِّ ٱلْيَوْمَ دُوَلٌ غَنِيَّةٌ .

그것은 경제 상황을 최대로 개선시켰으며, 석유로 인해 오늘날 아랍 세계에는 부국들이 있게 되었다.

حَسَّنَ ، تَحْسِينٌ — Ⅱ (~을) 개선하다

سَبَبٌ - أَسْبَابٌ — 이유, 원인

بِسَبَبِ — ~의 이유로, ~으로 인해

٦ - كَانَ إِنْتَاجُ ٱلزَّيْتِ فِي مِصْرَ قَلِيلًا لٰكِنَّهُ ٱزْدَادَ فِي ٱلسَّنَوَاتِ ٱلْأَخِيرَةِ وَسَبَّبَ ذٰلِكَ تَقَدُّمًا عَظِيمًا فِي ٱلْوَضْعِ ٱلِاقْتِصَادِيِّ .

이집트의 석유 생산은 적었으나 최근 수년에 늘어났으며, 그것은 경제 상황에서 큰 발전을 일으켰다.

ازْدَادَ ، ازْدِيَادٌ — Ⅷ 늘(어나)다, 증가하다

سَبَّبَ ، تَسْبِيبٌ — Ⅱ 야기하다, 일으키다, 초래하다

٧ - يَحْتَاجُ إِنْتَاجُ ٱلزَّيْتِ إِلَى خِبْرَةٍ كَبِيرَةٍ .

석유 생산은 큰 전문기술이 필요하다.

احْتَاجَ ، احْتِيَاجٌ إِلَى ، لِ — Ⅷ ~이 필요하다

[خِبْرَةٌ] — 〔경험 ; 전문기술〕

٨ - أَقَامَتْ شَرِكَاتُ ٱلزَّيْتِ عَدَدًا كَبِيرًا مِنَ ٱلْمَصَانِعِ فِي ٱلْعَالَمِ ٱلْعَرَبِيِّ وَلَمْ تَكُنْ إِقَامَةُ هٰذِهِ ٱلْمَصَانِعِ أَمْرًا سَهْلًا .

석유 회사들이 아랍 세계에 많은 수의 공장을 세웠는데, 이들 공장의 건설은 쉬운 일이 아니었다.

أَقَامَ ، إِقَامَةٌ — Ⅳ 머무르다, 거주하다, 체류하다; 세우다, 건축하다, 건설하다

٩ - تَمْتَازُ شَرِكَةُ أَرَامْكُو بِأَنَّهَا أَكْبَرُ شَرِكَةٍ لِلزَّيْتِ فِي ٱلشَّرْقِ ٱلْأَوْسَطِ .

아람코 회사는 중동에서 가장 큰 석유 회사라는 특징이 있다.

امْتَازَ ، امْتِيَازٌ بِ — Ⅷ ~으로 구별이 되다, ~의 특징이 있다

١٠ ـ تَشْتَرِكُ ٱلْحُكُومَةُ ٱلسُّعُودِيَّةُ ٱلْآنَ فِي إِدَارَتِهَا مَعَ ٱلشَّرِكَاتِ ٱلْأَمْرِيكِيَّةِ .

사우디 정부는 지금 미국 회사들과 그 경영에 참여하고 있다.

اِشْتَرَكَ ، اِشْتِرَاكٌ فِي

Ⅷ ~에 참여하다

أَدَارَ ، إِدَارَةٌ

Ⅳ 지배하다, 경영하다, 관리하다

١١ ـ فِي ٱلسَّنَوَاتِ ٱلْأَخِيرَةِ ٱسْتَطَاعَ ٱلْمُهَنْدِسُونَ ٱلْعَرَبُ أَنْ يُشَارِكُوا ٱلْأَجَانِبَ فِي ٱلْإِشْرَافِ عَلَى إِنْتَاجِ ٱلزَّيْتِ .

최근 수 년에 아랍 기사들이 석유 생산의 감독에 외국인들과 참여할 수 있었다.

اِسْتَطَاعَ ، اِسْتِطَاعَةٌ

X (+목적격 목적어 또는 أَنْ) 할 수 있다

١٢ ـ فِي مُقَابَلَةٍ صُحُفِيَّةٍ قَالَ وَزِيرٌ سُعُودِيٌّ: نُرِيدُ أَنْ تَكُونَ شَرِكَةُ أَرَامْكُوا عَرَبِيَّةً .

한 신문 회견에서 한 사우디 장관은, "우리는 아람코 회사가 아랍화되기를 바란다"고 말했다.

أَرَادَ ، إِرَادَةٌ

Ⅳ 바라다, 요망하다

ب ـ النص الاساسيّ

اَلزَّيْتُ ٱلْعَرَبِيُّ

تَمْتَازُ بُلْدَانٌ عَرَبِيَّةٌ كَثِيرَةٌ بِأَنَّهَا غَنِيَّةٌ بِمَوَارِدِ ٱلزَّيْتِ ، وَمِنْ تِلْكَ ٱلْبُلْدَانِ ٱلْمَمْلَكَةُ ٱلْعَرَبِيَّةُ ٱلسُّعُودِيَّةُ وَٱلْكُوَيْتُ وَلِيبِيَا وَٱلْعِرَاقُ وَدَوْلَةُ ٱلْإِمَارَاتِ ٱلْعَرَبِيَّةِ ٱلْمُتَّحِدَةِ وَٱلْجَزَائِرُ . وَتُعْتَبَرُ ٱلْمَمْلَكَةُ ٱلْعَرَبِيَّةُ ٱلسُّعُودِيَّةُ مِنْ أَغْنَى دُوَلِ ٱلْعَالَمِ بِٱلزَّيْتِ وَمِنْ أَكْثَرِهَا إِنْتَاجًا لَهُ .

왕국 / 아랍토후국 연합

لَيْسَ إِنْتَاجُ ٱلزَّيْتِ سَهْلًا ، فَهُوَ يَحْتَاجُ إِلَى جُهُودٍ عَظِيمَةٍ . وَقَدْ أَقَامَتِ ٱلشَّرِكَاتُ ٱلْأَجْنَبِيَّةُ ٱلْمَصَانِعَ ٱلْحَدِيثَةَ فِي ٱلْبِلَادِ ٱلْعَرَبِيَّةِ لِإِنْتَاجِهِ ؛ وَتُدِيرُ ٱلدُّوَلُ ٱلْعَرَبِيَّةُ ٱلْيَوْمَ عَدَدًا غَيْرَ قَلِيلٍ مِنْ هٰذِهِ ٱلْمَصَانِعِ ، وَلٰكِنَّ بَعْضَ ٱلدُّوَلِ ٱلْعَرَبِيَّةِ تُرِيدُ ٱلسَّيْطَرَةَ عَلَى جَمِيعِ ٱلْمَصَانِعِ ٱلَّتِي فِيهَا .

아라비아 반도

تَقَدَّمَ ٱلِاقْتِصَادُ فِي ٱلدُّوَلِ ٱلْعَرَبِيَّةِ بِسَبَبِ ٱلزَّيْتِ ، بَلْ إِنَّ ٱلْجَزِيرَةَ ٱلْعَرَبِيَّةَ تَعْتَمِدُ عَلَى ٱلزَّيْتِ كُلَّ ٱلِاعْتِمَادِ لِأَنَّهَا فَقِيرَةٌ فِي ٱلْمَوَارِدِ ٱلِاقْتِصَادِيَّةِ ٱلْأُخْرَى ، وَلِأَنَّهَا صَحْرَاوِيَّةٌ وَمِيَاهُهَا قَلِيلَةٌ . وَلَعَلَّنَا نَسْتَطِيعُ أَنْ نَقُولَ إِنَّ ٱلْجَزِيرَةَ ٱلْعَرَبِيَّةَ " هِبَةُ ٱلزَّيْتِ " كَمَا قَالَ هِيرُودُتُس إِنَّ مِصْرَ "هِبَةُ ٱلنِّيلِ".

선물

كَانَ لِلزَّيْتِ تَأْثِيرٌ عَظِيمٌ عَلَى ٱلْحَيَاةِ ٱلِاجْتِمَاعِيَّةِ فِي ٱلْعَالَمِ ٱلْعَرَبِيِّ: فَقَدِ ٱسْتَخْدَمَتْ شَرِكَاتُ ٱلزَّيْتِ عَدَدًا كَبِيرًا مِنَ ٱلْمُوَظَّفِينَ وَسَبَّبَ ذٰلِكَ تَغَيُّرًا فِي ٱلْحَيَاةِ ٱلْعَرَبِيَّةِ بِبَعْضِ ٱلْمَنَاطِقِ ؛ كَذٰلِكَ ٱسْتَفَادَتِ ٱلْحَيَاةُ ٱلِاجْتِمَاعِيَّةُ مِنِ ٱزْدِيَادِ ٱلدَّخْلِ .

수입

وَنَتِيجَةً لِإِنْتَاجِ ٱلزَّيْتِ ٱسْتَطَاعَتِ ٱلدُّوَلُ ٱلْعَرَبِيَّةُ أَنْ تُؤَثِّرَ فِي ٱلسِّيَاسَةِ ٱلْعَالَمِيَّةِ إِلَى حَدٍّ بَعِيدٍ ، وَلَعَلَّ لِذٰلِكَ عَلَاقَةً بِٱلْمُؤْتَمَرَاتِ ٱلسِّيَاسِيَّةِ ٱلْكَثِيرَةِ ٱلَّتِي ٱشْتَرَكَتْ فِيهَا ٱلدُّوَلُ ٱلْعَرَبِيَّةُ أَخِيرًا .

وَقَدْ قَدَّمَتِ ٱلدُّوَلُ ٱلْعَرَبِيَّةُ ٱلْمُنْتِجَةُ لِلزَّيْتِ مُسَاعَدَاتٍ ٱقْتِصَادِيَّةً كَبِيرَةً لِلدُّوَلِ ٱلْعَرَبِيَّةِ ٱلْفَقِيرَةِ ، بَلْ إِنَّ بَعْضَ ٱلدُّوَلِ ٱلْعَرَبِيَّةِ ٱلْغَنِيَّةِ بِٱلزَّيْتِ قَدَّمَتْ مُسَاعَدَاتٍ ٱقْتِصَادِيَّةً لِدُوَلٍ إِسْلَامِيَّةٍ غَيْرِ عَرَبِيَّةٍ وَلِدُوَلٍ غَيْرِ إِسْلَامِيَّةٍ خَارِجَ ٱلْعَالَمِ ٱلْعَرَبِيِّ . وَكَانَ هٰذَا سَبَبًا هَامًّا فِي تَحْسِينِ ٱلْعَلَاقَاتِ بَيْنَ هٰذِهِ ٱلدُّوَلِ وَٱلْعَالَمِ ٱلْعَرَبِيِّ .

물음

أسئلة

١ ــ اذكر بعض البلدان العربية الغنية بالزيت .

٢ ــ لماذا يسمح للشركات الاجنبية بانتاج الزيت في البلدان العربية ؟ كيف تعرف أنّ بعض الدول العربية غير سعيدة بذلك ؟

٣ ــ هل تأثير الزيت على الاقتصاد العربيّ أعظم من تأثيره على الاقتصاد الامريكي ؟ لماذا ؟

٤ ــ ماهي الدول التي تساعدها البلدان العربية الغنية بالزيت ؟

٥ ــ أثّر الزيت على ثلاثة أوضاع في الشرق الاوسط.ما هي تلك الاوضاع؟

나. 기본문

아랍 석유

많은 아랍 국가들은 석유 자원이 풍부하다는 것으로 알려져 있다. 그들 국가 중에는 사우디 아라비아 왕국 · 쿠웨이트 · 리비아 · 이락 · 아랍토후국 연합 · 알제리가 있다. 사우디 아라비아 왕국은 세계에서 석유가 가장 풍부한 나라 중의 하나이고 석유 생산을 가장 많이 하는 나라 중의 하나로 여겨 지고 있다.

석유 생산은 쉽지 않다. 그것은 커다란 노력이 필요하기 때문이다. 외국 회사들은 석유 생산을 위해서 아랍 국가들에 현대식 공장들을 세웠다. 그리고 오늘날 아랍국들은 이들 공장들의 적지 않은 수를 경영하고 있다. 그러나, 몇몇 아랍국들은 자국의 모든 공장을 관리하기를 원하고 있다.

아랍 국가들의 경제는 석유로 인하여 발전했다. 오히려 아라비아 반도는 다른 경제적 자원이 부족하고 물이 적은 사막이기 때문에 석유에 전적으로 의존하고 있다. 아마도 우리는 헤로도토스가 이집트를 "나일 강의 선물"이라고 말한 것과 같이 아라비아 반도를 "석유의 선물"이라고 말할 수 있을 것이다.

석유는 아랍 세계의 사회생활에 큰 영향을 끼쳤다. 석유 회사들은 수많은 직원들을 고용했고, 그것이 몇몇 지역의 아랍인의 생활에 변화를 일으켰기 때문이다. 또한, 사회생활은 수입의 증가로 유익하게 되었다.

석유 생산의 결과로 아랍 국가들은 세계 정치에 최대로 영향을 미칠 수 있었다. 그것은 아마도 최근에 아랍 국가들이 참여한 많은 정치적 회의와 관계가 있을 것이다.

석유를 생산하는 아랍 국가들은 빈곤한 아랍 국가들에게 큰 경제적 도움을 주었다. 더군다나 석유가 풍부한 몇몇 아랍 국가들은 비아랍계 이슬람 국가들과 아랍 세계 외의 비이슬람 국가들에게 경제원조를 했다. 그리고 이것은 이들 국가와 아랍 세계 사이의 관계 개선에 중요한 원인이 되었다.

1 ع 약동사 : 파생형
2. ع 약어근 : 음운규칙
3. 구별의 목적어 : تمييز
4. 절인도사 إنَّ '참으로'

1. ع 약동사 : 파생형

ع 약동사의 파생형 중에서 Ⅱ, Ⅲ, Ⅴ, Ⅵ, Ⅸ형의 5 개는 강동사로 마찬가지로 변화한다.

(보기) عَيَّنَ '임명하다'(Ⅱ)는 دَرَّسَ '가르치다'(Ⅱ)처럼, تَنَاوَلَ '처리하다'(Ⅵ)는 تَرَاسَلَ '서로 교신하다'(Ⅵ)처럼 활용을 한다. 그래서, 여기에서는 Ⅳ, Ⅶ, Ⅷ, Ⅹ형에 대해서만 익히도록 한다.

원형과 파생형에서의 활용의 차이점은, 파생형에서는 원형에서와는 달리 뒤에 오는 대명사 앞 음절의 개·폐에 관계없이 모음의 질에는 변화가 없이 폐음절에서 장모음만 짧아진다(아래의 다. 2.ㄱ의 규칙 ㄱ. 1. 참조)는 점이다.

(보기) أَدَارَ '그는 지배했다' → أَدَرْتَ '당신(남)은 지배했다'

ㄱ. Ⅳ형

Ⅳ형의 ع약 어간은 다음과 같다.

	장 어 간	단 어 간
완 료 형	أَفَال	أَفَلْ
미 완 료 형	فِيل	فِلْ

이를 أَدَارَ '지배하다, 경영하다'(어근 : دور) 동사로 도시한다.

أَدَارَ – يُدِيرُ

	완 료 형	미 완 료 형			
		직 설 법	접 속 법	단 축 법	명 령 법
3 남단	أَدَارَ	يُدِيرُ	يُدِيرَ	يُدِرْ	
여단	أَدَارَتْ	تُدِيرُ	تُدِيرَ	تُدِرْ	
2 남단	أَدَرْتَ	تُدِيرُ	تُدِيرَ	تُدِرْ	أَدِرْ
여단	أَدَرْتِ	تُدِيرِينَ	تُدِيرِي	تُدِيرِي	أَدِيرِي
1 단	أَدَرْتُ	أُدِيرُ	أُدِيرَ	أُدِرْ	
3 남쌍	أَدَارَا	يُدِيرَانِ	يُدِيرَا	يُدِيرَا	
여쌍	أَدَارَتَا	تُدِيرَانِ	تُدِيرَا	تُدِيرَا	
2 쌍	أَدَرْتُمَا	تُدِيرَانِ	تُدِيرَا	تُدِيرَا	أَدِيرَا
3 남복	أَدَارُوا	يُدِيرُونَ	يُدِيرُوا	يُدِيرُوا	
여복	أَدَرْنَ	يُدِرْنَ	يُدِرْنَ	يُدِرْنَ	
2 남복	أَدَرْتُمْ	تُدِيرُونَ	تُدِيرُوا	تُدِيرُوا	أَدِيرُوا
여복	أَدَرْتُنَّ	تُدِرْنَ	تُدِرْنَ	تُدِرْنَ	أَدِرْنَ
1 복	أَدَرْنَا	نُدِيرُ	نُدِيرَ	نُدِرْ	

수동태 어간은 다음과 같다.

	장 어 간	단 어 간
완 료 형	أُفِيل	أُفِلْ
미 완 료 형	فَال	فَلْ

(보기)

أُدِيرُوا	'그들(남)은 지배받았다'	أُدِرْنَ	'그들(여)은 지배받았다'
يُدَارُونَ	'그들(남)은 지배받는다'	يُدَرْنَ	'그들(여)은 지배받는다'

	형	보 기
능 동 분 사	مُفِيلٌ	مُدِيرٌ '지배하는, 경영하는'
수 동 분 사	مُفَالٌ	مُدَارٌ '지배되는'
동 명 사	إِفَالَةٌ	إِدَارَةٌ '지배, 경영'

동명사형의 ـَةٌ 에 주의하라.

다음은 지금까지 나온 ع 약의 IV형 동사이다.

أَقَامَ ، إِقَامَةٌ	'세우다, 건축하다'
أَرَادَ ، إِرَادَةٌ	'원하다, 바라다'

ㄴ. VII형

	장 어 간	단 어 간
완 료 형	نْفَالَ	نْفَلْ
미 완 료 형	نْفَالُ	نْفَلْ

VII형 미완료형 및 능동분사의 중간모음 ـِ 는 음운규칙상 원래의 앞의 ـَ 모음의 영향으로 ـَا 로 변하는 데에 주의하라(아래의 다. 2. ㄱ의 규칙 ع 2 참조).

إِنْحازَ – يَنْحازُ الى '~의 편을 들다, ~에 편파적이다' (어근: حوز 또는 حيز)

	완료형	미완료형			
		직설법	접속법	단축법	명령법
3 남단	إِنْحازَ	يَنْحازُ	يَنْحازَ	يَنْحَزْ	
여단	إِنْحازَتْ	تَنْحازُ	تَنْحازَ	تَنْحَزْ	
2 남단	إِنْحَزْتَ	تَنْحازُ	تَنْحازَ	تَنْحَزْ	إِنْحَزْ
여단	إِنْحَزْتِ	تَنْحازِينَ	تَنْحازِي	تَنْحازِي	إِنْحازِي
1 단	إِنْحَزْتُ	أَنْحازُ	أَنْحازَ	أَنْحَزْ	
3 남쌍	إِنْحازا	يَنْحازانِ	يَنْحازا	يَنْحازا	
여쌍	إِنْحازَتا	تَنْحازانِ	تَنْحازا	تَنْحازا	
2 쌍	إِنْحَزْتُما	تَنْحازانِ	تَنْحازا	تَنْحازا	إِنْحازا
3 남복	إِنْحازوا	يَنْحازونَ	يَنْحازوا	يَنْحازوا	
여복	إِنْحَزْنَ	يَنْحَزْنَ	يَنْحَزْنَ	يَنْحَزْنَ	
2 남복	إِنْحَزْتُمْ	تَنْحازونَ	تَنْحازوا	تَنْحازوا	إِنْحازوا
여복	إِنْحَزْتُنَّ	تَنْحَزْنَ	تَنْحَزْنَ	تَنْحَزْنَ	إِنْحَزْنَ
1 복	إِنْحَزْنا	نَنْحازُ	نَنْحازَ	نَنْحَزْ	

능동분사	مُنْفَالٌ	مُنْحازٌ الى '~에 편파적인'
동명사	إِنْفِيالٌ	إِنْحِيازٌ '편파'

Ⅶ형은 자동사이므로 수동태가 없다.

ㄷ. Ⅷ형

	장 어 간	단 어 간
완 료 형	فْتَال	فْتَلْ
미 완 료 형	فْتَال	فْتَلْ

Ⅷ형 미완료형 및 능동분사의 중간모음 ِ 도 Ⅷ형에서와 마찬가지로 ـَا 로 변하는 데에 주의하라(아래의 다. 2. ㄱ의 규칙 ع 2 참조).

اِزْدَادَ — يَزْدَادُ '늘다, 증가하다'(어근 : زيد).

	완 료 형	미 완 료 형			
		직 설 법	접 속 법	단 축 법	명 령 법
3 남단	اِزْدَادَ	يَزْدَادُ	يَزْدَادَ	يَزْدَدْ	
여단	اِزْدَادَتْ	تَزْدَادُ	تَزْدَادَ	تَزْدَدْ	
2 남단	اِزْدَدْتَ	تَزْدَادُ	تَزْدَادَ	تَزْدَدْ	اِزْدَدْ
여단	اِزْدَدْتِ	تَزْدَادِينَ	تَزْدَادِي	تَزْدَادِي	اِزْدَادِي
1 단	اِزْدَدْتُ	أَزْدَادُ	أَزْدَادَ	أَزْدَدْ	
3 남쌍	اِزْدَادَا	يَزْدَادَانِ	يَزْدَادَا	يَزْدَادَا	
여쌍	اِزْدَادَتَا	تَزْدَادَانِ	تَزْدَادَا	تَزْدَادَا	
2 쌍	اِزْدَدْتُمَا	تَزْدَادَانِ	تَزْدَادَا	تَزْدَادَا	اِزْدَادَا
3 남복	اِزْدَادُوا	يَزْدَادُونَ	يَزْدَادُوا	يَزْدَادُوا	
여복	اِزْدَدْنَ	يَزْدَدْنَ	يَزْدَدْنَ	يَزْدَدْنَ	
2 남복	اِزْدَدْتُمْ	تَزْدَادُونَ	تَزْدَادُوا	تَزْدَادُوا	اِزْدَادُوا
여복	اِزْدَدْتُنَّ	تَزْدَدْنَ	تَزْدَدْنَ	تَزْدَدْنَ	اِزْدَدْنَ
1 복	اِزْدَدْنَا	نَزْدَادُ	نَزْدَادَ	نَزْدَدْ	

능 동 분 사	مُفْتَالٌ	مُزْدَادٌ '느는, 증가하는'
동 명 사	اِفْتِيَالٌ	اِزْدِيَادٌ '증가'

Ⅷ형의 수동태는 드물다.

다음은 지금까지 나온 ع약 Ⅷ형 동사이다.

اِحْتَاجَ إِلَى	'~이 필요하다' (어근 : حوج)
اِمْتَازَ بِ	'~으로 구별이 되다, ~의 [illegible]rized by' (M [illegible]

ㄹ. X형

	장 어 간	단 어 간
완 료 형	سْتَفَال	سْتَفَلْ
미 완 료 형	سْتَفِيل	سْتَفِلْ

اِسْتَفَادَ ـ يَسْتَفِيدُ (مِنْ ، بِ) '(~에서) 이득을 얻다' (어근 : فيد)

	완 료 형	미 완 료 형			
		직 설 법	접 속 법	단 축 법	명 령 법
3 남단	اِسْتَفَادَ	يَسْتَفِيدُ	يَسْتَفِيدَ	يَسْتَفِدْ	
여단	اِسْتَفَادَتْ	تَسْتَفِيدُ	تَسْتَفِيدَ	تَسْتَفِدْ	
2 MS	اِسْتَفَدْتَ	تَسْتَفِيدُ	تَسْتَفِيدَ	تَسْتَفِدْ	اِسْتَفِدْ
여단	اِسْتَفَدْتِ	تَسْتَفِيدِينَ	تَسْتَفِيدِي	تَسْتَفِيدِي	اِسْتَفِيدِي
1 단	اِسْتَفَدْتُ	أَسْتَفِيدُ	أَسْتَفِيدَ	أَسْتَفِدْ	
3 남쌍	اِسْتَفَادَا	يَسْتَفِيدَانِ	يَسْتَفِيدَا	يَسْتَفِيدَا	

FD	اِسْتَفَادَتَا	تَسْتَفِيدَانِ	تَسْتَفِيدَا	تَسْتَفِيدَا	
2쌍	اِسْتَفَدْتُمَا	تَسْتَفِيدَانِ	تَسْتَفِيدَا	تَسْتَفِيدَا	اِسْتَفِيدَا
3남복	اِسْتَفَادُوا	يَسْتَفِيدُونَ	يَسْتَفِيدُوا	يَسْتَفِيدُوا	
여복	اِسْتَفَدْنَ	يَسْتَفِدْنَ	يَسْتَفِدْنَ	يَسْتَفِدْنَ	
2남복	اِسْتَفَدْتُمْ	تَسْتَفِيدُونَ	تَسْتَفِيدُوا	تَسْتَفِيدُوا	اِسْتَفِيدُوا
여복	اِسْتَفَدْتُنَّ	تَسْتَفِدْنَ	تَسْتَفِدْنَ	تَسْتَفِدْنَ	اِسْتَفِدْنَ
1복	اِسْتَفَدْنَا	نَسْتَفِيدُ	نَسْتَفِيدَ	نَسْتَفِدْ	

능 동 분 사	مُسْتَفْعِلٌ	مُسْتَفِيدٌ '이득을 얻는'
동 명 사	اِسْتِفَالَةٌ	اِسْتِفَادَةٌ '이득, 이익'

ع 약동사의 X형의 동명사는 Ⅳ형에서와 마찬가지로 ـَةٌ 로 끝나는 데에 주의하라.

수동태 어간은 다음과 같다.

	장 어 간	단 어 간
완 료 형	سْتُفِيل	سْتُفِلْ
미 완 료 형	سْتَفَال	سْتَفَلْ

(보기):

اُسْتُفِيدَ مِنْ ذَلِكَ .	'그것에서 이득이 얻어졌다.' ='그것에서 이득을 얻었다.'
يُسْتَفَادُ مِنْ ذَلِكَ .	'그것에서 이득을 얻는다.'

지금까지 나온 ع약 X형동사는 다음과 같다.

اِسْتَطَاعَ ، اِسْتِطَاعَةٌ '~을 할 수 있다'

주: اِسْتَطَاعَ 는 그 뒤에 목적격의 동명사나 أَنْ 절이 올 수 있다.

(보기)

اَلْقَوْلَ إِنَّ ...
أَنْ نَقُولَ إِنَّ ..
} نَسْتَطِيعُ '우리는 ~이라고 말할 수 있다.'

〈 ع약동사 파생형의 요약〉

형	시 상	장 어 간	단 어 간	보 기	
IV	완 료 형	أَفَال	أَفَلْ	أَدَارَ	أَدَرْتُ
	미 완 료 형	فِيل	فِلْ	يُدِيرُ	يُدِرْ
VII	완 료 형	نْفَال	نْفَلْ	اِنْحَازَ	اِنْحَزْتُ
	미 완 료 형	نْفَال	نْفَلْ	يَنْحَازُ	يَنْحَزْ
VIII	완 료 형	فْتَال	فْتَلْ	اِزْدَادَ	اِزْدَدتُّ
	미 완 료 형	فْتَال	فْتَلْ	يَزْدَادُ	يَزْدَدْ
X	완 료 형	سْتَفَال	سْتَفَلْ	اِسْتَفَادَ	اِسْتَفَدْتُ
	미 완 료 형	سْتَفِيل	سْتَفِلْ	يَسْتَفِيدُ	يَسْتَفِدْ

연습 1. (테이프에 수록) 동사활용: ع 약동사 완료형·미완료형

연습 2. (테이프에도 수록) ع 약동사 단축법·접속법

أ — استفدنا من المصنع الجديد استفادة كبيرة • ‘우리는 그 새 공장에서 크게 이득을 얻었다.’

ط١ — لم نستفد من المصنع الجديد استفادة كبيرة • ‘우리는 그 새 공장에서 크게 이득을 얻지 못했다.’

ط ٢ — لن نستفيد من المصنع الجديد استفادة كبيرة • ‘우리는 그 새 공장에서 크게 이득을 얻지 못할 것이다.’

١ — ازداد عدد المدارس في هذه المنطقة ازديادا كبيرا •

٢ — احتجتُ الى سيّارة جديدة •

٣ — أقمن في مصر زمنا طويلا •

٤ — أدار المصنع خمس سنوات •

٥ — استطاعوا ان يحققوا تقدما كبيرا •

٦ — احتاجت الى كتب عربية •

٧ — استطعت أن اقابل الوزير •

٨ — ازددنا احتراماً للمدير • 존경면에서 (아래의 다. 3 참조)

연습 3. 변형 : 동사 → 능동분사

من الذي يشرف على ادارة هذا المصنع ؟ ‘이 공장 경영을 감독하는 사람은 누구냐?’

السيد فريد علي • ← ‘파리드 알리 씨’ →

السيد فريد علي هو المشرف على ادارة هذا المصنع ‘파리드 알리 씨가 이 공장 경영의 감독자이다.’

١ — من الذين يحتاجون الى كتب نجيب محفوظ ؟ طلابي •

٢ — من الذين يستفيدون من السياسة الجديدة ؟ العمّال •

٣ - من اللواتي يمتزن بحبهن للحرية ؟ الامريكيات .

٤ - من اللواتي يطالبن بتغيير سياسة الجامعة ؟ الاستاذات .

٥ - من الذي ترجم الكتاب ؟ فرانسيس وليم .

٦ - من الذي يدير هذا المكتب ؟ السيد سامي بَشِيرٌ .

연습 4. 쓰기, 완성하기

다음 빈 칸을 채워라.

능동분사	수동분사	수동태 미완료형	능동태 미완료형	수동태 완료형
	مقام			
مدير				
				استفيد
محتاج	(드묾)	(드묾)		(드묾)
			يستعيد	
		يعاد(IV)		

2. ع 약어근 : 음운규칙

아랍어에서의 어형 변화는, 어근의 모든 어근자가 강문자로만 되어 있는 강변화형이 어느 한 어근자 이상이 약문자로 되어 있는 약변화 형에도 그대로 적용된다. 그러나 이 두 변화형에서는 약문자의 특성(다른 약문자로 변하거나 단모음의 흔적을 남기고 탈락하는 점 등) 때문에 발음상의 차이가 생기는데 이를 음운규칙으로 설명할 수 있다.

여기에서는 ع 약어근의 음운규칙을 동사 · 동명사 · 분사별로 설명한다.

다음에서 'ㅇ', 'ㅁ', 'ㅈ'은 각각 임의의 약문자(و 또는 ي) · 단모음 · 자음을 나타낸다. 또 규칙 기호의 ع은 ع 약어근의 음운규칙임을 나타낸다.

ㄱ. 동 사

〈규칙 ع1〉 두 단모음 사이의 약문자는 탈락한다 : ㅁㅇㅁ → ㅁㅁ. 이 때에 두 단모음이 같으면 장모음으로 된다.

(보기)

Ⅶ	اِنْحَوَزَ	→	اِنْحَازَ	'그는 편들었다'
Ⅷ	اِزْدَيَدَ	→	اِزْدَادَ	'그것은 늘어난다'

아랍어에서는 서로 다른 두 모음이 연달아 오지 못한다. 그러므로 위 규칙의 결과로 ㅁㅁ이 서로 다른 모음의 연속일 때는 규칙 ع2의 적용을 받는다.

I	نَوِمَ	→	نَـِمَ	규칙 ع2의 적용
I	سَيِرَ	→	سَـِرَ	
I	زَوُرَ	→	زَـُرَ	
I	زُوِرَ	→	زُـِرَ	

〈규칙 ع2〉 서로 다른 두 단모음이나 어느 한 편이 약문자인 연속음은 장모음으로 된다.

ㅁㅁ(서로 다른 단모음)

ㅁㅇ } ㅁㅁ(장모음)

ㅇㅁ

이 변화에는 다음과 같은 유형이 있다.

(ㄱ) 해당 연속음이 ـَ 로 시작하면 그 결과는 ـَا 로, 다른 모음으로 시작하면 ـِي ـُو 로 된다.

(보기)

원 래 형			변 화 형	원 래 형	규 칙 ع 1	규 칙 ع 2
ـَ	و ي	ـَ ـُ	ـَا	نَوِمَ	→ نَـِمَ	→ نَامَ ‘그는 잤다’
				سَيِرَ	→ سَـِرَ	→ سَارَ ‘그는 걸었다’
				زَوُرَ	→ زَـُرَ	→ زَارَ ‘그는 방문했다’

원 래 형			변 화 형	원 래 형	규 칙 ع 1	규 칙 ع 2
ـُ	و ي	ـِ	ـِي	زُوِرَ	→ زُـِرَ	→ زِيرَ ‘그는 방문받았다’
				بُيِعَ	→ بُـِعَ	→ بِيعَ ‘그것은 팔렸다’

이 규칙은 또한 Ⅶ형과 Ⅷ형의 미완료형과 분사형에도 적용된다.

(보기)

Ⅷ형, 어근: ميز ‘구별되다’

مُفْتَعِلٌ	규 칙 ع 1	규 칙 ع 2
مُفْتَيِزٌ	→ مُمْتَـِزٌ	→ مُمْتَازٌ ‘구별되는’

(ㄴ) 해당 연속음이 약문자로 시작하면 그 약문자는 다음에 오는 모음에 동화된다. 다만 يُ 는 ي 의 영향(아랍어 모음 중에서는 ـِ 모음이 가장 강함)으로 ـِي 가 된다.

원 래 형		변 화 형	(보 기)
و ي	ـَ	→ ـَا	يَنْوَمُ → يَنَامُ ‘그는 잔다’
			اِسْتَفْيَدَ → اِسْتَفَادَ ‘그는 이득을 얻었다’
و ي	ـِ	→ ـِي	يُدْوِرُ → يُدِيرُ ‘그는 지배한다’
			يَسْيِرُ → يَسِيرُ ‘그는 걷는다’
و ي	ـُ	→ ـُو ـِي	يَزْوُرُ → يَزُورُ ‘그는 방문한다’
			(아래 ①원형의 수동분사의 두번째 보기)

이 규칙은 또한 모든 분사형 및 일부 명사형에도 적용된다. 여기서 뒤따라 오는 장모음은 단모음과 같은 구실을 한다. (보기)

① 원형의 수동분사(장모음이 있음): مَفْعُولٌ 형

مَزْوُورٌ → مَزُورٌ '방문받은'

مَبْيُوعٌ → مَبِيعٌ '팔린'

② Ⅳ형의 능동분사: مُفْعِلٌ 형

مُدْوِرٌ → مُدِيرٌ '지배인'

③ Ⅳ형의 수동분사: مُفْعَلٌ 형

مُدْوَرٌ → مُدَارٌ '지배받은'

④ 장소명사: مَفْعَلٌ 형

مَكْوَنٌ → مَكَانٌ '장소'

⑤ Ⅳ형의 동명사(ـَةٌ 가 붙음): إِفْعَالٌ 형

إِدْوَارٌ → إِدَارَةٌ '지배, 행정, 경영'

⑥ X형의 동명사(ـَةٌ 가 붙음): اِسْتِفْعَالٌ 형

اِسْتِفْيَادٌ → اِسْتِفَادَةٌ '이익, 이득'

〈규칙ㄱ1〉('ㄱ'은 "긴"(장)모음을 뜻한다)

장모음은 중복 자음 앞에서가 아니면 폐음절에서 짧아진다.

(보기)

원래형	변화형	원래형	규칙 2	규칙 ㄱ1
ㅈㅁㅁㅈㅈ	ㅈㅁㅈㅈ	أَدْوَرْتُ	أَدَارْتُ	أَدَرْتُ '나는 지배했다'
ㅈㅁㅁㅈ	ㅈㅁㅈ	يَزْوُرْ	يَزُورْ	لَمْ يَزُرْ '그는 방문하지 않았다'

이 규칙은 원형동사의 완료형에는 적용되지 않는다(아래의 규칙 ع3 참조).

또한 중복어근에서도 적용되지 않는다(34. 다. 1 참조). (보기) هَامٌّ '중요한'

〈규칙 ع3〉 원형동사의 완료형에만 적용된다. 원형 ع약동사의 완료형 단어간의 모음은, 미완료형의 중간모음이 ُ 이면 ُ 이며, 그렇지 않으면 ِ 이다.

완료형 장어간	미완료형 중간모음	완료형 단어간	(보기)
ـَا	ـَ	ـِ	نَامَ - يَنَامُ - نِمْتُ '나는 잤다'
	ـِ		سَارَ - يَسِيرُ - سِرْتُ '나는 걸었다'
	ـُ	ـُ	زَارَ - يَزُورُ - زُرْتُ '나는 방문했다'

ㄴ. 동명사

〈규칙 ع4〉 ـِوَا 의 و 는 앞의 ـِ 모음의 영향으로 ي 로 바뀌며, ـِوَا 는 ـِيَا 로 된다(이 규칙에는 가끔 예외가 있다). (보기)

فِعَالَةٌ 형(원형의 동명사): 예 외

زِوَارَةٌ → زِيَارَةٌ '방문' اِحْتَوَى ، اِحْتِوَاءٌ '포함하다'

ㄷ. 분 사

〈규칙 ع5〉 원형동사의 분사형에만 적용된다. 원형의 능동분사에서 두번째 어근자의 و 나 ي 는 ء(هَمْزَةٌ)로 바뀐다. (보기)

فَاعِلٌ 형:

زَاوِرٌ → زَائِرٌ '방문하는'

سَايِرٌ → سَائِرٌ '걷는'

ㄹ. 주:

(1) 위의 여러 규칙은 중복 자음 وّ 나 يّ 에는 적용되지 않는다.

(보기) أَوَّلٌ '첫번째의', تَغَيُّرٌ '변화'

(2) 이중모음 ـَوْ 와 ـَيْ 는 변화하지 않는다. (보기) نَوْمٌ '잠', سَيْرٌ '걷기'.

ـُوَ 와 ـِيَ 의 연속음도 불변이다.

3. 구별의 목적어 : تَمْيِيزٌ

هُوَ أَعْظَمُ مِنَ الْجَاحِظِ إِنْتَاجًا.	'그는 작품이 알자히즈보다 더 위대하다.'

위의 문장은 다음 문장과 근본적인 뜻이 같다.

إِنْتَاجُهُ أَعْظَمُ مِنْ إِنْتَاجِ الْجَاحِظِ.	'그의 작품은 알자히즈의 작품보다 더 위대하다.'

이와 마찬가지로 다음의 두 문장도 근본적인 뜻이 같다.

إِنْتَاجُ السُّعُودِيَّةِ مِنَ الزَّيْتِ أَكْثَرُ مِنْ إِنْتَاجِ مُعْظَمِ الدُّوَلِ الْأُخْرَى.	'사우디의 석유 생산량은 다른 대부분의 국가의 생산량보다 더 많다.'

السُّعُودِيَّةُ أَكْثَرُ مِنْ مُعْظَمِ الدُّوَلِ الْأُخْرَى إِنْتَاجًا لِلزَّيْتِ.	'사우디는 석유 생산량이 다른 대부분의 국가보다 더 많다.'

위의 첫번째와 마지막 문장의 إِنْتَاجًا 은 비한정 목적격으로 놓여서 "~한 면에서는, ~에 대해서는"의 뜻을 나타낸다. 명사의 이러한 용법을 구별의 목적어 또는 تَمْيِيزٌ ("선별, 구별") 라고

한다. 이 구별의 목적어는 전형적으로 동사의 주어나 목적어 또는 위의 보기에서처럼 명사문의 주어로서의 구실을 하는 연결형의 제1요소로 해석된다. 이 구문은 또 파생형의 분사나 أَحْمَرُ ‘붉은’와 같이 أَفْعَلُ 형의 색깔 또는 신체 불구를 나타내는 형용사(36. 다. 3 참조)의 우선급을 나타낼 때 우선급 형용사 أَكْبَرُ ‘더 큰’, أَكْثَرُ ‘더 많은’, أَقَلُّ ‘더 적은’ 등과 같이 쓰인다.

أَنْتَ مُخْلِصٌ جِدًّا ، يَا زُهَيْرُ ، لٰكِنَّ سَلْوَى أَكْثَرُ مِنْكَ إِخْلَاصًا .	‘주하이르, 당신은 매우 성실하다. 그러나 살와는 당신보다 더 성실하다(“성실면에서는 당신보다 더 많다”)’.
لَسْتُ مُسْتَعِدًّا كُلَّ ٱلِاسْتِعْدَادِ ، لٰكِنِّي أَكْثَرُ مِنْكَ ٱسْتِعْدَادًا وَجَمَالٌ أَكْثَرُنَا ٱسْتِعْدَادًا .	‘나는 준비를 완전히 하지 않았다. 그러나 나는 당신보다는 더 준비했다. 자말은 우리 중에서 가장 많이 준비했다’.

연습5. 쓰기, 구별의 목적어가 쓰이는 우선급

다음 문장을 구별의 목적어를 사용하여 다시 쓰고, 그 다시 쓴 문장을 우리말로 옮겨라.

احترام سليم لأساتذته أعظم من احترام الطلاب الآخرين لهم . ←

‘살림의 그의 교수님들에 대한 존경은 다른 학생들의 그들에 대한 존경보다 더 크다.’ →

سليم اعظم الطلاب احتراما لاساتذته .

‘살림은 학생 중에서 그의 교수님들을 가장 존경한다.’

١ – انتاج السعودية للزيت أكثر من انتاج الدول العربيّة الاخرى له .

٢ – احتياجي اليك اعظم من احتياج الناس الآخرين اليك .

٣ – مطالبة الامريكيات بحقوقهن أعظم من مطالبة النساء الاخريات بتلك الحقوق .

٤ ـ تقدّم امريكا في الصناعة أعظم من تقدّم الدول الاخرى •

٥ ـ نجاح اللبنانيّين في التجارة اعظم من نجاح معظم العرب الآخرين•

4. 절인도사 إِنَّ '참으로'

불변사 إِنَّ '참으로'는 절이나 문장을 인도하며, 다음에 오는 서술어의 참 가치를 강조한다. 이 말은 흔히 옮기지 않아도 된다. 이것은 또한 إِنَّ '~이라고'의 자매어(19과 다. 2 참조)로서, 뒤에 연계형 대명사 또는 목적격의 명사가 온다.

إِنَّ ٱلسُّعُودِيَّةَ تَعْتَمِدُ عَلَى ٱلزَّيْتِ كُلَّ ٱلِاعْتِمَادِ •	'참으로 사우디는 석유에 전적으로 의존한다.'
إِنَّ بَعْضَ ٱلدُّوَلِ ٱلْعَرَبِيَّةِ غَنِيَّةٌ بِٱلزَّيْتِ •	'일부 아랍국들은 석유가 풍부하다.'

라. 강 독

د ـ نصوص للفهم

다음 문장을 읽고 연습 6과 7을 하라.

ٱلْكُوَيْتُ

ٱلْكُوَيْتُ دَوْلَةٌ عَرَبِيَّةٌ قَرِيبَةٌ مِنَ ٱلْعِرَاقِ ، أَكْثَرُهَا صَحْرَاءُ ، وَلَيْسَ فِيهَا أَنْهَارٌ •

토후 يَحْكُمُ ٱلْكُوَيْتَ أَمِيرٌ يُسَاعِدُهُ وُزَرَاءُ • وَلِلْكُوَيْتِ مَجْلِسٌ وَطَنِيٌّ يُنْتَخَبُ 의회

أَعْضَاؤُهُ ٱلْخَمْسُونَ كُلَّ أَرْبَعَةِ أَعْوَامٍ • 회원들

نِصْفُ ٱلسُّكَّانِ كُوَيْتِيُّونَ ، أَمَّا ٱلنِّصْفُ ٱلْآخَرُ فَيَشْمَلُ مِصْرِيِّينَ وَفِلَسْطِينِيِّينَ وَأَمْرِيكِيِّينَ وَغَيْرَهُمْ • أَكْثَرُ ٱلسُّكَّانِ مُسْلِمُونَ ، وَهُنَاكَ أَيْضًا عَدَدٌ قَلِيلٌ مِنْ غَيْرِ

ٱلْمُسْلِمِينَ . وَٱللُّغَةُ ٱلرَّسْمِيَّةُ فِي ٱلْكُوَيْتِ هِيَ ٱللُّغَةُ ٱلْعَرَبِيَّةُ ، لٰكِنَّ ٱلْكَثِيرِينَ
يَتَكَلَّمُونَ ٱللُّغَةَ ٱلْإِنْكِلِيزِيَّةَ كَذٰلِكَ .

وَٱلْكُوَيْتُ مِنْ أَغْنَى بُلْدَانِ ٱلْعَالَمِ بِمَوَارِدِ ٱلزَّيْتِ وَأَكْثَرِهَا إِنْتَاجًا لَهُ ؛
لِذٰلِكَ تَقَدَّمَ ٱقْتِصَادُهَا تَقَدُّمًا عَظِيمًا ، وَٱزْدَادَ دَخْلُهَا ٱزْدِيَادًا كَبِيرًا . 수입
ٱسْتَفَادَتِ ٱلْكُوَيْتُ مِنْ ثَرْوَتِهَا ٱلْعَظِيمَةِ ، فَقَدِ ٱسْتَطَاعَتِ ٱلْحُكُومَةُ أَنْ 부
تُقِيمَ ٱلْمَصَانِعَ وَتُنْشِئَ ٱلْمَدَارِسَ وَتُرْسِلَ ٱلطُّلَّابَ إِلَى بَعْضِ ٱلدُّوَلِ ٱلْعَرَبِيَّةِ
ٱلْأُخْرَى وَإِلَى ٱلْغَرْبِ لِلْحُصُولِ عَلَى ٱلشَّهَادَاتِ ٱلْجَامِعِيَّةِ .

서울, 수도 عَاصِمَةُ ٱلْكُوَيْتِ هِيَ مَدِينَةُ ٱلْكُوَيْتِ ، وَهِيَ مِنْ أَحْدَثِ ٱلْمُدُنِ فِي ٱلشَّرْقِ
ٱلْأَوْسَطِ بَلْ فِي ٱلْعَالَمِ .

연습6. 쓰 기

위의 본문을 사용하여 다음 빈 칸을 채워라.

١ ـ المسلمون في الكويت ____ ، وغير المسلمين ____ .

٢ ـ اللغة الـ ____ هي اللغة الاجنبيّة التي يتكلمها أكثر الكويتيين.

٣ ـ الكويت غنية بـ ____ .

٤ ـ يذهب الطلاب الكويتيون الى ____ للدراسة في الجامعات .

٥ ـ مدينة الكويت ____ .

٦ ـ اللغة الرسمية في الكويت هي ____ .

연습7. 쓰 기

쿠웨이트에 대해서 다음 사항을 우리말로 적어라.

ㄱ. 지 리

ㄴ. 정치 조직

ㄷ. 부의 사용

연습 8. 쓰기, 묻고 대답하기

테이프에 녹음된 문장(جَمَالٌ عَبْدُ ٱلنَّاصِرِ)을 듣고 다음 물음에 우리말로 답하여라.

أسئلـــة :

١ ـ ما الذي أراده جمال عبد الناصر للاقتصاد المصري ؟

٢ ـ لماذا عمل جمال عبد الناصر على أن تتقدّم الصناعة في مصر ؟

٣ ـ هل استخدم عبد الناصر مهندسين أجانب ؟ لماذا ؟

٤ ـ هل منع عبد الناصر الشركات الاجنبية من البحث عن الزيت في مصر ؟

٥ ـ هل ازداد انتاج مصر من الزيت في زمن الرئيس عبد الناصر ؟

٦ ـ لماذا يحترم المصريون عبد الناصر ؟

هـ ـ التمارين العامة

마. 종합 연습

연습 9. 완성하기, 동명사

다음 빈 칸을 알맞는 동명사로 채우고, 우리말로 옮겨라.

١ ـ بحثنا الموضوع ______ شاملا .

٢ ـ زارت ابنتي العراق ______ قصيرة .

٣ ـ رحب اهلي بي ______ عظيما .

٤ ـ قاوم العرب الحكم الاجنبيّ ______ عظيمة .

٥ ـ أكرموا الزائر كل الـ ______ .

٦ ـ أقام صديقي في تونس ______ قصيرة .

٧ ـ تصرفت ـــــ حسنا ٠

٨ ـ استفادت منه هذه الدول ـــــ عظيمة ٠

٩ ـ تغيّر الوضع السياسيّ ـــــ كبيرا ٠

١٠ ـ سوف نتعاون معكم كل الـ ـــــ ٠

١١ ـ أنتم تختلفون عنا بعض الـ ـــــ ٠

١٢ ـ استقبل المصريون الوزير الامريكي ـــــ جميلا ٠

١٣ ـ سيطرت الشركات الاجنبية على التجارة ـــــ كبيرة ٠

١٤ ـ هل ازداد انتاج الزيت ـــــ كبيرا في الاعوام الاخيرة ؟

연습 10. 변형: 능동태 → 수동태(완료형·접속법·단축법)

'정부는 많은 공장을 세웠다.' اقامت الحكومة مصانع كثيرة .

ㄱ. '많은 공장이 세워졌다.' اقيمت مصانع كثيرة ٠

ㄴ. '많은 공장이 세워지지 않았다.' لم تقم مصانع كثيرة ٠

ㄷ. '많은 공장이 세워져야 한다.' يجب أن تقام مصانع كثيرة ٠

١ ـ انتخب الناس احد المرشحين ٠

٢ ـ استقبلها الناس استقبالا عظيما ٠

٣ ـ استفادت الشركة من المهندسين الاجانب ٠

٤ ـ أقامت الحكومة سدّا كبيرا على النهر ٠

٥ ـ بذل السياسيون جهودا كبيرة لتغيير الوضع ٠

٦ ـ طالبنا الشعب بتغيير سياستنا ٠

연습 11. 변형: 단수 → 복수

다음 빈 칸을 채워라.

우 리 말	복 수 형	단 수 형
		منطقة
	صور	
		لهجة
		اسبوع
	مسافات	
		رأي
		قصة
	بيوت	
달(30일)		
		أسلوب
	قرى	
		مجلّة

우 리 말	복 수 형	단 수 형
		وجه
		سبب
	جيران	
		أخ
		ليلة
	رجال	
		حلّ
	فنون	
기 사		
		قلب
	عمّال	
선 물		

연습 12. 쓰기, 작문

다음의 개요를 사용하여 " كوريا "이라는 주제로 작문하라.

١ ـ الدول القريبة من كوريا .

٢ ـ جمهورية كوريا .

٣ ـ الأنهار .

٤ ـ السكان .

٥ ـ اللغة .

٦ ـ الاقتصاد .

٧ ـ الحكومة .

٨ ـ العلاقات الخارجية .

٩ ـ الجامعات والطلاب الأجانب .

연습 13. 쓰기, 어휘

다음 빈 칸에 알맞는 말을 단어목록에서 찾아 넣어라.

تراسل ، يتابعون، نجاح ، انتخاب ، صغير ، ثورة ، المحافظة ، قال ، عِلْم ، البلاد ، تتوفر ، يظهر ، حكما ، مقالة ، ذهاب ، مجتمع ، خاص العالي، شر، فم ، حاجة ، علّمني .

١ ـ يجب ان تتوفر للمرأة كل حقوقها لخير ـــــ .
(나라)

٢ ـ يقول قائد ـــــ : اننا سنقاوم لبناء ـــــ جديد .

٣ ـ لها اهتمام ـــــ بـ ـــــ ابنها في الامتحانات .

٤ ـ ـــــ رجل كبير ـــــ استفدت منها كل حياتي .
(나에게 가르쳐 주었다)

٥ ـ هل ـــــ دراستهم الجامعية في مشيغان ؟

٦ ـ ذهبنا الى ذلك المكان ـــــ ومن هناك شاهدنا جمال المدينة .

٧ ـ ـــــ الحبيبان لمدة سنة ثم انقطعت الرسائل بينهما .

٨ ـ ـــــ الحزب الوطني اهتماما كبيرا بـ ـــــ على حقوق الشعب .

٩ ـ لسنا بـ ـــــ الى مراسلين جدد .

제 33 과

الدرس الثالث و الثلاثون

أ ـ اَلْجُمَلُ اَلتَّمْهِيدِيَّةُ

가. 예비문

حَدِيثٌ مَعَ مُسَاعِدِ مَنْدُوبِ اَلْجَزَائِرِ

알제리 대표 보좌관과의 대화

١ ـ اَلطَّالِبُ : اَلسَّلَامُ عَلَيْكُمْ .

안녕하십니까?("평화가 당신에게 있기를")

٢ ـ اَلسَّيِّدُ لُطْفِي : وَعَلَيْكُمُ السَّلَامُ .

안녕하십니까?("당신에게도 평화가 있기를")

٣ ـ اَلطَّالِبُ : هَلْ حَضْرَتُكَ مُوَظَّفٌ فِي مُنَظَّمَةِ اَلْأُمَمِ اَلْمُتَّحِدَةِ ؟

귀하는 국제연합기구의 직원입니까?

مُنَظَّمَةٌ ـ ات — 기구

أُمَّةٌ ـ أُمَمٌ — 국민, 국가

اِتَّحَدَ ، اِتِّحَادٌ (بِـ) — (~와) 연합하다

اَلْأُمَمُ اَلْمُتَّحِدَةُ — 국제연합

٤ ـ اَلسَّيِّدُ لُطْفِي : أَنَا مُسَاعِدٌ لِمَنْدُوبِ اَلْجَزَائِرِ .

나는 알제리 대표의 한 보좌관입니다.

مَنْدُوبٌ ـ ون — 대표, 사절, 대리

٥ ـ ط : كَيْفَ تَخْتَلِفُ مُنَظَّمَةُ اَلْأُمَمِ اَلْمُتَّحِدَةِ عَنِ اَلْجَامِعَةِ اَلْعَرَبِيَّةِ ؟

국제연합기구는 아랍연맹과 어떻게 다릅니까?

٦ ـ ل : اَلْمُحَافَظَةُ عَلَى اَلسَّلَامِ مِنْ أَهَمِّ أَهْدَافِ كِلْتَا اَلْمُنَظَّمَتَيْنِ لٰكِنَّ اَلْمُنَظَّمَةَ اَلْأُولَى عَالَمِيَّةٌ وَاَلْمُنَظَّمَةَ اَلثَّانِيَةَ تُقَدِّمُ خَدَمَاتِهَا لِلدُّوَلِ اَلْعَرَبِيَّةِ فَقَطْ .

평화의 보존은 양 기구의 가장 중요한 목표의 하나입니다. 그러나, 전자("첫번째 기구")는 세계적이고, 후자("두번째 기구")는 아랍국들만을 위해 공헌을 합니다.

هَدَفٌ ـ أَهْدَافٌ — 과녁 ; 목표, 목적, 의향

كِلَا ، كِلَيْ (كِلْتَا ، كِلْتَيْ) — 양쪽의(다. 3 참조)

٧ ـ ط : هَلْ لِلْأُمَمِ ٱلْمُتَّحِدَةِ نَشَاطٌ يَتَّصِلُ بِٱلصِّنَاعَةِ ؟

국제연합에는 산업과 관련있는 활동이 있읍니까?

نَشَاطٌ ـ ات — 활기, 활동, 활약

اِتَّصَلَ ، اِتِّصَالٌ (بِـ) — Ⅷ ~와 관련있다;(아무와) 접촉하다

٨ ـ ل : نَعَمْ وَهِيَ أَيْضًا تُقَدِّمُ لِلْإِنْسَانِ خَدَمَاتٍ ثَقَافِيَّةً وَٱجْتِمَاعِيَّةً .

예, 그것은 또한 인류에게 문화적 및 사회적 공헌을 합니다.

إِنْسَانٌ — 사람, 인간

ثَقَافَةٌ ـ ات — 문화

٩ ـ ط : نَسْتَطِيعُ إِذَنْ أَنْ نَصِفَ ٱلْأُمَمَ ٱلْمُتَّحِدَةَ بِأَنَّهَا أَكْثَرُ مِنْ مُنَظَّمَةٍ سِيَاسِيَّةٍ ؟

우리는 그렇다면 국제연합을 정치적 기구 이상이라고 묘사할 수 있읍니까?

إِذًا ، إِذَنْ — 그러면, 그렇다면

وَصَفَ يَصِفُ ، وَصْفٌ (بِأَنَّهُ) — (~을 ~라고) 그리다, 묘사하다

١٠ ـ ل : هٰذَا مِمَّا لَا شَكَّ فِيهِ .

그것은 의심할 바 없는 일입니다.

مِمَّا = مِنْ + مَا — ~한 것에 속한, ~한 일

شَكٌّ ـ شُكُوكٌ (فِي ، بِـ) — (~에 대한) 의심, 혐의

لَا شَكَّ (فِي) — (~에 대한) 의심없는

١١ ـ ط : هَلْ تُدِيرُ ٱلدُّوَلُ ٱلْكُبْرَى مُنَظَّمَةَ ٱلْأُمَمِ ٱلْمُتَّحِدَةِ ؟

강대국들이 국제연합기구를 조정합니까?

١٢ ـ ل : لَا . لِلْمُنَظَّمَةِ سِكْرِتِيرٌ عَامٌّ وَلِلْجَمْعِيَّةِ ٱلْعَامَّةِ رَئِيسٌ وَهُمَا أَهَمُّ ٱلْمُوَظَّفِينَ ، لٰكِنَّ ٱلدُّوَلَ ٱلْكُبْرَى لَا تُعَيِّنُهُمَا بَلْ يَنْتَخِبُهُمَا ٱلْأَعْضَاءُ .

아니오, 그 기구는 사무("일반적인")총장이 있고, 총회에는 의장이 있어서, 그 둘이 가장 중요한 직원입니다. 그러나, 강대국들이 그들을 임명하는 것이 아니고 회원들이 그들을 선출합니다.

عَامٌّ — 일반적인

[اَلْجَمْعِيَّةُ ٱلْعَامَّةُ] — [총회]

عُضْوٌ ـ أَعْضَاءٌ — 회원

١٣ ـ ط : هَلْ تَتَعَاوَنُ ٱلْجَامِعَةُ ٱلْعَرَبِيَّةُ مَعَ ٱلْأُمَمِ ٱلْمُتَّحِدَةِ ؟

아랍연맹은 국제연합과 협조합니까?

١٤ ـ ل : اَلْجَامِعَةُ ٱلْعَرَبِيَّةُ تَعْمَلُ عَلَى حَلِّ مُشْكِلَاتِ ٱلدُّوَلِ ٱلْعَرَبِيَّةِ وَمِنْ هٰذِهِ ٱلْمُشْكِلَاتِ مَا يَتَّصِلُ بِٱلْأَوْضَاعِ ٱلْعَالَمِيَّةِ . يَجِبُ إِذَنْ أَنْ تَتَعَاوَنَ ٱلْمُنَظَّمَتَانِ .

아랍연맹은 아랍 국가들의 문제 해결을 위해 일하며, 이들 문제 중에는 세계적인 상황과 관련되는 것이 있읍니다. 그렇다면, 두 기구는 협조해야 하지요.

١٥ ـ ط : يُقَالُ إِنَّ مُنَظَّمَةَ ٱلْأُمَمِ ٱلْمُتَّحِدَةِ لَمْ تَنْجَحْ فِي حَلِّ مُشْكِلَاتِ ٱلْعَرَبِ وَإِنَّ ٱلْعَرَبَ لِذٰلِكَ لَا يَضَعُونَ ثِقَتَهُمْ فِيهَا .

국제연합기구는 아랍인들의 문제 해결에 성공하지 못했고, 따라서 아랍인들은 그것을 신용하지 않는다고 하는데요.

وَضَعَ يَضَعُ ، وَضْعٌ — 놓다;(문서를) 기안·기초하다

وَثِقَ يَثِقُ ، ثِقَةٌ (بِ) — (~을) 신용하다, 신임하다

١٦ ـ ل : لَا أَعْتَقِدُ أَنَّ هٰذَا صَحِيحٌ . لَقَدْ حَقَّقَتِ ٱلْأُمَمُ ٱلْمُتَّحِدَةُ كَثِيرًا مِنْ أَهْدَافِهَا ، لِذٰلِكَ نَجِدُ ٱلْعَرَبَ كَغَيْرِهِمْ مِنَ ٱلشُّعُوبِ يَضَعُونَ ثِقَتَهُمْ فِيهَا . أَلَا تَعْلَمُ أَنَّ لِلدُّوَلِ ٱلْعَرَبِيَّةِ مَنْدُوبِينَ فِي ٱلْمُنَظَّمَةِ ؟

나는 그것이 옳다고 믿지 않습니다. 국제연합은 그의 많은 목표를 실현했읍니다. 그래서 우리는 아랍인들이 다른 국민들처럼 그것을 신용하고 있음을 발견합니다. 당신은 아랍국가들이 그 기구에 대표를 두고 있는 것을 알지 못합니까?

صَحِيحٌ ـ صِحَاحٌ — 옳은, 바른

وَجَدَ يَجِدُ ، وُجُودٌ — 발견하다, 찾다

١٧ ـ ط : هَلْ هُنَاكَ مُنَظَّمَاتٌ أُخْرَى كَٱلْجَامِعَةِ ٱلْعَرَبِيَّةِ ؟

아랍연맹과 같은 다른 기구가 있읍니까?

١٨ ـ ل : هُنَاكَ ـ كَمَا تَعْلَمُ ـ حِلْفُ نَاتُو وَحِلْفُ وَارْسُو . وَقَدْ أُسِّسَا بَعْدَ ٱلْحَرْبِ ٱلْعَالَمِيَّةِ ٱلثَّانِيَةِ وَفِي كِلَيْهِمَا عَدَدٌ مِنَ ٱلدُّوَلِ ٱلصُّغْرَى وَٱلْكُبْرَى .

아시다시피 나토 동맹과 바르샤바 동맹이 있읍니다. 그 둘은 이차세계 대전 후에 창설되었으며, 그 양쪽에는 많은 대·소 국가들이 있읍니다.

[حِلْفٌ ـ أَحْلَافٌ]	[조약, 동맹]
أَسَّسَ ، تَأْسِيسٌ	Ⅱ 창설하다, 설립하다
حَرْبٌ ـ حُرُوبٌ	(여) 전쟁
كِلْتَيْ	(+쌍수의 소유격) 양쪽의

١٩ ـ ط : شُكْرًا يَا أُسْتَاذُ لُطْفِي . 고맙습니다, 루트피 씨.

٢٠ ـ ل : عَفْوًا . مَعَ ٱلسَّلَامَةِ . 천만입니다, 안녕히 가십시오.

※ 어휘의 주 :

حَضْرَةٌ ـ حَضَرَاتٌ '존재'는 연계형 대명사와 같이 존경의 호칭으로 사용된다. 단수형은 단수형의 대명사와, 복수형은 복수형의 대명사와 같이 쓰인다.

(보기) حَضْرَتُكَ 또는 حَضْرَتُكِ '귀하'; حَضَرَاتُكُمْ '귀하들'

ب ـ النص الاساسي

مُنَظَّمَةُ ٱلْأُمَمِ ٱلْمُتَّحِدَةِ

اِجْتَمَعَتْ بَعْدَ ٱلْحَرْبِ ٱلْعَالَمِيَّةِ ٱلثَّانِيَةِ بَعْضُ ٱلدُّوَلِ ٱلْكُبْرَى وَعَدَدٌ مِنَ ٱلدُّوَلِ ٱلصُّغْرَى فِي مَدِينَةِ سَان فْرَانْسِيسْكُو وَٱتَّفَقَتْ عَلَى تَأْسِيسِ مُنَظَّمَةِ ٱلْأُمَمِ ٱلْمُتَّحِدَةِ ، وَوَضَعَتْ مِيثَاقًا لَهَا .

헌장

لِلْمُنَظَّمَةِ سِكْرِتِيرٌ عَامٌّ ، وَلِلدُّوَلِ ٱلْأَعْضَاءِ مَنْدُوبُونَ فِيهَا .

일반적인

مِنْ أَهْدَافِ هٰذِهِ ٱلْمُنَظَّمَةِ ٱلْمُحَافَظَةُ عَلَى ٱلسَّلَامِ ٱلْعَالَمِيِّ وَحُقُوقِ ٱلْإِنْسَانِ ، وَلِذٰلِكَ نَجِدُ أَنَّ مُعْظَمَ شُعُوبِ ٱلْعَالَمِ تَضَعُ ثِقَتَهَا ٱلْكَبِيرَةَ فِيهَا وَتَصِفُهَا بِأَنَّهَا مِنْ أَهَمِّ ٱلْمُنَظَّمَاتِ ٱلسِّيَاسِيَّةِ .

وَنَشَاطُ مُنَظَّمَةِ ٱلْأُمَمِ ٱلْمُتَّحِدَةِ لَا يَتَّصِلُ بِٱلسِّيَاسَةِ فَقَطْ ، فَإِنَّ لَهَا فُرُوعًا تُقَدِّمُ لِلْعَالَمِ خَدَمَاتٍ ثَقَافِيَّةً وَتَرْبَوِيَّةً وَٱجْتِمَاعِيَّةً . وَمِنْ أَهَمِّ تِلْكَ 지점들, 부속기구들

اَلْفُرُوعِ مُنَظَّمَةُ اَلْيُونِسْكُو اَلَّتِي تَعْمَلُ عَلَى تَقَدُّمِ اَلثَّقَافَةِ وَالْعُلُومِ ،
وَمُنَظَّمَةُ اَلْعَمَلِ اَلدُّوَلِيَّةِ اَلَّتِي تُقَدِّمُ اَلْمُسَاعَدَاتِ اَلْاِقْتِصَادِيَّةَ لِلدُّوَلِ اَلصُّغْرَى
وَلِكِلْتَا اَلْمُنَظَّمَتَيْنِ مُمَثِّلُونَ فِي اَلْعَالَمِ اَلْعَرَبِيِّ .

대표들

وَمِمَّا لَا شَكَّ فِيهِ أَنَّ اَلْمُنَظَّمَةَ نَجَحَتْ فِي حَلِّ كَثِيرٍ مِنَ اَلْمُشْكِلَاتِ
اَلدُّوَلِيَّةِ ، وَصَحِيحٌ أَيْضًا أَنَّهَا لَمْ تُحَقِّقْ جَمِيعَ أَهْدَافِهَا لِأَنَّ بَعْضَ الدُّوَلِ لَا
تَتَعَاوَنُ مَعَهَا كُلَّ اَلتَّعَاوُنِ .

나. 기본문

국제연합기구

이차세계대전 후에 몇몇 강대국들과 다수의 약소국들이 샌프란시스코 시에 모여서 국제연합기구의 창설에 동의했으며, 그의 헌장을 작성했다.

그 기구에는 사무총장이 있고, 회원국들은 그 곳에 대표를 두고 있다.

이 기구의 목표 중에는 세계평화 및 인권의 보존이 있다. 그렇기 때문에 우리는 세계의 대부분의 국민들이 그것을 크게 신뢰하며, 그것이 가장 중요한 정치적 기구 중의 하나라고 묘사하고 있음을 발견할 수 있다.

국제연합기구의 활동은 정치에만 관련된 것이 아니다. 거기에는 세계에 문화·교육·사회적 공헌을 하는 부속기구가 있기 때문이다. 가장 중요한 그 부속기구 중에는, 문화 및 학문의 발전을 위하여 일하는 유네스코 기구와 약소국들에게 경제원조를 제공하는 국제노동기구가 있으며, 그 양 기구에는 아랍 세계의 대표들이 있다.

의심할 바가 없는 사실은 그 기구가 많은 국제 문제 해결에 성공했다는 것이다. 또한 몇몇 나라가 그에 전적으로 협력하지 않았기 때문에 그의 모든 목표를 실현하지 못했던 것도 사실이다.

1. ف 약동사

2. 동격의 명사—명사

3. 절대 부정의 لَا

4. 명사 كِلَا '양쪽의'

1. ف 약동사

아랍어의 약동사 중에서 첫번째 어근자(ف)가 약문자로 되어 있는 것을 ف 약동사(اَلْفِعْلُ اَلْمِثَالُ : 동화동사)라고 한다. ف 약동사 중에서 ف 가 ي 인 동사는 강동사와 변화가 거의 같기 때문에 생략하고, 여기에서는 ف 가 و 인 동사만 다루기로 한다.

이에는 다음과 같은 세 가지 특징이 있다.

(ㄱ) 원형동사의 미완료형에서 و 가 탈락한다. 완료형에서는 강동사처럼 활용한다. 다음에 وَصَفَ '묘사하다' 동사로 3인칭만 예시한다.

3 남단	وَصَفَ	3 남쌍	وَصَفَا	3 남복	وَصَفُوا
여단	وَصَفَتْ	여쌍	وَصَفَتَا	여복	وَصَفْنَ

미완료형에서는 중간모음이 َ 또는 ُ 인 경우를 제외하고는(이에는 예외가 있음) 다음에 보인대로 و 가 탈락한다.

	직 설 법	접 속 법	단 축 법	명 령 법
3 남단	يَصِفُ	يَصِفَ	يَصِفْ	
여단	تَصِفُ	تَصِفَ	تَصِفْ	

2 남단	تَصِفُ	تَصِفَ	تَصِفْ	صِفْ
여단	تَصِفِينَ	تَصِفِي	تَصِفِي	صِفِي
1 단	أَصِفُ	أَصِفَ	أَصِفْ	
3 남쌍	يَصِفَانِ	يَصِفَا	يَصِفَا	
여쌍	تَصِفَانِ	تَصِفَا	تَصِفَا	
2 쌍	تَصِفَانِ	تَصِفَا	تَصِفَا	صِفَا
3 남복	يَصِفُونَ	يَصِفُوا	يَصِفُوا	
여복	يَصِفْنَ	يَصِفْنَ	يَصِفْنَ	
2 남복	تَصِفُونَ	تَصِفُوا	تَصِفُوا	صِفُوا
여복	تَصِفْنَ	تَصِفْنَ	تَصِفْنَ	صِفْنَ
1 복	نَصِفُ	نَصِفَ	نَصِفْ	

다음에 원형의 ف 약동사의 몇 가지 주요 형태를 보인다.

	완 료 형	미 완 료 형	능 동 분 사	동 명 사
'묘사하다'	وَصَفَ	يَصِفُ	وَاصِفٌ	وَصْفٌ
'도착하다'	وَصَلَ	يَصِلُ	وَاصِلٌ	وُصُولٌ
'찾아내다, 발견하다'	وَجَدَ	يَجِدُ	وَاجِدٌ	وُجُودٌ
'필요하다'	وَجَبَ	يَجِبُ	وَاجِبٌ	وُجُوبٌ
'위치해 있다'	وَقَعَ	يَقَعُ	وَاقِعٌ	وُقُوعٌ
'놓다, 초안하다'	وَضَعَ	يَضَعُ	وَاضِعٌ	وَضْعٌ
'믿다, 신임하다'	وَثِقَ	يَثِقُ	وَاثِقٌ	ثِقَةٌ
'약속하다'	وَعَدَ	يَعِدُ	وَاعِدٌ	وَعْدٌ

주 :

1) 완료형의 중간모음은 일반적으로 ـَ 이며, 미완료형의 중간모음은 ـِ 이다(يَقَعُ 와 يَضَعُ 와 같은 예외는 인두음 또는 후자음 앞에서 중간모음 ـِ 가 ـَ 로 동화되었다고 설명할 수 있다).

2) 능동분사와 동명사는 그 형이 강변화한다. 그러나 일부 동사에서는 동명사형에서 و 가 탈락한다. (보기) وَصَلَ 가 '잇다, 연결하다'의 뜻일 때는 وَصْلٌ 과 صِلَةٌ 라는 동명사를 가지며, "잇기, 연결(함)" 외에도 '접합점, 연결장치'의 뜻을 나타낸다. 또 وَصَفَ 는 وَصْفٌ 외에도 صِفَةٌ 라는 동명사를 가지며, '성질, 특성 ; 형용사'라는 뜻을 나타낸다.

3) 일반적으로 타동사는 فَعْلٌ 형, 자동사는 فُعُولٌ 형의 동명사를 가진다. (보기) وَصَلَ، وَصْلٌ '잇다, 연결하다'와 وَصَلَ، وُصُولٌ '도착하다'(그러나 وَجَدَ '발견하다'의 동명사 وُجُودٌ 는 '발견(함)'과 '발견됨 ; 존재'의 뜻을 다 나타낸다).

4) وَقَعَ 동사는 '위치해 있다'의 뜻일 때는 3인칭 남성·여성 미완료형으로만 쓰인다. وَجَبَ '필요하다' 동사는 3인칭 남성 단수(또 일반적으로 미완료형)로만 쓰이며, أَنْ 절이나 동명사를 주어로 가진다.

5) ف 약동사의 수동태는 규칙적으로 강변화 활용을 한다. 따라서 수동태 3인칭 남성 단수 미완료형은 يُولَدُ '그는 태어난다' 등으로 쓰이며, ـُوْ 는 ـُو 로 발음된다. 이 발음현상은 또한 모든 Ⅳ형 ف 약동사의 능·수동태 미완료형에도 적용된다. 이것은 언어의 모든 단어에 적용되는 일반적인 발음—철자 규칙이다.

(ㄴ) Ⅷ형에서 و 는 동사 및 동명사의 모든 변화형에서 재귀적인 뜻의 접요사 ت 에 동화된다.
(보기) اِوْتَصَلَ → اِتَّصَلَ

Ⅷ형의 수요 형태

	완료형	어근	미완료형	동명사	능동분사
'~와 접촉하다'	اِتَّصَلَ بِ	وصل	يَتَّصِلُ	اِتِّصَالٌ	مُتَّصِلٌ
'~에 동의하다'	اِتَّفَقَ عَلَى	وفق	يَتَّفِقُ	اِتِّفَاقٌ	مُتَّفِقٌ
'연합하다'	اِتَّحَدَ	وحد	يَتَّحِدُ	اِتِّحَادٌ	مُتَّحِدٌ

이 현상에서 이 동사의 이름("동화동사")이 나왔다.

(ㄷ) Ⅳ형과 X형의 동명사형에서 و 가 뒤따르는 같은 음절의 ـَ 에 동화되어, ـَوْ 가 ـِي 로 된다. 이 동화현상은 현대 아랍어에서는 일반적으로 적용되는 규칙이다.

		동 명 사	
형	동 사	기 저 형	표 층 형
Ⅳ	أَوْجَدَ '창조하다'	إِوْجَادٌ →	إِيجَادٌ '창조'
X	اِسْتَوْطَنَ '정주하다'	اِسْتِوْطَانٌ →	اِسْتِيطَانٌ '정주'

연습 1. (테이프에 수록) 동사활용: ف 약동사

연습 2. (테이프에도 수록) 변형 : 완료형 → سَ +미완료형

'그 장관은 오늘 도착했다.' → وصل الوزير اليوم • ←

'그 장관은 오늘 도착할 것이다.' سيصل الوزير اليوم •

١ – وصفوا في كتابهم مكانة العامل• ٥ – وضعنا الهدية على الطاولة •

٢ – النساء وصلن الى المسرح • ٦ – والداه وصلا اليوم •

٣ – وثقت الدول الصغرى في المنظمة • ٧ – هل وصلتما بعد بداية المحاضرة ؟

٤ – وصف لنا حفر القناة الجديدة • ٨ – وجدت المقالة التي تحدثت اليكم عنها •

연습 3. (테이프에도 수록) 변형 : 완료형 → لم + 단축법

'강대국들은 산업 협력에 동의했다.' → اتفقت الدول الكبرى على التعاون في الصناعة • ←

لم تتفق الدول الكبرى على التعاون في الصناعة .

'강대국들은 산업 협력에 동의하지 않았다.'

١ ـ اتصل نشاط المنظمة بالتجارة الدولية .

٢ ـ وجدنا الكتاب بالمكتبة .

٣ ـ اتحدت الدول الثلاث .

٤ ـ هل وصفت مكانة المرأة ؟

٥ ـ وصلن قبل بداية الاجتماع .

٦ ـ ولدنا في مدينة البصرة .

٧ ـ وضعت الكتاب على طاولة الاستاذ .

연습 4. 쓰기, 사전찾기 연습 및 완성하기, 번역

능동태 미완료형	동명사	수동분사	능동분사	능동태완료형
	استيناق			
يتّجه				
			موجب	
			واصف	
يثق				
		متّفق		
				وعد
		موجود		
			واضع	
		متّبع		
			والد	

2. 동격의 명사—명사

기본문에서 اَلدُّوَلُ ٱلْأَعْضَاءُ '회원국들'이라는 구는 두 명사가 서로 동격인 관계에 있어서 하나의 개념을 이루어, "국가들"이 "회원들"이고 "회원들"이 "국가들"이다. 동격 상태의 명사들은 격과 한정상태에서 일치한다.

자주 쓰이는 동격 상태는 호칭과 이름에서 볼 수 있다.

اَلأُسْتَاذُ كَرِيمٌ	'카림 교수'
اَلرَّئِيسُ جَمَالٌ عَبْدُ النَّاصِرِ	'가말 압델 나세르 대통령'

연습5. 쓰기, 결합

다음의 문장을 쌍을 동격 상태로 만들어서 결합하라.

'그 유명한 작가는 그의 소론에서 그 정치 상황을 묘사했다.' — وصف الكاتب المشهور الوضع السياسيّ في مقاله .

'그 유명한 작가는 아흐맛 카림이다.' — الكاتب المشهور هو احمد كريم

'유명한 작가 아흐맛 카림은 그의 소론에서 그 정치 상황을 묘사했다.' — وصف الكاتب المشهور احمد كريم الوضع السياسيّ في مقاله .

١ – قابلت صديقه امس . صديقه مدير البنك الوطنيّ .

٢ – تتعاون الدول مع منظمة الامم المتحدة . الدول اعضاء في المنظمة .

٣ – تحدّثت صديقاتك معي عن الامر . صديقاتك طالبات .

٤ – تكلّمت مع ابنها . ابنها طبيب .

٥ – كتب رسالة الى حبيبته . حبيبته هي نانسي .

٦ – رجع ابني من فرنسا امس . ابني الذي رجع هو بشير .

٧ – كتب الاديب الكبير كتبا كثيرة . الاديب الكبير هو طه حسين .

٨ – اجتمع رئيس الجمهورية بالوزراء . رئيس الجمهورية هو انور جمال .

٩ – تحدّثت مع السيد حسين بشير . السيد حسين بشير مساعد المدير.

3. 절대 부정의 لَا

لَا شَكَّ فِي ذَٰلِكَ .	'그것에는 의심이란 없다.'

위의 문장에서 부정어 لَا 뒤에는 탄윈이나 관사가 없는 목적격 상태의 명사가 온 것을 볼 수 있다. 이러한 لَا 를 절대 부정의 لَا 라고 하며, "하나도 없는"의 뜻을 나타낸다.

(다른 보기)

لَا سَلَامَ فِي ٱلْعَالَمِ ٱلْيَوْمَ .	'오늘날 세계에는 평화란 없다.'
لَا أَحَدَ فِي هٰذِهِ ٱلطَّائِرَةِ .	'이 비행기에는 아무도 없다.'
لَا شَيْءَ .	'아무 것도 없다.'

이러한 절대 부정의 لَا 뒤에 오는 명사가 한정되면 다음과 같이 세 가지 방법으로 격변화를 할 수 있다.

(1) ٌ (탄윈이 있는 주격)—해당 명사가 명사문의 주어이고 비한정이므로:

لَا فِكْرٌ جَدِيدَةٌ فِي مَقَالَتِهِ .	'그의 소론에는 새로운 사상이라곤 없다.'

(2) ً (탄윈이 있는 목적격)—해당 명사의 실제의 격에 일치 : لَا فِكْرًا جَدِيدَةً

'새로운 사상이라곤 없다.'

(3) َ (탄윈이 없는 목적격)—해당 명사의 격과 비한정 상태에 일치: لَا فِكْرَ جَدِيدَةَ

'새로운 사상이라곤 없다.'

연습 6. لا + 부정, 번역

'사무실에는 아무도 없다.'

أ : ليس في المكتب أحدٌ. ←

ط : لا أحدَ في المكتب .

١ ـ ليس له عمل .
٢ ـ ليس لنا رأي في هذا الموضوع .
٣ ـ ليس لمشكلتها حلّ .
٤ ـ ليس لي علم بالأمر .
٥ ـ ليس له أهل ولا اصدقاء .
٦ ـ ليس في صديق يفضّل نفسه عليك خير .
٧ ـ ليس هناك حقوق بدون واجبات .
٨ ـ ليس هناك شيء يعجبها .
٩ ـ ليس هناك نجاح بدون عمل .

4. 명사 كِلَا '양쪽의'

명사 كِلَا (여: كِلْتَا) '양쪽의'는 그 뒤에 반드시 쌍수의 명사 또는 대명사가 와서 연결형을 이루며, 수에서는 단수이다. 다음에 그 변화형을 보인다.

	남 성	여 성
주 격	كِلَا	كِلْتَا
소유격/목적격	كِلَيْ	كِلْتَيْ

ㄱ. كِلَا 가 대명사와 같이 쓰이면 격변화를 하게 된다.

وُلِدَ كِلَاهُمَا فِي دِمَشْقَ .	'그들은 둘 다 다마스커스에서 태어났다.'
ضَحِكَتْ كِلْتَاهُمَا .	'그들은 둘 다 웃었다.'
هَلْ ذَكَرُوا كِلْتَيْهِمَا ؟	'그들은 그 둘을 언급했느냐?'
نَثِقُ بِكِلَيْهِمَا .	'우리는 그 둘을 믿는다.'

ㄴ. كِلَا 가 명사와 같이 쓰이면 격변화를 하지 않는다.

كِلَا ٱلرَّجُلَيْنِ يَتَّفِقُ عَلَى ذٰلِكَ .	'그 남자들은 둘 다 그것에 동의한다.'
رَأَيْتُ كِلَا ٱلرَّجُلَيْنِ وَكِلْتَا ٱلْمَرْأَتَيْنِ هُنَاكَ .	'나는 저기에서 그 두 남자와 두 여자를 보았다.'
أَشْرَفُوا عَلَى بِنَاءِ كِلَا ٱلسَّدَّيْنِ .	'그들은 그 두 댐의 건설을 감독했다.'

변형적으로 كِلَا 와 대명사의 연결형이 쌍수 명사와 동격 상태로 쓰일 수도 있다.

رَأَيْتُ ٱلرَّجُلَيْنِ كِلَيْهِمَا .	'나는 그 두 남자를 보았다.'
أَكْمَلْنَا ٱلْجُمْلَتَيْنِ كِلْتَيْهِمَا .	'우리는 그 두 문장을 완성했다.'

라. 강 독 / د — نصوص للفهم

다음 문장을 읽고 연습 7을 하라.

دَاغ هَمَرْشُولْد (다그 함마르쇨드)

그들이) 살았다 يُعْتَبَرُ دَاغ هَمَرْشُولْد مِنْ أَعْظَمِ ٱلرِّجَالِ ٱلَّذِينَ عَاشُوا فِي هٰذَا ٱلْقَرْنِ
분야 وَمِنْ أَكْثَرِهِمْ نَشَاطًا فِي مَيْدَانِ ٱلسِّيَاسَةِ ٱلدُّوَلِيَّةِ وَٱلسَّلَامِ ٱلْعَالَمِيِّ .
스웨덴 وُلِدَ فِي بِدَايَةِ ٱلْقَرْنِ فِي ٱلسُّوِيدِ لِعَائِلَةٍ مَعْرُوفَةٍ ، وَأَثْنَاءَ ٱلْحَرْبِ
ٱلْعَالَمِيَّةِ ٱلْأُولَى أَصْبَحَ وَالِدُهُ رَئِيسًا لِلْوِزَارَةِ . حَصَلَ عَلَى ٱلدُّكْتُورَاه فِي
ٱلِاقْتِصَادِ ٱلسِّيَاسِيِّ مِنْ جَامِعَةِ سْتُكْهُولْم عِنْدَمَا كَانَ فِي ٱلْخَامِسَةِ وَٱلْعِشْرِينَ
مِنْ عُمْرِهِ ، ثُمَّ عَمِلَ فِي وِزَارَةِ ٱلْخَارِجِيَّةِ . وَلَمَّا كَانَ فِي ٱلسَّابِعَةِ وَٱلْأَرْبَعِينَ
مِنْ عُمْرِهِ أَرْسَلَتْهُ حُكُومَتُهُ إِلَى ٱلْأُمَمِ ٱلْمُتَّحِدَةِ فَٱنْتُخِبَ سِكْرِتِيرًا عَامًّا لِلْمُنَظَّمَةِ
بَعْدَ عَامٍ وَاحِدٍ .

بَذَلَ دَاغ هَمَرْشُولْد جُهْدَهُ كُلَّهُ كَيْ يَصِلَ إِلَى حَلٍّ لِمُشْكِلَاتِ ٱلشُّعُوبِ ،
فَٱحْتَرَمَتْهُ ٱلدُّوَلُ - ٱلْكُبْرَى مِنْهَا وَٱلصُّغْرَى - وَوَضَعَتْ ثِقَتَهَا فِيهِ . وَسَوْفَ
يَتَحَدَّثُ ٱلتَّارِيخُ عَنْ جُهُودِ هَمَرْشُولْد لِخِدْمَةِ ٱلسَّلَامِ عِنْدَمَا كَانَ سِكْرِتِيرًا عَامًّا
لِلْأُمَمِ ٱلْمُتَّحِدَةِ ، وَسَوْفَ يَذْكُرُ خَاصَّةً أَنَّ هَمَرْشُولْد سَافَرَ إِلَى ٱلْكُونْغُو لِحَلِّ
군인들, 병사들 مُشْكِلَةِ ٱلْحَرْبِ ٱلْأَهْلِيَّةِ هُنَاكَ وَأَرْسَلَ جُنُودَ ٱلْأُمَمِ ٱلْمُتَّحِدَةِ إِلَى مِنْطَقَةِ ٱلشَّرْقِ 내전
국유화했다 ٱلْأَوْسَطِ لِلْمُحَافَظَةِ عَلَى ٱلسَّلَامِ بَعْدَ أَنْ أَمَّمَ ٱلرَّئِيسُ عَبْدُ ٱلنَّاصِرِ شَرِكَةَ قَنَاةِ
죽었다 ٱلسُّوَيْسِ، وَقَدْ سَقَطَتْ طَائِرَةُ هَمَرْشُولْد أَثْنَاءَ عَوْدَتِهِ مِنَ ٱلْكُونْغُو فَمَاتَ فِي 떨어졌다, 추락했다
잃었다 ٱلسَّادِسَةِ وَٱلْخَمْسِينَ مِنْ عُمْرِهِ ، وَبِذٰلِكَ فَقَدَ ٱلْعَالَمُ سِيَاسِيًّا مُخْلِصًا وَإِنْسَانًا
كَبِيرَ ٱلْقَلْبِ وَجُنْدِيًّا مِنْ أَعْظَمِ جُنُودِ ٱلسَّلَامِ . 군인

연습7. 쓰기, 묻고 대답하기

أسئلة :

위의 강독을 읽고 다음 물음에 답하라.

١ ـ هل كان داغ همرشولد أمريكيا أم أوربيا ؟

٢ ـ ماذا تعرف عن عائلة همرشولد ؟

٣ ـ ما هي أعلى شهادة جامعية حصل عليها همر شولد ؟

٤ ـ هل عمل همر شولد سياسيا قبل أن يعمل في الامم المتحدة ؟

٥ ـ على أي وظيفة حصل همر شولد فى منظمة الامم المتحدة ؟

٦ ـ لماذا احترمت الدول همر شولد ؟

٧ ـ هل قدّم همر شولد خدمات للسلام فى الشرق الاوسط ؟

٨ ـ متى مات همر شولد ؟

마. 종합 연습

هـ ـ التمارين العامة

연습8. 쓰 기

다음 각 문장을 의미의 변화없이 가능한 여러 가지로 변형시켜라.

كان فريد يضحك عندما خرج ←

- خرج فريد ضاحكا
- خرج فريد يضحك
- خرج فريد وهو يضحك
- كان فريد يضحك وهو خارج
- كان فريد يضحك عند خروجه

١ ـ كان غنيا عندما ترك مصر .

٢ ـ كان فقيرا عندما جاء الى هذه البلاد .

٣ ـ كان يضحك أثناء تحدّثه الى الطلاب .

٤ ـ كان رئيس الجمهورية فى فرنسا عندما اجتمع الكونغرس .

٥ ـ كنت طالبا فى جامعة ولاية يوطا عندما صادقته .

연습 9. (테이프에도 수록) 완료형 → 완료형의 부정 → 미완료형

أ ـ هل عاد صديقك من بيروت ؟ (غدا) '당신의 친구는 베이루트에서 돌아왔느냐?'(내일)

ب ـ لا، لم يعد. لعلّه يعود غدا . '아니, 돌아오지 않았다.

그는 아마 내일 돌아올 것이다.'

١ ـ هل نشر مقالك ؟ غدا

٢ ـ هل تمت ترجمة الكتاب ؟ بعد أسبوع

٣ ـ هل وصل الوزير الى نيويورك ؟ مساء اليوم

٤ ـ هل كتب الاستاذ كتابا عن القومية العربية ؟ السنة القادمة

٥ ـ هل درّس الاستاذ لين فى جامعة القاهرة ؟ العام القادم

٦ ـ هل شاهدوا الآثار ؟ الاسبوع القادم

٧ ـ هل طالبن بمقابلة رئيس الجامعة ؟ غدا

٨ ـ هل أكملت كتابة المقالة ؟ هذا الاسبوع

٩ ـ هل اقامت الحكومة المصانع الجديدة ؟ هذا العام

١٠ ـ هل تقدّمت وداد بطلب لمقابلة وزير الخارجية ؟ غدا

١١ ـ هل تغيّر الوضع الاقتصادي ؟ قريبا

١٢ ـ هل تعاونت الدولتان فى تطوّر الصناعة ؟ فى بداية العام القادم

١٣ ـ هل انعقد المؤتمر ؟ الاسبوع القادم

١٤ ـ هل انتقل الموظف الى أسوان ؟ بعد أسبوعين

١٥ ـ هل ازداد عدد المدارس فى هذه المنطقة ؟ قريبا

١٦ ـ هل قابلتم رئيس الجامعة بشأن هذا الامر ؟ بعد مدة قصيرة

١٧ ـ هل تمكن من الحصول على وظيفة ؟ ولا شك

연습 10. 쓰기, 번역

다음 문장을 아랍어로 옮겨라.

1. 타하 후사인은 현대의(당대의) 가장 위대한 문인 중의 하나였다.

2. 나는 많은 직업에 종사한 친구가 있는데, 그 직업 중에는 고등학교(들)에서의 가르침이 있다.

3. 이집트에는 큰 도시들이 있다. 그러나 또한 작은 마을들도 있다. 이집트의 마을들은 중동에서 가장 가난한 것에 속한다.

4. 이집트 박물관은 아랍 세계에서 가장 크고 그 유적들이 가장 오래된 것에 속한다는 것이 특징이다.

5. 나의 아들은 나의 (한) 그림을 그렸는데, 거기에서 나는 큰 머리, 두 개의 작은 눈, 두 개의 큰 귀와 손 한 개가 있다. 나의 남편이 직장에서 돌아왔을 때 그 그림을 보고는 나라고 알아보았다.

6. 그 외무장관과 그의 친구는 중동 석유 문제에 (유죄로) 판결받았다. 사람들은 이로써 각 사람의 권리가 그의 형제의 권리와 같다는 것을 확신했다.

연습11. 어 휘

아래 문장의 밑줄 친 말과 비슷한 말을 다음 표에서 찾아 바꾸어 써라. 필요한 곳은 변형을 시켜라.

خرجت ، بناء ، انصرفت ، أخذت ، يؤسس ، يجلس ، بيت

١ - يريد السياسيّ ان <u>ينشئ</u> حزبا جديدا .

٢ - <u>ذهبت</u> الوالدة <u>ب</u>ابنها الصغير الى الطبيب .

٣ - <u>دار</u> كريم مفتوحة في كل وقت لكل غريب محتاج .

제 34 과

الدرس الرابع والثلاثون

أ ـ الجُمَلُ التَّمْهِيدِيَّةُ

가. 예비문

كِتَابٌ عَنِ الأَغَانِي العَرَبِيَّةِ الحَدِيثَةِ

현대 아랍 노래에 관한 책

١ ـ أَلَّفَ بَاحِثٌ غَرْبِيٌّ مَعْرُوفٌ كِتَابًا عَنِ الأَغَانِي العَرَبِيَّةِ الحَدِيثَةِ تَمَّ طَبْعُهُ فِي لَنْدَن .

한 유명한 서양의 연구가가 현대 아랍의 노래들에 대한 책을 펴냈는데, 그 인쇄는 런던에서 이루어졌다.

أَلَّفَ ـ تَأْلِيفٌ — II 펴내다, 편찬하다, 저술하다, 짓다

بَاحِثٌ ـ ون — 연구가

أُغْنِيَةٌ ـ ات ، أَغَانٍ — 노래

طَبَعَ ـَ ، طَبْعٌ — 인쇄하다

٢ ـ يُعَدُّ هٰذَا الكِتَابُ اليَوْمَ مِنْ أَهَمِّ المَصَادِرِ الأَجْنَبِيَّةِ لِدِرَاسَةِ الأُغْنِيَةِ الحَدِيثَةِ وَيَوَدُّ كَثِيرٌ مِنَ النَّاسِ أَنْ يَحْصُلُوا عَلَيْهِ .

이 책은 오늘날 현대 노래를 공부하는 데에 가장 중요한 외국 출전들의 하나로 간주되고 있으며, 많은 사람들이 그것을 얻고 싶어한다.

عَدَّ ـُ ، عَدٌّ — 셈하다;(+ 두 개의 목적어) (~을 ~라고) 여기다

مَصْدَرٌ ـ مَصَادِرُ — 기원, 근원 ; 출처, 자료

وَدَّ ـَ ، وُدٌّ — 원하다, 싶어하다, 바라다

٣ ـ يَقُولُ المُؤَلِّفُ إِنَّ الأَغَانِيَ العَرَبِيَّةَ الحَدِيثَةَ تُصَوِّرُ الحَيَاةَ الاِجْتِمَاعِيَّةَ وَالأَدَبِيَّةَ فِي العَالَمِ العَرَبِيِّ إِلَى حَدٍّ بَعِيدٍ .

편자는 현대 아랍 노래가 아랍 세계의 사회 및 문학 생활을 최대로 그리고 있다고 말한다.

صَوَّرَ ، تَصْوِيرٌ — II 그리다; 묘사하다, 서술하다

٤ ـ يَعْتَبِرُ المُؤَلِّفُ أُمَّ كُلْثُوم وَفَيْرُوز وَمُحَمَّدًا عَبْدَ الوَهَّابِ وَفَرِيدًا الأَطْرَش مِنْ أَشْهَرِ المُغَنِّينَ العَرَبِ الَّذِينَ عَاشُوا فِي هٰذَا القَرْنِ وَوَهَبُوا حَيَاتَهُمْ لِلْفَنِّ .

편자는 움쿨숨·파이루즈·무함맛 압드 알와합·파리드 알아트라슈를 금세기에 살았고 그들의 생을 예술에 바친 가장 유명한 아랍의 가수들이라고 여기고 있다.

مُغَنٍّ ـ مُغَنُّونَ (مُغَنِّيَةٌ ـ ات)	가수, 성악가
عَاشَ ـِ ، عَيْشَةٌ ، مَعِيشٌ	살다
وَهَبَ يَهَبُ ، هِبَةٌ ، وَهْبٌ	(아무에게)(~을) 주다, 수여하다, 기부하다
٥ ـ يَقُولُ ٱلْمُؤَلِّفُ فِي نِهَايَةِ ٱلْكِتَابِ :	편자는 책의 끝에서 다음 같이 말하고 있다.
نِهَايَةٌ ـ ات	끝
أ ـ إِنَّ مَكَانَةَ أُمِّ كُلْثُوم كَانَتْ أَعْلَى مِنْ مَكَانَةِ أَيِّ مُغَنِّيَةٍ أُخْرَى ، وَإِنَّ مَدْرَسَةً لِلْغِنَاءِ مَاتَتْ بِمَوْتِ أُمِّ كُلْثُوم .	ㄱ. 움쿨숨의 위치는 다른 어느 가수의 위치보다 높았으며, 한 성악 학파가 움쿨숨의 죽음으로 죽었다.
أَيٌّ	(의문문에서) 어느? 어떤? ; (서술문에서) 어떠한 ; (부정문에서) 하나도 ~않는
مَاتَ ـُ ، مَوْتٌ	죽다
ب ـ إِنَّ أُغْنِيَةَ " زُورُونِي كُلَّ سَنَةٍ مَرَّةً " مِنْ أَجْمَلِ ٱلْأَغَانِي ٱلَّتِي تُغَنِّيهَا فَيْرُوزُ .	ㄴ. زُورُونِي كُلَّ سَنَةٍ مَرَّةً ("해마다 한 번씩 나를 찾아오세요") 라는 노래는 파이루즈가 부르는 가장 아름다운 노래의 하나이다.
مَرَّةٌ ـ ات	한 번
ج ـ إِنَّ كَثِيرًا مِنْ شُعَرَاءِ ٱلْعَرَبِ ٱلْمُعَاصِرِينَ أَلَّفُوا أَغَانِيَ لِمُحَمَّدِ عَبْدِ ٱلْوَهَّابِ .	ㄷ. 많은 당대의 아랍 시인들은 무함맛 압드 알와합을 위해 노래들을 지었다.
شَاعِرٌ ـ شُعَرَاءُ	시인
د ـ إِنَّ ٱلْأَغَانِيَ ٱلْمِصْرِيَّةَ ٱنْتَشَرَتْ فِي ٱلدُّوَلِ ٱلْعَرَبِيَّةِ كُلِّهَا ، مِمَّا يَدُلُّ دَلَالَةً وَاضِحَةً عَلَى تَقَدُّمِ ٱلْأُغْنِيَةِ ٱلْمِصْرِيَّةِ ٱلْحَدِيثَةِ .	ㄹ. 이집트 노래들은 모든 아랍 국가들에 널리 퍼졌는데, 이는 현대 이집트 노래의 발전을 분명히 가리키는 것이다.

دَلَّ ـُـ دَلَالَةٌ (عَلَى) | (~을) 가리키다, 지적하다

وَضَحَ يَضَحُ ، وُضُوحٌ | 분명하다, 분명해지다

هـ ـ انَّ بَعْضَ هذه ٱلأَغَانِي ٱلْعَرَبِيَّةِ يُؤَلَّفُ بِٱلْفُصْحَى وَبَعْضَهَا ٱلآخَرُ يُؤَلَّفُ بِٱلْعَامِّيَّةِ .

ㅁ. 이들 아랍 노래의 일부는 문어로 지어지고, 다른 일부는 구어로 지어진다.

ٱلْمُفْرَدَاتُ ٱلْإِضَافِيَّةُ

보 충 어

٦ ـ لَا تَزَالُ ٱلشُّعُوبُ ٱلْعَرَبِيَّةُ تُطَالِبُ بِٱلْوَحْدَةِ . وَلَا أَشُكُّ فِي أَنَّهَا سَتَحُلُّ مُعْظَمَ مَشَاكِلِهَا قَرِيبًا .

아랍 국민들은 아직도 통합을 요구하고 있다. 나는 그들이 곧 그들의 대부분의 문제를 해결할 것이라고 의심하지 않는다.

وَحْدَةٌ ـ ات | 통일, 통합, 단위

شَكَّ ـُـ ، شَكٌّ (فِي ، بِـ) | (~이라고) 의심하다, 혐의를 두다

حَلَّ ـُـ ، حَلٌّ | 풀다, 해결하다; 해산하다

ب ـ النص الاساسي

أَبُو ٱلْفَرَجِ ٱلْأَصْفَهَانِيُّ

أَبُو ٱلْفَرَجِ ٱلْإِصْفَهَانِيُّ مِنْ أَشْهَرِ ٱلْأُدَبَاءِ ٱلْعَرَبِ . وُلِدَ فِي إِصْفَهَانَ فِي نِهَايَةِ ٱلْقَرْنِ ٱلتَّاسِعِ ٱلْمِيلَادِيِّ . عَاشَ أَكْثَرَ حَيَاتِهِ فِي بَغْدَادَ وَدَرَسَ هُنَاكَ ٱلْأَدَبَ وَٱلشِّعْرَ وَٱلتَّارِيخَ . ثُمَّ ٱتَّصَلَ بِسَيْفِ ٱلدَّوْلَةِ ٱلْحَمْدَانِيِّ أَمِيرِ (왕자, 군주) حَلَبَ (알렙포) ٱلَّذِي ٱسْتَقْبَلَهُ بِكُلِّ تَرْحِيبٍ وَإِكْرَامٍ . مَاتَ أَبُو ٱلْفَرَجِ فِي بَغْدَادَ فِي ٱلنِّصْفِ ٱلثَّانِي مِنَ ٱلْقَرْنِ ٱلْعَاشِرِ وَقَدْ وَهَبَ حَيَاتَهُ لِلْبَحْثِ وَٱلتَّأْلِيفِ .

أَلَّفَ أَبُو ٱلْفَرَجِ كُتُبًا كَثِيرَةً لَكِنَّ أَشْهَرَهَا هُوَ " ٱلْأَغَانِي " ٱلَّذِي يُعَدُّ مِنْ أَهَمِّ مَا أُلِّفَ فِي ٱلْقَرْنِ ٱلْعَاشِرِ وَهُوَ مَصْدَرٌ أَسَاسِيٌّ يَوَدُّ ٱلْبَاحِثُونَ فِي تَارِيخِ ٱلْأَدَبِ ٱلْعَرَبِيِّ أَنْ يَحْصُلُوا عَلَيْهِ . تَمَّ تَأْلِيفُ ٱلْكِتَابِ فِي خَمْسِينَ عَامًا ، وَقَدْ جَمَعَ ٱلْمُؤَلِّفُ فِيهِ أَخْبَارَ ٱلْمُغَنِّينَ وَٱلْأُدَبَاءِ وَٱلشُّعَرَاءِ ٱلْقُدَمَاءِ مِنْهُمْ وَٱلْمُعَاصِرِينَ لَهُ . وَلِكِتَابِ " ٱلْأَغَانِي " أَهَمِّيَّةٌ كُبْرَى لِأَنَّهُ يُصَوِّرُ حَيَاةَ ٱلْعَرَبِ ٱلْإِجْتِمَاعِيَّةَ وَٱلْأَدَبِيَّةَ فِي ٱلْعَصْرِ ٱلْجَاهِلِيِّ (무지시대, 이슬람전시대) حَتَّى نِهَايَةِ ٱلْقَرْنِ ٱلتَّاسِعِ

وَلِأَنَّهُ يَدُلُّ دَلَالَةً وَاضِحَةً عَلَى تَطَوُّرِ ٱلْأَسَالِيبِ ٱلْكِتَابِيَّةِ . وَقَدْ ذَكَرَ ٱلْمُؤَلِّفُ
فِي كِتَابِهِ مِنَ ٱلشِّعْرِ ٱلْقَدِيمِ مَا لَمْ يَذْكُرْهُ أَيُّ مُؤَلِّفٍ آخَرَ .

طُبِعَ كِتَابُ ٱلْأَغَانِي لِأَوَّلِ مَرَّةٍ فِي بُولَاق بِمِصْرَ فِي ٱلنِّصْفِ ٱلثَّانِي   불락
مِنَ ٱلْقَرْنِ ٱلتَّاسِعَ عَشَرَ ، وَهُوَ عِشْرُونَ جُزْءًا كُلُّهَا جَمِيلَةُ ٱللُّغَةِ سَهْلَةُ   권, 부분
ٱلْأُسْلُوبِ .

나. 기본문

아부 알파라즈 알이스바하니

아부 알파라즈 알이스바하니는 가장 유명한 아랍 문인 중의 하나이다. 그는 서기 9세기 말에 에스파한에서 태어났다. 그는 삶의 대부분을 바그다드에서 살았으며, 그곳에서 문학과 시와 역사를 공부했다. 그리고는 그를 극진히 접대하고 예의로 대해준 알렙포의 군주 사이프 앗다울라 알함다니와 접촉했다. 아부 알파라즈는 10세기 후반에 바그다드에서 죽었는데, 그는 탐구와 저술에 삶을 바쳤다.

아부 알파라즈는 많은 책을 썼는데, 가장 유명한 책은 10세기에 지어진 가장 중요한 책 중의 하나로 여겨지는 '알아가니'("노래의 책")로서, 아랍 문학사 연구가들이 얻고 싶어하는 기본 자료이다. 그 책의 저술은 50년에 마쳐졌다. 편자는 그 책에 고대의 가인·문인·시인의 정보자료를 모았는데 그 중에는 그의 당대인들도 있다. '키탑 알아가니'는, 이슬람 전시대에서 9세기 말까지의 아랍인들의 사회·문학적 생활을 그리고 있고 또 문체 발달의 분명한 증거를 보여주고 있기 때문에 커다란 중요성이 있다. 편자는 그의 책에서 다른 어떤 편자도 언급하지 않았던 고대 시가에 대한 것을 언급했던 것이다.

'키탑 알아가니'는 19세기 후반에 이집트의 불락에서 처음으로 인쇄되었는데, 그것은 20 권이며 그 모두가 언어가 아름답고 문체가 쉽다.

1. 중복동사 : 원형
2. 중복어근 : 음운규칙
3. 결여명사 및 형용사
4. 목적어가 두 개 있는 동사 : 요약
5. 형용사 연속체에 쓰이는 임의의 وَ '그리고'

1. 중복동사 : 원형

아랍어의 강동사 중에서 دَلَّ '가리키다'와 같이 어근의 두번째와 세번째 어근자 즉, ل 과 ل 가 같은 것이 있는데 이를 중복동사(اَلْفِعْلُ الْمُضَاعَفُ)라고 한다.

중복동사의 특징은 자음으로 시작하는 대명사 앞(강어간)에서는 중복어근자가 강변화 같이 나타나지만, 보음으로 시작하는 대명사 앞(중복어간)에서는 중복어근자가 중복되어 그 사이의 단모음이 탈락한다는 점이다. 다음에 원형동사의 두 시상을 각 어간별로 예시한다.

	형	보기
완료형 :		
강어간	فَعَلَ -	دَلَلْتُ '나는 가리켰다'
중복어간	فَعَّ	دَلَّ '그는 가리켰다'
미완료형 :		
강어간	فْعُلْ	يَدْلُلْنَ '그녀(여)은 가리킨다'
중복어간	فُعُّ	يَدُلُّ '그는 가리킨다'

단축법이나 명령법에서와 같이 ـْ 으로 끝나는 형은 강어간을 쓰거나(일반적임), 해당 접속법형(물론 명령법에서는 대명사 نَ 가 탈락함)을 대용하거나 한다.

다음에 دَلَّ ـُ '가리키다' 동사로서 원형의 중복동사의 모든 활용을 보인다.

	완료형	미완료형			
		직설법	접속법	단축법	명령법
3남단	دَلَّ	يَدُلُّ	يَدُلَّ	يَدْلُلْ / يَدُلَّ	
여단	دَلَّتْ	تَدُلُّ	تَدُلَّ	تَدْلُلْ / تَدُلَّ	
2남단	دَلَلْتَ	تَدُلُّ	تَدُلَّ	تَدْلُلْ / تَدُلَّ	أُدْلُلْ / دُلَّ
여단	دَلَلْتِ	تَدُلِّينَ	تَدُلِّي	تَدُلِّي	دُلِّي
1단	دَلَلْتُ	أَدُلُّ	أَدُلَّ	أَدْلُلْ / أَدُلَّ	
3남쌍	دَلَّا	يَدُلَّانِ	يَدُلَّا	يَدُلَّا	
여쌍	دَلَّتَا	تَدُلَّانِ	تَدُلَّا	تَدُلَّا	
2쌍	دَلَلْتُمَا	تَدُلَّانِ	تَدُلَّا	تَدُلَّا	دُلَّا
3남복	دَلُّوا	يَدُلُّونَ	يَدُلُّوا	يَدُلُّوا	
여복	دَلَلْنَ	يَدْلُلْنَ	يَدْلُلْنَ	يَدْلُلْنَ	
2남복	دَلَلْتُمْ	تَدُلُّونَ	تَدُلُّوا	تَدُلُّوا	دُلُّوا
여복	دَلَلْتُنَّ	تَدْلُلْنَ	تَدْلُلْنَ	تَدْلُلْنَ	أُدْلُلْنَ
1복	دَلَلْنَا	نَدُلُّ	نَدُلَّ	نَدْلُلْ / نَدُلَّ	

능 동 분 사: دَالٌّ '가리키는'

수 동 분 사: مَدْلُولٌ '가리켜진'

동 명 사: دَلَالَةٌ '가리킴'

능동분사에서는 격어미가 모음이기 때문에 그 사이의 ـِ 모음이 탈락되어 فَاعٌّ 형으로 된다. 수동분사형은 강변화를 한다.

〈중간모음 체계〉

이에는 다음과 같은 세 가지의 유형이 있다.

① 대부분의 중복동사의 원형은 دَلَّ 동사와 같이 중간모음이 완료형에서는 ـَ, 미완료형에서는 ـُ 이며, 대부분 타동사이다.

② ـِ تَمَّ '이루어지다' 동사와 마찬가지로 완료형에서 ـَ, 미완료형에서 ـِ 의 중간모음을 가지는 유형으로 대부분이 자동사이다.

	형	보기
완 료 형 : 강 어 간 중 복 어 간	فَعَلْ فَعّ	تَمَمْنَ '그들(여)은 이루어졌다' تَمَّ '그것은 이루어졌다'
미 완 료 형 : 강 어 간 중 복 어 간	فْعِلْ فِعّ	يَتْمِمْنَ '그들(여)은 이루어진다' يَتِمُّ '그것은 이루어진다'

(تَمَّ 동사는 3인칭 남성 및 여성 단수로만 쓰인다. 여성복수는 시가에서 의인화를 나타낼 때에 쓰일 수 있는데, 여기에서는 예시로 들었다).

③ ـَ وَدَّ '바라다; 좋아하다, 사랑하다'와 ـَ ظَلَّ '계속하다' 동사와 마찬가지로 완료형에서 ـِ, 미완료형에서 ـَ 의 중간모음을 가지는 유형.

	형	보기
완 료 형 : 강 어 간 중 복 어 간	فَعِلْ فَعّ	وَدِدْتُ '나는 바랐다' وَدَّ '그는 바랐다'
미 완 료 형 : 강 어 간 중 복 어 간	فْعَلْ فَعّ	يَوْدَدْنَ '그들(여)은 바란다' يَوَدُّ '그는 바란다'

위의 세 가지 유형을 비교하면 다음과 같다.

완 료 형	미 완 료 형	보 기
ـَ	ـُ	دَلَّ – يَدُلُّ '가리키다'
ـَ	ـِ	تَمَّ – يَتِمُّ '이루어지다'
ـِ	ـَ	وَدَّ – يَوَدُّ '바라다' (وَدِدْتُ '나는 바랐다')

〈중복동사의 수동태〉

중복동사의 수동태에도 다음과 같이 강·중복 두 가지 어간이 있다. 그러나 수동태의 모음체계는 능동태의 중간모음 체계에 관계없이 똑같다.

수 동 태	형	보 기
완 료 형:		
강 어 간	فُعِلْ	عُدِدْتُ '나는 여겨졌다'
중 복 어 간	فُعَّ	عُدَّ '그는 여겨졌다'
미 완 료 형:		
강 어 간	ُفْعَلْ	يُعْدَدْنَ '그들(여)은 여겨진다'
중 복 어 간	فَعّ	يُعَدُّ '그는 여겨진다'

다음에 지금까지 나온 중복 원형동사에 حَلَّ ـُ '풀다'와 شَكَّ ـُ فِي '～을 의심하다' 동사를 포함하여 그 주요 부분을 도시한다.

	حَلَّ	شَكَّ	دَلَّ	عَدَّ	تَمَّ	ظَلَّ	وَدَّ
완 료 형 3남단	حَلَّ	شَكَّ	دَلَّ	عَدَّ	تَمَّ	ظَلَّ	وَدَّ
1단	حَلَلْتُ	شَكَكْتُ	دَلَلْتُ	عَدَدْتُّ	—	ظَلِلْتُ	وَدِدْتُّ

미완료형3남단 3여복	يَحُلُّ يَحْلُلْنَ	يَشُكُّ يَشْكُكْنَ	يَدُلُّ يَدْلُلْنَ	يَعُدُّ يَعْدُدْنَ	يَتِمُّ —	يَظَلُّ يَظْلَلْنَ	يَوَدُّ يَوْدَدْنَ
능동분사	حَالٌّ	شَاكٌّ	دَالٌّ	عَادٌّ	تَامٌّ	ظَالٌّ	وَادٌّ
수동분사	مَحْلُولٌ	مَشْكُوكٌ فِيهِ	مَدْلُولٌ	مَعْدُودٌ	—	—	—
동 명 사	حَلٌّ	شَكٌّ	دَلَالَةٌ	عَدٌّ	تَمَامٌ	ظَلٌّ ، ظُلُولٌ	وُدٌّ

앞으로 중복동사를 단어집에 수록할 때는 완료형 중간모음이 ـَـ 가 아닐 경우에는 1인칭 단수형을 명기했다.

(보기) وَدَّ (وَدِدْتُّ) ـَـ ، وُدٌّ '바라다. 원하다'

일반적인 규칙으로써 완료형의 중간모음이 ـِـ 이면 미완료형의 중간모음은 ـَـ 이다.

연습 1. (테이프에 수록) 동사활용 : فَعَلَ 형

연습 2. (테이프에 수록) 동사활용 : فَعِلَ 형

연습 3. 쓰기

필요한 변형을 하여 괄호 안의 동사를 수동태로 바꿔 써라.

١ – (عدّ) الكويت من أغنى الدول العربية بالزيت .

٢ – فى مصر أديبات (عدّ) من أشهر الأديبات العربيّات .

٣ – لم (عدّ) هذا الكتاب هامّا عندما نشر، لكنّه (عدّ) الآن من أهم الكتب.

٤ – لم (حلّ) المشكلة الى الآن، لعلّها (حلّ) قريبا .

٥ – لن (حلّ) مشكلاتنا بدون التعاون التام .

2. 중복어근 : 음운규칙

약어근에서처럼 중복어근에서도 일정한 조건에서 발음이 바뀌는 음운규칙이 있다. 여기에서는 중복어근의 음운규칙을 동사와 형용사를 중심으로 하여 살펴보겠다.

먼저 기본적으로 가정할 것은, 두 개의 같은 자음—중복음—이 단모음으로 분리되어 있을 때는 같이 합쳐져서 자음군을 이루는 경향이 있다는 것이다. 즉 スロス→スス 또한 아랍어에서는 3연속 자음

이 올 수 없다는 점도 기억하라(3. 다. 2 참조). 다음의 규칙들은 순차적으로 적용되어, 규칙 ㅈ2와 규칙 ㅈ3은 각각 규칙 ㅈ1 및 규칙 ㅈ1.2가 적용되지 않을 때에만 적용된다.

〈규칙 ㅈ1〉('ㅈ'은 "중복음"을 뜻한다).

두번째 중복음(공식에서: ㅈ')의 뒤에 오지 않으면 강변화를 한다.

공 식	ㅈㅁㅈ'ㅈ ㅈㅁㅈ' } 강 변 화	
보 기	عَدَدْتُ	'나는 셈했다'
	وَدِدْتُ	'나는 바랐다'
	يَعْدُدْنَ	'그들(여)은 셈한다'
	يَوْدَدْنَ	'그들(여)은 바란다'
	لَمْ يَعْدُدْ (لَمْ يَعُدَّ)	'그는 셈하지 않았다'
	لَمْ يَوْدَدْ (لَمْ يَوَدَّ)	'그는 바라지 않았다'

Ⅱ형과 Ⅴ형에서처럼 중복음의 하나가 중복되어도 강변화를 한다(قَرَّرَ Ⅱ '결정하다', تَعَدَّدَ Ⅴ '다수이다')

〈규칙 ㅈ2〉 첫번째 중복음(공식에서: ㅈ')의 바로 앞에 자음이 오면 그 중복음과 다음에 오는 모음은 도치된다.

공 식	ㅈㅈ'ㅁㅈㅁ → ㅈㅁㅈ'ㅈㅁ			
보 기	يَعْدُدُ	→	يَعُدُّ	'그는 셈한다'
	يَوْدَدُ	→	يَوَدُّ	'그는 바랐다'
	أَجْدَدُ	→	أَجَدُّ	'더 새로운'
	أَعْزِزَاءُ	→	أَعِزَّاءُ	'사랑스러운'(복)
	أَطْبِبَاءُ	→	أَطِبَّاءُ	'의사들'

주: (1) أَجَدُّ 는 중복어근의 우선급형의 보기이다(18. 다. 1 참조).

강 어 근	أَفْعَلُ (우선급)
중 복 어 근	أَفْعَلُ → أَفَعُّ (우선급)

(2) أَعِزَّاءُ 는 중복어근의 أَفْعِلَاءُ 불규칙 복수형의 보기이다(13. 다. 3의 11형 참조)

강 어 근	فَعِيلٌ → أَفْعِلَاءُ
중 복 어 근	فَعِيلٌ → أَفْعِلَاءُ → أَفِعَّاءُ

〈규칙 ㅈ3〉 두 중복음 사이의 단모음은 탈락한다.

공 식	ㅁㅈㅁㅈㅁ → ㅁㅈㅈㅁ			
보 기	عَدَدَ	→	عَدَّ	'그는 셈했다'
	وَدِدَ	→	وَدَّ	'그는 바랐다'
	لَبُبَ	→	لَبَّ	'그는 이성적이었다'
	تَامِمٌ	→	تَامٌّ	'완전한'

변화를 요약하면 다음과 같다.

ㅁㅈㅁㅈㅁ → ㅁㅈㅈㅁ	عَدَّ	'그는 셈했다'
ㅈㅈㅁㅈㅁ → ㅈㅁㅈㅈㅁ	يَعُدُّ	'그는 셈한다'
	أَجَدُّ	'더 새로운'

3. 결여명사 및 형용사

우리는 지금까지 여러 가지 유형의 명사와 형용사의 변화형을 익혔다(31. 다. 2 및 3 참조). 여기에서는 또 다른 유형의 변화형－결여 명사 및 형용사－를 배운다. 이 "결여"란 말은 어근의 세번째 어근자(ل)가 و 또는 ي 로 되어 있는 것을 뜻한다(36. 다. 1 참조). 이 결여 변화에서는 탄원이 붙을 수 있으며 주격과 소유격이 같은 형을 가진다. 이에는 단수 또는 복수가 있으며, 복수형의 비한정 목적격에는 탄윈이 붙지 않는다. 다음의 보기에서 이를 살펴보자.

	비 한 정			한 정
단 수	주/소	مُغَنٍّ	'가수'	اَلْمُغَنِّي
	목	مُغَنِّيًا		اَلْمُغَنِّيَ
복 수	주/소	أَغَانٍ	'노래들'	اَلْأَغَانِي
	목	أَغَانِيَ		اَلْأَغَانِيَ

주: 1) 주격과 소유격은 비한정일 때는 ـٍ , 한정일 때는 ـِي의 형을 가진다.

2) 목적격은 규칙적으로 변화—강변화—하며 원래의 세번째 어근자에 관계없이 세번째 어근자는 ي 이다.(보기) 어근이 غني 인 مُغَنٍّ 의 목적격 مُغَنِّيًا 와 목적격인 مُدَرِّسًا '선생' (어근: درس)을 비교하라.

3) 비한정 상태의 복수 목적격형은 원래 쌍격명사에 나왔으므로 탄윈이 붙지 않는다(13. 다. 3의 12번 및 13. 다. 4 참조). (보기) 비한정 목적격 أَغَانِيَ '노래들을'와 أَجَانِبَ '외국인들을'를 비교하라.

그러나 비한정 주격/소유격형은 쌍격명사이지만 탄윈이 붙는다. 이제 결여 변화가 어떻게 이루어지나 알아보자. 결여 변화에서는 원래의 세번째 어근자가 원래 و 이든 ي 이든 ي 로 간주된다. 다음에 어근 ثني의 فَاعِلٌ 형(서수형)의 강변화를 보인다.

	비 한 정	한 정
주	(ثَانِيٌ)	(اَلثَّانِيُ)
소	(ثَانِيٍ)	(اَلثَّانِيِ)
목	ثَانِيًا	اَلثَّانِيَ

위에서 괄호 안의 형은 아랍어 음운규칙에 벗어나므로 실제의 형은 다음과 같이 변한다.

ـِـيٌ ـِـيٍ } → ـٍ	ـِـيُ ـِـيِ } → ـِـي

따라서 위의 주격과 소유격은 비한정과 한정상태에서 각각 ثَانٍ 과 اَلثَّانِي 로 같은 형이 된다. 그러나 목적격에서는 변하지 않는다.

다음은 지금까지 나온 결여 명사 및 형용사를 모은 것이다.

단 수		복 수	
ثَانٍ	'두번째의'	أَغَانٍ	'노래들'
عَالٍ	'높은'	كَرَاسٍ	'의자들'
جَاءٍ	'오는'	لَيَالٍ	'밤들'
مُغَنٍّ	'가수'		
مُسَاوٍ	'같은, 동등한'		

남성 결여 변화형에 대한 여성형은 다음 보기에서 보듯이 규칙적으로 변화한다.

عَالٍ '높은'의 변화형

<table>
<tr><th colspan="3">비 한 정</th></tr>
<tr><th></th><th>남 성</th><th>여 성</th></tr>
<tr><td>주</td><td rowspan="2">عَالٍ</td><td>عَالِيَةٌ</td></tr>
<tr><td>소</td><td>عَالِيَةٍ</td></tr>
<tr><td>목</td><td>عَالِيًا</td><td>عَالِيَةً</td></tr>
<tr><th colspan="3">한 정</th></tr>
<tr><td>주</td><td rowspan="2">اَلْعَالِي</td><td>اَلْعَالِيَةُ</td></tr>
<tr><td>소</td><td>اَلْعَالِيَةِ</td></tr>
<tr><td>목</td><td>اَلْعَالِيَ</td><td>اَلْعَالِيَةَ</td></tr>
</table>

쌍수형도 규칙적으로 변화한다.

	남 성	여 성
주	عَالِيَانِ	عَالِيَتَانِ
소/목	عَالِيَيْنِ	عَالِيَتَيْنِ

남성 규칙 복수형에서는 다음과 같이 음운규칙의 적용을 받아 변화한다.

(가정형)

주	(مُغَنِّيُونَ)
소/목	(مُغَنِّيِينَ)

(음운규칙)

ـِيُو	→	ـُو
ـِيِي	→	ـِي

주	مُغَنُّونَ
소/목	مُغَنِّينَ

여성 규칙 복수형은 여성 단수형에서 규칙적으로 변화한다.

주	مُغَنِّيَاتٌ
소/목	مُغَنِّيَاتٍ

결여 명사 및 형용사의 인용형은 비한정 상태의 남성 단수형이다. (보기) مُغَنٍّ '가수', عَالٍ '높은'

연습4. 쓰기, 한정 → 비한정

다음의 밑줄 친 부분을 비한정 상태로 바꾸고 모음부호를 붙여라.

١ ـ تزوّجت صديقتي المغنّي اللبنانيّ •

٢ ـ تحدّثت ايضا الى الطالب الثاني •

٣ ـ المتحف الوطنيّ هو البناء العالي •

٤ ـ سمعت الاغاني الجديدة التي تغنّيها فَيْروز •

٥ ـ قرأت كتابا عن المغنّي اللبنانيّ الذي رحل الى مصر •

٦ ـ ألّفت كتابا عنوانه " الليالي الثلاث " •

٧ ـ استمعنا لمحاضرة عن السدّ المساوي فى اهميته لسدّ أسوان •

연습5. 쓰 기

다음 괄호 안의 말을 옳바른 형으로 다시 써라.

١ ـ من الـ (مغنّ) الذي حضـر الحفلة ؟

٢ ـ كان في الحفلة (مغنّ) كثيرون •

٣ ـ صديقي أمريكيّ ، لكنه يعرف شيئا عن الـ (أغان) العربية •

٤ ـ ترك ابي بيروت بعد ثلاث (ليلة) حاملا هدايا كثيرة فى يده •

٥ ـ قرأت المقالة الأولى أمس ، وسأقرأ المقالة (ثان) اليوم •

٦ ـ أقامت مصر سدًّا (عال) ، وهو قريب من أسوان •

٧ ـ سمعت(أغان) أمريكيّة كثيرة ، وقد أعجبني بعضها •

٨ ـ لعلّ الـ (مغنّ) اللبنانية فَيْرُوزَ أشهر الـ (مغنّ) العربيّات،
ولعلّ الـ (مغنّ) المصرىّ عَبْدَ ٱلْوَهَّابِ أشهر الـ (مغنّ) العرب •

٩ ـ نساء أمريكا (مساو) للرجال في الحقوق ، لكنّ النساء في بعض
الدول لسن (مساو) للرجال •

١٠ ـ عَبْدُ ٱلْحَلِيمِ حَافِظٌ وفَرِيدٌ ٱلْأَطْرَشُ (مغنّ) مشهوران .

١١ ـ كانت أُمُّ كُلْثُوم وأَسْمَهَانُ (مغنّ) من أشهر (مغنّ) اللواتي عرفهنّ العالم العربيّ .

١٢ ـ اعجبتني (أغنية) نانسي سيناترا !

١٣ ـ هذه المقالة هامّة جدّا ، وهاتان (مساو) لها في الاهمية .

4. 목적어가 두 개 있는 동사: 요약

목적어가 두 개 있는 동사는 다음의 세 가지 유형이 있다.

(1) 수여 동사: 첫번째 목적어는 받는 이(간접 목적어)이고 두번째 목적어는 주어지는 것(직접 목적어)이다.

مَنَحُوا ٱلطُّلَّابَ حَقَّ ٱلْإِنْتِخَابِ .	'그들은 학생들에게 선거권을 부여했다.'

(2) 생각 동사: "(첫번째 목적어)를 (두번째 목적어)로 생각하다"의 뜻을 가진다.

إِعْتَبَرُوا وَلِيدًا قَائِدًا عَظِيمًا .	'그들은 왈리드를 위대한 지도자로 여겼다.'

(3) 변형 동사: "(첫번째 목적어)를 (두번째 목적어)로 바꾸다"의 뜻을 가진다.

إِنْتَخَبُوا كَرِيمًا رَئِيسًا .	'그들은 카림을 대통령으로 뽑았다.'

다음에 각 유형에 대해서 추가로 설명을 덧붙인다. 여기서 "목적어"는 명사·대명사·형용사에 모두 적용되며, 유형 (2)에서 두번째 목적어는 전치사구일 수 있다.

إِعْتَبَرُوهُ مِنْ أَعْظَمِ ٱلْأُدَبَاءِ .	'그들은 그를 가장 위대한 문인 중의 하나로 여겼다.'

(1) 수여 동사: "주다"는 뜻의 동사는 مَنَحَ ـَ '부여하다' 외에도 وَهَبَ - يَهَبُ '주다, 기증하다'와 같은 여러 개의 동사가 있다. وَهَبَ 는 مَنَحَ 와는 달리 다음과 같이 두 목적어의 전위가 가능하다.

وَهَبَ بِلَادَهُ حَيَاتَهُ •	'그는 그의 나라에 자신의 생을 바쳤다.'

وَهَبَ حَيَاتَهُ لِبِلَادِهِ •	'그는 자신의 생을 그의 나라에 바쳤다.'

(다른 보기)

وَهَبُوا ٱلْمُرَاسِلَ سَيَّارَةً •	'그들은 그 기자에게 차를 주었다.'
وَهَبُوا سَيَّارَةً لِلْمُرَاسِلِ •	'그들은 차를 그 기자에게 주었다.'

وَهَبَ 와 같이 두 목적어의 전위가 가능한 동사는 단어집에서(ه 또는 ل)로 표시된다.

(2) 생각 동사: 이에는 다음과 같은 동사가 있다.

اِعْتَبَرَ	(아무를)(~이라고) '생각하다'
عَدَّ	(아무를)(~이라고) '생각하다'
رَأَى	(아무를)(~이라고) '보다, 간주하다'
وَجَدَ	(아무가)(~하다고, ~이라고) '찾아내다'
عَرَفَ	(아무가)(~하다고) '알고 있다'

(اِعْتَقَدَ 는 생각 동사가 아닌 것에 주의하라.)

نَعْتَبِرُهَا أَكْثَرَ ٱلطُّلَّابِ وَٱلطَّالِبَاتِ إِخْلَاصًا •	'우리는 그 여자가 학생 중에서 가장 성실하다고 여긴다.'

위의 문장에서 두 목적어는 다음과 같이 해석할 수 있다.

هِيَ أَكْثَرُ ٱلطُّلَّابِ وَٱلطَّالِبَاتِ إِخْلَاصًا •	'그 여자는 학생 중에서 가장 성실했다.'

즉, 생각 동사의 두 목적어는 각각 명사문에서의 주어와 서술어의 관계에 있다.

(3) 변형 동사: 이에는 다음과 같은 동사가 있다.

عَيَّنَ	(아무를)(~으로) '임명하다'
جَعَلَ	(아무를)(~으로) '만들다'
إِنْتَخَبَ	(아무를)(~으로) '뽑다'

إِنْتَخَبُوا كَرِيمًا رَئِيسًا •	'그들은 카림을 대통령으로 뽑았다.'

위의 문장은 다음 문장과 마찬가지이다.

أَصْبَحَ كَرِيمٌ رَئِيسًا نَتِيجَةً لِانْتِخَابِهِمْ •	'카림은 그들의 선거 결과로 대통령이 되었다.'

〈목적어가 두 개 있는 동사의 수동태〉 이러한 동사의 수동태는, (ㄱ) 능동 동사의 주어를 빼고 (ㄴ) 첫번째 목적어를 수동 동사의 주어로, 두번째 목적어(또는 그 위치의 전치사구)는 그대로 두어서 만든다.

(1) 수여 동사:

능동태:

وَهَبَتْ أَوْلَادَهَا مِئَةَ رِيَالٍ •	'그 여자는 자식들에게 백 리얄을 주었다.'

수동태:

وُهِبَ أَوْلَادُهَا مِئَةَ رِيَالٍ •	'그 여자의 아이들은 백 리얄을 받았다.'

능 동 태 :

وَهَبَتْ مِئَةَ رِيَالٍ لِأَوْلَادِهَا . '그 여자는 백 리얄을 자식들에게 주었다.'

수 동 태 :

وُهِبَتْ مِئَةُ رِيَالٍ لِأَوْلَادِهَا . '백 리얄이 그 여자의 아이들에게 주어졌다.'

(2) 생각 동사:

능 동 태 :

عَدَدْنَا ٱلْمَلِكَ فَيْصَلًا مِنْ أَعْظَمِ ٱلْقُوَّادِ ٱلْعَرَبِ . '우리는 파이살 왕을 가장 위대한 아랍 지도자의 하나로 생각했다.'

수 동 태 :

عُدَّ ٱلْمَلِكُ فَيْصَلٌ مِنْ أَعْظَمِ ٱلْقُوَّادِ ٱلْعَرَبِ . '파이살 왕은 가장 위대한 아랍 지도자의 하나로 생각되었다.'

(3) 변형 동사:

능 동 태 :

عَيَّنُوهُ وَزِيرًا أَمْسِ . '그들은 어제 그를 장관으로 임명했다.'

수 동 태 :

عُيِّنَ وَزِيرًا أَمْسِ . '그는 어제 장관으로 임명되었다.'

연습 6. 쓰기, 목적어가 두 개 있는 동사

필요한 변형을 하여 밑줄 친 동사를 바꾸어 다음 문장을 바꾸어 써라.

'몇몇 사람들은 아랍어를 가장 아름다운 언어의 하나로 여긴다.' → يعتبر بعض الناس اللغة العربية من أجمل اللغات .

'몇몇 사람들은 아랍어가 가장 아름다운 언어의 하나라고 믿고 있다.' يعتقد بعض الناس أنّ اللغة العربية من أجمل اللغات .

١ – تعتبر منظمة الامم المتحدة من أهم المنظمات العالمية .

٢ – يُعَدُّ أَبُو ٱلْفَرَجِ ٱلْأَصْبَهَانِيُّ من أعظم الأدباء العرب الذين عاشوا فى القرن التاسع .

٣ ـ منحت مصر نساءها حق العمل ٠

٤ ـ اعتبر جامعة هارفارد من أعظم الجامعات الأمريكيّة ٠

٥ ـ اعتقد ان الحصول على الدكتوراه من هذه الجامعة مشكلة ٠

٦ ـ عينها المدير مساعدة له ٠

٧ ـ اصبح رئيسا للجمهوريّة نتيجة للانتخابات الأخيرة ٠

연습 7. 쓰 기

다음 문장의 빈 칸에 가장 적당한 말을 괄호 안에서 골라서 적어라.

١ ـ هل ـــــ موريتانيا دولة عربية ؟ (تمنح ، تعيّن، تعدّ)

٢ ـ أحبته و ـــــ قلبها ٠ (عينته ، تزوجته ،وهبته)

٣ ـ ـــــ الشعب رئيسا جديدا للجمهورية ٠ (انتخب ، عيّن ، منح)

٤ ـ ـــــ الوزير رئيسا للجامعة ٠ (انتخب ، عيّن ، وهب)

٥ ـ ـــــ أنّ قناة السويس أهم من قناة بناما ٠(أعتقد، أعدّ، أنتخب)

٦ ـ لا ـــــ هذا المؤلّف من المؤلّفين المشهورين٠(نعتبر، نعتقد، نمنح)

5. 형용사 연속체에 쓰이는 임의의 وَ '그리고'

아랍어에서는 명사를 꾸미는 형용사가 두 개 이상일 때 명사—형용사구에서 그 형용사들을 연결하는 وَ '그리고'를 쓰지 않는 것이 보통이며, 이 وَ 는 형용사가 술어로 쓰일 때도 생략할 수 있다.

اَلدَّرْسُ اَلطَّوِيلُ اَلصَّعْبُ	'그 길고 어려운 과'
اَلدَّرْسُ طَوِيلٌ صَعْبٌ ٠	'그 과는 길고 어렵다.'

이 현상은 또한 형용사 연결형에도 적용된다.

عِشْرُونَ جُزْءًا كُلُّهَا جَمِيلَةُ اَللُّغَةِ سَهْلَةُ اَلْأُسْلُوبِ ٠	'...... 20 권이며 그 모두가 언어가 아름답고 문체가 쉽다.'

명사의 수식어는 위에서 보듯이 형용사나 형용사 연결형이 될 수 있으며, 또한 رَجُلٌ مِنْ مِصْـرَ '이집트에서 온 남자'와 같은 구나 اَلرَّجُلُ اَلَّذِي قَابَلْتُهُ '내가 만난 남자' 와 같은 절이 될 수도 있다. 구나 절의 연속체는 보통 وَ 로 연결된다.

رَجُلٌ بِدُونِ خِبْرَةٍ وَبِدُونِ شَهَادَاتٍ	'경험이 없고 학위도 없는 남자'
رَجُلٌ أُحِبُّهُ وَأَحْتَرِمُهُ	'내가 사랑하고 존경하는 남자'

여러 가지 형태의 수식어가 결합되어 있을 때에는 일반적으로 (1) 형용사, (2) 형용사 연결형, (3) 전치사구, (4) 절의 순서로 놓으며 이들을 연결하는 접속사 وَ 는 사용하지 않는다.

اَلسَّيِّدُ فَرِيدٌ رَجُلٌ مَعْرُوفٌ حَسَنُ ٱلْأَخْلَاقِ مِنْ مِصْرَ يَعْمَلُ فِي مُنَظَّمَةِ ٱلْأُمَمِ ٱلْمُتَّحِدَةِ.	'파리드 씨는 국제연합기구에서 일하는 이집트 출신의 성격이 좋은 유명한 사람이다.'

연습 8. وَ 의 탈락

다음 각 문장에서 수식어를 연결하는 접속사 وَ 를 빼고 읽어라. 또 이 문장들을 우리말로 옮겨라.

١ – " الحياة " جريدة سياسية ويوميّة .

٢ – روكفلر رجل غنيّ ومعروف .

٣ – مصر دولة عربية واسلامية .

٤ – منظمة الامم المتحدة منظمة سياسيّة ودولية .

٥ – أكثر دروس هذا الكتاب صعبة وغير واضحة .

٦ – قابلت هنا رجلا قصيرا وقبيح الوجه .

٧ – " الاهرام " جريدة هامة ومعروفة .

٨ – أنت صديق عزيز ومخلص .

٩ – بعض الجرائد العربية صعبة اللغة وقبيحة الاسلوب .

١٠ – رجع سعيدا وضاحكا .

라. 강 독

د – نصوص للفهم

다음 문장을 읽고 연습9를 하라.

اَلْوَحْدَةُ اَلْعَرَبِيَّةُ

كَانَ اَلرَّئِيسُ جَمَالٌ عَبْدُ اَلنَّاصِرِ مِنَ اَلَّذِينَ عَمِلُوا عَلَى تَحْقِيقِ اَلْوَحْدَةِ اَلْعَرَبِيَّةِ . وَقَدْ عَمِلَ أَيْضًا عَلَى تَقَدُّمِ اَلْعَلَاقَاتِ مَعَ اَلدُّوَلِ اَلْإِسْلَامِيَّةِ وَاَلْأَفْرِيقِيَّةِ غَيْرِ اَلْعَرَبِيَّةِ . 아프리카의

وَفِي بِدَايَةِ اَلنِّصْفِ اَلثَّانِي مِنْ هٰذَا اَلْقَرْنِ اَتَّحَدَتْ دَوْلَتَانِ عَرَبِيَّتَانِ هُمَا مِصْرُ وَسُورِيَا وَأَصْبَحَتَا تُعْرَفَانِ بِاَسْمِ " اَلْجُمْهُورِيَّةُ اَلْعَرَبِيَّةُ اَلْمُتَّحِدَةُ " وَقَدْ كَانَ جَمَالٌ عَبْدُ اَلنَّاصِرِ اَلْقَائِدَ اَلَّذِي حَقَّقَ اَلْوَحْدَةَ .

رَحَّبَ اَلنَّاسُ فِي سُورِيَا وَمِصْرَ بِاَلْوَحْدَةِ كُلَّ اَلتَّرْحِيبِ ، وَاَحْتَفَلُوا بِهَا وَأُلِّفَ عَنْهَا شِعْرٌ كَثِيرٌ وَغَنَّى هٰذَا اَلشِّعْرَ أَشْهَرُ اَلْمُغَنِّينَ اَلْعَرَبِ . لٰكِنَّ اَلْوَحْدَةَ لَمْ تَدُمْ سِوَى ثَلَاثِ سَنَوَاتٍ . وَلَا يَزَالُ كَثِيرٌ مِنَ اَلْعَرَبِ حَتَّى اَلْيَوْمِ يَعْتَقِدُونَ أَنَّ اَلْوَحْدَةَ اَلْعَرَبِيَّةَ هِيَ اَلْفِكْرَةُ اَلَّتِي تَجْمَعُهُمْ مَعًا . وَهُمْ يَعْتَبِرُونَ اَلْجَامِعَةَ اَلْعَرَبِيَّةَ صُورَةً مِنْ صُوَرِ اَلْوَحْدَةِ . 노래했다 / 아랍 연맹 / 한 형태

وَفِي اَلسَّنَوَاتِ اَلْأَخِيرَةِ أَصْبَحَتْ مُورِيتَانِيَا وَاَلصُّومَالُ عُضْوَيْنِ فِي اَلْجَامِعَةِ اَلْعَرَبِيَّةِ . وَقَدْ سَاعَدَ ذٰلِكَ عَلَى تَوْطِيدِ اَلْعَلَاقَاتِ مَعَ اَلدُّوَلِ اَلْإِفْرِيقِيَّةِ عَامَّةً . 모리타니 / 소말리 / 공고히 함, 강화

연습 9. 쓰기, 참/거짓

صَوَابٌ أَمْ خَطَأٌ

위의 문장에 근거하여 다음의 말이 참인지 거짓인지를 밝혀라.

١ – عمل جمال عبد الناصر على تقدّم العلاقات بين العرب فقط .

٢ – كان لبنان عضوا فى " الجمهورية العربية المتحدة " .

٣ – تم الاتحاد بين مصر وسوريا في زمن جمال عبد الناصر .

٤ – الصومال عضو في الجامعة العربية .

٥ – موريتانيا ليست بلدا افريقيا .

٦ – قاوم المصريون الاتحاد مع سوريا .

٧ – ليس في العالم العربي منظمة تجمع العرب معا .

٨ – لا يعتبر العرب الوحدة امرا هاما .

هـ – التمارين العامة

마. 종합 연습

연습 10. 쓰기, 완성하기

다음에 주어진 각 동사에 대해 (ㄱ) 난에는 동명사, (ㄴ) 난에는 그 동명사형, (ㄷ) 난에는 같은 형의 다른 동명사를 써라.

	(ㄱ)	(ㄴ)	(ㄷ)	
وصل	وصول	فعول	'받아들임'	قبول (보기)
عقد				
نام				
فكّر				
راسل				
احضر				

تطلّب

تناول

استطاع

ازداد

انصرف

حضر

연습 11. 쓰기, 문장 만들기

다음 각 명사를 변형시키지 말고 괄호 안의 말이 그 명사를 꾸미는 문장을 만들어라.

١ ـ الرئيس (وهب حياته) •

٢ ـ المؤلفتان (كتبتا عن حقوق المرأة) •

٣ ـ رجلان (جاءا الى أمريكا) •

٤ ـ أدباء (أسلوبهم جميل) •

٥ ـ الاستاذات (من العالم العربيّ) •

٦ ـ القواد (قاوموا الحكم) •

٧ ـ طبيبة (تحدثت في أحد كتبها) •

٨ ـ المرأة (تطالب بحقوقها) •

٩ ـ دول (تمتاز بجمالها) •

연습 12. 쓰기, 수동태 → 능동태

다음 표에서 가장 적당한 동작주를 골라서 다음 문장을 능동태로 바꾸어라. 두 개 이상의 동작주가 쓰일 수 있는 문장은 어떤 것이며 또 쓰인 동작주가 어떤 것인가를 가려내라.

الاستاذ ، رئيس الوزراء ، فَيْروز ، المساعد ، زوجتي ، الوزراء ، الحقوق ، المستشرقون ، رئيس الجمهورية ، الجامعة ، التجارة ، الحكومة ، المغنون الناس ، الصناعة ، المقاومون ، اخي .

١ – ذهب به الى مكتب المدير .

٢ – يُحترم الرجل الذي يقدم خدمات للوطن .

٣ – تُرجمت بعض كتب الجاحِظ الى اللغات الأوربية .

٤ – سوف يؤجّل اجتماع الوزراء الى الاسبوع القادم .

٥ – سوف يُخرّج عدد كبير من الاطبّاء هذا العام .

٦ – مُنع المقاومون لرئيس الجمهوريّة من ترك البلاد .

٧ – سيسأل عنه قريبا .

연습13. 번 역

أ – رجع اخي من لندن بعد أن درس الأدب الانكليزي هناك أربعة أعوام . وقد احتفل برجوعه احتفالا كبيرا حضره الاهل وعدد كبير من الاصدقاء .

ب – كانت ليبيا الى زمن قريب من الدول العربية الفقيرة ، أمّا اليوم فهي من اغنى دول الشرق الاوسط لان انتاجها من الزيت ازداد ازديادا كبيرا .

ج – يعتبر المسلمون اسلوب القرآن اجمل اساليب الكتابة العربية ، ويعتبرون اساليب الكتّاب المعاصرين اقلّ جمالا ، اما اللهجات العامية فاكثر العرب يفضلون ألاّ تستخدم في كتابة الادب .

د – سمعت في نشرة الاخبار ان منظمة التحرير الوطني اصدرت تقريرا يربط 해방

فيه بين تحسين الوضع الاقتصادى وبداية مقاومة الحكومة ، فاخرج الرئيس قائد المنظمة من البلد .

هـ ـ هناك روابط هامة بين اعضاء العائلة العربية .

و ـ اخذ الطلاب يتعلّمون المفردات الجديدة التي جاءت في الدرس .

제 35 과

الدرس الخامس والثلاثون

أ - اَلْجُمَلُ التَّمْهِيدِيَّةُ

가. 예비문

دِرَاسَةٌ عَنِ الْأَمَاكِنِ الْمُقَدَّسَةِ

성지에 대한 연구물

١ - أَعَدَّ صَدِيقٌ لِي وَهُوَ أُسْتَاذُ الدِّرَاسَاتِ الْإِسْلَامِيَّةِ فِي جَامِعَةِ دِمَشْقَ دِرَاسَةً طَوِيلَةً عَنِ الْأَمَاكِنِ الْمُقَدَّسَةِ فِي الشَّرْقِ الْأَوْسَطِ .

다마스커스 대학의 이슬람학 교수인 나의 한 친구는 중동의 성지에 관한 긴 연구물을 준비했다.

أَعَدَّ ، إِعْدَادٌ — IV 준비하다

مُقَدَّسٌ - ون — 거룩한, 성스러운

٢ - اِسْتَمَرَّ إِعْدَادُ هٰذِهِ الدِّرَاسَةِ ثَلَاثَةَ أَعْوَامٍ وَقَدْ بَحَثَ الْمُؤَلِّفُ مَوْضُوعَهُ بَحْثًا حَسَنًا شَامِلًا .

그 연구물의 준비는 3년이 걸렸는데, 그 저자는 그의 주제를 철저히 잘 탐구했다.

اِسْتَمَرَّ ، اِسْتِمْرَارٌ — X (시간이) 걸리다; 지속하다, 계속하다

حَسَنٌ - حِسَانٌ — 좋은, 훌륭한

٣ - اِهْتَمَّتْ جَامِعَةُ الرِّيَاضِ بِالدِّرَاسَةِ وَنَشَرَتْهَا فِي الْعَامِ الْمَاضِي .

리야드 대학은 그 연구물에 관심을 갖고 그것을 지난 해에 펴냈다.

اِهْتَمَّ ، اِهْتِمَامٌ (بِ) — VIII ~에 관심을 갖다

مَاضٍ - مَاضُونَ — 과거의, 지난

٤ - قَالَ الْكَاتِبُ فِي دِرَاسَتِهِ : اَلشَّرْقُ الْأَوْسَطُ مَهْدُ الْأَدْيَانِ الثَّلَاثَةِ : الْمَسِيحِيَّةِ وَالْيَهُودِيَّةِ وَالْإِسْلَامِ .

저자는 그 연구물에서, "중동은 세 종교, 즉 기독교 · 유대교 · 이슬람교의 요람이다"라고 말했다.

[مَهْدٌ - مُهُودٌ] — 〔요람〕

دِينٌ - أَدْيَانٌ — 종교

اَلْمَسِيحِيَّةُ — 기독교

اَلْيَهُودِيَّةُ — 유대교

اَلْإِسْلَامُ — 이슬람교

٥ – اَلْقُدْسُ مَدِينَةٌ مُقَدَّسَةٌ عِنْدَ كُلِّ
هٰذِهِ ٱلْأَدْيَانِ. فَفِيهَا ٱلْأَمَاكِنُ
ٱلْمُقَدَّسَةُ ٱلتَّالِيَةُ :-
ٱلْمَسْجِدُ ٱلْأَقْصَى وَقُبَّةُ ٱلصَّخْرَةِ
وَكَنِيسَةُ ٱلْقِيَامَةِ وَحَائِطُ ٱلْمَبْكَى.

예루살렘은 이모든 종교에서보면 성도이다. 그곳에는 다음의 성지들이 있기 때문이다. 즉, 알악사(요원한)사원 · 바위의 원개전 · 성묘교회 · 통곡의 벽이다.

اَلْقُدْسُ — 예루살렘
تَالٍ — 다음의
[اَلْمَسْجِدُ ٱلْأَقْصَى] — 〔알악사 사원〕
[قُبَّةُ ٱلصَّخْرَةِ] — 〔바위의 원개전〕
[كَنِيسَةُ ٱلْقِيَامَةِ] — 〔성묘교회〕
[حَائِطُ ٱلْمَبْكَى] — 〔통곡의 벽〕

٦ – يَزُورُ ٱلْقُدْسَ ٱلْمُسْلِمُونَ وَٱلْمَسِيحِيُّونَ
وَٱلْيَهُودُ مِنْ جَمِيعِ بُلْدَانِ ٱلْعَالَمِ.
يَزُورُ ٱلْمَسِيحِيُّونَ أَيْضًا بَيْتَ لَحْمٍ
وَيَزُورُ ٱلْمُسْلِمُونَ مَكَّةَ وَٱلْمَدِينَةَ.

세계 모든 나라에서 오는 무슬림들 · 기독교도들 · 유대인들은 예루살렘을 방문한다. 기독교도들은 또한 베들레헴도 방문하며, 무슬림들은 멕카와 메디나를 방문한다.

مَسِيحِيٌّ – ون — 기독교도
يَهُودِيٌّ – يَهُودٌ — 유대인
[بَيْتَ لَحْمٍ] — 〔베들레헴〕
[مَكَّةُ] — 〔멕카〕
[اَلْمَدِينَةُ] — 〔메디나〕

٧ – ذَكَرَ صَدِيقِي فِي دِرَاسَتِهِ أَنَّ فِي
مَكَّةَ ٱلْآنَ بَعْضَ ٱلْفَنَادِقِ ٱلْحَدِيثَةِ.

나의 친구는 그의 연구물에서 멕카에는 지금 몇몇 현대식 호텔들이 있다고 언급했다.

فُنْدُقٌ – فَنَادِقُ — 호텔

٨ – وَعَدَنِي صَدِيقِي مُنْذُ ثَلَاثَةِ أَسَابِيعَ
بِأَنْ يُرْسِلَ إِلَيَّ نُسْخَةً مِنَ ٱلدِّرَاسَةِ.
وَقَدْ أَرْسَلَهَا هٰذَا ٱلْأُسْبُوعَ فَشَكَرْتُهُ
كُلَّ ٱلشُّكْرِ.

나의 친구는 삼 주 전에 그 연구물 한 부("사본")를 나에게 보내주겠다고 약속했는데, 이번 주에 그것을 보내주었고 그래서 나는 그에게 진심으로 감사했다.

وَعَدَ يَعِدُ، وَعْدٌ (بِ) — (아무에게)(~을) 약속하다
مُنْذُ — ~이래로, ~전부터; ~전에

نُسْخَةٌ ـ نُسَخٌ	사본
شَكَرَ ـُ ، شُكْرٌ (عَلَى)	(아무에게)(~에 대해) 감사하다

المفردات الاضافية	보충어

٩ ـ مَرَرْنَا بِمُدُنٍ كَثِيرَةٍ عِنْدَمَا كُنَّا فِي الشَّرْقِ الْأَوْسَطِ فِي الشَّهْرِ الْمَاضِي.

우리는 지난 달 중동에 있었을 때 많은 도시를 지나갔다.

مَرَّ ـُ ، مُرُورٌ (بِ)	(~을) 지나가다, 통과하다
들르다

ب ـ النص الاساسيّ

زِيَارَةٌ لِلْقُدْسِ

عِنْدَمَا كُنْتُ طَالِبًا فِي جَامِعَةِ هَارْفَارْد دَرَسْتُ الشَّيْءَ الْكَثِيرَ عَنْ تَارِيخِ الشَّرْقِ الْأَوْسَطِ وَعَنْ آثَارِهِ الدِّينِيَّةِ . كَانَ أَسَاتِذَتِي يَقُولُونَ إِنَّ الشَّرْقَ الْأَوْسَطَ مَهْدُ الْأَدْيَانِ الثَّلَاثَةِ : الْيَهُودِيَّةُ وَالْمَسِيحِيَّةُ وَالْإِسْلَامُ ؛ وَكَانُوا يَقُولُونَ كَذٰلِكَ: مِنْ وَاجِبِ كُلِّ مُتَخَصِّصٍ فِي الدِّرَاسَاتِ الْعَرَبِيَّةِ وَالْإِسْلَامِيَّةِ أَنْ يَزُورَ الشَّرْقَ الْأَوْسَطَ، خَاصَّةً الْأَمَاكِنَ الْمُقَدَّسَةَ .

مَهْدٌ: 요람
مُتَخَصِّصٌ: 전문가, 전공자

وَفِي الْعَامِ الْمَاضِي سَافَرْتُ إِلَى الْقُدْسِ لِزِيَارَةِ الْأَمَاكِنِ الْمُقَدَّسَةِ مِنْ إِسْلَامِيَّةٍ وَمَسِيحِيَّةٍ وَيَهُودِيَّةٍ . وَفِي الْمَطَارِ اسْتَقْبَلَنِي صَدِيقٌ أَعْرِفُهُ مُنْذُ أَيَّامِ الدِّرَاسَةِ . أَخَذَنِي صَدِيقِي بِسَيَّارَتِهِ إِلَى الْفُنْدُقِ وَبَعْدَ الْغَدَاءِ سَأَلْتُهُ عَنْ أَهَمِّ الْآثَارِ الدِّينِيَّةِ الَّتِي يَجِبُ أَنْ أَزُورَهَا ، فَذَكَرَ لِي عَدَدًا مِنْهَا وَوَعَدَنِي أَنْ يَذْهَبَ مَعِي لِزِيَارَتِهَا . وَفِي الْمَسَاءِ أَعَدَّتْ زَوْجَةُ صَدِيقِي لَنَا الطَّعَامَ ، فَأَكَلْنَا وَشَرِبْنَا الْقَهْوَةَ الْعَرَبِيَّةَ .

الْغَدَاءُ: 점심

فِي صَبَاحِ الْيَوْمِ التَّالِي زُرْنَا الْمَسْجِدَ الْأَقْصَى وَقُبَّةَ الصَّخْرَةِ وَكَنِيسَةَ الْقِيَامَةِ ، وَمَرَرْنَا بِحَائِطِ الْمَبْكَى . وَفِي الْيَوْمِ الثَّالِثِ زُرْنَا الْأَمَاكِنَ الْمُقَدَّسَةَ فِي بَيْتَ لَحْمَ . خِلَالَ زِيَارَتِي هٰذِهِ ، الَّتِي اسْتَمَرَّتْ أَرْبَعَةَ أَيَّامٍ ،

الْمَسْجِدُ الْأَقْصَى: 알악사 사원
قُبَّةُ الصَّخْرَةِ: 바위의 원개전
كَنِيسَةُ الْقِيَامَةِ: 성묘교회
حَائِطُ الْمَبْكَى: 통곡의 벽
بَيْتَ لَحْمَ: 베들레헴

اكرمني صديقي كل الاكرام واهتم بي اهتماما حسنا ، فشكرته على ذلك ثم سافرت لزيارة بعض المدن الاخرى في الشرق الاوسط •

나. 기본문

예루살렘의 방문

나는 하버드 대학의 학생이었을 때 중동의 역사와 그 종교 유적에 관해 많은 것을 공부했다. 나의 교수님들은 중동은 세 종교 즉, 유대교 · 기독교 · 이슬람교의 요람이라고 말씀하시곤 했다. 그분들은 또, "모든 아랍학 및 이슬람학 전공자는 중동, 특히 성지들을 방문할 필요가 있다."고 말씀하였다.

지난 해 나는 이슬람교 · 기독교 · 유대교의 성지들을 방문하기 위해 예루살렘으로 여행했다. 공항에서 학창시절부터 아는 한 친구가 나를 맞아 주었다. 나의 친구는 나를 자기 차로 호텔로 데려갔다. 점심 후에 나는 그에게 내가 방문해야 할 가장 중요한 종교 유적에 대해 물었다. 그는 나에게 그 중의 수 군데를 얘기해 주고 나와 함께 그곳을 방문하러 가겠다고 약속했다. 그 날 저녁 친구의 부인이 우리에게 음식을 마련해 주어서 우리는 먹고 아랍 커피를 마셨다.

다음날 아침에 우리는 알악사 사원과 바위의 원개전과 성묘의 교회를 방문했고, 통곡의 벽을 지나갔다. 세번째 날에 우리는 예루살렘의 성지를 방문했다. 나흘 간 계속되었던 나의 이 방문 동안 나의 친구는 나를 잘 대접해 주었고 잘 돌보아 주었다. 나는 그에게 그것에 대해 감사하고는 중동의 몇몇 다른 도시를 방문 하기 위해 떠났다.

다. 문법과 연습 ج – القواعد والتمارين

1. 중복동사 : 파생형
2. 연결형의 제1요소를 꾸미는 지시사
3. مُنْذُ '~이래, ~전에'

1. 중복동사 : 파생형

중복동사의 파생형 중에서 Ⅱ형과 Ⅴ형은 강동사와 마찬가지로 변화한다. (보기) حَقَّقَ '실현하다'(Ⅱ), تَحَقَّقَ '실현되다'(Ⅴ). 중복동사의 Ⅲ형과 Ⅵ형은 거의 쓰이지 않기 때문에 여기서는 다루지 않는다. 파생형에도 원형에서처럼 강어간(뒤에 자음으로 시작하는 대명사가 옴)과 중복어간(뒤에 모음으로 시작하는 대명사가 옴)이 있으나, 각 형의 모음 체계가 한 가지 유형밖에 없다. 다음에 Ⅳ·Ⅶ·Ⅷ·Ⅸ·Ⅹ형의 활용을 보인다. 능동태의 활용은 모두 보였으나, 수동태는 능동태와 모음 체계만 다르므로 존재하는 형에서 각 어간형만 보였다.

ㄱ. Ⅳ 형

	형	보 기
완 료 형: 강 어 간	أَفْعَلْ	أَعْدَدْتُ '나는 준비했다'
중 복 어 간	أَفَعَّ	أَعَدَّ '그는 준비했다'
미 완 료 형:		
강 어 간	فْعِلْ	يُعْدِدْنَ '그들(여)은 준비한다.
중 복 어 간	فِعّ	يُعِدُّ '그는 준비한다'

다음에 أَعَدَّ '준비하다'(어근: عدد) 동사로 능동태의 모든 활용을 보인다. 파생형에서도 원형에서와 마찬가지로 단축법과 명령법에는 ْ 으로 끝나는 형에서 두 가지 형이 가능한데, 중복어간이 더 일반적이다.

أَعَدَّ — يُعِدُّ

	완 료 형	미 완 료 형			
		직 설 법	접 속 법	단 축 법	명 령 법
3 남단	أَعَدَّ	يُعِدُّ	يُعِدَّ	يُعْدِدْ / يُعِدَّ	
여단	أَعَدَّتْ	تُعِدُّ	تُعِدَّ	تُعْدِدْ / تُعِدَّ	
2 남단	أَعْدَدْتَ	تُعِدُّ	تُعِدَّ	تُعْدِدْ / تُعِدَّ	أَعْدِدْ / أَعِدَّ
여단	أَعْدَدْتِ	تُعِدِّينَ	تُعِدِّي	تُعِدِّي	أَعِدِّي
1 단	أَعْدَدْتُ	أُعِدُّ	أُعِدَّ	أُعْدِدْ / أُعِدَّ	
3 남쌍	أَعَدَّا	يُعِدَّانِ	يُعِدَّا	يُعِدَّا	

여쌍	أَعَدَّتَا	تُعِدَّانِ	تُعِدَّا	تُعِدَّا	
2쌍	أَعْدَدْتُمَا	تُعِدَّانِ	تُعِدَّا	تُعِدَّا	أَعِدَّا
3남복	أَعَدُّوا	يُعِدُّونَ	يُعِدُّوا	يُعِدُّوا	
여복	أَعْدَدْنَ	يُعْدِدْنَ	يُعْدِدْنَ	يُعْدِدْنَ	
2남복	أَعْدَدْتُمْ	تُعِدُّونَ	تُعِدُّوا	تُعِدُّوا	أَعِدُّوا
여복	أَعْدَدْتُنَّ	تُعْدِدْنَ	تُعْدِدْنَ	تُعْدِدْنَ	أَعْدِدْنَ
1복	أَعْدَدْنَا	نُعِدُّ	نُعِدَّ	نُعْدِدْ / نُعِدَّ	

능동분사: مُفِعٌّ : مُعِدٌّ '준비하는'

동 명 사: إِفْعَالٌ : إِعْدَادٌ '준비'

수동태 어간은 다음과 같다.

	형	보 기	
완 료 형: 강 어 간	أُفْعِلْ	أُعْدِدْتُ	'나는 준비되었다'
중 복 어 간	أُفِعّ	أُعِدَّ	'그것은 준비되었다'
미 완 료 형: 강 어 간	فْعَلْ	يُعْدَدْنَ	'그들(여)은 준비된다'
중 복 어 간	فَعّ	يُعَدُّ	'그것은 준비된다'

수동분사: مُفَعٌّ : مُعَدٌّ '준비된'

ㄴ. Ⅶ형

	형	보 기	
완 료 형: 강 어 간	نْفَعَلْ	اِنْضَمَمْتُ	'나는 가입했다'
중 복 어 간	نْفَعّ	اِنْضَمَّ	'그는 가입했다'
미 완 료 형: 강 어 간	نْفَعِلْ	يَنْضَمِمْنَ	'그들(여)은 가입한다'
중 복 어 간	نْفَعّ	يَنْضَمُّ	'그는 가입한다'

이를 'اِنْضَمَّ إِلَى ~에 가입하다' 동사로 도시한다.

اِنْضَمَّ – يَنْضَمُّ إِلَى

	완 료 형	미 완 료 형			
		직 설 법	접 속 법	단 축 법	명 령 법
3 남단	اِنْضَمَّ	يَنْضَمُّ	يَنْضَمَّ	يَنْضَمِمْ / يَنْضَمَّ	
여단	اِنْضَمَّتْ	تَنْضَمُّ	تَنْضَمَّ	تَنْضَمِمْ / تَنْضَمَّ	
2 남단	اِنْضَمَمْتَ	تَنْضَمُّ	تَنْضَمَّ	تَنْضَمِمْ / تَنْضَمَّ	اِنْضَمِمْ / اِنْضَمَّ
여단	اِنْضَمَمْتِ	تَنْضَمِّينَ	تَنْضَمِّي	تَنْضَمِّي	اِنْضَمِّي
1 단	اِنْضَمَمْتُ	أَنْضَمُّ	أَنْضَمَّ	أَنْضَمِمْ / أَنْضَمَّ	
3 남쌍	اِنْضَمَّا	يَنْضَمَّانِ	يَنْضَمَّا	يَنْضَمُّوا	
여쌍	اِنْضَمَّتَا	تَنْضَمَّانِ	تَنْضَمَّا	تَنْضَمَّا	
2 쌍	اِنْضَمَمْتُمَا	تَنْضَمَّانِ	تَنْضَمَّا	تَنْضَمَّا	اِنْضَمَّا
3 남복	اِنْضَمُّوا	يَنْضَمُّونَ	يَنْضَمُّوا	يَنْضَمُّوا	
여복	اِنْضَمَمْنَ	يَنْضَمِمْنَ	يَنْضَمِمْنَ	يَنْضَمِمْنَ	
2 남복	اِنْضَمَمْتُمْ	تَنْضَمُّونَ	تَنْضَمُّوا	تَنْضَمُّوا	اِنْضَمُّوا
여복	اِنْضَمَمْتُنَّ	تَنْضَمِمْنَ	تَنْضَمِمْنَ	تَنْضَمِمْنَ	اِنْضَمِمْنَ
1 복	اِنْضَمَمْنَا	نَنْضَمُّ	نَنْضَمَّ	نَنْضَمِمْ / نَنْضَمَّ	

능동분사: مُنْفَعِلٌ : مُنْضَمٌّ '가입하는'

동 명 사: اِنْفِعَالٌ : اِنْضِمَامٌ '가입'

Ⅶ형에는 수동태가 없다.

Ⅶ, Ⅷ, Ⅸ형의 원래의 미완료형 및 능동분사의 중간모음은 ِ 이지만, 음운규칙상 미완료형의 여성 복수형을 빼고는 모두 َ 로 바뀌었다(34. 다. 2의 규칙 ㅈ3 참조).

ㄷ. Ⅷ형

	형	보 기
완 료 형:		
강 어 간	فْتَعَلْ	اِهْتَمَمْتُ '나는 관심을 가졌다'
중 복 어 간	فْتَعّ	اِهْتَمَّ '그는 관심을 가졌다'
미 완 료 형:		
강 어 간	فْتَعِلْ	يَهْتَمِمْنَ '그들(여)은 관심을 가진다'
중 복 어 간	فْتَعّ	يَهْتَمُّ '그는 관심을 가진다'

이를 بِ اِهْتَمَّ '~에 관심을 가지다' 동사로 도시한다.

اِهْتَمَّ ــ يَهْتَمُّ

	완 료 형	미 완 료 형			
		직 설 법	접 속 법	단 축 법	명 령 법
3 남단	اِهْتَمَّ	يَهْتَمُّ	يَهْتَمَّ	يَهْتَمِمْ / يَهْتَمَّ	
여단	اِهْتَمَّتْ	تَهْتَمُّ	تَهْتَمَّ	تَهْتَمِمْ / تَهْتَمَّ	
2 남단	اِهْتَمَمْتَ	تَهْتَمُّ	تَهْتَمَّ	تَهْتَمِمْ / تَهْتَمَّ	اِهْتَمِمْ / اِهْتَمَّ
여단	اِهْتَمَمْتِ	تَهْتَمِّينَ	تَهْتَمِّي	تَهْتَمِّي	اِهْتَمِّي
1 단	اِهْتَمَمْتُ	أَهْتَمُّ	أَهْتَمَّ	أَهْتَمِمْ / أَهْتَمَّ	
3 남쌍	اِهْتَمَّا	يَهْتَمَّانِ	يَهْتَمَّا	يَهْتَمَّا	
여쌍	اِهْتَمَّتَا	تَهْتَمَّانِ	تَهْتَمَّا	تَهْتَمَّا	
2 쌍	اِهْتَمَمْتُمَا	تَهْتَمَّانِ	تَهْتَمَّا	تَهْتَمَّا	اِهْتَمَّا
3 남복	اِهْتَمُّوا	يَهْتَمُّونَ	يَهْتَمُّوا	يَهْتَمُّوا	
여복	اِهْتَمَمْنَ	يَهْتَمِمْنَ	يَهْتَمِمْنَ	يَهْتَمِمْنَ	
2 남복	اِهْتَمَمْتُمْ	تَهْتَمُّونَ	تَهْتَمُّوا	تَهْتَمُّوا	اِهْتَمُّوا
여복	اِهْتَمَمْتُنَّ	تَهْتَمِمْنَ	تَهْتَمِمْنَ	تَهْتَمِمْنَ	اِهْتَمِمْنَ
1 복	اِهْتَمَمْنَا	نَهْتَمُّ	نَهْتَمَّ	نَهْتَمِمْ / نَهْتَمَّ	

능동분사 : مُفْتَعِلٌ : مُهْتَمٌّ بِـ '관심을 가지는'

동 명 사 : اِفْتِعَالٌ : اِهْتِمَامٌ '관심, 이해'

수동태 어간은 다음과 같다. اِهْتَمَّ بِـ 가 자동사이므로 اِحْتَلَّ '점령하다' 동사로 이를 도시한다.

	형	보 기	
완 료 형 : 강 어 간 중 복 어 간	فُتْعِلَ فُتْعَّ	أُحْتُلِلْنَا أُحْتُلَّ	'우리는 점령되었다' '그것은 점령되었다'
미 완 료 형 : 강 어 간 중 복 어 간	فْتَعَلْ فْتَعّ	يُحْتَلَلْنَ يُحْتَلُّ	'그들(여)은 점령된다' '그것은 점령된다'

수동분사 : مُفْتَعَلٌ : مُحْتَلٌّ '점령된'

ㄹ. Ⅸ형

Ⅸ형 동사의 어근은 강어근이지만 마지막 어근자(ل)가 중복되기 때문에 중복동사와 마찬가지로 활용된다.

	형	보 기	
완 료 형 : 강 어 간 중 복 어 간	فْعَلَلْ فْعَلَّ	اِحْمَرَرْتُ اِحْمَرَّ	'나는 붉어졌다' '그는 붉어졌다'
미 완 료 형 : 강 어 간 중 복 어 간	فْعَلِلْ فْعَلّ	يَحْمَرِرْنَ يَحْمَرُّ	'그들(여)는 붉어진다' '그는 붉어진다'

Ⅸ형 동사의 의미는 색깔 또는 신체의 불구를 나타내는 형용사(36. 다. 3 참조)와 관련을 맺고 "그 색깔 또는 불구로 되다"를 나타낸다. 이 형은 현대 아랍어에서는 비교적 자주 쓰이지 않는다.

이를 اِحْمَرَّ '붉어지다' 동사로 도시한다.

اِحْمَرَّ – يَحْمَرُّ

	완 료 형	미 완 료 형			
		직 설 법	접 속 법	단 축 법	명 령 법
3 남단	اِحْمَرَّ	يَحْمَرُّ	يَحْمَرَّ	يَحْمَرِرْ / يَحْمَرَّ	
여단	اِحْمَرَّتْ	تَحْمَرُّ	تَحْمَرَّ	تَحْمَرِرْ / تَحْمَرَّ	
2 남단	اِحْمَرَرْتَ	تَحْمَرُّ	تَحْمَرَّ	تَحْمَرِرْ / تَحْمَرَّ	اِحْمَرِرْ / اِحْمَرَّ
여단	اِحْمَرَرْتِ	تَحْمَرِّينَ	تَحْمَرِّي	تَحْمَرِّي	اِحْمَرِّي
1 단	اِحْمَرَرْتُ	أَحْمَرُّ	أَحْمَرَّ	أَحْمَرِرْ / أَحْمَرَّ	
3 남쌍	اِحْمَرَّا	يَحْمَرَّانِ	يَحْمَرَّا	يَحْمَرَّا	
여쌍	اِحْمَرَّتَا	تَحْمَرَّانِ	تَحْمَرَّا	تَحْمَرَّا	
2 쌍	اِحْمَرَرْتُمَا	تَحْمَرَّانِ	تَحْمَرَّا	تَحْمَرَّا	اِحْمَرَّا
3 남복	اِحْمَرُّوا	يَحْمَرُّونَ	يَحْمَرُّوا	يَحْمَرُّوا	
여복	اِحْمَرَرْنَ	يَحْمَرِرْنَ	يَحْمَرِرْنَ	يَحْمَرِرْنَ	
2 남복	اِحْمَرَرْتُمْ	تَحْمَرُّونَ	تَحْمَرُّوا	تَحْمَرُّوا	اِحْمَرُّوا
여복	اِحْمَرَرْتُنَّ	تَحْمَرِرْنَ	تَحْمَرِرْنَ	تَحْمَرِرْنَ	اِحْمَرِرْنَ
1 복	اِحْمَرَرْنَا	نَحْمَرُّ	نَحْمَرَّ	نَحْمَرِرْ / نَحْمَرَّ	

능동분사 : مُفْعَلٌّ : مُحْمَرٌّ '붉어진'

동 명 사 : اِفْعِلَالٌ : اِحْمِرَارٌ '붉어짐'

IX형에는 수동태가 없다.

ㅁ. X 형

	형	보 기	
완 료 형:			
강 어 간	سْتَفْعَلْ	اِسْتَمْرَرْتُ	'나는 계속했다'
중 복 어 간	سْتَفَعَّ	اِسْتَمَرَّ	'그는 계속했다'
미 완 료 형:			
강 어 간	سْتَفْعِلْ	يَسْتَمْرِرْنَ	'그들(여)은 계속한다'
중 복 어 간	سْتَفِعّ	يَسْتَمِرُّ	'그는 계속한다'

이를 اِسْتَمَرَّ '계속하다' 동사로 도시한다.

اِسْتَمَرَّ – يَسْتَمِرُّ

	완 료 형	미 완 료 형			
		직 설 법	접 속 법	단 축 법	명 령 법
3 남단	اِسْتَمَرَّ	يَسْتَمِرُّ	يَسْتَمِرَّ	يَسْتَمْرِرْ / يَسْتَمِرَّ	
여단	اِسْتَمَرَّتْ	تَسْتَمِرُّ	تَسْتَمِرَّ	تَسْتَمْرِرْ / تَسْتَمِرَّ	
2 남단	اِسْتَمْرَرْتَ	تَسْتَمِرُّ	تَسْتَمِرَّ	تَسْتَمْرِرْ / تَسْتَمِرَّ	اِسْتَمْرِرْ / اِسْتَمِرَّ
여단	اِسْتَمْرَرْتِ	تَسْتَمِرِّينَ	تَسْتَمِرِّي	تَسْتَمِرِّي	اِسْتَمِرِّي
1 단	اِسْتَمْرَرْتُ	أَسْتَمِرُّ	أَسْتَمِرَّ	أَسْتَمْرِرْ / أَسْتَمِرَّ	
3 남쌍	اِسْتَمَرَّا	يَسْتَمِرَّانِ	يَسْتَمِرَّا	يَسْتَمِرَّا	
여쌍	اِسْتَمَرَّتَا	تَسْتَمِرَّانِ	تَسْتَمِرَّا	تَسْتَمِرَّا	
2 쌍	اِسْتَمْرَرْتُمَا	تَسْتَمِرَّانِ	تَسْتَمِرَّا	تَسْتَمِرَّا	اِسْتَمِرَّا
3 남복	اِسْتَمَرُّوا	يَسْتَمِرُّونَ	يَسْتَمِرُّوا	يَسْتَمِرُّوا	
여복	اِسْتَمْرَرْنَ	يَسْتَمْرِرْنَ	يَسْتَمْرِرْنَ	يَسْتَمْرِرْنَ	
2 남복	اِسْتَمْرَرْتُمْ	تَسْتَمِرُّونَ	تَسْتَمِرُّوا	تَسْتَمِرُّوا	اِسْتَمِرُّوا

여복	اِسْتَمْرَرْتُنَّ	تَسْتَمْرِرْنَ	تَسْتَمْرِرْنَ	تَسْتَمْرِرْنَ	تَمْرِرْنَ
1복	اِسْتَمْرَرْنَا	نَسْتَمِرَّ	نَسْتَمِرَّ	نَسْتَمْرِرْ/ نَسْتَمِرَّ	

능동분사 : مُسْتَفِعٌّ : مُسْتَمِرٌّ '계속하는'

동 명 사 : اِسْتِفْعَالٌ : اِسْتِمْرَارٌ '계속'

수동태 어간은 اِسْتَرَدَّ '되찾다' 동사로 도시한다.

	형	보 기	
완 료 형 :			
강 어 간	سْتُفْعِل	أُسْتُرْدِدْتُ	'나는 되찾아졌다'
중 복 어 간	سْتُفِعّ	أُسْتُرِدَّ	'그는 되찾아졌다'
미 완 료 형 :			
강 어 간	سْتَفْعَل	يُسْتَرْدَدْنَ	'그들(여)은 되찾아진다'
중 복 어 간	سْتَفَعّ	يُسْتَرَدُّ	'그는 되찾아진다'

수동분사 : مُسْتَفَعٌّ : مُسْتَرَدٌّ '되찾아진'

연습 1. (테이프에 수록) 동사활용

연습 2. 동사활용

다음 동사의 맞는 형을 쓰고 모음부호를 붙여라.

اعدّ + أنا ← أَعْدَدْتُ

اهتم + أنتم ←

أحبّه + أنتِ ←

شكّ + هم ←

اهتمّ + نحن ←

أعدّ + هي ←

يمرّ + أنتما ←

يستمرّ + نحن ←

يدلّ + أنا ←

استمرّ + أنتَ ←

استعدّ + نحن ←

연습3. 쓰 기

다음 표의 빈 칸을 채워라. X표는 해당 형이 없는 것을 뜻한다.

완 료 형	미 완 료 형	능 동 분 사	수 동 분 사	동 명 사
			مُعَدّ	
			X	اِهْتِمَام
		مُنْضَمّ	X	
اِحْمَرَّ			X	
		وَادّ	X	
عَدَّ				
	يَسْتَرِدُّ			
أَحَبَّ				
		X	مُحْتَلّ	
				دَلَالَة
اِسْتَمَرَّ			X	

2. 연결형의 제1요소를 꾸미는 지시사

우리는 앞에서 다음과 같이 지시사가 연결형의 제2요소를 꾸미는 것을 공부하였다.

مُحَاضَرَاتُ هٰذَا ٱلْأُسْتَاذِ	'이 교수님의 강의들'
مُعْظَمُ هٰذِهِ ٱلْجُمَلِ	'이 대부분의 문장'

(위에서 지시사구는 밑줄 친 부분이다.)

그러나 지시사가 연결형의 제1요소를 꾸밀 때에는 전체 연결형의 뒤에 와야 하며, 제1요소와 성·수·격에 일치시켜야 한다.

مُحَاضَرَاتُ ٱلْأُسْتَاذِ هٰذِهِ	'교수님의 이 강의들'
كِتَابِي هٰذَا	'나의 이 책'
زِيَارَتِي تِلْكَ	'나의 그 방문'

(위에서 지시사구는 밑줄 친 부분이다.)

연습4. 쓰기, 번역

1. 나는 그들의 이 목표들을 좋아하지 않는다.
2. 그 여자의 이 책은 대단하다.
3. 그의 이 친구들은 그 모임에 왔느냐?
4. 김 교수님의 이 두 소론은 지금 발행되었다.
5. 당신의 저 딸은 어디에 있느냐?

3. مُنْذُ '~이래, ~전에

مُنْذُ '~이래'는 전치사 또는 접속사로 쓰인다. 전치사로 쓰일 때는 "~이래, ~부터, ~전에, ~동안"으로 번역된다.

وَعَدَنِي بِذٰلِكَ مُنْذُ سَنَةٍ .	'그는 나에게 그것을 일 년 전에 약속했다.'
يَعْمَلُ مُتَرْجِمًا فِي مُنَظَّمَةِ ٱلْأُمَمِ ٱلْمُتَّحِدَةِ مُنْذُ ثَلَاثَةِ أَسَابِيعَ فَقَطْ .	'그는 국제연합기구에서 통역으로 겨우 석 주 동안 일하고 있다.'
أَعْرِفُهُ مُنْذُ إِنْشَاءِ ٱلْمَجَلَّةِ .	'나는 그를 잡지 창간 때부터 알고 있다.'
مُنْذُ ٱلْآنَ	'지금부터'
كُنْتُ أَعْرِفُهُ مُنْذُ سَنَةٍ .	'나는 그를 일 년 전부터 알고 있었다.'

مُنْذُ 는 접속사로 쓰일 때는 "~할 때부터"로 번역된다.

أَعْرِفُهُ مُنْذُ كُنْتُ طَالِبًا فِي ٱلْجَامِعَةِ .	'나는 내가 대학생이었을 때부터 그를 알고 있다.'
مُنْذُ زُرْنَا ٱلْقُدْسَ	'우리가 예루살렘을 방문했을 때부터'

د – نصوص للفهم

라. 강 독

(1) 다음 문장을 읽고 연습 5를 하라.

성경

تَرْجَمَاتُ ٱلْكِتَابِ ٱلْمُقَدَّسِ

اَلْكِتَابُ ٱلْمُقَدَّسُ كِتَابٌ دِينِيٌّ أَثَّرَ عَلَى حَيَاةِ عَدَدٍ كَبِيرٍ مِنَ ٱلنَّاسِ فِي بُلْدَانِ ٱلْعَالَمِ كُلِّهَا ٱلْمَسِيحِيَّةِ مِنْهَا وَغَيْرِ ٱلْمَسِيحِيَّةِ .

وَقَدِ ٱهْتَمَّ رِجَالُ ٱلدِّينِ مُنْذُ زَمَنٍ بَعِيدٍ بِتَرْجَمَةِ ٱلْكِتَابِ ٱلْمُقَدَّسِ . فَفِي بِدَايَةِ ٱلنِّصْفِ ٱلثَّانِي مِنَ ٱلْقَرْنِ ٱلْخَامِسَ عَشَرَ كَانَ عَدَدُ ٱلتَّرْجَمَاتِ ثَلَاثًا وَثَلَاثِينَ ، وَفِي بِدَايَةِ ٱلْقَرْنِ ٱلتَّاسِعَ عَشَرَ كَانَ عَدَدُهَا إِحْدَى وَسَبْعِينَ . أَمَّا ٱلْيَوْمَ فَإِنَّ ٱللُّغَاتِ ٱلَّتِي تُرْجِمَ إِلَيْهَا ٱلْكِتَابُ ٱلْمُقَدَّسُ تَزِيدُ عَلَى (~을 초과한다) مِئَتَيْنِ وَخَمْسِينَ .

كَانَ جَان وِيكْلِيف (존 위클리프) أَوَّلَ مَنْ أَعَدَّ تَرْجَمَةً إِنْكِلِيزِيَّةً لِلْكِتَابِ ٱلْمُقَدَّسِ كُلِّهِ ، وَٱسْتَمَرَّتِ ٱلْجُهُودُ فِي ٱلْأَعْوَامِ ٱلتَّالِيَةِ لِتَحْسِينِ ٱلتَّرْجَمَةِ ٱلْإِنْكِلِيزِيَّةِ ، خَاصَّةً بَعْدَ أَنِ ٱنْتَشَرَتِ ٱلْمَعْرِفَةُ بِٱللُّغَاتِ ٱلْأَصْلِيَّةِ (원형의) . وَفِي بِدَايَةِ ٱلْقَرْنِ ٱلسَّابِعَ عَشَرَ نُشِرَتْ تَرْجَمَةٌ إِنْكِلِيزِيَّةٌ جَدِيدَةٌ أَعَدَّهَا أَرْبَعَةٌ وَخَمْسُونَ مُتَرْجِمًا تَحْتَ إِشْرَافِ ٱلْمَلِكِ (왕) ٱلْإِنْكِلِيزِيِّ جِيمْز ٱلْأَوَّلِ ، وَقَدْ عُرِفَتْ هٰذِهِ ٱلتَّرْجَمَةُ عِنْدَ ٱلْإِنْكِلِيزِ "بِٱلتَّرْجَمَةِ ٱلرَّسْمِيَّةِ" . وَلَا يَزَالُ ٱلْكَثِيرُونَ يَعْتَبِرُونَهَا أَحْسَنَ ٱلتَّرْجَمَاتِ ٱلْقَدِيمَةِ ، بَلْ إِنَّ ٱلْبَعْضَ يَعْتَبِرُونَهَا أَحْسَنَ مِنَ

ٱلتَّرْجَمَاتِ ٱلَّتِي نُشِرَتْ فِي ٱلْقَرْنِ ٱلْعِشْرِينَ .

أَمَّا ٱلتَّرْجَمَاتُ ٱلْعَرَبِيَّةُ ٱلْحَدِيثَةُ فَقَدْ بَدَأَتْ فِي ٱلْقَرْنِ ٱلتَّاسِعَ عَشَرَ، وَمِنَ ٱلَّذِينَ ٱشْتَرَكُوا فِيهَا ثَلَاثَةُ رِجَالٍ مَشْهُورِينَ وَهُمْ : نَاصِيفُ ٱلْيَازِجِي وَٱبْنُهُ إِبْرَاهِيمُ ، وَبُطْرُسُ ٱلْبُسْتَانِيُّ . وَقَدِ ٱسْتُخْدِمَتِ ٱلْعَرَبِيَّةُ ٱلْفُصْحَى فِي أَكْثَرِ ٱلتَّرْجَمَاتِ لِأَنَّهَا ٱللُّغَةُ ٱلْمُشْتَرَكَةُ بَيْنَ ٱلْعَرَبِ ، لٰكِنَّ أَجْزَاءً مِنَ ٱلْكِتَابِ ٱلْمُقَدَّسِ نُشِرَتْ أَخِيرًا بِٱللَّهَجَاتِ ٱلْعَامِّيَّةِ .

(공통의: ٱلْمُشْتَرَكَةُ / 부분들: أَجْزَاءً)

연습 5. 쓰기, 완성하기

다음 빈 칸을 알맞는 말(단어 또는 표현)로 채워라.

١ ـ تأثّر بالكتاب المقدّس ———— في ———— البلدان .

٢ ـ بدأت ترجمة الكتاب المقدّس منذ ———— .

٣ ـ أوّل من ترجم الكتاب المقدّس الى الانكليزيّة ———— . وكان الهدف من الترجمات التالية ———— .

٤ ـ أعدّ " الترجمة الرسميّة " ———— .

٥ ـ لا يزال الكثيرون يعتبرون " الترجمة الرسميّة " ———— .

٦ ـ استخدمت ———— في أكثر الترجمات العربية .

(2) 테이프에서 문장을 듣고 연습 6을 하라.

연습 6. 쓰기, 묻고 대답하기

١ ـ من هو صلاح الدين الايّوبي ؟

٢ ـ لماذا أرسل الأوربيّون جنودَهم الى البلاد العربيّة في زمن صلاح الدين ؟ (병정들: جنودَهم)

- هل تعاون جميع العرب مع صلاح الدين في مقاومة الأوربيين ؟

결과

٤ - ماذا كانت نَتيجَةُ الحرب بين صلاح الدين والأوربيين ؟

٥ - ما رأي الأوربيين اليوم في صلاح الدين ؟

٦ - هل تعرف بأي اسم عرفت الحروب بين صلاح الدين والأوربيين ؟

هـ - التمارين العامّة

마. 종합 연습

연습 7. 짝짓기 : 연결형

다음의 (ㄱ)난과 (ㄴ)난의 말을 가장 적절한 연결형이 되도록 짝지어라.

(ㄱ)	(ㄴ)
١ - رئيس	الوجه
٢ - جميلة	الصف
٣ - مدينة	المكانة
٤ - كتاب	النيل
٥ - مشكلة	مديرة المدرسة
٦ - باب	" الاغاني "
٧ - عالي	الدروس
٨ - أسهل	الجمهورية
٩ - نهر	الشرق الاوسط
١٠- سكرتيرة	بيروت

연습 8. 명사화

다음의 동명사구를 절로 바꾸어라.

'그는 대학 학위를 얻고자 한다.'

يريد الحصول على شهادة جامعيّة . ←

يريد ان يحصل على شهادة جامعيّة .

١ ـ سافرت الى الولايات المتحدة للتدريس في جامعة مشيغان ٠

٢ ـ يريد رئيس الجامعة تعيين استاذين جديدين ٠

٣ ـ أودّ الحصول على شهادة جامعيّة فى العلوم السياسيّة ٠

٤ ـ ذهبن امس بعد الظهر الى السينما لمشاهدة فلم اجنبى ٠

٥ ـ اجتمع عدد من قادة البلاد السياسيّين لتأسيس حزب جديد ٠

٦ ـ يجب عليك احترام والديك ٠

٧ ـ ذهبوا الى الشرق الاوسط لزيارة الاماكن المقدّسة ٠

٨ ـ يجب عليكم التعاون الى ابعد حدّ ٠

٩ ـ بذلوا جهودا عظيمة لتحسين الاوضاع الاقتصادية في البلاد ٠

١٠ ـ تمكنّا من الوصول الى حلّ لمشكلتهما ٠

연습 9. 쓰기, 번역

1. 그들은 그가 수단 출신이라고 믿고 있다.
2. 나는 그 여자가 그의 시험(들)에 합격할 것이라는 것을 알고 있다.
3. 우리가 가장 좋은 후보를 뽑아야 한다.
4. 그들은 이 문제를 풀기 위해 큰 노력을 기울였다.
5. 그는 쿠웨이트 대학에 일자리를 신청했다.
6. 많은 대부분의 유명한 정치 사상가들이 밤에 이 오래된 다방에서 만난다.
7. 그 소년은 자기 누이동생을 찾아서 시의 거리를 걸어다녔다.
8. 그들(여. 쌍)은 나에게 나의 메모를 가져와 달라고 요청했다.
9. 나는 늦어서 먹지 않았으며 자고 싶었다.

연습 10. 쓰기, 완료형 ↔ 미완료형, 번역

다음 동사를 완료형은 미완료형으로, 미완료형은 완료형으로 바꾸어서 '동사' 난에 쓰고 번역하라.

번 역	동 사	문 장
"그들은 더 좋아한다"	يفضّلون على	فضّلوا الطعام الفرنسيّ على الطعام الامريكيّ .

١ - استطعنا حضور المؤتمر .

٢ - يعملن في مكتب رئيس الجامعة .

٣ - يتّبع في كتبه اسلوبا يختلف عن اسلوب معاصريه .

٤ - وداد ومريم سكنتا في مدينة سان فرانسيسكو .

٥ - تغيّرت الاوضاع الاجتماعيّة في هذه البلاد تغيّرا كبيرا .

٦ - ماذا فعلت في نهاية الاسبوع ؟

٧ - تضع الدول العربيّة ثقتها بالأمم المتحدة .

٨ - أين طبعت هذه الكتب ؟

٩ - استفاد الاقتصاد العربي من الزيت استفادة كبيرة .

١٠ - قدّما لبلادهما خدمات كبيرة .

١١ - يؤلّف ذلك الكاتب كتبا ومقالات كثيرة .

١٢ - اقيمت مصانع كثيرة في مصر .

١٣ - هل يسمح لها بالذهاب ؟

١٤ - استطاع أولئك الوزراء ان يحضروا المؤتمر .

١٥ - نريد ان نزور لبنان قريبا .

연습11. 쓰 기

다음 단어표에서 적당한 말을 골라 빈 칸을 채워라.

(مرّة ، قرية ، نمت ، شكّ ، المقدّسة ، نهضة ، عاش ، اللهجات ، أغنية ، حلّ ، تسير بـ ، الماضي ، فندق ، تصوّر ، نهاية ، اجلس ، القرآن ، واضح ، افقر ، مات ، خلال ، تعود بـ)

١ ـ ـــــ كتبها الحياة الاجتماعية في مصر .

٢ ـ لا ـــــ ان فيروز من اشهر المغنيّات في العالم العربيّ .

٣ ـ تختلف ـــــ العربيّة من بلد الى بلد .

٤ ـ مُورِيتَانِيَا من ـــــ الدول العربيّة . 모리타니

٥ ـ في الاسبوع ـــــ ذهبت لزيارة صديق لي في ـــــ لبنانية .

٦ ـ لم يستطيعوا الوصول الى ـــــ لمشكلتهم .

٧ ـ تطورت الفصحى والعامية تطورا كبيرا ـــــ تاريخهما الطويل .

٨ ـ من المدن ـــــ في العالم العربيّ مَكَّةُ والقُدْسُ .

٩ ـ ـــــ معظم حياته في واشنطن ، لكنّه ـــــ في شيكاغو .

١٠ ـ زرت باريس أكثر من ـــــ .

١١ ـ ـــــ في ـــــ هيلتون ليلة واحدة فقط .

١٢ ـ انصرفوا قبل ـــــ الاجتماع .

١٣ ـ ـــــ بنا القصة الى زمن قديم .

الدرس السادس والثلاثون

أ - الجمل التمهيدية

가. 예비문

زِيَارَةٌ إِلَى سُولْت لِيك سِيتِي

솔트레익시티의 방문

١ - لِي صَدِيقٌ مِنَ ٱلْمَمْلَكَةِ ٱلْأُرْدُنِّيَّةِ وَهِيَ دَوْلَةٌ عَرَبِيَّةٌ يَحْكُمُهَا مَلِكٌ مَعْرُوفٌ .

나는 유명한 왕이 다스리는 아랍 국가인 요르단 왕국에서 온 친구가 있다.

مَمْلَكَةٌ - مَمَالِكُ — 왕국
مَلِكٌ - مُلُوكٌ (مَلَكِيٌّ) — 왕(니스바: 왕의 ; 왕당파)

٢ - صَدِيقِي مِنْ مَدِينَةٍ صَغِيرَةٍ تَقَعُ قُرْبَ ٱلْبَحْرِ ٱلْأَحْمَرِ .

나의 친구는 홍해의 가까이에 있는 작은 도시에서 왔다.

قُرْبَ — ~의 가까이에
بَحْرٌ - بِحَارٌ — 바다
أَحْمَرُ - حُمْرٌ — 붉은
اَلْبَحْرُ ٱلْأَحْمَرُ — 홍해

٣ - يَدْرُسُ صَدِيقِي ٱلْآنَ فِي جَامِعَةِ يُوطَا ، وَهِيَ جَامِعَةٌ كَانَتْ فِي بِدَايَةِ أَمْرِهَا صَغِيرَةً ، لٰكِنَّهَا ٱلْآنَ جَامِعَةٌ كَبِيرَةٌ .

나의 친구는 지금 유타 대학에서 공부하고 있는데, 그것은 처음에는 작았으나 지금은 큰 대학이다.

فِي بِدَايَةِ ٱلْأَمْرِ — 저음에는

٤ - دَعَانِي صَدِيقِي لِزِيَارَتِهِ فِي مَدِينَةِ سُولْت لِيك سِيتِي عَاصِمَةِ يُوطَا وَلَقِيَنِي عِنْدَ وُصُولِي بِٱلتَّرْحِيبِ وَٱلْإِكْرَامِ .

나의 친구는 유타의 서울인 솔트레익시티로 자기를 방문하도록 나를 초대했다. 그리고 내가 도착했을 때 그는 환영과 환대로 나를 만났다.

دَعَا ـُـ ، دَعْوَةٌ ، دُعَاءٌ (لِ ، إِلَى) — 부르다; (~로) 초대하다
عَاصِمَةٌ - عَوَاصِمُ — 서울, 수도
لَقِيَ ـَـ ، لِقَاءٌ — 만나다; 찾아내다

٥ - سُولْت لِيك سِيتِي مَدِينَةٌ جَمِيلَةٌ فِي شَمَالِ يُوطَا تُحِيطُ بِهَا ٱلْجِبَالُ .

솔트레익시티는 유타의 북쪽에 있는 산들로 둘러싸인 아름다운 도시이다.

شَمَالٌ — 북

أَحَاطَ ، إِحَاطَةٌ بِ — IV 둘러싸다

جَبَلٌ - جِبَالٌ — 산

٦ - بُنِيَ قَصْرُ حَاكِمِ يُوطَا عَلَى أَحَدِ هٰذِهِ ٱلْجِبَالِ .

유타 지사의 관저는 이들 산 중의 하나에 세워졌다.

بَنَى ـِ ، بِنَاءٌ — 짓다, 세우다, 건축하다

قَصْرٌ - قُصُورٌ — 성, 궁(여기서는: 관저)

حَاكِمٌ - حُكَّامٌ — 지배자, 지사

٧ - يَرَى بَعْضُ ٱلنَّاسِ أَنَّ لِسُولْت لِيك سِيتِي أَهَمِّيَّةً دِينِيَّةً خَاصَّةً وَيُحْكَى أَنَّ فِيهَا آثَارًا لِلْهُنُودِ ٱلْأَمْرِيكِيِّينَ تَرْجِعُ إِلَى عَهْدٍ بَعِيدٍ .

몇몇 사람들은 솔트레익시티에 특별한 종교적 중요성이 있다고 보고 있다. 그곳에는 먼 시대로 거슬러 올라가는 아메리칸 인디언들의 유적이 있다고 한다.

رَأَى يَرَى ، رَأْيٌ (أَنَّ) — (~라고) 생각하다, 여기다, (~의) 의견을 갖다

حَكَى ـِ ، حَكْيٌ ، حِكَايَةٌ — 이야기하다

[هِنْدِيٌّ - هُنُودٌ] — 〔인도 사람, 인디언〕

عَهْدٌ - عُهُودٌ — 시대, 시기

٨ - فِي سُولْت لِيك سِيتِي سَتَرَى آثَارًا لَهَا أَهَمِّيَّةٌ عِنْدَ بَعْضِ رِجَالِ ٱلدِّينِ .

당신은 솔트레익시티에서 몇몇 종교인들에게는 중요성이 있는 유적을 볼 수 있을 것이다.

رَأَى يَرَى ، رُؤْيَةٌ — 보다

٩ - بَقِيتُ فِي سُولْت لِيك سِيتِي خَمْسَةَ أَيَّامٍ رَجَعْتُ بَعْدَهَا إِلَى نِيُويُورْك .

나는 솔트레익시티에서 닷새간 머물렀으며, 그 뒤에 뉴욕으로 돌아왔다.

بَقِيَ ـَ ، بَقَاءٌ — 남아있다, 머무르다;(+미완료) 계속 ~하다

مفردات اضافية

보 충 어

١٠ – اَللَّوْنُ ٱلْأَحْمَرُ مِنْ أَلْوَانِ ٱلْعَلَمِ ٱلْأَمْرِيكِيِّ . 빨간 색은 미국기색의 하나이다.

لَوْنٌ – أَلْوَانٌ 색

عَلَمٌ – أَعْلَامٌ 기

ب – النص الاساسي

ثَلَاثُ مُدُنٍ أَثَرِيَّةٍ عَرَبِيَّةٍ

دَعَانِي صَدِيقٌ أُرْدُنِيٌّ لِزِيَارَةِ بَعْضِ ٱلْأَمَاكِنِ ٱلْأَثَرِيَّةِ فِي ٱلشَّرْقِ ٱلْأَوْسَطِ ، فَذَهَبْتُ بَعْدَ نِهَايَةِ ٱلْعَامِ ٱلدِّرَاسِيِّ ٱلْمَاضِي . لَقِيتُ مِنْ صَدِيقِي عِنْدَ وُصُولِي كُلَّ تَرْحِيبٍ وَإِكْرَامٍ ، وَبَقِيتُ مَعَهُ مُدَّةَ شَهْرٍ زُرْتُ خِلَالَهَا ثَلَاثَ مُدُنٍ أَثَرِيَّةٍ هِيَ ٱلْبَتْرَاءُ وَتَدْمُرُ وَجَرَشُ .

ٱلْبَتْرَاءُ 페트라

기원 전 فِي ٱلْقَرْنِ ٱلْخَامِسِ قَبْلَ ٱلْمِيلَادِ بَنَى ٱلْأَنْبَاطُ عَاصِمَتَهُمُ ٱلْبَتْرَاءَ 나바트인들
فِي مَكَانٍ قَرِيبٍ مِنَ ٱلْبَحْرِ ٱلْأَحْمَرِ تُحِيطُ بِهِ ٱلْجِبَالُ ٱلْعَالِيَةُ . يَرَى ٱلزَّائِرُ
فِي هٰذِهِ ٱلْمَدِينَةِ عَدَدًا مِنْ هَيَاكِلِ ٱلْأَنْبَاطِ وَقُصُورِهِمْ . 절들, 사원들

كَانَتْ مَمْلَكَةُ ٱلْأَنْبَاطِ تَشْمَلُ دِمَشْقَ وَأَجْزَاءً مِنْ فِلَسْطِينَ ، كَمَا 부분들
كَانَتْ تَشْمَلُ بَعْضَ ٱلْمَنَاطِقِ ٱلْوَاقِعَةِ عَلَى ٱلْبَحْرِ ٱلْأَحْمَرِ . وَيَرَى ٱلْبَعْضُ أَنَّ
ٱلْأَنْبَاطَ عَرَبٌ كَانُوا فِي بِدَايَةِ أَمْرِهِمْ بَدْوًا ، وَأَنَّهُمْ كَانُوا يَتَكَلَّمُونَ
ٱلْعَرَبِيَّةَ وَيَسْتَخْدِمُونَ ٱللُّغَةَ ٱلْآرَامِيَّةَ فِي ٱلْكِتَابَةِ . 아람의

تَدْمُرُ 팔미

تَقَعُ تَدْمُرُ فِي ٱلصَّحْرَاءِ ٱلسُّورِيَّةِ قُرْبَ دِمَشْقَ ، وَيُحْكَى أَنَّ ٱلَّذِي
بَنَاهَا هُوَ ٱلْمَلِكُ سُلَيْمَانُ بْنُ دَاوُدَ بِمُسَاعَدَةِ ٱلْجِنِّ . وَقَدْ كَانَتْ 신령들
لِلْمَدِينَةِ أَهَمِّيَّةٌ تِجَارِيَّةٌ كَبِيرَةٌ . وَفِي ٱلرُّبْعِ ٱلثَّالِثِ مِنَ ٱلْقَرْنِ ٱلثَّالِثِ
ٱلْمِيلَادِيِّ حَكَمَتْهَا مَلِكَةٌ مَشْهُورَةٌ بِجَمَالِهَا هِيَ زَنُّوبِيَا ٱلَّتِي تُعْرَفُ عِنْدَ 제노비아
ٱلْعَرَبِ بِٱسْمِ "زَيْنَبُ" .

وَقَدْ سَيْطَرَ ٱلرُّومَانُ عَلَى تَدْمُرَ فِي عَهْدِ ٱلْمَلِكَةِ زَنُّوبِيَا ، وَفِي 로마 사람들
ٱلرُّبْعِ ٱلثَّانِي مِنَ ٱلْقَرْنِ ٱلسَّابِعِ ٱلْمِيلَادِيِّ فَتَحَهَا ٱلْقَائِدُ ٱلْعَرَبِيُّ
خَالِدُ بْنُ ٱلْوَلِيدِ .

جَرَش 자라슈

تَقَعُ جَرَشُ فِي ٱلْأُرْدُنِّ إِلَى ٱلشَّمَالِ مِنْ عَمَّانَ عَاصِمَةِ ٱلْمَمْلَكَةِ ٱلْأُرْدُنِّيَّةِ
وَقَدْ بُنِيَتْ فِي ٱلْعَهْدِ ٱلْهِلِّينِيِّ وَكَانَتْ مِنَ ٱلْمُدُنِ ٱلْفِلَسْطِينِيَّةِ ٱلْمَذْكُورَةِ 그리스의, 헬레니즘의
فِي ٱلْكِتَابِ ٱلْمُقَدَّسِ . وَفِي جَرَشَ ٱلْيَوْمَ آثَارٌ رُومَانِيَّةٌ جَمِيلَةٌ كَثِيرَةٌ . 성경

나. 기본문

세 아랍 유적

한 요르단 친구가 중동의 몇몇 유적지를 방문하도록 나를 초대했다. 그래서 나는 지난 학기를 끝마치고 갔다. 나는 도착하자 내 친구에게서 온갖 환영과 환대를 받았으며 한 달 동안 그와 함께 머물렀다. 그 동안에 나는 세 군데의 유적 도시—즉, 페트라 · 팔미라 · 자라슈를 방문했다.

페트라

기원 전 5세기에 나바트인들은 그들의 서울 페트라를 홍해에서 가까운 높은 산들로 둘러싸인 장소에 지었다. 방문객은 이 도시에서 수 곳의 나바트인들의 사원과 궁전을 볼 수 있다.

나바트인들의 왕국은 다마스커스와 팔레스틴의 일부를 포함하고 있었으며, 또한 홍해에 위치한 몇몇 지역도 포함하고 있었다. 어떤 사람들은, 나바트인들이 처음에는 베드윈이었던 아랍인들이고 아랍어를 말했으며 쓸 때는 아람어를 사용하였다고 보고 있다.

팔미라

팔미라는 다마스커스에서 가까운 시리아 사막에 위치해 있으며, 그것을 건설한 이는 신령의 도움을 받은 다윗의 아들 솔로몬 왕이라고 한다. 그 도시는 상업적인 큰 중요성을 지니고 있었다. 기원 3세기 3 사반 세기에는 아름다움으로 유명한 제노비아라는 한 여왕이 통치했는데, 그는 아랍 사람들에게는 "자이납"이란 이름으로 알려져 있다.

로마 사람들은 지노비아 여왕 시대에 팔미라를 지배했으며, 기원 7세기 2사반 세기에는 아랍인 장군 할리드 이븐 알왈리드가 그것을 정복했다.

자랴슈

자라슈는 요르단 왕국의 서울 암맘의 북쪽에 요르단 안에 위치해 있다. 그것은 헬레니즘 시대에 지어졌고 성경에 언급된 팔레스틴 도시들 중의 하나이었다. 오늘날 자라슈에는 많은 아름다운 로마 유적이 있다.

다. 문법과 연습 ج - القواعد والتمارين

1. ل 약동사 : 원형
2. رَأَى '보다' 동사
3. 색깔의 형용사

1. ل 약동사 : 원형

아랍어 동사 중에서 세번째 어근자(ل)가 و 또는 ي 로 되어 있는 것을 ل 약동사(الفِعْلُ النَّاقِصُ ; 결여동사)라고 한다. ل 약동사의 특징은 활용의 일부 형에서는 강변화를 하지만 일부 형에서는 음운규칙상 어간(동사)과 접사(대명사 또는 법표지어)가 혼합되어 구분이 없어지거나 음운이

이 탈락한다는 점이다.

이 과에서는 ل 약 원형 동사에 대해서 배우기로 한다. ل 약 원형동사는 그 변화 유형에 따라 다음과 같이 셋으로 나뉜다.

〈유형 I〉 ل 이 و 인 경우 : 미완료형의 중간모음이 ـُ , 완료형 어간 : فَعَوْ , 미완료형 어간: فْعُوْ

이를 دَعَا '초대하다' (어근 : دعو) 동사로 도시한다.

دَعَا ـ يَدْعُو

	완료형	미완료형			
		직설법	접속법	단축법	명령법
3 남단	دَعَا	يَدْعُو	يَدْعُوَ	يَدْعُ	
여단	دَعَتْ	تَدْعُو	تَدْعُوَ	تَدْعُ	
2 남단	دَعَوْتَ	تَدْعُو	تَدْعُوَ	تَدْعُ	اُدْعُ
여단	دَعَوْتِ	تَدْعِينَ	تَدْعِي	تَدْعِي	اُدْعِي
1 단	دَعَوْتُ	أَدْعُو	أَدْعُوَ	أَدْعُ	
3 남쌍	دَعَوَا	يَدْعُوَانِ	يَدْعُوَا	يَدْعُوَا	
여쌍	دَعَتَا	تَدْعُوَانِ	تَدْعُوَا	تَدْعُوَا	
2 쌍	دَعَوْتُمَا	تَدْعُوَانِ	تَدْعُوَا	تَدْعُوَا	اُدْعُوَا
3 남복	دَعَوْا	يَدْعُونَ	يَدْعُوا	يَدْعُوا	
여복	دَعَوْنَ	يَدْعُونَ	يَدْعُونَ	يَدْعُونَ	

2 남복	دَعَوْتُمْ	تَدْعُونَ	تَدْعُوا	تَدْعُوا	أُدْعُوا
여복	دَعَوْتُنَّ	تَدْعُونَ	تَدْعُونَ	تَدْعُونَ	أُدْعُونَ
1 복	دَعَوْنَا	نَدْعُو	نَدْعُوَ	نَدْعُ	

능동분사 : فَاعِ 형(결여 형용사)

	단 수	복 수	
남 성	دَاعٍ	دَاعُونَ	'초대하는, 부르는'
여 성	دَاعِيَةٌ	دَاعِيَاتٌ	

동 명 사 : فَعَاءٌ 형

دُعَاءٌ ، دَعْوَةٌ '초대, 부름'

주: 1) 이 동사의 완료형 어간 دَعَوْ 는 그 뒤에 자음으로 시작하는 대명사 또는 3. 남. 쌍. 형이 올 때에 사용되어 강변화를 한다. 나머지 형에서는 다음과 같은 음운 탈락 현상으로 어간(동사)과 대명사가 혼합되어 나타난다.

(دَعَوَ)	→	دَعَا	'그는 초대했다'
(دَعَوَتْ)	→	دَعَتْ	'그 여자는 초대했다'
(دَعَوُوا)	→	دَعَوْا	'그들(남)은 초대했다'

(3. 여. 쌍는 3. 여. 단에서 만듦).

위에서 보듯이 لـ이 و 인 원형동사에서는 3. 남. 단. 완료형에서 ـَا 모음이 ا 로 철자되지만, 다음의 유형 II와 모든 파생형에서는 ـَى로 철자된다.

2) 미완료형 어간 دْعُو 는 자음으로 시작하는 대명사(2. 여. 복와 3. 여. 복)쌍수형 또는 접속법의 법표지어 ـَ 가 붙은 형에 사용되어 강변화를 한다. 나머지 형에서는 다음과 같은 음운 탈락 현상으로 어간과 법표지어가 혼합되어 나타난다.

(يَدْعُوُ) → يَدْعُو '그는 초대한다'
(يَدْعُوُونَ) → يَدْعُونَ '그들(남)은 초대한다'
(تَدْعُوِينَ) → تَدْعِينَ '당신(여)은 초대한다'

(3. 남. 복형과 3. 여. 복형은 다음과 같이 다른 변화 과정을 거쳐서 같은 모양이 되었다. 이 현상은 또한 2. 남. 복형과 2. 여. 복형에도 적용된다.)

3. 남. 복. (يَدْعُوُونَ) → يَدْعُونَ
3. 여. 복. (يَدْعُوْنَ) → يَدْعُونَ

3) 단축법과 명령법 중에서 법표지어가 ْ 인 형에서는 세번째 어근자 و 가 탈락한다.

(لَمْ يَدْعُوْ) → لَمْ يَدْعُ '그는 초대하지 않았다'
(أُدْعُوْ) → أُدْعُ '초대하라'

4) ل 약 원형동사의 능동분사는 그 유형에 관계없이 فَاعٍ 형을 취하는 결여 형용사이다(34. 다 3 참조)

5) 원형동사의 동명사는 그 형이 다양하다. 만약 동명사형의 세번째 어근자 앞에 장모음 ـَا 가 오면 그 어근자는 و 든 ي 든 ء(هَمْزَة)로 바뀐다.

(دُعَاوٌ) → دُعَاءٌ '초대'

또 다른 원형동사의 보기는 تَلَا '뒤따르다'이며 그 능동분사 تَالٍ '다음의'이 35과에 나왔다. 그 동명사는 تُلُوٌّ 이다.

〈유형Ⅱ〉 ل이 ي 인 경우: 미완료형의 중간모음이 ـِ, 완료형 어간: فَعَيْ , 미완료형 어간: فْعِيْ
이를 بَنَى '건축하다'(어근: بني) 동사로 도시한다.

بَنَى - يَبْنِي

	완료형	미완료형			
		직설법	접속법	단축법	명령법
3 남단	بَنَى	يَبْنِي	يَبْنِيَ	يَبْنِ	
여단	بَنَتْ	تَبْنِي	تَبْنِيَ	تَبْنِ	
2 남단	بَنَيْتَ	تَبْنِي	تَبْنِيَ	تَبْنِ	اِبْنِ
여단	بَنَيْتِ	تَبْنِينَ	تَبْنِي	تَبْنِي	اِبْنِي
1 단	بَنَيْتُ	أَبْنِي	أَبْنِيَ	أَبْنِ	
3 남쌍	بَنَيَا	يَبْنِيَانِ	يَبْنِيَا	يَبْنِيَا	
여쌍	بَنَتَا	تَبْنِيَانِ	تَبْنِيَا	تَبْنِيَا	
2 쌍	بَنَيْتُمَا	تَبْنِيَانِ	تَبْنِيَا	تَبْنِيَا	اِبْنِيَا
3 남복	بَنَوْا	يَبْنُونَ	يَبْنُوا	يَبْنُوا	
여복	بَنَيْنَ	يَبْنِينَ	يَبْنِينَ	يَبْنِينَ	
2 남복	بَنَيْتُمْ	تَبْنُونَ	تَبْنُوا	تَبْنُوا	اِبْنُوا
여복	بَنَيْتُنَّ	تَبْنِينَ	تَبْنِينَ	تَبْنِينَ	اِبْنِينَ
1 복	بَنَيْنَا	نَبْنِي	نَبْنِيَ	نَبْنِ	

능동분사: فَاعٍ 형

	단 수	복 수	
남 성	بَانٍ	بَانُونَ	'건축하는'
여 성	بَانِيَةٌ	بَانِيَاتٌ	

동 명 사 : فِعَالٌ 형

بِنَاءٌ '건축'

주: 1) 이 동사의 완료형 어간 بَنَيْ 는 그 뒤에 자음으로 시작하는 대명사 또는 3. 남. 쌍. 형이 올 때에 사용되어 강변화를 한다. 나머지 형에서는 다음과 같은 음운 탈락 현상으로 어간과 대명사가 혼합되어 나타난다.

(بَنَيَ)	→	بَنَى	'그는 건축했다'
(بَنَيَتْ)	→	بَنَتْ	'그 여자는 건축했다'
(بَنَيُوا)	→	بَنَوْا	'그들(남)은 건축했다'

(3. 여. 쌍는 3. 여. 단에서 만듦)

3. 남. 단 완료형이 ـَى 로 끝나는 데에 주의하라.

2) 미완료형 어간 ـبْنِيـ 는 자음으로 시작하는 대명사(2. 여. 복와 3. 여. 복)나 쌍수형 또는 접속법의 법표지어가 ـَ 가 붙은 형에 사용되어 강변화를 한다. 나머지 형에서는 다음과 같은 음운 탈락 현상으로 어간과 법표지어가 혼합되어 나타난다.

(يَبْنِيُ)	→	يَبْنِي	'그는 건축한다'
(تَبْنِيِينَ)	→	تَبْنِينَ	'당신(여)은 건축한다'
(يَبْنِيُونَ)	→	يَبْنُونَ	'그들(남)은 건축한다'

3) 단축법과 명령법 중에서 법표지어가 ـْ 인 형에서는 세번째 어근자 ي 가 탈락한다.

(لَمْ يَبْنِيْ)	→	لَمْ يَبْنِ	'그는 건축하지 않았다'
(اِبْنِيْ)	→	اِبْنِ	'건축하라'

4) 능동분사는 유형 I 에서와 같이 فَاعٍ 형 (결여 형용사)이다.

5) 이 동사의 동명사는 유형 I 에서와 같이 세번째 어근자가 그 앞에 ـَا 가 오므로 ء 로 바뀐다.

(بِنَايٌ)	→	بِنَاءٌ	'건축'

〈유형Ⅲ〉 ل 이 و 또는 ي 이지만 완료형의 중간모음이 ـِ 이고 미완료형의 중간모음이 ـَ 인 경우.

완료형 어간 : فَعِيْ , 미완료형 어간 : فْعَيْ .

이 유형은 세번째 어근자가 و 이든 ي 이든 ي 인 것처럼 활용한다. 이를 لَقِيَ '만나다' (어근 : لقي) 동사로 도시한다.

لَقِيَ – يَلْقَى

	완 료 형	미 완 료 형			
		직 설 법	접 속 법	단 축 법	명 령 법
3 남단	لَقِيَ	يَلْقَى	يَلْقَى	يَلْقَ	
여단	لَقِيَتْ	تَلْقَى	تَلْقَى	تَلْقَ	
2 남단	لَقِيتَ	تَلْقَى	تَلْقَى	تَلْقَ	اِلْقَ
여단	لَقِيتِ	تَلْقَيْنَ	تَلْقَيْ	تَلْقَيْ	اِلْقَيْ
1 단	لَقِيتُ	أَلْقَى	أَلْقَى	أَلْقَ	

3 남쌍	لَقِيَا	يَلْقَيَانِ	يَلْقَيَا	يَلْقَيَا	
여쌍	لَقِيَتَا	تَلْقَيَانِ	تَلْقَيَا	تَلْقَيَا	
2 쌍	لَقِيتُمَا	تَلْقَيَانِ	تَلْقَيَا	تَلْقَيَا	اِلْقَيَا
3 남복	لَقُوا	يَلْقَوْنَ	يَلْقَوْا	يَلْقَوْا	
여복	لَقِينَ	يَلْقَيْنَ	يَلْقَيْنَ	يَلْقَيْنَ	
2 남복	لَقِيتُمْ	تَلْقَوْنَ	تَلْقَوْا	تَلْقَوْا	اِلْقَوْا
여복	لَقِيتُنَّ	تَلْقَيْنَ	تَلْقَيْنَ	تَلْقَيْنَ	اِلْقَيْنَ
1 복	لَقِينَا	نَلْقَى	نَلْقَى	نَلْقَ	

능동분사 : فَاعِل 형

	단 수	복 수	
남 성	لَاقٍ	لَاقُونَ	'만나는'
여 성	لَاقِيَةٌ	لَاقِيَاتٌ	

동 명 사 : فِعَاءٌ 형

لِقَاءٌ '만남'

주: 1) 이 동사의 완료형 어간 لَقِيَ 는 3. 남. 복형을 제외한 모든 완료형의 활용에 사용된다.

		لَقِيَ	'그는 만났다'
لَقِيْتُ	→	لَقِيتُ	'나는 만났다'

3. 남. 복형은 다음과 같은 음운 탈락 현상으로 어간과 대명사가 혼합되어 나타난다.

(لَقِيُوا)	→	لَقُوا	'그들(남)은 만난다'

2) 미완료형 어간 لْقَيْ 는 자음으로 시작하는 대명사(2. 여. 복와 3. 여. 복)나 쌍수형에 사용되어 강변화를 한다. 나머지 형에서는 다음과 같은 음운 탈락 현상으로 어간과 법표지어가 혼합되어 나타난다.

(يَلْقَيُ) →	يَلْقَى	'그는 만난다'
(تَلْقَيِينَ) →	تَلْقَيْنَ	'당신(여)은 만난다'
(يَلْقَيُونَ) →	يَلْقَوْنَ	'그들(남)은 만난다'
(يَلْقَيَ) →	يَلْقَى	'그는 만난다'(접속법)

3) 단축법과 명령법 중에서 법표지어가 ـْ 인 형에서는 세번째 어근자 ى 가 탈락한다.

(لَمْ يَلْقَيْ) →	لَمْ يَلْقَ	'그는 만나지 않았다'
(اِلْقَيْ) →	اِلْقَ	'만나라'

4) 능동분사는 유형 I · II에서와 같이 فَاعٍ 형(결여 형용사)이다.

5) 이 동사의 동명사는 유형 I · II에서와 같이 세번째 어근자가 그 앞에 ـَا 가 오므로 ء 로 바뀐다.

(لِقَايٌ) →	لِقَاءٌ	'만남'

〈수동태〉 ل 약 원형동사는 그 유형에 관계없이 수동태에서 똑같은 형태를 가지며, 세번째 어근자는 모든 유형에서 ي 이다.

완료형 어간 : فُعِيْ , 미완료형 어간 : فْعَيْ

	능동태		수동태		
	완료형	미완료형	완료형	미완료형	
유형 Ⅰ	دَعَا	يَدْعُو	دُعِيَ	يُدْعَى	'초대하다'
유형 Ⅱ	بَنَى	يَبْنِي	بُنِيَ	يُبْنَى	'건축하다'
유형 Ⅲ	لَقِيَ	يَلْقَى	لُقِيَ	يُلْقَى	'만나다'

수동태는 첫번째 어근자의 모음만 제외하면 유형Ⅲ과 그 활용이 똑같다. 이를 لُقِيَ '만나지다' 동사로 도시한다.

	완료형	미완료형		
		직설법	접속법	단축법
3 남단	لُقِيَ	يُلْقَى	يُلْقَى	يُلْقَ
여단	لُقِيَتْ	تُلْقَى	تُلْقَى	تُلْقَ
2 남단	لُقِيتَ	تُلْقَى	تُلْقَى	تُلْقَ
여단	لُقِيتِ	تُلْقَيْنَ	تُلْقَيْ	تُلْقَيْ
1 단	لُقِيتُ	أُلْقَى	أُلْقَى	أُلْقَ
3 남쌍	لُقِيَا	يُلْقَيَانِ	يُلْقَيَا	يُلْقَيَا
여쌍	لُقِيَتَا	تُلْقَيَانِ	تُلْقَيَا	تُلْقَيَا
2 쌍	لُقِيتُمَا	تُلْقَيَانِ	تُلْقَيَا	تُلْقَيَا
3 남복	لُقُوا	يُلْقَوْنَ	يُلْقَوْا	يُلْقَوْا
여복	لُقِينَ	يُلْقَيْنَ	يُلْقَيْنَ	يُلْقَيْنَ
2 남복	لُقِيتُمْ	تُلْقَوْنَ	تُلْقَوْا	تُلْقَوْا
여복	لُقِيتُنَّ	تُلْقَيْنَ	تُلْقَيْنَ	تُلْقَيْنَ
	لُقِينَا	نُلْقَى	نُلْقَى	نُلْقَ

수동분사는 다음과 같으며, 유형 II와 III에서는 같은 형이다.

유형 I	مَفْعُوٌّ	مَدْعُوٌّ	'초대받은'
유형 II	مَفْعِيٌّ	مَبْنِيٌّ	'건축된'
유형 III	مَفْعِيٌّ	مَلْقِيٌّ	'만나진'

연습 1. (테이프에 수록) 동사활용 : فَعَوْ

연습 2. (테이프에 수록) 동사활용 : فَعَيْ

연습 3. (테이프에 수록) 동사활용 : فَعِيْ

연습 4. (테이프에 수록) 동사활용 : ل 약 원형의 수동태

연습 5. (테이프에도 수록) 말바꾸기

ㄱ. '그는 이번 여름에 이집트를 방문했다.' (우리) → '우리는 이번 여름에 이집트를 방문했다.'

أ : زار مصر هذا الصيف ٠نحن

ط : زرنا مصر هذا الصيف ٠

١ ـ دعا عددا من الطلاب الى المؤتمر ٠ أنا

٢ ـ بقي في سوريا أسبوعا ٠ هم

٣ ـ دعا الاستاذ الزائر الى الاجتماع ٠ هي

٤ ـ لقي أخاه قرب مكتبي ٠ هما

٥ ـ هل بقي في السينما حتّى ساعة متأخّرة من الليل ؟ أنتما

٦ ـ هل بنيتَ بيتا جديدا ؟ أنتِ

ㄴ. '그는 올해 이락을 방문할 것이다.' (우리) → '우리는 올해 이락을 방문할 것이다.'

أ : سيزور العراق هذه السنة (نحن)

ط : سنزور العراق هذه السنة ٠

١ ـ سيدعو بعض المراسلين الى المؤتمر ٠ (انا)

٢ ـ لعله يبقى في تونس عاما ٠ (أنتنّ)

٣ ـ سوف يلقاني قرب المدرسة • (هما)

٤ ـ هل سيبقى في لبنان زمنا طويلا ؟ (أنتما)

٥ ـ كم طالبة دعا الى حفلة الزواج ؟ (أنتِ)

٦ ـ سيبني عددا من الفنادق في هذه المنطقة • (هم)

연습 6. 명령법과 부정 명령법

أ : ادع المدير • المساعد

'지배인을 불러라, 조수.'

ط : ادع المدير ، ولكن لا تدع المساعد •

'지배인을 불러라. 그러나 조수를 부르지 말라.'

١ ـ القي صديقتك • والدتها

٢ ـ ادعوا الطلاب • الاساتذة

٣ ـ ادع السكرتيرة • أختها

٤ ـ القين مندوب الطلاب • المراسل

٥ ـ ابقين معه • معها

٦ ـ ادعوا الطبيب • المهندس

연습 7. 쓰기, 변형 : 완료형 → 단축법과 접속법

هل زرت صديقك ؟ قريبا

'당신은 당신의 친구를 방문했느냐?' (곧)

لم أزره حتّى الآن ، ولكنّي أريد ان ازوره قريبا •

'나는 지금까지 그를 방문하지 않았다. 그러나 그를 곧 방문하고 싶다.'

١ ـ هل دعوتم مريم الى الحفلة ؟ اليوم

٢ ـ هل لقيت المراسل الأجنبيّ ؟ غدا

٣ ـ هل دعوا وداد الى حفلة الزواج ؟ هذا الاسبوع

٤ ـ هل لقين المدير ؟ بعد يومين

٥ ـ هل بنوا المدرسة الجديدة ؟ هذه السنة

٦ ـ هل دعت الطلاب الى الحفلة ؟ اليوم

연습8. 쓰기, 변형 : 동명사 → 동사

다음 밑줄 친 동명사에 해당하는 동사를 쓰고 그 문장을 번역하라.

١ ـ وصلتني دعوة لحضور حفلة زواج .

٢ ـ قابلته بعد مضيّ سنة على رجوعه من فرنسا .

٣ ـ لن نتمكّن من البقاء طويلا في هذه المدينة .

٤ ـ أحبها منذ اللقاء الأوّل .

٥ ـ لم اسمع هذا الكلام قبل اليوم .

٦ ـ اَلبِنْتَاجُون بناء كبير جدّا .

연습9. 쓰기, 번역, 완료형 : 능동태 → 수동태

أ : دعونا الاصدقاء الى الحفلة . ㄱ. '우리는 친구들을 파티에 초대했다.'

ط : دعوا الى الحفلة . هم اذن مدعوّون . '그들은 파티에 초대되었다. 그들은 그러면 초대받은 사람들이다.'

١ ـ دعوت المراسلة الى الاجتماع . ٢ ـ حكى الناس القصتين .

٣ ـ دعت جاراتها الى بيتها . ٥ ـ بنوا مدرسة على الجبل .

٤ ـ بنينا البيتين قرب الجبل . ٦ ـ دعونا الاستاذات الى المؤتمر .

ㄴ. 위의 수동태 문장을 미완료형으로 다시 써라.

2. رَأَى '보다' 동사

رَأَى (미완료형 : يَرَى) '보다' 동사는 어근이 رأي 인 ل 약동사로서 다음과 같이 불규칙으로 변화한다. ① 두번째 어근자 ء 는 미완료형에서 탈락한다. ② 완료형은 بَنَى '건축하다' 동사(위의 다. 1의 유형Ⅱ 참조)처럼, 미완료형은 لَقِيَ '만나다' 동사(위의 다. 1의 유형Ⅲ 참조)처럼 활용한다.

	완 료 형	미 완 료 형			
		직 설 법	접 속 법	단 축 법	명 령 법
3 남단	رَأَى	يَرَى	يَرَى	يَرَ	
여단	رَأَتْ	تَرَى	تَرَى	تَرَ	
2 남단	رَأَيْتَ	تَرَى	تَرَى	تَرَ	رَ
여단	رَأَيْتِ	تَرَيْنَ	تَرَيْ	تَرَيْ	رَيْ
1 단	رَأَيْتُ	أَرَى	أَرَى	أَرَ	
3 남쌍	رَأَيَا	يَرَيَانِ	يَرَيَا	يَرَيَا	
여쌍	رَأَتَا	تَرَيَانِ	تَرَيَا	تَرَيَا	
2 쌍	رَأَيْتُمَا	تَرَيَانِ	تَرَيَا	تَرَيَا	رَيَا
3 남복	رَأَوْا	يَرَوْنَ	يَرَوْا	يَرَوْا	
여복	رَأَيْنَ	يَرَيْنَ	يَرَيْنَ	يَرَيْنَ	
2 남복	رَأَيْتُمْ	تَرَوْنَ	تَرَوْا	تَرَوْا	رَوْا
여복	رَأَيْتُنَّ	تَرَيْنَ	تَرَيْنَ	تَرَيْنَ	رَيْنَ
1 복	رَأَيْنَا	نَرَى	نَرَى	نَرَ	

(이 동사의 명령법형은 거의 쓰이지 않는다.)

능동분사 : فَاعٍ 형

	단 수	복 수
남 성	رَاءٍ	رَاءُونَ
여 성	رَائِيَةٌ	رَائِيَاتٌ

동 명 사 : فَعْلَةٌ 형,　　　فَعْلٌ 형

رُؤْيَةٌ '보기'　　　رَأْيٌ '의견, 견해'

수동태의 미완료형에서도 두번째 어근자 ء 는 탈락한다. 수동태의 그밖의 사항은 다른 여느 ل 약원형동사(위의 다. 1의 수동태 참조)에서와 마찬가지이다.

رُئِيَ	'그는 보여졌다'	يُرَى	'그는 보여진다'
رُئِيتُ	'나는 보여졌다'	أُرَى	'나는 보여진다'
رُؤُوا	'그들(남)은 보여졌다'	يُرَوْنَ	'그들(남)은 보여진다'

수동분사 :　　　مَرْئِيٌّ '보여진'

연습 10. (테이프에 수록) 동사활용 : رأى

3. 색깔의 형용사

아랍에에서 색깔(또는 신체 불구)을 나타내는 형용사는 다음과 같이 특수한 형을 취한다.

	형	보　기 : '붉은'
남. 단	أَفْعَلُ	أَحْمَرُ
여. 단	فَعْلَاءُ	حَمْرَاءُ
남/여 복	فُعْلٌ	حُمْرٌ

남·여 쌍수형은 각각 أَفْعَلَانِ 와 فَعْلَاوَانِ (ء가 و 로 바뀌는 데에 주의할 것) 형이다.

(보기) أَحْمَرَانِ , حَمْرَاوَانِ

	أَفْعَلُ (남. 단)	فَعْلَاءُ (여. 단)	فُعْلٌ (복)
'붉은'	أَحْمَرُ	حَمْرَاءُ	حُمْرٌ
'흰'	أَبْيَضُ	بَيْضَاءُ	بِيضٌ
'검은'	أَسْوَدُ	سَوْدَاءُ	سُودٌ
'초록의'	أَخْضَرُ	خَضْرَاءُ	خُضْرٌ
'노란'	أَصْفَرُ	صَفْرَاءُ	صُفْرٌ
'푸른'	أَزْرَقُ	زَرْقَاءُ	زُرْقٌ
'(피부가) 갈색인'	أَسْمَرُ	سَمْرَاءُ	سُمْرٌ
'금발의, (살결이) 흰'	أَشْقَرُ	شَقْرَاءُ	شُقْرٌ

마지막 두 개의 형용사는 흔히 여성 복수형으로 فَعْلَاوَاتٌ (여기에서도 ء 가 و 로 바뀜)형— سَمْرَاوَاتٌ 와 شَقْرَاوَاتٌ —을 취한다. أَبْيَضُ '흰'의 복수형은 음운규칙 ع 2(32. 다. 2. ㄱ 참조)에 따라 بُيْضٌ 가 بِيضٌ 로 되었다(ـُيْ → ـُي → ـِي). 색깔의 형용사의 동명사는 다음과 같은 형을 취한다.

① فُعْلَةٌ 형 : 대부분 이 형을 취한다.

حُمْرَةٌ '붉음' زُرْقَةٌ '푸름'

خُضْرَةٌ '초록' سُمْرَةٌ '갈색'

صُفْرَةٌ '노람' شُقْرَةٌ '금발'

② فَعَالٌ 형 : ع 약어근의 형용사

بَيَاضٌ '흼' سَوَادٌ '검음'

③ فَعَلٌ 형

شَقَرٌ '금발' زَرَقٌ '푸름'

이 동명사들은 أَكْثَرُ '더 많은' 또는 أَشَدُّ '더 센' 등의 형용사 뒤에 구별의 목적어로 쓰여서 우선급을 나타낸다(32. 다. 3 참조).

أَشَدُّ سَوَادًا	'더 검은'	أَقَلُّ سَوَادًا	'덜 검은'
أَشَدُّ بَيَاضًا	'더 흰'	أَقَلُّ بَيَاضًا	'덜 흰'
أَكْثَرُ حُمْرَةً	'더 붉은'	أَقَلُّ حُمْرَةً	'덜 붉은'

IX형 동사는 이 أَفْعَلُ 형의 색깔(또는 신체 불구)의 형용사에서 파생된다.(보기) اِسْوَدَّ '검어지다', اِزْرَقَّ '푸르게 되다'

다른 색깔의 형용사는 명사에 니스바를 붙여서 만든다.(보기) بُرْتُقَالٌ '귤' → بُرْتُقَالِيٌّ '귤색의', بُنٌّ '커피(열매)' → بُنِّيٌّ '(물건이) 갈색의, 커피색의.'

연습 11. 말 바꾸기

'붉은 색은 미국기 색의 하나이다.'
(초록의—쿠웨이트의)

أ : اللون الاحمر من ألوان العلم الاميركيّ . أخضر، كويتيّ .

'녹색은 쿠웨이트 국기색의 하나이다.'

ط : اللون الاخضر من الوان العلم الكويتيّ .

١ ـ أسود، اردنيّ .
٢ ـ أبيض، مصريّ .
٣ ـ أحمر، مصريّ .
٤ ـ أحمر، اردنيّ .
٥ ـ أبيض، امريكيّ .
٦ ـ أخضر، اردنيّ .
٧ ـ أسود، مصريّ .
٨ ـ أزرق، امريكيّ .
٩ ـ أحمر، كويتيّ .
١٠ ـ بنّي ، قطريّ .

연습 12. 말 바꾸기

'이 연필은 색이 빨갛고 이 종이도 색이 빨갛다.'(하얀)

أ : هذا القلم أحمر اللون ، وهذه الورقة حمراء اللون أيضا . أبيض

ط : هذا القلم ابيض اللون ، وهذه الورقة بيضاء اللون ايضا .

'이 연필은 색이 하얗고 이 종이도 색이 하얗다.'

أسود ، أحمر ، أخضر ، أصفر ، أزرق ، بنّيّ

연습 13. 괄호 안의 단어를 올바른 형으로 고쳐 쓰고 모든 문장에 모음부호를 붙여라.

١ ـ في امريكا ناس يعرفون بالهنود الامريكيين ، وهم اقلّ عددا من ال (أبيض) والمعروف ايضا ان ال (أسود) في امريكا اقلّ من ال(أبيض).

٢ ـ يعرف سكّان بعض الدول بال (أصفر) .

٣ ـ من سكّان العالم من يعرفون بال (أبيض) ، ومن يعرفون بال(أسود) ومن يعرفون بال (أصفر) ، ولكن ليس منهم من يعرفون بال (أزرق) او ال (أخضر) .

٤ ـ كان في المؤتمر نساء(أسود) كما كان فيه نساء(أبيض) .

٥ ـ في المدرسة استاذان (أسود) وأستاذتان (أسود) .

٦ـ الامريكيّون أكثر (أبيض) من العرب .

٧ـ هؤلاء أكثر (أسود) من أولئك .

٨ـ ماء البحر أكثر (أزرق) من ماء النهر .

د ـ نصوص للفهم

라. 강 독

다음 문장을 읽고 연습 14를 하라.

مُذَكِّرَاتُ زَائِرٍ أَمْرِيكِيّ

إِرْنِسْت كَمْبِل طَالِبٌ فِي جَامِعَةِ كُورْنِيل ، وَهُوَ ٱلْآنَ يُعِدُّ رِسَالَةً عَنِ ٱلْوَضْعِ (학위) 논문
ٱلسِّيَاسِيِّ فِي ٱلشَّرْقِ ٱلْأَوْسَطِ .

زَارَ كَمْبِل عَدَدًا مِنَ ٱلدُّوَلِ ٱلْعَرَبِيَّةِ فِي ٱلْعَامِ ٱلْمَاضِي ، وَكَتَبَ أَثْنَاءَ
زِيَارَتِهِ مُذَكِّرَاتٍ نَعْرِضُ عَلَيْكَ بَعْضَهَا : 우리는 당신에게 제시한다

٣ أَيْلُولَ (سِبْتَمْبِر) سَنَةَ ١٩٧٥. 구월

وَصَلْتُ إِلَى بَيْرُوتَ ، عَاصِمَةِ لُبْنَانَ ، مُنْذُ يَوْمَيْنِ ، وَسَكَنْتُ فِي فُنْدُقٍ صَغِيرٍ؛
لٰكِنَّ صَدِيقِي ٱللُّبْنَانِيَّ بَشِير شَاهِين طَلَبَ مِنِّي أَنْ أَنْتَقِلَ إِلَى بَيْتِهِ وَأَنْ أَبْقَى
هُنَاكَ حَتَّى أَرْحَلَ عَنْ لُبْنَانَ . اَلشَّعْبُ ٱللُّبْنَانِيُّ كَرِيمٌ : لَقَدْ لَقِيتُ مِنْ عَائِلَةِ 내가 ~을 떠난다 / 너그러운
صَدِيقِي كُلَّ ٱلتَّرْحِيبِ وَٱلْإِكْرَامِ . لَعَلَّ أَحَدَهُمْ يَذْهَبُ إِلَى أَمْرِيكَا فَأُكْرِمُهُ .
اَلسَّيَّارَاتُ هُنَا كَثِيرَةٌ جِدًّا : سَيَّارَاتٌ لَيْسَ لَهَا عَدَدٌ تَذْهَبُ وَتَجِيءُ فِي
شَوَارِعِ ٱلْعَاصِمَةِ . أَيْنَ ٱلْجِمَالُ ٱلَّتِي قِيلَ لِي إِنِّي سَأَرَاهَا فِي ٱلْبِلَادِ ٱلْعَرَبِيَّةِ؟! 낙타들

٥ أَيْلُولَ (سِبْتَمْبِر) سَنَةَ ١٩٧٥.

لَقَدْ زُرْتُ أَكْثَرَ ٱلدُّوَلِ ٱلْأُورُبِّيَّةِ فَلَمْ أَرَ أَجْمَلَ مِنْ لُبْنَانَ : مُدُنُهُ جَمِيلَةٌ ،
وَقُرَاهُ جَمِيلَةٌ ، وَجِبَالُهُ جَمِيلَةٌ ، وَكُلُّ شَيْءٍ فِيهِ جَمِيلٌ . وَٱلشَّعْبُ ٱللُّبْنَانِيُّ يَعْلَمُ
ذٰلِكَ كُلَّ ٱلْعِلْمِ ، وَهُوَ لِذٰلِكَ يُحِبُّ لُبْنَانَ كُلَّ ٱلْحُبِّ .

٦ سِبْتَمْبِر سَنَةَ ١٩٧٥.

قُلْتُ أَمْسِ أَنَّ ٱلشَّعْبَ ٱللُّبْنَانِيَّ كَرِيمٌ ، وَأَقُولُ ٱلْيَوْمَ إِنَّهُ أَيْضًا شَعْبُ 너그러운
تِجَارَةٍ . وَلَعَلَّ ٱلسَّبَبَ فِي ذٰلِكَ أَنَّ لُبْنَانَ فِي وَسَطِ ٱلْعَالَمِ ، وَأَنَّهُ يَقَعُ عَلَى
ٱلْبَحْرِ ٱلْأَبْيَضِ ٱلْمُتَوَسِّطِ ، وَأَنَّ مَوَارِدَهُ قَلِيلَةٌ . وَلٰكِنْ إِذَا أَرَدْتَ أَنْ تَجِدَ 지중해
مِنَ ٱلنَّاسِ إِكْرَامًا فَلَا تَذْهَبْ إِلَى ٱلْأَسْوَاقِ . 시장들

١٥ أَيْلُولَ (سِبْتَمْبِر) سَنَةَ ١٩٧٥.

تَابَعْتُ سَفَرِي وَوَصَلْتُ إِلَى عَمَّانَ ، عَاصِمَةِ ٱلْمَمْلَكَةِ ٱلْأُرْدُنِّيَّةِ ، مَسَاءَ أَمْسِ؛
وَأَنَا ٱلْآنَ أَسْكُنُ فِي فُنْدُقٍ عَلَى مَسَافَةٍ قَصِيرَةٍ مِنْ قَصْرِ ٱلْمَلِكِ . كُلُّ ٱلَّذِينَ
قَابَلْتُهُمْ فِي ٱلْفُنْدُقِ يَعْرِفُونَ ٱللُّغَةَ ٱلْإِنْكِلِيزِيَّةَ .
اَلْحَيَاةُ فِي عَمَّانَ كَٱلْحَيَاةِ فِي غَيْرِهَا مِنَ ٱلْمُدُنِ ٱلْعَرَبِيَّةِ : عَمَلٌ كَثِيرٌ،

وَنَشَاطٌ لَيْسَ لَهُ نِهَايَةٌ ، وَزُوَّارٌ يَذْهَبُونَ وَغَيْرُهُمْ يَجِيئُونَ . لٰكِنَّ عَمَّانَ تَخْتَلِفُ عَنْ بَيْرُوتَ . فِيمَ تَخْتَلِفُ ؟ لَسْتُ مُتَأَكِّدًا ! وَكَيْفَ أَسْتَطِيعُ أَنْ أَتَأَكَّدَ بَعْدَ بَقَائِي هُنَا يَوْمًا وَاحِدًا ؟ أَحْتَاجُ إِلَى وَقْتٍ أَطْوَلَ .

시월 ٢٧ تِشْرِينَ ٱلْأَوَّلَ (أُكْتُوبِر) سَنَةَ ١٩٧٥.

키프로스 مُنْذُ ثَلَاثَةِ أَيَّامٍ وَصَلْتُ إِلَى بُور سَعِيد بَعْدَ زِيَارَةٍ قَصِيرَةٍ لِقُبْرُصَ . وَمِنْ قُبْرُصَ ذَهَبْتُ فِي سَفِينَةٍ مِصْرِيَّةٍ صَغِيرَةٍ إِلَى ٱلسُّوَيْسِ ، ثُمَّ جِئْتُ بِٱلْأُوتُوبِيسِ إِلَى ٱلْقَاهِرَةِ . 배

بُور سَعِيد مَدِينَةٌ مِصْرِيَّةٌ كَبِيرَةٌ تَقَعُ عَلَى ٱلْبَحْرِ ٱلْأَبْيَضِ ٱلْمُتَوَسِّطِ ، أَمَّا ٱلسُّوَيْسُ فَهِيَ مَدِينَةٌ مِصْرِيَّةٌ تَقَعُ عَلَى ٱلْبَحْرِ ٱلْأَحْمَرِ قُرْبَ سِينَاءَ . وَٱلْقَنَاةُ ٱلَّتِي تَرْبِطُ بُور سَعِيد بِٱلسُّوَيْسِ هِيَ قَنَاةُ ٱلسُّوَيْسِ . فِي تِلْكَ ٱلْقَنَاةِ سَارَتْ سَفِينَتُنَا . هٰذِهِ إِذَنْ هِيَ ٱلْقَنَاةُ ٱلَّتِي تَتَحَدَّثُ عَنْهَا صُحُفُ ٱلْغَرْبِ وَٱلَّتِي أَثَّرَتْ فِي حَيَاةِ مِصْرَ تَأْثِيرًا عَظِيمًا ! كُنْتُ أَنْظُرُ فِي مِيَاهِهَا فَأَرَى أَلْفَ صُورَةٍ وَصُورَةً وَأَقْرَأُ أَلْفَ قِصَّةٍ وَقِصَّةً وَأَسْمَعُ أَلْفَ حِكْمَةٍ وَحِكْمَةً : كُنْتُ أَرَى صُوَرًا لِحَيَاةِ مِصْرَ ، وَأَقْرَأُ قِصَصًا مِنْ تَارِيخِهَا . (시나이)

십이월 ١٠ كَانُونَ ٱلْأَوَّلَ (دِيسَمْبِر) سَنَةَ ١٩٧٥.

أَنَا ٱلْآنَ فِي مَدِينَةِ تُونِسَ ، وَبَعْدَ أُسْبُوعٍ أَعُودُ إِلَى ٱلْوِلَايَاتِ ٱلْمُتَّحِدَةِ . مِمَّا لَا شَكَّ فِيهِ أَنَّ تُونِسَ دَوْلَةٌ عَرَبِيَّةٌ وَأَنَّ شَعْبَهَا عَرَبِيٌّ ، لٰكِنَّ ٱلْحَيَاةَ هُنَا تَخْتَلِفُ عَنِ ٱلْحَيَاةِ فِي ٱلدُّوَلِ ٱلْعَرَبِيَّةِ ٱلْأُخْرَى . ٱلْحَيَاةُ فِي مَدِينَةِ تُونِسَ أَقْرَبُ إِلَى ٱلْحَيَاةِ فِي أُورُبَّا . أَيَكُونُ ذٰلِكَ لِأَنَّ ٱلْفَرَنْسِيِّينَ أَثَّرُوا عَلَى ٱلشَّعْبِ ٱلتُّونِسِيِّ تَأْثِيرًا كَبِيرًا ، أَمْ لِأَنَّ ٱلْعَاصِمَةَ ٱلتُّونِسِيَّةَ قَرِيبَةٌ مِنْ أُورُبَّا ، أَمْ لِأَنَّ عَدَدًا كَبِيرًا مِنَ ٱلسِّيَاسِيِّينَ وَٱلْأَسَاتِذَةِ ٱلتُّونِسِيِّينَ قَدْ تَعَلَّمُوا فِي أُورُبَّا أَمْ لِأَنَّ مَدِينَةَ تُونِسَ تَسْتَقْبِلُ كُلَّ عَامٍ عَدَدًا غَيْرَ قَلِيلٍ مِنَ ٱلزُّوَّارِ ٱلْأُورُبِّيِّينَ ، أَمْ لِهٰذِهِ ٱلْأَسْبَابِ كُلِّهَا وَلِأَسْبَابٍ أُخْرَى لَا أَعْرِفُهَا ؟

연습 14. 쓰 기

١ – من هو ارنست كمبل ؟

٢ – اذكر بعض المدن العربية التي زارها كمبل في العام الماضي .

٣ – اين سكن كمبل اثناء زيارته للبنان ؟

٤ – ما رأي كمبل في لبنان ؟ وما رأيه في الشعب اللبناني ؟

٥ – ما عاصمة الاردن ؟

٦ – صف الحياة التي رآها كمبل في الاردن ؟

٧ – هل ذهب كمبل من بور سعيد الى السويس بالطائرة ؟

٨ – اكان كمبل يعرف شيئا عن حياة مصر وتاريخها قبل زيارته للشرق الاوسط ؟ كيف علمت ذلك ؟

٩ – كيف تختلف الحياة في تونس عن الحياة في الدول العربية الاخرى؟

١٠ – هل يزور تونس كل عام اوربيون كثيرون ؟

١١ – ترجم الى الانكليزية مذكرة ٥ ايلول (سبتمبر).

마. 종합 연습

هـ – التمارين العامة

연습 15. 쓰기, 완성하기 : 동족 목적어

اهتمّ بالموضوع	'그는 그 주제에 관심을 가지고 있다.'
اهتمّ بالموضوع اهتماما عظيما .	'그는 그 주제에 큰 관심을 가지고 있다.'
اهتمّ بالموضوع كلّ الاهتمام .	'그는 그 주제에 전적으로 관심을 가지고 있다.'
اهتمّ بالموضوع بعض الاهتمام	'그는 그 주제에 약간 관심을 가지고 있다.'

١ ـ لقي صديقه ....
٢ ـ أشكّ في قوله ...
٣ ـ احتفلوا برجوعي ...
٤ ـ تغيّر الوضع الاقتصاديّ ...
٥ ـ انتشرت الصناعة في مصر...
٦ ـ وصف الكاتب حياة الشعب الليبيّ .
٧ ـ أحبّته ...
٨ ـ نجحت الثورة ...
٩ ـ يختلف الفن العربي عن الفن الغربيّ ...
١٠ ـ يعتمدون علينا ...
١١ ـ استقبل الوزير ...

연습 16. 쓰기, 문장 만들기

다음의 각 단어를 사용하여 의미있는 문장을 만들어라.

سبّب ـ توفّر ـ أنشأ ـ تراسل ـ مجلّة ـ نسخة ـ نشاط ـ ثقافة ـ تصرّف ـ وَعَدَ

أ - الجمل التمهيدية

가. 예비문

اَلْعَائِلَةُ ٱلْأَمْرِيكِيَّةُ

미국의 가정

١ - سَعْدٌ: صَبَاحَ ٱلْخَيْرِ يَا بِيتِر.

안녕하세요, 피터.

٢ - بِيتِر: صَبَاحَ ٱلنُّورِ.

안녕하세요.

٣ - سَعْدٌ: أُرِيدُ أَنْ أَسْأَلَكَ عَنْ بَعْضِ ٱلْأُمُورِ ٱلَّتِي تَتَّصِلُ بِٱلْعَائِلَةِ الامريكية.

미국의 가정에 대한 몇 가지 사항에 대해 질문하고 싶습니다.

٤ - بِيتِر: حَسَنًا. مَا هِيَ أَسْئِلَتُكَ؟

좋습니다. 어떤 질문입니까?

٥ - س: سَمِعْتُ أَنَّ لِلْأُمِّ ٱلْأَمْرِيكِيَّةِ مَكَانَةً مُسَاوِيَةً لِمَكَانَةِ ٱلْأَبِ.

나는 미국의 어머니는 아버지의 위치와 동등한 위치에 있다고 들었습니다.

أُمٌّ - أُمَّهَاتٌ

어머니

٦ - ب: اَلرَّأْيُ ٱلسَّائِدُ هُوَ أَنَّ مَكَانَتَهَا مُسَاوِيَةٌ لِمَكَانَةِ ٱلْأَبِ، لٰكِنَّ وَظِيفَتَهَا فِي ٱلْعَائِلَةِ مُخْتَلِفَةٌ عَنْ وَظِيفَتِهِ. فَهِيَ ٱلَّتِي تَقُومُ بِتَرْبِيَةِ ٱلْأَوْلَادِ مَثَلًا.

우세한 견해는 어머니의 위치가 아버지의 위치와 동등하다는 것입니다. 그러나 가정에서 어머니의 역할은 아버지와는 다릅니다. 어머니는 예를 들면 아이들의 양육을 하는 사람이지요.

سَادَ ـُـ ، سِيَادَةٌ — 우세하다; 지배하다

قَامَ ـُـ ، قِيَامٌ بِ — ~을 행하다

٧ - س: هَلْ مَكَانَةُ ٱلْمَرْأَةِ مُسَاوِيَةٌ لِمَكَانَةِ ٱلرَّجُلِ فِي كُلِّ ٱلْعَائِلَاتِ ٱلْأَمْرِيكِيَّةِ؟

모든 미국 가정에서 여성의 위치는 남성과 동등합니까?

٨ - ب: فِي عَدَدٍ كَبِيرٍ مِنَ ٱلْعَائِلَاتِ وَعَلَى ٱلرَّغْمِ مِنْ ذٰلِكَ فَمَكَانَتُهَا أَقَلُّ مِنْ مَكَانَتِهِ فِي بَعْضِ ٱلْعَائِلَاتِ ٱلْفَقِيرَةِ،

많은 수의 가정에서는 그렇지요. 하지만 그럼에도 불구하고 여성의 위치는 몇몇 가난한 가정에서는 남성보다 적습니다.

وَأَكْثَرُ ٱلْأَمْرِيكِيِّينَ مَا زَالُوا يَعْتَبِرُونَ ٱلرَّجُلَ مَسْؤُولًا عَنِ ٱلْعَائِلَةِ .

대부분의 미국인들은 아직도 남성이 가정에 책임이 있다고 생각합니다.

عَلَى ٱلرَّغْمِ مِنْ .. فَ — ~에도 불구하고

مَسْؤُولٌ – ونَ (عَنْ) — (~에) 책임있는; 책임자

٩ – س : اَلْقَانُونُ ٱلْأَمْرِيكِيُّ يَمْنَحُ ٱلْمَرْأَةَ نَفْسَ حُقُوقِ ٱلرَّجُلِ ، أَلَيْسَ كَذٰلِكَ؟

미국의 법은 여성에게 남성과 같은 권리를 부여하지요?

قَانُونٌ – قَوَانِينُ — 법, 규칙

١٠ – ب : اَلْمَرْأَةُ ٱلْيَوْمَ تُطَالِبُ مُطَالَبَةً قَوِيَّةً بِمِثْلِ هٰذَا ٱلْقَانُونِ .

오늘날 여성은 그러한 법처럼 강하게 요구하고 있습니다.

قَوِيٌّ – أَقْوِيَاءُ — 강한, 힘 센

١١ – س : أَهٰذَا هُوَ ٱلْقَانُونُ ٱلَّذِي يُسَمَّى " قَانُونَ ٱلْحُقُوقِ ٱلْمَدَنِيَّةِ "؟

그것이 "민권법"이라는 법입니까?

سَمَّى ، تَسْمِيَةٌ — II 이름 부르다

[اَلْحُقُوقُ ٱلْمَدَنِيَّةُ] — 〔민권〕

١٢ – ب : لَا . هُوَ ٱلَّذِي يُدْعَى " قَانُونَ ٱلتَّسَاوِي فِي ٱلْحُقُوقِ " .

아닙니다. 그것은 "평등권법"이라는 것입니다.

دَعَا ـُـ ، دُعَاءٌ (بِ) — (아무를)(~이라고) 부르다

[اَلتَّسَاوِي فِي ٱلْحُقُوقِ] — 〔평등권〕

١٣ – س : فِي أَيِّ عُمْرٍ يَسْتَقِلُّ ٱلْأَوْلَادُ؟

아이들은 몇 살에 독립합니까?

اِسْتَقَلَّ ، اِسْتِقْلَالٌ — X 독립하다

١٤ – ب : أَكْثَرُهُمْ يَسْتَقِلُّونَ قَبْلَ ٱلْعِشْرِينَ مِنْ عُمْرِهِمْ .

그들 대부분은 나이가 20살 되기 전에 독립합니다.

١٥ ـ س : يُقَالُ إِنَّ ٱلْعَائِلَةَ ٱلأَمْرِيكِيَّةَ لَا تَرْبِطُهَا بِٱلأَقَارِبِ رَوَابِطُ قَوِيَّةٌ .

미국 가정은 친족들 간에 강한 유대로 맺어 있지 않다던데요?

قَرِيبٌ ـ أَقَارِبُ ، أَقْرِبَاءُ

친척, 친족

١٦ ـ ب : أَحْيَانًا . فَٱلأَمْرِيكِيُّ قَدْ يُقِيمُ فِي وِلَايَةٍ وَيُقِيمُ أَقَارِبُهُ فِي وِلَايَةٍ أُخْرَى بَعِيدَةٍ. وَلَيْسَ مِنْ عَادَاتِ ٱلأَقَارِبِ أَنْ يَتَبَادَلُوا ٱلزِّيَارَاتِ أَوْ يَسْتَقْبِلُوا ٱلضُّيُوفَ بِدُونِ تَحْدِيدِ ٱلْمَوَاعِيدِ .

가끔이지요. 미국 사람은 친족들끼리 서로 먼 주에 거주하기도 합니다. 그리고 친족 간의 습관에 약속을 정하지 않고 서로 방문하거나 손님들을 맞이하지는 않습니다.

قَدْ — (미완료 앞에서) 아마도; 가끔은

عَادَةٌ ـ ات — 습관, 풍습

تَبَادَلَ ، تَبَادُلٌ — VI 교환하다

ضَيْفٌ ـ ضُيُوفٌ — 손님

بِدُونِ = دُونَ — ~없이

١٧ ـ س : شُكْرًا . أَنَسْتَطِيعُ أَنْ نُتَابِعَ بَحْثَ هٰذَا ٱلْمَوْضُوعِ غَدًا ؟

고맙습니다. 내일 이 주제의 토론을 계속 할 수 있겠읍니까?

١٨ ـ ب : إِذَا أَحْبَبْتَ .

원하신다면요

إِذَا — 만약에 ~하면, ~할 때는

المفردات الاضافية

보 충 어

١٩ ـ لِمَاذَا يَقُولُونَ لِأَحْمَدَ "أَبُو أَسْعَدَ"؟

왜 그들은 아흐맏을 "아부 아스앗"이라고 부르느냐?

قَالَ ـُ قَوْلٌ لِـ — (아무에게)(~라고) 말하다, 부르다

٢٠ ـ غَنَّى عَنْ رَجُلٍ فَقِيرٍ لَيْسَ عِنْدَهُ دُولَارٌ.

그는 일 달라도 없는 가난한 남자에 대해서 노래했다.

غَنَّى ، غِنَاءٌ — II 노래하다

دُولَارٌ ـ ات — 달라

٢١ ـ إِنْ — ~하면

٢٢ ـ لَوْ .. لَـ — 혹시 ~하면

النص الاساسيّ

اَلْعَائِلَةُ الْعَرَبِيَّةُ

اَلْعَائِلَةُ الْعَرَبِيَّةُ هِيَ الْوَحْدَةُ الْأَسَاسِيَّةُ فِي بِنَاءِ الْمُجْتَمَعِ الْعَرَبِيِّ .

다르다
~의 다름에 따라

تَخْتَلِفُ الْعَائِلَةُ الْعَرَبِيَّةُ بِاخْتِلَافِ الْبُلْدَانِ وَالْأَدْيَانِ وَالْوَضْعِ الْاِجْتِمَاعِيِّ ، فَالْعَائِلَةُ فِي لِيبِيَا مَثَلًا تَخْتَلِفُ عَنِ الْعَائِلَةِ فِي مِصْرَ ، وَالْعَائِلَةُ فِي الْمَمْلَكَةِ الْعَرَبِيَّةِ السُّعُودِيَّةِ تَخْتَلِفُ عَنْهَا فِي لُبْنَانَ . كَذٰلِكَ تَخْتَلِفُ الْعَائِلَةُ الْمُسْلِمَةُ عَنِ الْعَائِلَةِ الْمَسِيحِيَّةِ أَوِ الْعَائِلَةِ الْيَهُودِيَّةِ . وَتَخْتَلِفُ الْعَائِلَةُ الْغَنِيَّةُ عَنِ الْعَائِلَةِ الْفَقِيرَةِ .

특성들

وَعَلَى الرَّغْمِ مِنْ هٰذِهِ الْاِخْتِلَافَاتِ فَإِنَّ هُنَاكَ صِفَاتٍ تَمْتَازُ بِهَا الْعَائِلَةُ الْعَرَبِيَّةُ .

너그러움, 환대

فَالْعَائِلَةُ الْعَرَبِيَّةُ مَعْرُوفَةٌ بِالْكَرَمِ ، فَهِيَ تُظْهِرُ لِلضَّيْفِ التَّرْحِيبَ وَتُقَدِّمُ لَهُ الطَّعَامَ . وَكَثِيرٌ مِنَ الْعَائِلَاتِ الْعَرَبِيَّةِ تَطْلُبُ مِنَ الزَّائِرِ أَنْ يُشَارِكَهَا طَعَامَهَا حَتَّى إِذَا لَمْ يَكُنْ مَدْعُوًّا . وَلِذٰلِكَ كُلِّهِ تَأْثِيرٌ عَلَى

아들들과
딸들

الْبَنِينَ وَالْبَنَاتِ ، فَالْعَرَبِيُّ يَعْتَبِرُ الْآكِلَ مَعَهُ ضَيْفًا حَتَّى إِذَا كَانَا فِي مَطْعَمٍ .

وَالْعَرَبِيُّ يَحْتَرِمُ جِيرَانَهُ وَيُسَاعِدُهُمْ عِنْدَمَا يَحْتَاجُونَ إِلَى

선지자는 우리에게
일곱번째 이웃까지도
맡기셨다

الْمُسَاعَدَةِ ، وَالْعَرَبُ يَقُولُونَ : إِنَّ النَّبِيَّ قَدْ أَوْصَى بِسَابِعِ جَارٍ .

اَلْأَبُ رَأْسُ الْعَائِلَةِ الْعَرَبِيَّةِ ، وَهُوَ الْمَسْؤُولُ عَنْهَا اقْتِصَادِيًّا وَاجْتِمَاعِيًّا . يَحْتَرِمُهُ أَعْضَاءُ الْعَائِلَةِ إِلَى أَبْعَدِ الْحُدُودِ ، وَيُقَدِّمُ هُوَ لِأَعْضَاءِ عَائِلَتِهِ كُلَّ خِدْمَةٍ يَسْتَطِيعُ تَقْدِيمَهَا . وَالْأُمُّ سَيِّدَةُ الْبَيْتِ وَمُدِيرَتُهُ : تَقُومُ بِتَرْبِيَةِ أَوْلَادِهَا وَيُقَدِّمُ لَهَا زَوْجُهَا وَأَوْلَادُهَا أَعْظَمَ الْاِحْتِرَامِ . وَالْعَرَبُ يَقُولُونَ : الْجَنَّةُ تَحْتَ أَقْدَامِ الْأُمَّهَاتِ " .

천국은 어머니의 발 밑에 있다

그들은 공급한다, 제공한다 — يَقُومُ ٱلْأَبُ وَٱلْأُمُّ بِتَرْبِيَةِ أَوْلَادِهِمَا وَيُوَفِّرَانِ لَهُمْ كُلَّ حَاجَاتِهِمْ
إِلَى أَنْ يَسْتَقِلُّوا فِي حَيَاتِهِمْ ، وَعِنْدَ ذٰلِكَ يَقُومُ كُلُّ ٱبْنٍ بِتَقْدِيمِ ٱلْمُسَاعَدَةِ — ~할 때
لِوَالِدَيْهِ .

وَمِنَ ٱلْعَادَاتِ ٱلْعَرَبِيَّةِ أَنْ يُدْعَى ٱلْوَالِدَانِ بِٱسْمِ ٱبْنِهِمَا ٱلْأَكْبَرِ ، فَيُقَالُ لِلْوَالِدِ " أَبَا أَسْعَدَ " وَتُسَمَّى ٱلْوَالِدَةُ " أُمَّ أَسْعَدَ " إِذَا كَانَ ٱسْمُ ٱبْنِهِمَا ٱلْأَكْبَرِ " أَسْعَدَ " .

مِنْ أَهَمِّ صِفَاتِ ٱلْعَائِلَةِ ٱلْعَرَبِيَّةِ أَنَّ هُنَاكَ رَابِطَةً قَوِيَّةً بَيْنَ أَعْضَائِهَا. — 특성들
삼촌들 — وَلَا تَشْمَلُ تِلْكَ ٱلرَّابِطَةُ ٱلْوَالِدَيْنِ وَأَوْلَادَهُمَا فَقَطْ ، بَلْ تَشْمَلُ أَيْضًا ٱلْأَعْمَامَ
وَٱلْأَخْوَالَ وَغَيْرَهُمْ مِنَ ٱلْأَقَارِبِ . وَٱلتَّعَاوُنُ لَا يَكُونُ بَيْنَ أَعْضَاءِ ٱلْعَائِلَةِ — 외삼촌들
ٱلْوَاحِدَةِ فَقَطْ ، بَلْ يَكُونُ أَيْضًا بَيْنَ عَائِلَاتِ ٱلْأَقَارِبِ . وَمِنَ ٱلسَّائِدِ بَيْنَ
축일들;(특별한) 경우들 — ٱلْعَرَبِ أَنْ يَتَبَادَلَ ٱلْأَقَارِبُ ٱلزِّيَارَاتِ فِي ٱلْأَعْيَادِ ، بَلْ وَبِدُونِ مُنَاسَبَةٍ.
وَيُقِيمُ ٱلِٱبْنُ أَوِ ٱلِٱبْنَةُ فِي بَيْتِ ٱلْوَالِدَيْنِ إِلَى يَوْمِ ٱلزَّوَاجِ ، وَقَدْ يُقِيمُ
ٱلِٱبْنُ فِي بَيْتِ وَالِدَيْهِ بَعْدَ زَوَاجِهِ . وَمِنَ ٱلْمَعْرُوفِ أَنَّ أَبْنَاءَ ٱلْعَائِلَةِ
يَسْتَطِيعُونَ أَنْ يَتَزَوَّجُوا مِنْ بَنَاتِ أَعْمَامِهِمْ وَأَخْوَالِهِمْ .

나. 기본문

아랍 가정

아랍 가정은 아랍 사회 구조의 기본 단위이다.

아랍 가정은 나라·종교·사회적 상황이 다름에 따라 다르다. 그래서, 예를 들면 리비아의 가정은 이집트의 가정과 다르며, 사우디 아라비아 왕국의 가정은 레바논의 가정과 다르다. 또한 무슬림 가정은 기독교 가정이나 유대교 가정과 다르고, 부유한 가정은 가난한 가정과 다르다.

이러한 차이점에도 불구하고 아랍 가정을 구별하는 특성들이 있다.

아랍 가정은 환대로 유명하다. 손님을 따뜻이 환영하며 그에게 음식을 제공한다. 많은 아랍 가정

은 방문객이 초대되지 않았을지라도 그와 함께 음식을 나누어 먹을 것을 청한다. 이 모든 것은 아들딸에게 영향을 미치는데, 이는 아랍 사람은 음식점에서조차도 그와 음식을 같이 먹는 사람을 손님으로 여기기 때문이다.

아랍 사람은 이웃들을 존경하며 그들이 도움이 필요할 때는 그들을 돕는다. 아랍 사람들은, "선지자는 우리에게 일곱번째 이웃까지도 맡기셨다"고 말한다.

아버지는 아랍인 가정의 우두머리이며, 가족에 대해 경제·사회적으로 책임을 진다. 가족들은 그에게 최대로 존경하며, 그는 가족들에게 그가 할 수 있는 모든 봉사를 한다. 어머니는 가정주부이며 집의 관리자이다. 그는 아이들의 양육을 하며, 남편과 아이들은 그를 최대로 존경한다. 아랍 사람들은, "천국은 어머니의 발 밑에 있다"고 말한다.

아버지와 어머니는 아이들의 양육을 담당하며 그들이 자립할 때까지 그들에게 필요한 모든 것을 공급해 준다. 자립할 때에는 모든 아들은 부모에게 도움을 드린다.

아랍의 풍습 중에는 부모가 맏아들의 이름에 따라 불리는 것이 있다. 맏아들의 이름이 "아스앗"이면 아버지는 "아부 아스앗("아스앗의 아버지")으로, 어머니는 "움 아스앗("아스앗의 어머니") 으로 불리는 것이다.

아랍 가정의 가장 중요한 특성의 하나는 그 가족들 사이에 강한 유대가 있다는 것이다. 그 유대는 부모와 자식 뿐만이 아니라 삼촌(백부·숙부)·외삼촌과 그밖의 친척도 포함한다. 협동은 한 가족 뿐만이 아니라 친척의 가족들 사이에도 있다. 아랍 사람들 사이에 일반적인 것은 특별한 경우가 아닌 축일에도 친척끼리 서로 방문하는 것이다. 또 아들이나 딸은 결혼하는 날까지 부모 집에서 사는데, 아들은 결혼 후에도 부모의 집에서 살 수도 있다. 그리고 한 가정의 아들들이 그들의 고종·이종 사촌과 결혼할 수 있다는 것은 잘 알려진 사실이다.

1. ل 약동사 : 파생형

2. قَدْ '아마도' +미완료형

3. 존재문 "~이 있다": 요약

4. 조건문

5. 격변화하는 전치사

1. ل 약동사 : 파생형

ل 약동사에는 IX형을 제외한 모든 파생형이 있다. 파생형에서는 세번째 어근자가 원래 و 이든 ي 이든 ي 로 간주된다. 다음은 파생형의 특징이다.

(1) ل 약동사의 모든 파생형의 완료형은 어간이 ـَيْ 로 끝나며, بَنَى '건축하다' (36. 다. 1의 유형 II 참조) 동사처럼 활용한다.

(2) 미완료형은 어간이 ـِي 로 끝나며, بَنَى 동사의 미완료형 يَبْنِي 처럼 활용한다. (그러나 V·VI 형은 어간이 ـَيْ 로 끝나며, لَقِيَ 동사의 미완료형 يَلْقَى (36. 다. 1의 유형III 참조)처럼 활용한다.)

(3) 수동태에서는 모든 파생형의 완료형은 어간이 ـِي, 미완료형은 ـَيْ 로 끝나며, 원형동사의 수동태처럼 활용한다(36. 다. 1의 수동태 참조).

(4) 모든 파생형의 능동분사의 어간은 ـِي 로 끝나며, 따라서 결여 형용사의 변화를 한다(34. 다. 3 참조).

(5) 모든 파생형의 수동분사의 어간은 ـَيْ 로 끝나며, 따라서 불격변화이다(31. 다. 2 참조).

이제 각 파생형을 차례대로 보기로 한다.

ㄱ. Ⅱ형

어간의 형

	완 료 형	미 완 료 형	분 사
능 동 태	فَعَّيْ	فَعِّيْ	مُفَعِّيٌ
수 동 태	فُعِّيْ	فَعَّيْ	مُفَعَّيٌ

동 명 사 : تَفْعِلَةٌ

Ⅱ형의 동명사는 سَـةٌ 로 끝나는 데에 유의하라. 이를 سَمَّى '(아무를)(~이라고) 이름 부르다' 동사로 도시한다.

(주 : 이 동사는 어근이 سم 의 두 개의 어근자로 이루어진 명사 إِسْمٌ '이름'에서 파생되었다. 그러나 아랍어의 동사는 어근자가 적어도 세 개가 있어야 하므로 세번째 어근자로 ي 를 첨가하여 سمي 의 어근을 만들었다.)

능 동 태

	완 료 형	미 완 료 형			
		직 설 법	접 속 법	단 축 법	명 령 법
3 남단	سَمَّى	يُسَمِّي	يُسَمِّيَ	يُسَمِّ	
여단	سَمَّتْ	تُسَمِّي	تُسَمِّيَ	تُسَمِّ	
2 남단	سَمَّيْتَ	تُسَمِّي	تُسَمِّيَ	تُسَمِّ	سَمِّ
여단	سَمَّيْتِ	تُسَمِّينَ	تُسَمِّي		سَمِّي
1 단	سَمَّيْتُ	أُسَمِّي	أُسَمِّيَ	أُسَمِّ	

3 남쌍	سَمَّيَا	يُسَمِّيَانِ	يُسَمِّيَا		
여쌍	سَمَّتَا	تُسَمِّيَانِ	تُسَمِّيَا		
2 쌍	سَمَّيْتُمَا	تُسَمِّيَانِ	تُسَمِّيَا		سَمِّيَا
3 남복	سَمَّوْا	يُسَمُّونَ	يُسَمُّوا		
여복	سَمَّيْنَ	يُسَمِّينَ			
2 남복	سَمَّيْتُمْ	تُسَمُّونَ	تُسَمُّوا		سَمُّوا
여복	سَمَّيْتُنَّ	تُسَمِّينَ			سَمِّينَ
1 복	سَمَّيْنَا	نُسَمِّي	نُسَمِّيَ	نُسَمِّ	

능동분사(مُفَعِّل 형)		
	단 수	복 수
남 성	مُسَمٍّ	مُسَمُّونَ
여 성	مُسَمِّيَةٌ	مُسَمِّيَاتٌ

동 명 사: تَسْمِيَةٌ

이 동명사형은 강동사의 Ⅱ형에서도 나타날 수 있다(31. 다. 6. (ㄹ) 참조). (보기) قَدَّمَ '소개하다'의 동명사 تَقْدِيمٌ , تَقْدِمَةٌ

수 동 태

	완 료 형	미 완 료 형		
		직 설 법	접 속 법	단 축 법
3 남단	سُمِّيَ	يُسَمَّى	يُسَمَّى	يُسَمَّ
여단	سُمِّيَتْ	تُسَمَّى	تُسَمَّى	تُسَمَّ
2 남단	سُمِّيتَ	تُسَمَّى	تُسَمَّى	تُسَمَّ
여단	سُمِّيتِ	تُسَمَّيْنَ	تُسَمَّيْ	
1 단	سُمِّيتُ	أُسَمَّى	أُسَمَّى	أُسَمَّ
3 남쌍	سُمِّيَا	يُسَمَّيَانِ	يُسَمَّيَا	
여쌍	سُمِّيَتَا	تُسَمَّيَانِ	تُسَمَّيَا	
2 쌍	سُمِّيتُمَا	تُسَمَّيَانِ	تُسَمَّيَا	
3 남복	سُمُّوا	يُسَمَّوْنَ	يُسَمَّوْا	
여복	سُمِّينَ	يُسَمَّيْنَ		
2 남복	سُمِّيتُمْ	تُسَمَّوْنَ	تُسَمَّوْا	
여복	سُمِّيتُنَّ	تُسَمَّيْنَ		
1 복	سُمِّينَا	نُسَمَّى	نُسَمَّى	نُسَمَّ

수동분사(مُفَعًّى 형)		
	단 수	복 수
남 성	مُسَمًّى	مُسَمَّوْنَ
여 성	مُسَمَّاةٌ	مُسَمَّيَاتٌ

ㄴ. Ⅲ형

어간의 형

	완 료 형	미 완 료 형	분 사
능 동 태	فَاعَيْ	فَاعِيْ	مُفَامِيْ
수 동 태	فُوعِيْ	فَاعَيْ	مُفَامَيْ

동 명 사: مُفَاعَاةٌ

이를 نَادَى '부르다, 소환하다' 동사로 강·약 변화의 대표만 보인다.

능 동 태

완 료 형		미 완 료 형	
3 남단	نَادَى	3 남단	يُنَادِي
1 단	نَادَيْتُ	3 남쌍	يُنَادِيَانِ

능동분사(مُفَاعٍ 형)		
	단 수	복 수
남 성	مُنَادٍ	مُنَادُونَ
여 성	مُنَادِيَةٌ	مُنَادِيَاتٌ

우리가 이미 익힌 ل 약 Ⅳ형 동사의 능동분사에 سَاوَى '~와 동등하다' 동사에서 나온 مُسَاوٍ '~와 동등한'이 있다.

수 동 태

완료형		미완료형	
3남단	نُودِيَ	3남단	يُنَادَى
1단	نُودِيتُ	3여복	يُنَادَيْنَ

수동분사(مُفَاعًى 형)		
	단 수	복 수
남 성	مُنَادًى	مُنَادَوْنَ
여 성	مُنَادَاةٌ	مُنَادَيَاتٌ

동 명 사: مُنَادَاةٌ

ㄷ. Ⅳ형

어간의 형

	완 료 형	미 완 료 형	분 사
능 동 태	أَفْعَيَ	فْعِيْ	مُفْعِيْ
수 동 태	أُفْعِيَ	فْعَيْ	مُفْعَيْ

동 명 사: إِفْعَاءٌ

동명사형에서 세번째 어근자(و 이든 ي 이든)가 장모음 ا َ 뒤에서 ء 로 바뀌는 데에 유의하라.

이를 أَعْطَى '주다' 동사로 강·약 변화의 대표만 보인다.

능 동 태

완 료 형		미 완 료 형	
3 남단	أَعْطَى	3 남단	يُعْطِي
1 단	أَعْطَيْتُ	3 여복	يُعْطِينَ

능동분사(مُفْعِل 형)		
	단 수	복 수
남 성	مُعْطٍ	مُعْطُونَ
여 성	مُعْطِيَةٌ	مُعْطِيَاتٌ

수 동 태

완 료 형		미 완 료 형	
3 남단	أُعْطِيَ	3 남단	يُعْطَى
3 남복	أُعْطُوا	3 여복	يُعْطَيْنَ

수동분사(مُفْعًى 형)		
	단 수	복 수
남 성	مُعْطًى	مُعْطَوْنَ
여 성	مُعْطَاةٌ	مُعْطَيَاتٌ

동명사: إِعْطَاءٌ

ㄹ. V형

어간의 형

	완 료 형	미 완 료 형	분 사
능 동 태	تَفَعَّيْ	تَفَعَّيْ	مُتَفَعِّيْ
수 동 태	تُفُعِّيْ	تَفَعَّيْ	مُتَفَعَّيْ

동 명 사: تَفَعٍّ

ل 약 V·VI형 동사의 동명사는 결여 명사(34. 다. 3 참조)이다. 이를 تَمَنَّى '바라다, 원하다' 동사로 도시한다(능동태는 모든 활용형을, 수동태는 강·약 변화의 대표만 보인다).

능 동 태

	완 료 형	미 완 료 형			
		직 설 법	접 속 법	단 축 법	명 령 법
3 남단	تَمَنَّى	يَتَمَنَّى	يَتَمَنَّى	يَتَمَنَّ	
여단	تَمَنَّتْ	تَتَمَنَّى	تَتَمَنَّى	تَتَمَنَّ	
2 남단	تَمَنَّيْتَ	تَتَمَنَّى	تَتَمَنَّى	تَتَمَنَّ	تَمَنَّ
여단	تَمَنَّيْتِ	تَتَمَنَّيْنَ	تَتَمَنَّيْ		تَمَنَّيْ
1 단	تَمَنَّيْتُ	أَتَمَنَّى	أَتَمَنَّى	أَتَمَنَّ	
3 남쌍	تَمَنَّيَا	يَتَمَنَّيَانِ	يَتَمَنَّيَا		
여쌍	تَمَنَّتَا	تَتَمَنَّيَانِ	تَتَمَنَّيَا		
2 쌍	تَمَنَّيْتُمَا	تَتَمَنَّيَانِ	تَتَمَنَّيَا		تَمَنَّيَا

3 남복	تَمَنَّوْا	يَتَمَنَّوْنَ	يَتَمَنَّوْا		
여복	تَمَنَّيْنَ	يَتَمَنَّيْنَ			
2 남복	تَمَنَّيْتُمْ	تَتَمَنَّوْنَ	تَتَمَنَّوْا		تَمَنَّوْا
여복	تَمَنَّيْتُنَّ	تَتَمَنَّيْنَ			تَمَنَّيْنَ
1 복	تَمَنَّيْنَا	نَتَمَنَّى	نَتَمَنَّى	نَتَمَنَّ	

능동분사(مُتَفَعِّل 형)		
	단 수	복 수
남 성	مُتَمَنٍّ	مُتَمَنُّونَ
여 성	مُتَمَنِّيَةٌ	مُتَمَنِّيَاتٌ

수 동 태

완 료 형	미 완 료 형
3 남단 تُمُنِّيَ	3 남단 يُتَمَنَّى
3 남복 تُمُنُّوا	3 여복 يُتَمَنَّيْنَ

수동분사(مُتَفَعًّى 형)		
	단 수	복 수
남 성	مُتَمَنًّى	مُتَمَنَّوْنَ
여 성	مُتَمَنَّاةٌ	مُتَمَنَّيَاتٌ

동명사 : تَمَنٍّ

ㅁ. Ⅵ형

어간의 형

	완료형	미완료형	분사
능동태	تَفَاعَيْ	تَفَاعَيْ	مُتَفَاعِي
수동태	تُفُوعِيْ	تَفَاعَيْ	مُتَفَاعَيْ

동명사 : تَفَاعٍ

Ⅵ형의 동명사도 Ⅴ형과 마찬가지로 결여 명사(34. 다. 3 참조)이다. 또 이 Ⅵ형의 수동태는 드물다. 이를 تَلَاقَى '모이다, 회합하다' 동사로 강·약 변화의 대표만 보인다.

능동태

완료형		미완료형	
3남단	تَلَاقَى	3남단	يَتَلَاقَى
1복	تَلَاقَيْنَا	3여복	يَتَلَاقَيْنَ

능동분사(مُتَفَاعٍ 형)		
	단수	복수
남성	مُتَلَاقٍ	مُتَلَاقُونَ
여성	مُتَلَاقِيَةٌ	مُتَلَاقِيَاتٌ

동 명 사 : تَلَاقٍ

ㅂ. Ⅶ형

어간의 형

	완 료 형	미 완 료 형	분 사
능 동 태	نْفَعَي	نْفَعِي	مُنْفَعِي

동 명 사 : اِنْفِعَاءٌ

Ⅶ·Ⅷ·Ⅹ형의 동명사는 Ⅳ형에서와 마찬가지로 ء 로 끝나는 데에 유의하라. 이를 اِنْقَضَى '그치다, 끝나다' 동사로 강·약 변화의 대표만 보인다.

능 동 태

완 료 형	미 완 료 형
3 남단 اِنْقَضَى	3 남단 يَنْقَضِي
3 남쌍 اِنْقَضَيَا	3 남쌍 يَنْقَضِيَانِ

능동분사(مُنْفَعٍ 형)		
	단 수	복 수
남 성	مُنْقَضٍ	مُنْقَضُونَ
여 성	مُنْقَضِيَةٌ	مُنْقَضِيَاتٌ

동 명 사 : اِنْقِضَاءٌ

ㅅ. Ⅷ형

어간의 형

	완 료 형	미 완 료 형	분 사
능 동 태	فْتَعَيَ	فْتَعِيْ	مُفْتَعِيْ
수 동 태	فْتُعِيَ	فْتَعَيْ	مُفْتَعَيْ

동 명 사 : إِفْتِعَاءٌ

이를 اِشْتَرَى '사다' 동사로 강·약 변화의 대표만 보인다.

능 동 태

완 료 형	미 완 료 형
3 남단 اِشْتَرَى	3 남단 يَشْتَرِي
1 단 اِشْتَرَيْتُ	3 복쌍 يَشْتَرِيَانِ

능동분사(مُفْتَعٍ 형)		
	단 수	복 수
남 성	مُشْتَرٍ	مُشْتَرُونَ
여 성	مُشْتَرِيَةٌ	مُشْتَرِيَاتٌ

동명사: اِشْتِرَاءٌ

(주: 이 동명사는 흔히 원형동사의 동명사 شِرَاءٌ 로 대체되어 사용된다. Ⅷ형의 동명사의 다른 보기는 اِنْتَهَى '끝나다'에서 나온 اِنْتِهَاءٌ '끝'이다.)

ㅇ. X형

어간의 형

	완 료 형	미 완 료 형	분 사
능 동 태	سْتَفْعَيْ	سْتَفْعِيْ	مُسْتَفْعِيْ
수 동 태	سْتُفْعِيْ	سْتَفْعَيْ	مُسْتَفْعَيْ

동 명 사: اِسْتِفْعَاءٌ

이를 اِسْتَثْنَى '예외로 하다' 동사로 강·약 동사의 대표만 보인다.

능 동 태

완 료 형	미 완 료 형
3 남단 اِسْتَثْنَى	3 남단 يَسْتَثْنِي
1 단 اِسْتَثْنَيْتُ	3 남쌍 يَسْتَثْنِيَانِ

능동분사(مُسْتَفْعِلٌ 형)		
	단 수	복 수
남 성	مُسْتَثْنٍ	مُسْتَثْنُونَ
여 성	مُسْتَثْنِيَةٌ	مُسْتَثْنِيَاتٌ

수 동 태

완 료 형		미 완 료 형	
3 남단	أُسْتُثْنِيَ	3 남단	يُسْتَثْنَى
3 남복	أُسْتُثْنُوا	3 여복	يُسْتَثْنَيْنَ

수동분사(مُسْتَفْعَلٌ 형)		
	단 수	복 수
남 성	مُسْتَثْنًى	مُسْتَثْنَوْنَ
여 성	مُسْتَثْنَاةٌ	مُسْتَثْنَيَاتٌ

동 명 사 : اِسْتِثْنَاءٌ

연습 1. (테이프에 수록) 동사활용, ل 약 동사의 파생형

연습 2. 쓰기, 완성하기

완료형	미완료형	능 동 분 사	수 동 분 사	동 명 사
		داع		
				احاطة
حكى				
				بناء
	تسمي			
			منادى	
اعطى				
تمنّى				
استثنى				
		مساو	XXX	

2. قَدْ '아마도' + 미완료형

우리는 이미 قَدْ 가 완료형 앞에서 쓰이는 것을 배웠다(24. 다. 2 참조). قَدْ 는 미완료형 앞에서 쓰일 수도 있다. 이 때는 "아마도; 때때로, 가끔"의 뜻을 가지며, قَدْ 와 미완료형 사이에 لَا 를 놓아 부정할 수 있다.

قَدْ يَعْتَقِدُ ٱلْأَبُ شَيْئًا وَيَعْتَقِدُ ٱلِابْنُ شَيْئًا آخَرَ .	'아마도 아버지는 어떤 것을 믿고, 아들은 다른 것을 믿을 것이다.'
وَقَدْ يَسْكُنُ ٱلِابْنُ مَعَ أَهْلِهِ .	'그리고 아들은 때때로 가족과 살 수도 있다.'
لِأَنَّ وَالِدَتَهُ قَدْ لَا تَسْمَحُ بِذَهَابِهِ .	'왜냐하면 그의 어머니가 그가 가도록 허락하지 않을 수도 있으므로'

연습3. 번역: قد 의 용법

١ – قد ازوركم غدا وقد نذهب معا للمسرح .

٢ – كنت قد اشتركت في المؤتمر الاخير .

٣ – قد لا يتم الاتفاق بين وزيري خارجية البلدين .

٤ – سأكون قد اكملت الدراسة عندما تصلين الى الولايات المتحدة .

٥ – قد يكون احسن طالب في صفّه .

٦ – قد يكون من الصحيح ان خير البلد معتمد على الحزب القومي .

٧ – قد يكون هذا العامل الذي يعمل في حفر الآثار اكثر علما بها من المشرف عليه .

٨ – قد يكون هذا الرجل قبيح الوجه ولكنه ايضا كبير القلب .

3. 존재문 "~이 있다": 요약

ㄱ. 비한정 주어

아랍어에서 주어가 비한정 상태일 때 존재를 나타내려면 다음과 같이 할 수 있다.

① 주어·술어의 도치: 주어가 비한정 상태(여기에서는 عَدَدٌ مِنْ)이고 술어가 부사(구)(여기에서는 فِي ٱلشَّرْقِ ٱلْأَوْسَطِ 로서 또한 전치사구임)이면, 어순이 술어—주어의 순으로 도치된다. (10. 다. 3 참조).

فِي ٱلشَّرْقِ ٱلْأَوْسَطِ عَدَدٌ مِنَ ٱلدُّوَلِ ٱلْغَنِيَّةِ بِٱلزَّيْتِ .	'중동에는 석유가 풍부한 나라가 얼마간 있다.'

② 부사 هُنَاكَ '저기에'(이 경우에 "~이 있다"로 번역함)를 명사문 앞에 놓아 술어로 삼는다 (17. 다. 1 참조).

هُنَاكَ عَدَدٌ كَبِيرٌ مِنَ ٱلدُّوَلِ ٱلْغَنِيَّةِ بِٱلزَّيْتِ وَفَقِيرَةٍ فِي ٱلْمَوَارِدِ ٱلْأُخْرَى	'석유가 풍부하고 다른 자원이 빈약한 나라가 다수 있다.'

〈부정문〉

① 이들 문장은 لَيْسَ 를 사용하여 부정할 수 있다.

لَيْسَ فِي ٱلشَّرْقِ ٱلْأَوْسَطِ دُوَلٌ غَنِيَّةٌ بِمِثْلِ هٰذِهِ ٱلْمَوَارِدِ .	'중동에는 이와 같은 자원들이 풍부한 나라가 없다.'

② 절대 부정의 لَا (33. 다. 3 참조)를 사용하여 존재문을 부정할 수 있다.

لَا دُوَلَ فَقِيرَةٌ فِي ٱلشَّرْقِ ٱلْأَوْسَطِ .	'중동에는 가난한 나라들이라곤 없다.'

ㄴ. 한정 주어

주어가 한정 상태일 때는 주어 + كَانَ '있다' 동사의 미완료형 + 술어의 순서로 놓는다. 이 때의 부정은 동사의 앞에 لَا 를 놓아서 만든다.

وَٱلتَّعَاوُنُ لَا يَكُونُ بَيْنَ أَعْضَاءِ ٱلْعَائِلَةِ ٱلْوَاحِدَةِ فَقَطْ ، بَلْ يَكُونُ أَيْضًا بَيْنَ عَائِلَاتِ ٱلْأَقَارِبِ .	'협동은 한 가족 뿐만이 아니라 친척의 가족들 사이에도 있다.'
ٱلْمُدِيرُ يَكُونُ فِي مَكْتَبِهِ بَعْدَ ٱلسَّاعَةِ ٱلثَّامِنَةِ كُلَّ يَوْمٍ .	'이사는 매일 여덟 시 이후에 그의 사무실에 있다.'

위의 두번째 보기에서 يَكُونُ 는 일반적인 참이나 여러 가지 경우에 타당하게 여겨질 수 있는 것을 나타낸다.

연습4. (테이프에 수록) 번역

4. 조건문

조건문(ٱلْجُمْلَةُ ٱلشَّرْطِيَّةُ)이란 실현성이 있거나 없는 사실을 가정해서 나타내는 문장으로서, 조건 또는 가정("만약에 ~이라면")을 표현하는 조건절(ٱلشَّرْطُ)과 그 결과("~할텐데")를 표현하는 결과절(جَوَابُ ٱلشَّرْطِ 또는 جَزَاءُ ٱلشَّرْطِ)로 이루어진다. 아랍어에서는 여러 가지 상황의 가정이나 결과를 표현할 때에 동사문에서는 모두 완료형(일부는 단축법)을 공통적으로 사용하며, 그 정도의 차이는 "만약에"를 나타내는 조건사를 달리하여 나타낸다.

아랍어의 조건사는 다음과 같이 세 가지가 있다.

① لَوْ : 사실에 대한 반대—실현 불가능하거나 참이 아닌—상황에 대한 가정을 나타내며, 가정의 정도가 가장 높다. "사실은 아니지만 또는 불가능하지만 만약에 그렇게 된다면"의 뜻을 나타낸다.

② إِنْ : 직접적이고 실현이 가능한 가정을 나타낸다. "지금은 아니더라도 만약에 그렇게 되면"의 뜻을 나타낸다.

③ إِذَا : 실현이 가능하고 때로는 "~할 때는"의 뜻을 나타내며, 가정의 정도가 가장 낮다.

다음의 조건절을 비교하라.

لَوْ ذَهَبَ	'그가 (가지는 않았지만) 갔다면'
إِنْ ذَهَبَ	'그가 (갈 것인데 이제) 간다면'
إِذَا ذَهَبَ	'그가 (분명히 갈 것인데) 가면' 또는 '갈 때는'

위에서 보면 가정의 정도를 우리말에서는 동사로 구별하지만 아랍어에서는 조건사의 차이로 구별하는 것을 알 수 있다.

위에서도 언급했듯이 아랍어에서는 조건절과 결과절의 양쪽에 완료형(일부에서는 단축법)을 사용한다. 다음을 관찰하라.

إِنْ ذَهَبْتُ قَابَلْتُهُ .	'내가 간다면 그를 만날텐데'
إِذَا ذَهَبْتُ قَابَلْتُهُ .	'내가 가면 그를 만날 것이다.'
لَوْ ذَهَبْتُ لَقَابَلْتُهُ .	'내가 갔다면 그를 만났을텐데'

لَوْ 를 사용한 조건문의 결과절은 우리말로 옮길 필요가 없는 لَ에 이끌리는 데에 유의하라.

다음에 조건문의 구성을 각 조건사별로 자세히 설명한다.

(1) لَوْ 절 : لَوْ 절은 사실이 아니거나 아니었던 조건을 나타내며, 결과절은 과거 또는 현재나 미래를 나타낸다. 아래의 마지막 보기는 미래를 가리킨다.

لَوْ دَرَسَ لَنَجَحَ .	'그가 공부했다면 성공했을텐데!'
لَوْ أَحَبَّهَا لَتَزَوَّجَهَا .	'그가 그 여자를 사랑했다면 그와 결혼했을텐데!'
لَوْ طَلَبْتَ مِنِّي ذٰلِكَ قَبْلَ ٱلْيَوْمِ لَسَاعَدْتُكَ مُسَاعَدَةً كَبِيرَةً .	'당신이 오늘 전에 나에게 그것을 물었다면 내가 당신을 크게 도왔을텐데!'
لَوْ سَمَحَ لِي ٱلْوَقْتُ لَزُرْتُ أُورُوبَّا .	'시간이 내게 허락했으면 내가 유럽을 방문했을텐데!'
لَوْ كَانَ مَعِي أَلْفُ دُولَارٍ لَتَزَوَّجْتُهَا غَداً .	'나에게 천 달러가 있다면 내일 그 여자와 결혼할텐데!'

조건절은 لَمْ +단축법으로, 결과절은 ما +완료형으로 부정할 수 있다.

لَوْ لَمْ يَكُنْ أُسْتَاذاً لَمَا سَاعَدَنَا .	'그가 교수가 아니었다면 우리를 돕지 않았을텐데!'
لَوْ كُنْتُ مَكَانَكَ لَمَا فَعَلْتُ ذٰلِكَ .	'내가 당신의 입장이라면 그것을 하지 않을텐데;

위의 두번째 문장은 상황에 따라서 **"내가 당신의 입장이었다면 그것을 하지 않았을텐데."** 로 옮길 수도 있다.

(2) إِنْ 절 : إِنْ 절은 순수한 가정을 나타내며 어느 정도의 실현 또는 비실현의 가능성을 내포한다.

إِنْ دَرَسَ نَجَحَ .	'그가 공부하면 (공부한다면) 성공할텐데!'

إِنْ 의 뒤에는 다음과 같은 변형이 가능하다.

1) 조건절과 결과절의 동사는 의미의 변화가 없이 단축법을 쓸 수가 있다.

إِنْ يَدْرُسْ يَنْجَحْ .	'그가 공부하면 성공할텐데.'
إِنْ يَتْرُكْ دِمَشْقَ فِي ٱلصَّبَاحِ يَكُنْ هُنَا فِي ٱلْمَسَاءِ .	'그가 아침에 다마스커스를 떠나면 저녁에 여기에 있을텐데.'

조건절의 동사가 단축법이면 결과절의 동사도 필히 단축법이어야 한다.

2) 조건절에 إِنْ 이 없이 명령법의 동사가 쓰이면 (명령법이 단축법에서 나온 것이므로) 결과절의 동사도 필히 단축법을 써야 한다.

اُدْرُسْ تَنْجَحْ .	'공부하라. 그러면 성공할 것이다.'

3) 조건절의 동사가 완료형이고 결과절에 완료형 이외의 동사가 올 때는 그 결과절은 번역되지 않는 فَ 에 이끌린다.

إِنْ لَمْ يَذْهَبْ فَلَنْ أُقَابِلَهُ .	'그가 가지 않는다면 내가 그를 만나지 못할 것이다.'
إِنْ كَانَ أُسْتَاذًا مُخْلِصًا فَسَوْفَ يُسَاعِدُنَا .	'그가 성실한 교수라면 우리를 도울 것이다.'
إِنِ احْتَرَمَكَ ٱلنَّاسُ فَاحْتَرِمْهُمْ وَإِنْ لَمْ يَحْتَرِمُوكَ فَلَا تَحْتَرِمْهُمْ .	'사람들이 당신을 존경하면 그들을 존경하라. 또 그들이 당신을 존경하지 않으면 그들을 존경하지 말라.'
إِنْ لَمْ يَحْضُرْ فَسَنُؤَجِّلُ ٱلِاجْتِمَاعَ .	'그가 오지 않으면 우리는 모임을 연기할 것이다.'
إِنْ كَانَ أُسْتَاذًا فَلَيْسَ غَنِيًّا .	'그가 교수라면 그는 부유하지 않다.'

(3) إِذَا 절: إِذَا도 إِنْ 처럼 "~한다면"을 나타내나 또한 자주 기대의 뜻도 포함된다. 때때로 반복된 동작이 수반되면 "~할 때는"의 뜻으로 옮길 수 있다. 조건절의 동사는 لَمْ +단축법으로, 결과절의 동사는 경우에 따라 알맞는 방법으로 부정할 수 있다. 또한 결과절의 동사가 완료형이 아니면 결과절은 반드시 فَ 에 이끌린다.

إِذَا دَرَسَ نَجَحَ .	‘그가 공부하면 성공할텐데!’
إِذَا تَرَكَ دِمَشْقَ فِي ٱلصَّبَاحِ كَانَ هُنَا قَبْلَ ٱلْمَسَاءِ .	‘그가 아침에 다마스커스를 떠나면 저녁 전에 여기에 있을텐데!’
إِذَا كُنْتَ مُخْلِصًا فَسَاعِدْنَا .	‘당신이 성실하다면 우리를 도와 달라!’
إِذَا أَرَدْتَ أَنْ تُطَاعَ فَاطْلُبْ مَا يُسْتَطَاعُ .	‘당신이 복종받기를 원하면 가능한 것을 요구하라!’ (أَطَاعَ = ‘복종하다’)

إِذَا 의 뒤에서는 إِنْ 의 뒤에서와는 달리 완료형 대신에 단축법이나 명령법을 쓸 수 없다.

〈주〉 조건사의 뒤에는 반드시 완료형의 동사가 와야 하므로 동사가 없는 명사문을 조건절로 만들 때는 كَانَ 동사의 완료형을 조건사의 뒤에 놓는다.

명사문 :

مَكَانَةُ ٱلْمَرْأَةِ مُسَاوِيَةٌ لِمَكَانَةِ ٱلرَّجُلِ.	‘여성의 지위는 남성의 지위와 같다.’

조건절 :

إِذَا كَانَتْ مَكَانَةُ ٱلْمَرْأَةِ مُسَاوِيَةً لِمَكَانَةِ ٱلرَّجُلِ ...	‘여성의 지위가 남성의 지위와 같다면…!’

때로는 미완료형 동사가 마찬가지 방법으로 كَانَ 동사의 뒤에 올 수도 있다.

إِذَا كُنْتَ تُحِبُّ حُضُورَهَا...	‘당신이 거기에 참석하고 싶으면…!’

〈조건절의 후치〉 ① 조건절은 흔히 어느 결과절에도 독립적으로 쓰일 수가 있다.

أُحْضُرْ إِلَى بَيْتِنَا غَدًا ، إِذَا أَرَدْتَ.	‘내일 우리 집에 와라, 원하면!’

② 조건절과 결과절의 위치가 바뀔 수가 있다.

سَأُقَابِلُ رَئِيسَ ٱلْجَامِعَةِ إِذَا زُرْتُ بَيْرُوتَ .	‘나는 대학 총장을 만날 것이다. 내가 베이루트를 방문하면!’

이러한 경우에는 결과절에 적용되는 규칙이 적용되지 않게 되어서, 동사의 형은 자유로이 쓸 수 있으며 فَ 도 탈락한다.

سَيُعَيَّنُ ٱلْأُسْتَاذُ فَرِيدٌ وَزِيرًا إِذَا رَغِبَ فِي ذَلِكَ •	'파리드씨는 그렇게 원하면 장관으로 임명될 것이다.'
سَوْفَ أَبْحَثُ مَعَهُ ذَلِكَ ٱلْمَوْضُوعَ إِنْ كَانَ يَرْغَبُ فِي بَحْثِهِ •	'나는 그가 토론을 원하면 그와 그 주제를 토론할 것이다.'

위와 같은 경우의 조건절은 حَتَّى '~이라도', إِلَّا '이외는' وَ (إِنْ 또는 لَوْ 의 앞에서) '~이라도' 따위의 표현을 붙일 수 있다.

يَعْتَبِرُ ٱلْآكِلَ مَعَهُ ضَيْفًا حَتَّى إِذَا كَانَا فِي مَطْعَمٍ •	'그는 자기와 함께 먹는 사람을 그들이 식당에 있을지라도 손님으로 여긴다.'
تَطْلُبُ مِنَ ٱلزَّائِرِ أَنْ يُشَارِكَهَا طَعَامَهَا حَتَّى إِذَا لَمْ يَكُنْ مَدْعُوًّا •	'그들(가족)은 방문객이 초대되지 않았을지라도 그와 함께 음식을 나누어 먹을 것을 청한다.'
لَنْ يُسْمَحَ لَكَ بِٱلذَّهَابِ إِلَّا إِذَا أَكْمَلْتَ عَمَلَكَ •	'당신은 당신의 일을 끝내지 않고는 가도록 허락받지 못할 것이다.'
لَنْ أَسْتَقْبِلَهُ وَلَوْ كَانَ مَلِكًا •	'나는 그가 왕이더라도 그를 맞이하지 않을 것이다.'

연습5. 쓰기, 번역 : 조건문

١ ـ لو كان صديقك لساعدك •

٢ ـ لو بذل جهودا كبيرة في الدراسة لحصل على شهادته منذ عامين •

٣ ـ لو كنت رئيسا للجمهورية لحسّنت الاوضاع الاقتصادية في مدة قصيرة •

٤ ـ ان تذهب لزيارة قصر الجمهوريّة اذهب معك •

٥ ـ ان زرتموني اكرمتكم •

٦ ـ اكرم والديك تنجح في اعمالك •

٧ ـ ان لم يقم بواجبه فلن احترمه ·

٨ ـ اذا تم بناء المدارس الجديدة في نهاية هذا العام فسوف يستفاد منها استفادة كبيرة ·

٩ ـ لو اقيمت المصانع في البلاد لتقدّمت الاوضاع الاقتصادية ·

١٠ ـ سنزور عائلتك اذا ذهبنا الى بيروت في الاسبوع القادم ·

5. 격변화하는 전치사

다음을 비교하라.

دُونَ كَلَامٍ بِدُونِ كَلَامٍ	말없이

위의 두번째 보기에서 전치사 دُونَ '~없이'는 의미 변화가 없이 그 자체가 전치사 بِ '~의 안에'의 목적어로 쓰여서 격모음이 َ 에서 ِ 로 바뀌었다. 이러한 전치사는 원래 명사로서, 목적격이 붙어서 전치사로 전용된 것이다.

이와 같이 쓰이는 전치사에는 다음과 같은 것이 있다.

بَعْدَ ، أَمَامَ ، قَبْلَ ، عِنْدَ ، وَرَاءَ ، بَيْنَ ، مِثْلَ ، خِلَالَ ، قُرْبَ

하나 또는 두 개의 자음으로 이루어지거나 장모음으로 끝나는 전치사는 불변화이다.

لِ ، بِ ، كَ ، مِنْ ، فِي ، مَعَ ، عَنْ ، إِلَى ، عَلَى ، سِوَى ، حَتَّى

라. 강 독   د ـ نصوص للفهم

다음 문장을 읽고 연습 6을 하라.

اَلْجُمْهُورِيَّةُ ٱلْعَرَبِيَّةُ ٱلْيَمَنِيَّةُ

قَامَ فِي ٱلْيَمَنِ قَدِيمًا عَدَدٌ مِنَ ٱلْمَمَالِكِ مِنْهَا سَبَأُ · وَٱلْكِتَابُ ٱلْمُقَدَّسُ يَذْكُرُ أَنَّ مَلِكَةَ سَبَأَ زَارَتِ ٱلْمَلِكَ سُلَيْمَانَ بْنَ دَاوُدَ · وَقَدْ سَادَ ٱلدِّينُ

(주: قَامَ 일어났다; سَبَأ 사바, 시바; ٱلْكِتَابُ ٱلْمُقَدَّسُ 성경)

ٱلْإِسْلَامِيُّ ٱلْيَمَنَ فِي ٱلْقَرْنِ ٱلسَّابِعِ ٱلْمِيلَادِيِّ .

سَيْطَرَتِ ٱلدَّوْلَةُ ٱلْعُثْمَانِيَّةُ عَلَى ٱلْيَمَنِ فِي عَامِ ١٥١٧ ، لٰكِنَّ ٱلْيَمَنَ ٱسْتَقَلَّتْ فِي عَامِ ١٩١٨ . (오스만제국)

وَلَمَّا أَصْبَحَ جَمَالُ عَبْدُ ٱلنَّاصِرِ رَئِيسًا لِجُمْهُورِيَّةِ مِصْرَ ، ٱنْتَشَرَتْ فِكْرَةُ ٱلْوَحْدَةِ بَيْنَ ٱلْعَرَبِ ، فَٱتَّحَدَتْ مِصْرُ وَسُورِيَا وَدُعِيَتَا " ٱلْجُمْهُورِيَّةَ ٱلْعَرَبِيَّةَ ٱلْمُتَّحِدَةَ ". وَبَعْدَ وَقْتٍ قَصِيرٍ تَمَّ ٱتِّحَادٌ بَيْنَ ٱلْيَمَنِ وَٱلْجُمْهُورِيَّةِ ٱلْعَرَبِيَّةِ ٱلْمُتَّحِدَةِ . لٰكِنَّ ٱلْوَحْدَةَ بَيْنَ مِصْرَ وَسُورِيَا كَانَتْ تَخْتَلِفُ عَنِ ٱلِٱتِّحَادِ بَيْنَ ٱلْيَمَنِ وَٱلْجُمْهُورِيَّةِ ٱلْعَرَبِيَّةِ ٱلْمُتَّحِدَةِ ، فَقَدْ أَصْبَحَتْ مِصْرُ وَسُورِيَا دَوْلَةً وَاحِدَةً (군인들) تَحْكُمُهَا حُكُومَةٌ وَاحِدَةٌ ، وَتَبَادَلَتَا ٱلْجُنُودَ وَٱلْأَسَاتِذَةَ وَٱلْمُوَظَّفِينَ وَٱلْمَسْؤُولِينَ ٱلْحُكُومِيِّينَ ، أَمَّا حُكُومَةُ ٱلْيَمَنِ فَقَدْ بَقِيَتْ مُسْتَقِلَّةً عَلَى ٱلرَّغْمِ مِنَ ٱلتَّعَاوُنِ ٱلَّذِي سَادَ بَيْنَ حُكُومَةِ ٱلْيَمَنِ وَشَعْبِهَا وَبَيْنَ حُكُومَةِ ٱلْجُمْهُورِيَّةِ ٱلْعَرَبِيَّةِ (탈퇴했다) ٱلْمُتَّحِدَةِ وَشَعْبِهَا . لٰكِنَّ ٱلِٱتِّحَادَ لَمْ يَدُمْ طَوِيلًا ، فَقَدِ ٱنْفَصَلَتْ سُورِيَا فِي سَنَةِ ١٩٦١ وَأَلْغَى عَبْدُ ٱلنَّاصِرِ ٱلِٱتِّحَادَ مَعَ ٱلْيَمَنِ فِي ٱلسَّنَةِ نَفْسِهَا . (파기했다, 무효로 했다)

وَفِي عَامِ ١٩٦٢ قَامَ عَبْدُ ٱللّٰهِ ٱلسَّلَالُ بِثَوْرَةٍ عَلَى ٱلْحُكْمِ ٱلْمَلَكِيِّ ، وَأَقَامَ حُكُومَةً جُمْهُورِيَّةً ، فَأَصْبَحَتِ ٱلْيَمَنُ تُسَمَّى " ٱلْجُمْهُورِيَّةَ ٱلْعَرَبِيَّةَ ٱلْيَمَنِيَّةَ ". (일반국민) لٰكِنَّ ٱلْمَلَكِيِّينَ قَاوَمُوا ٱلْحُكُومَةَ ٱلْجَدِيدَةَ ، فَسَبَّبَ ذٰلِكَ حَرْبًا بَيْنَ أَبْنَاءِ (수립되었다) ٱلشَّعْبِ ٱلْيَمَنِيِّ . وَقَدْ دَامَتْ هٰذِهِ ٱلْحَرْبُ سَبْعَ سَنَوَاتٍ . وَفِي عَامِ ١٩٦٩ ثَبَتَتِ ٱلْحُكُومَةُ ٱلْجُمْهُورِيَّةُ .

وَٱلْيَمَنُ دَوْلَةٌ فَقِيرَةٌ ، بَلْ لَعَلَّهَا مِنْ أَفْقَرِ ٱلدُّوَلِ ٱلْعَرَبِيَّةِ ، فَصِنَاعَاتُهَا قَلِيلَةٌ ، وَٱلزَّيْتُ غَيْرُ مُتَوَفِّرٍ فِيهَا ، لٰكِنَّهَا فِي ٱلسَّنَوَاتِ ٱلْأَخِيرَةِ بَدَأَتْ تَحْصُلُ عَلَى مُسَاعَدَاتٍ كَبِيرَةٍ مِنَ ٱلدُّوَلِ ٱلْعَرَبِيَّةِ ٱلْغَنِيَّةِ بِٱلزَّيْتِ . وَقَدْ يَتَقَدَّمُ ٱلْوَضْعُ ٱلِٱقْتِصَادِيُّ فِي ٱلْيَمَنِ إِذَا ٱسْتَمَرَّتْ هٰذِهِ ٱلْمُسَاعَدَاتُ .

(타잇즈) عَاصِمَةُ ٱلْجُمْهُورِيَّةِ ٱلْعَرَبِيَّةِ ٱلْيَمَنِيَّةِ هِيَ صَنْعَاءُ ، وَتَعِزُّ مِنْ أَكْبَرِ مُدُنِهَا . (산아)

연습 6. 쓰 기

다음의 개요에 맞추어 위의 글을 우리말로 요약하라.

ㄱ. 고대에서 1918년까지의 예멘

ㄴ. 통일아랍공화국과의 관계

ㄷ. 예멘에 공화정을 수립하기까지의 사건들

ㄹ. 예멘의 경제 상황

ㅁ. 예멘의 주요 도시

마. 종합 연습 هـ - التمارين العامّة

연습 7. 변형, 서술문 → 부정문

다음 각 문장을 부정문으로 만들어라.

١ - عملت الدولة على تحسين الاوضاع الاقتصادية في البلاد .

٢ - اذهب الى مكتبة الجامعة غدا .

٣ - بني سد جديد على النهر .

٤ - الآنسة وداد في العراق .

٥ - تختلف هذه اللهجة عن تلك اللهجة اختلافا كبيرا .

٦ - ستتحد الدولتان قريبا .

٧ - هذا المؤلف معروف في العالم العربي .

٨ - سوف اقابل مدير المصنع بعد اسبوع .

٩ - انتم احباء مخلصون .

١٠ - هذان البلدان عضوان في منظمة الامم المتحدة .

연습 8. 가려내기 : 주제어—설명문

다음 문장 중에서 주제어—설명문을 가려내어 그 오른쪽 옆에 ㅈㅅ이라고 표시하고, 주제어화의 명사구와 그것을 받는 대명사에 밑줄을 쳐라.

'아랍 가정은 친척들과 강한 유대로 연결되고 있다.' العائلة العربية تربطها بالاقارب روابط قوية •

١ ـ يكرم العرب الضيوف ويقدمون لهم الطعام •

٢ ـ السد العالي تم بناؤه في زمن الرئيس جمال عبد الناصر •

٣ ـ استقلت معظم الدول العربية في النصف الثاني من هذا القرن •

٤ ـ مدير الشركة شاهدته امس في حفلة رسمية •

٥ ـ مندوب الجزائر اجتمع به وزير الخارجية •

٦ ـ لا شك ان الكويت من الدول الغنية بالزيت •

٧ ـ والدك شاهدته امس في مكتبة الجامعة •

٨ ـ الام جاءها خبر نجاح ابنها في الامتحانات •

٩ ـ يضع اساتذة وطلاب الجامعة ثقتهم برئيس الجامعة •

١٠ ـ ابو احمد شاهدت فلما جديدا معه •

연습 9. 동사활용

다음에 알맞는 동사의 형을 쓰고 모음부호를 붙여라.

سافر + انا ← سافَرْتُ

완료형	미완료형
اعدّ ـ انا	دعا ـ هم
رجا ـ انتم	بني ـ هي
بنى ـ هم	سمي ـ انتم
بقي ـ انت	لقي ـ هم
دعي ـ انتما	استفاد ـ انتما
سمي ـ هي	استعدّ ـ نحن
احاط ـ نحن	

연습 10. 말 바꾸기

다음의 밑줄 친 낱말을 괄호 안의 말로 바꾸고 필요한 변형을 하여라.

١ ـ البتراء هي المدينة التي تحيط بها الجبال العالية ٠ (البتراء وجرش)

٢ ـ هذا هو الرجل الذي اصبح غنيا في مدة قصيرة ٠ (نساء)

٣ ـ مي زيادة اديبة قدّمت خدمات كثيرة لمجتمعها ٠ (الاديبة)

٤ ـ هذا هو المراسل الذي صادقته عندما كان يعمل في جريدة الحياة البيروتية ٠ (المراسلون)

٥ ـ مصر دولة تعرف بآثارها التاريخية القديمة ٠ (مصر وسوريا ولبنان)

٦ ـ نانسي بنت تحب الطعام العربي ٠ (البنت)

٧ ـ فلسطين هي البلد الذي عاش فيه ٱلسَّيِّدُ ٱلْمَسِيحُ ٠ (البلاد) 그리스도

٨ ـ السيد نَجِيبُ فَرَحٌ استاذ يدرس الادب العربي في جامعتنا ٠(سامية فريد)

٩ ـ خرج كلاهما من قصر ٱلْحَمْرَاء (알함브라) ولا شك انهما متأثران بما رأيا هناك ٠ (كلتاهما)

연습 11. 가려내기 : 능동분사

다음 각 문장에서 능동분사를 가려내어 밑줄을 치고, 그 문장을 우리말로 옮겨라.

١ ـ اننا نعتبركم من باذلي اعظم الجهود للمحافظة على السلام ٠

٢ ـ وصل وزير الخارجية المصرية الى واشنطن حاملا معه رسالة من الرئيس المصري الى الرئيس الامريكي ٠

٣ ـ نحن شاكرون لكم اهتمامكم بنا ٠

٤ ـ نحن على علاقة حسنة بساكني هذا البناء ٠

٥ ـ هو ذاهب لزيارة اهله في العراق في الشهر القادم ٠

٦ ـ هما متفقان على حل المشكلة بينهما لكنهما لا يزالان مختلفين على ٱلتَّفَاصِيلِ ٠ 세부사항

٧ ـ تحدث رئيس الجامعة قائلا ان اوضاع الجامعة عامة بحاجة الى التغيير •

٨ ـ الّف نجيب محفوظ كتبا كثيرة مصورا فيها الحياة الاجتماعية في مصر •

٩ ـ لم تكن بعض الدول الافريقية مشتركة في المؤتمر الذي عقد اخيرا في الرباط •

연습 12. 번 역

1. 오늘날 아랍 세계에는 세 왕국뿐이다.
2. 내 형의 차는 노랗다. 내 차는(로 말하면) 푸르다.
3. 나는 다음 주에 나의 아버지와 어머니를 방문할 것이다.
4. 아랍 사람은 손님을 존경하고 그에게 자기가 가지고 있는 가장 좋은 음식을 제공한다.
5. 파티마(فَاطِمَةُ)와 그의 남편은 우리를 매우 아름다운 파티에 초대했다.
6. 조선은 한국에서 가장 유명한 호텔 중의 하나이다.
7. 그 도시는 높은 산들로 둘러싸여 있다.
8. 서울은 한국의 수도이고, 부산은 그의 가장 중요한 도시 중의 하나이다.
9. 왕은 예멘의 높은 녹색의 산들에 다가가면서 그의 사막 궁전에서 나갔다.

연습 13. 쓰기, 동사 → 동명사

필요한 변형을 하여서 괄호 안의 동사를 해당 동명사로 바꾸어라.

١ ـ ساعدت جهود الامم المتحدة على (حسّن) الاوضاع السياسية في العالم •

٢ ـ قرأت كتابا عن الـ (غنّى) العربي المعاصر •

٣ ـ ليس الـ (بحث) عن عمل سهلا •

٤ ـ في العالم عدد كبير من الناس لا يعرفون الـ (قرأ) و الـ (كتب) •

٥ ـ حكم عمر بن الخطاب المسلمين بعد (مات) أَبِي بَكْرٍ •

٦ ـ سأزور لبنان قبل (زار) مصر •

٧ ـ في كتب نجيب محفوظ (وصف) للمجتمع المصري •

٨ ـ يذهب الى مصر كل صيف لـ (شاهد) آثارها القديمة •

٩ ـ يجب (أرسل) الكتب اليوم •

١٠ ـ تريد المملكة العربية السعودية (أقام) عدد من المصانع الحديثة •

١١ ـ ليس (تعلّم) اللغة العربية صعبا •

١٢ ـ اتفقت الدول العربية على الـ (تعاون) •

١٣ ـ لن يعود الاستاذ الى بيته قبل (انصرف) الطلاب •

١٤ ـ تريد فرنسا الـ (اشترك) في المؤتمر الدولي القادم •

١٥ ـ يسبّب (ازداد) عدد السكان مشكلات كبيرة •

١٦ ـ لا اشكّ في (اهتمّ) الشعب الامريكي بهذا الموضوع •

١٧ ـ يقاوم العرب (استخدم) اللهجات العامّية في كتابة الادب •

١٨ ـ نريد الـ (استفاد) من معرفتك •

١٩ ـ أشرف على (ترجم) الكتاب أستاذ جامعي •

연습14. 쓰기, 변형, 완료형 ↔ سَ + 미완료형

١ ـ انشأوا مدارس كثيرة في القرى •

٢ ـ أسس حزبان جديدان في البلاد •

٣ ـ تمكّنت من الحصول على وظيفة في وزارة التربية •

٤ ـ تبادلا الآراء بحرّية تامّة •

٥ ـ وهبها سيارة كبيرة وهدايا كثيرة اخرى •

٦ – لقينا منهم كل ترحيب .

٧ – بقي في لبنان مدّة غير قصيرة من الزمن .

٨ – عاش هذا الانسان الفقير حياته كلها في قرية صغيرة ومات في تلك القرية .

٩ – اصبحت الدولة التي استقلّت حديثا عضوا في الامم المتحدة .

١٠ – سمّي اخي ابا عمر .

١١ – ادار المهندسون العرب مصانع الزيت التي في بلادهم .

أ - الجمل التمهيدية

가. 예비문

تُونِس

튀니지

١ - تُونِسُ دَوْلَةٌ عَرَبِيَّةٌ يَحُدُّهَا مِنَ الشَّمَالِ وَالشَّرْقِ الْبَحْرُ الأَبْيَضُ الْمُتَوَسِّطُ وَمِنَ الْجَنُوبِ لِيبِيَا وَمِنَ الْغَرْبِ الْجَزَائِرُ .

튀니지는 북쪽과 동쪽으로는 지중해, 남쪽으로는 리비아, 서쪽으로는 알제리와 경계하고 있는 아랍 국가이다.

حَدَّ ـُ ، حَدٌّ — 경계·범위를 정하다
جَنُوبٌ — 남
[اَلْبَحْرُ الأَبْيَضُ الْمُتَوَسِّطُ] — 〔지중해〕

٢ - اَلْمِنْطَقَةُ الْجَنُوبِيَّةُ مِنْ تُونِسَ صَحْرَاءُ وَاسِعَةٌ .

튀니지의 남쪽 지역은 넓은 사막이다.

وَاسِعٌ – ون — 넓은; 광범위한

٣ - عَاشَتْ تُونِسُ تَحْتَ الْحُكْمِ الْفَرَنْسِيِّ مُنْذُ أَوَاخِرِ الْقَرْنِ التَّاسِعَ عَشَرَ وَلٰكِنَّ الشَّعْبَ التُّونِسِيَّ كَافَحَ لِلْحُصُولِ عَلَى اسْتِقْلَالِهِ .

튀니지는 19세기말부터 프랑스 통치하에서 살았으나, 튀니지 국민은 독립을 얻기 위해 투쟁했다.

تَحْتَ — ~의 밑에서, ~의 아래에
آخِرٌ – ون – أَوَاخِرُ — 마지막의; (+시간의 명사) ~의 말에; 후자
كَافَحَ – مُكَافَحَةٌ – كِفَاحٌ — Ⅲ 투쟁하다
مُكَافِحٌ – ون — 전사, 투사

٤ - نِظَامُ الْحُكْمِ الْقَائِمُ فِي تُونِسَ جُمْهُورِيٌّ .

튀니지에 있는 정부 조직은 공화정이다.

نِظَامٌ – أَنْظِمَةٌ ، نُظُمٌ — 조직, 체계
قَائِمٌ – ون — 존재하는; 상임의

٥ - وَلَيْسَ فِيهَا إِلَّا حِزْبٌ سِيَاسِيٌّ وَاحِدٌ هُوَ الْحِزْبُ الْحَاكِمُ . يَدْعُو هٰذَا

그곳에는 하나의 정당 즉, 여당밖에 없다.

اَلْحِزْبُ إِلَى اَلتَّعَاوُنِ مَعَ اَلْغَرْبِ تَعَاوُنًا كَبِيرًا ، كَمَا يَدْعُو إِلَى اَلتَّعَاوُنِ مَعَ اَلدُّوَلِ اَلْعَرَبِيَّةِ .

이 정당은 서방과의 커다란 협력을 주창하고 있으며, 또한 아랍국들과의 협력도 주창하고 있다.

دَعَا ـُ ، دُعَاءٌ إِلَى — 요구하다, 주창하다

٦ – فِي اَلسَّنَوَاتِ اَلْأَخِيرَةِ ظَهَرَتْ مُحَاوَلَةٌ لِتَوْحِيدِ تُونِسَ وَلِيبِيَا لٰكِنَّ هٰذِهِ اَلْمُحَاوَلَةَ لَمْ تَنْجَحْ .

최근 수 년 동안 튀니지와 리비아의 통합 시도가 나타났으나, 이 시도는 성공하지 못했다.

ظَهَرَ ـَ ، ظُهُورٌ — 나타나다, 출몰하다

حَاوَلَ ، مُحَاوَلَةٌ — Ⅲ 시도하다, 해보다

مُحَاوَلَةٌ ـ ات — 시도

وَحَّدَ ، تَوْحِيدٌ — Ⅱ 통합하다, 통일하다

٧ – تُحَاوِلُ تُونِسُ أَنْ تَتَّبِعَ سِيَاسَةَ عَدَمِ اَلْاِنْحِيَازِ ، وَهٰذَا مَعْنَاهُ أَنَّهَا لَيْسَتْ مُنْحَازَةً إِلَى اَلشَّرْقِ أَوِ اَلْغَرْبِ .

튀니지는 비동맹 정책을 추구하려고 시도하는데, 그것은 동방이나 서방에 편들지 않는 것을 뜻한다.

عَدَمٌ — (+소유격) 비—, 불—, 미—
(다. 2 참조)

اِنْحَازَ ، اِنْحِيَازٌ إِلَى — Ⅶ ~에 편들다, ~에 편파적이다

عَدَمُ اَلْاِنْحِيَازِ — 비동맹

مَعْنًى ـ مَعَانٍ — 뜻, 의미

٨ – تُونِسُ مَرْكَزٌ تِجَارِيٌّ هَامٌّ فِي اَلْعَالَمِ اَلْعَرَبِيِّ .

튀니지는 아랍 세계에서 상업적으로 중요한 중심지이다.

مَرْكَزٌ ـ مَرَاكِزُ — 중심지, 본부, 본청

مَرْكَزِيٌّ — 중심의(مَرْكَزٌ 의 니스바)

٩ – فِي تُونِسَ زَيْتٌ يُسْتَخْدَمُ أَكْثَرُهُ مَحَلِّيًّا .

튀니지는 대부분이 국내에서 사용되는 석유가 있다.

مَحَلٌّ ـ ات ، [illegible] — 장소

مَحَلِّيٌّ ـ ون — 지방의, 국내의(مَحَلٌّ 의 니스바)

١٠ ـ تَقَدَّمَتْ تُونِسُ فِي السَّنَوَاتِ الْأَخِيرَةِ تَقَدُّمًا كَبِيرًا فِي مُخْتَلِفِ الْمَيَادِينِ السِّيَاسِيَّةِ وَالْاجْتِمَاعِيَّةِ وَالْاقْتِصَادِيَّةِ .

튀니지는 최근 수 년에 정치·사회·경제의 여러 분야에서 큰 발전을 했다.

مُخْتَلِفٌ — (+소유격) 여러

مَيْدَانٌ ـ مَيَادِينُ — 분야, 영역; (도시의) 광장

ب ـ النص الاساسي

أَنْظِمَةُ الْحُكْمِ وَالْأَحْزَابِ فِي الْعَالَمِ الْعَرَبِيِّ

مِنْ أَنْظِمَةِ الْحُكْمِ الْمُتَّبَعَةِ فِي الْعَالَمِ الْعَرَبِيِّ الْمُعَاصِرِ النِّظَامُ الْمَلَكِيُّ الْقَائِمُ فِي الْمَغْرِبِ وَالْأُرْدُنِّ وَالسُّعُودِيَّةِ ، وَالنِّظَامُ الْجُمْهُورِيُّ الْقَائِمُ فِي مِصْرَ وَالْعِرَاقِ وَسُورِيَا وَلُبْنَانَ وَالْيَمَنِ الشَّمَالِيِّ وَالْيَمَنِ الْجَنُوبِيِّ وَدَوْلَةِ الْإِمَارَاتِ الْعَرَبِيَّةِ الْمُتَّحِدَةِ وَالسُّودَانِ وَالْجَزَائِرِ وَتُونِسَ وَلِيبِيَا وَمُورِيتَانِيَا وَالصُّومَالِ . وَهُنَاكَ نِظَامَانِ آخَرَانِ هُمَا الْإِمَارَةُ فِي الْكُوَيْتِ وَالْبَحْرَيْنِ وَقَطَرَ ، وَالسَّلْطَنَةُ فِي عُمَانَ .

(الْإِمَارَاتِ: 토후국들; مُورِيتَانِيَا: 모리타니; الصُّومَالِ: 소말리; الْبَحْرَيْنِ: 바레인; قَطَرَ: 카타르; السَّلْطَنَةُ: 술탄국; عُمَانَ: 오만)

وَهٰذِهِ الدُّوَلُ كُلُّهَا أَعْضَاءٌ فِي مُنَظَّمَةٍ اسْمُهَا الْجَامِعَةُ الْعَرَبِيَّةُ . أُسِّسَتِ الْجَامِعَةُ الْعَرَبِيَّةُ بَعْدَ الْحَرْبِ الْعَالَمِيَّةِ الثَّانِيَةِ وَمَرْكَزُهَا فِي الْقَاهِرَةِ . لِلْجَامِعَةِ الْعَرَبِيَّةِ سِكْرِتِيرٌ عَامٌّ ، وَلِكُلٍّ مِنَ الدُّوَلِ الْأَعْضَاءِ مَنْدُوبُونَ فِيهَا . تُحَاوِلُ الْجَامِعَةُ الْعَرَبِيَّةُ تَشْجِيعَ التَّعَاوُنِ بَيْنَ الْعَرَبِ فِي الْمَيَادِينِ السِّيَاسِيَّةِ وَالْاجْتِمَاعِيَّةِ وَالْاقْتِصَادِيَّةِ ، وَالدِّفَاعَ عَنْ حُقُوقِ الْعَرَبِ .

(الْجَامِعَةُ الْعَرَبِيَّةُ: 아랍연맹; تَشْجِيعَ: 촉진, 격려; الدِّفَاعَ عَنْ: ~의 방어)

عَاشَ الْعَرَبُ تَحْتَ الْحُكْمِ الْعُثْمَانِيِّ أَرْبَعَةَ قُرُونٍ ، وَفِي أَوَاخِرِ الْقَرْنِ التَّاسِعَ عَشَرَ أَخَذَتِ الشُّعُوبُ الْعَرَبِيَّةُ تُكَافِحُ لِلْحُصُولِ عَلَى اسْتِقْلَالِهَا ، فَبَدَأَتِ

(الْعُثْمَانِيِّ: 오스만(제국)의)

ٱلْأَحْزَابُ ٱلسِّيَاسِيَّةُ تَظْهَرُ فِي ٱلْعَالَمِ ٱلْعَرَبِيِّ ، وَلٰكِنَّهَا لَمْ تَنْتَشِرِ ٱنْتِشَارًا وَاسِعًا إِلَّا بَعْدَ ٱلْحَرْبِ ٱلْعَالَمِيَّةِ ٱلْأُولَى . وَلِكُلٍّ مِنْ هٰذِهِ ٱلْأَحْزَابِ ٱلْيَوْمَ أَهْدَافٌ خَاصَّةٌ وَلٰكِنَّ أَكْثَرَهَا يَعْمَلُ عَلَى تَقَدُّمِ ٱلْعَالَمِ ٱلْعَرَبِيِّ وَتَوْحِيدِهِ ، وَيَدْعُو إِلَى سِيَاسَةِ عَدَمِ ٱلِٱنْحِيَازِ ، بِكُلِّ مَعْنَى ٱلْكَلِمَةِ ، أَيْ أَلَّا تَكُونَ ٱلدُّوَلُ ٱلْعَرَبِيَّةُ مُنْحَازَةً إِلَى ٱلشَّرْقِ أَوِ ٱلْغَرْبِ . (다시 말하면, 즉)

مِنَ ٱلْأَحْزَابِ ٱلْمَوْجُودَةِ فِي ٱلْعَالَمِ ٱلْعَرَبِيِّ : حِزْبُ ٱلْبَعْثِ وَٱلْحِزْبُ ٱلشُّيُوعِيُّ ، وَٱلْأَحْزَابُ ٱلِٱشْتِرَاكِيَّةُ ٱلْمُخْتَلِفَةُ . كَمَا أَنَّ هُنَاكَ أَحْزَابًا مَحَلِّيَّةً هَامَّةً فِي مُخْتَلِفِ بُلْدَانِ ٱلْعَالَمِ ٱلْعَرَبِيِّ . (바아스("부흥")) (공산주의의) (사회주의의)

أسئلة

١ ـ ما هو نظام الحكم المتّبع في المغرب ؟

٢ ـ ما نظام الحكم في ليبيا ؟

٣ ـ اين يُتّبع نظام الامارة ؟

٤ ـ ماهي الدولة التي يسود فيها نظام ٱلسَّلْطَنَةِ ؟

٥ ـ ما نظام الحكم في دولة الامارات العربية المتحدة ؟

٦ ـ هل جميع الدول العربية اعضاءفي الجامعة العربية ؟

٧ ـ متى أُسّست الجامعة العربية ؟ أين مركزها ؟

٨ ـ علامَ تعمل الجامعة العربية ؟

٩ ـ هل كلّ الدول الاسلاميّة اعضاءفي الجامعة العربية ؟

١٠ ـ هل كلّ المسلمون عرب ؟ وهل كلّ العرب مسلمون ؟

١١ ـ هل لبنان دولة عربية ؟ هل هو دولة اسلامية ؟

١٢ ـ متى بدأت الشعوب العربية تكافح للحصول على استقلالها ؟

١٣ ـ متى بدأت الاحزاب تنتشر في العالم العربي انتشارا واسعا ؟

١٤ ـ علامَ يعمل معظم هذه الاحزاب ؟

١٥ ـ ما هي سياسة اكثر الدول العربية ؟

١٦ ـ سمّ بعض الاحزاب الموجودة في العالم العربي.

١٧ ـ هل في لبنان احزاب محليّة ؟

나. 기본문

아랍 세계의 정체와 정당 조직

현대 아랍 세계에서 보편적인("뒤따르는") 정체에는 모로코·요르단·사우디에 있는 군주제, 이집트·이락·시리아·레바논·북예멘·남예멘·아랍토후국연방국·수단·알제리·튀니지·리비아·모리타니·소말리에 있는 공화제가 있다. 또 두 개의 다른 정체도 있는데, 쿠웨이트·바레인·카타르의 토후제와 오만의 술탄제이다.

이 모든 나라는 아랍연맹이라는 기구의 회원이다. 아랍연맹은 제2차세계대전 후에 창설되었으며, 그 본부는 카이로에 있다. 아랍연맹에는 사무총장이 있고, 각 회원국은 거기에 대표를 두고 있다. 아랍연맹은 아랍인 사이의 정치·사회·경제 분야에서 협력의 촉진과 아랍인들의 권리수호에 힘쓰고 있다.

아랍인들은 4세기 동안 오소만 통치하에서 살았으며, 19세기 말에 아랍 민족들은 독립을 얻기 위해 투쟁하기 시작했다. 그리고 정당들이 아랍 세계에 나타나기 시작했으나, 제1차세계대전 후까지는 널리 확산되지는 못했다. 이들 각 정당은 오늘날 특수한 목적이 있는데, 그 대부분은 아랍 세계의 발전과 통합을 위해 일하며, 글자 그대로("단어의 의미 그대로") 비동맹정책을 주창하는 것이다. 이것은 즉, 동방이나 서방의 어느 쪽과도 동맹을 맺지 않는다는 것이다.

아랍 세계에 존재하는 정당에는 바아스("부흥")당·공산당·여러 사회주의 정당들이 있다. 또한 아랍 세계의 여러 나라에는 중요한 지역 정당들이 있다.

다. 문법과 연습

– القواعد والتمارين

> 1. 부정어 + إِلَّا : '～밖에 아닌'
>
> 2. 명사와 형용사의 부정: عَدَمٌ

1. 부정어 + إِلَّا : '～밖에 아닌'

다음의 두 문장을 비교하라.

فِي تُونِسَ حِزْبٌ سِيَاسِيٌّ وَاحِدٌ .	'튀니지에는 한 정당이 있다.'
لَيْسَ فِي تُونِسَ إِلَّا حِزْبٌ سِيَاسِيٌّ وَاحِدٌ .	'튀니지에는 한 정당밖에 없다.'

위의 두번째 문장에서 부정어와 إِلَّا 는 "～을 제외하고는 아닌"="～밖에 아닌"을 뜻하며, فَقَطْ '～뿐, 오직'와 비슷한 뜻이다. إِلَّا 의 뒤에 오는 명사의 격은 부정어+ إِلَّا가 없는 문장에서의 격과 같다. 다음을 비교하라.

زُرْنَا أَقَارِبَنَا .	'우리는 우리의 친척을 방문했다.'
لَمْ نَزُرْ إِلَّا أَقَارِبَنَا .	'우리는 우리의 친척밖에 방문하지 않았다.'
اِنْتَشَرَتِ ٱلْأَحْزَابُ ٱلسِّيَاسِيَّةُ ٱنْتِشَارًا وَاسِعًا بَعْدَ ٱلْحَرْبِ ٱلْعَالَمِيَّةِ ٱلْأُولَى .	'정당들은 일차세계대전 이후에 널리 확산되었다.'
لَمْ تَنْتَشِرِ ٱلْأَحْزَابُ ٱلسِّيَاسِيَّةُ إِلَّا بَعْدَ ٱلْحَرْبِ ٱلْعَالَمِيَّةِ ٱلْأُولَى .	'정당들은 일차세계대전 이후에야 확산되었다.'

연습 1. 말 바꾸기

다음 문장에서 غَيْرُ 를 إِلَّا 로 바꾸어 쓰고 모든 필요한 변형을 하여라.

'나는 프랑스밖에 방문하지 않았다.' لم أزر غير فرنسا . ←

لم أزر الاّ فرنسا .

١ – لن أنام غير ساعة ．

٢ – لم يطالبن بغير حرية التصرّف．

٣ – لم يؤلّف غير كتاب واحد ．

٤ – لم يجدوا في المكتب غير كتاب واحد ．

٥ – لن ندعوا الى الحفلة غير أساتذة اللغة العربيّة ．

٦ – ليس في هذه المنطقة غير مدرسة واحدة ．

٧ – لا يدرس غير اللغة العربيّة ．

٨ – لا يعجبني غير أسلوب طٰهَ حُسَيْن ．

연습 2. (테이프에도 수록) 부정과 إلاَّ 의 사용

'그 회견에는 기자가 한 명뿐이다.' ← في المؤتمر مراسل واحد فقط .
→ '그 회견에는 한 명의 기자밖에 없다.' ليس في المؤتمر الا مراسل واحد．

١ – يوجد الزيت في الجنوب فقط ．

٢ – اتّحدت دولتان فقط ．

٣ – دعا الى الوحدة فقط ．

٤ – تقدّمت البلاد في الميدان السياسيّ فقط ．

٥ – تحدّث في كتابه عن الاقتصاد المحلّي فقط ．

٦ – كافحوا الفرنسيّين فقط ．

٧ – يريدون النظام الجمهوريّ فقط ．

٨ – وصف المنطقة الشمالية فقط ．

٩ – زرت بريطانيا فقط ．

2. 명사와 형용사의 부정: عَدَمٌ

명사나 형용사를 부정하는 부정어에는 다음과 같은 것이 있다.

(1) لَا : 뒤에 탄윈과 관사가 없는 목적격의 명사가 와서 절대부정을 나타낸다(33. 다. 3 참조).

لَا أَحَدَ فِي الْمَطْعَمِ	'그 식당에는 아무도 없다.'

(2) غَيْرٌ : 뒤에 오는 명사·형용사·분사와 연결형을 이루며 그 연결형의 제2요소를 부정한다(22. 다. 3 참조).

اَلْعَرَبُ وَغَيْرُ الْعَرَبِ	'아랍인들과 비아랍인들'
غَيْرُ سَهْلٍ	'쉽지 않은'
غَيْرُ مَعْرُوفٍ	'알려지지 않은'

(3) عَدَمٌ '없음, 무, 결핍' : 이 말은 명사로서 그 뒤에 명사 — 특히 동명사 — 가 와서 연결형을 이루며, '비—', '불—', '무—' 등의 뜻을 나타내어 그 뒤의 명사를 부정한다.

긍 정		부 정	
اَلْإِنْحِيَازُ	'편듦'	عَدَمُ الْإِنْحِيَازِ	'비동맹'
اَلْوُجُودُ	'존재'	عَدَمُ الْوُجُودِ	'무, 존재하지 않음'
اَلنَّوْمُ	'잠'	عَدَمُ النَّوْمِ	'불면'

연습3. 쓰기, 부정어

다음 빈 칸에 غَيْرٌ , عَدَمٌ , لَا 중에서 알맞는 부정어를 골라서 채워 넣고 우리말로 옮겨라.

١ ـ هذا الرجل ـــــ مسلم .

٢ ـ ـــــ مسلم بينهم .

٣ ـ لن تحقّق الأحزاب أهدافها لأنها ـــــ متعاونة .

٤ ـ السبب في ـــــ نجاحهم هو ـــــ تعاونهم •

٥ ـ أما زال في العالم دول ـــــ مستقلّة ؟

٦ ـ أنت ـــــ مهتمّ بالأمر ، ولن تستفيد من ـــــ اهتمامك •

٧ ـ ـــــ نجاح لمن لا يتعاونون •

٨ ـ اتحادهم ـــــ مستطاع في هذا الوقت •

٩ ـ ـــــ رأي له في هذا الموضوع •

١٠ ـ أكثر سكان الشرق الأوسط عرب ، لكنّ بعضهم من ـــــ العرب •

١١ ـ ـــــ عمل له •

١٢ ـ اختلفت الحكومتان لأسباب ـــــ واضحة •

د ـ نصوص للفهم　　　　라. 강 독

(1) 다음 문장을 읽고 연습 4를 하라.

رِسَالَــةٌ

مَدِينَةُ ٱلْجَزَائِرِ فِي ٢٥ آبَ (أَغُسْطُس) ١٩٧٥　팔월

عَزِيزَتِي فِرْجِينِيَا :

تَسْأَلِينَنِي فِي رِسَالَتِكِ عَنْ رَأْيِ ٱلْعَرَبِ فِي ٱلْغَرْبِ وَٱلْغَرْبِيِّينَ ، وَتَقُولِينَ إِنَّ لَكِ أَصْدِقَاءَ زَارُوا ٱلشَّرْقَ ٱلْأَوْسَطَ فَقَابَلُوا نَاسًا لَا يُحِبُّونَ ٱلْأَجَانِبَ •

أَوَدُّ أَنْ تَعْلَمِي أَوَّلًا أَنَّ ٱلْعَرَبَ ، كَكُلِّ ٱلنَّاسِ ، مِنْهُمُ ٱلْمُتَطَرِّفُونَ وَمِنْهُمُ　극단론자들
ٱلْمُعْتَدِلُونَ ، وَلٰكِنَّ ٱلْمُعْتَدِلِينَ أَكْثَرُ جِدًّا مِنَ ٱلْمُتَطَرِّفِينَ •　온건주의자들

وَأُحِبُّ أَنْ تَعْلَمِي بَعْدَ ذٰلِكَ أَنَّ دَوْلَتَيْنِ غَرْبِيَّتَيْنِ هُمَا بَرِيطَانِيَا وَفَرَنْسَا سَيْطَرَتَا عَلَى ٱلشَّرْقِ ٱلْأَوْسَطِ مِنْ أَوَائِلِ هٰذَا ٱلْقَرْنِ حَتَّى عَهْدٍ قَرِيبٍ ، فَكَافَحَ ٱلْعَرَبُ لِلْحُصُولِ عَلَى ٱسْتِقْلَالِهِمْ كِفَاحًا طَوِيلًا • وَلَقَدْ حَاوَلَتِ ٱلْحُكُومَاتُ وَٱلشُّعُوبُ ٱلْعَرَبِيَّةُ بَعْدَ ٱلِاسْتِقْلَالِ أَنْ تُصَادِقَ ٱلْغَرْبَ وَتَتَعَاوَنَ مَعَهُ ، وَمِمَّا لَا شَكَّ فِيهِ أَنَّ

هٰذِهِ ٱلْجُهُودَ نَجَحَتْ فِي كَثِيرٍ مِنَ ٱلْأَحْيَانِ ، لٰكِنَّهَا لَمْ تَكُنْ نَاجِحَةً فِي كُلِّ حِينٍ.
لَيْسَ غَرِيبًا إِذَنْ أَنْ تَكُونَ ٱلثِّقَةُ بِٱلْغَرْبِ قَوِيَّةً عِنْدَ بَعْضِ ٱلْعَرَبِ ، وَأَلَّا تَكُونَ
قَوِيَّةً عِنْدَ ٱلْبَعْضِ ٱلْآخَرِ .

한 의견인 يَجِبُ أَنْ تَعْلَمِي كَذٰلِكَ أَنَّ ٱلْعَرَبَ فِي مُخْتَلِفِ ٱلْبُلْدَانِ لَيْسُوا عَلَى رَأْيٍ
وَاحِدٍ : فَمِنَ ٱلْعَرَبِ مَنْ يَدْعُونَ إِلَى ٱلتَّعَاوُنِ مَعَ ٱلْغَرْبِ فِي كُلِّ ٱلْمَيَادِينِ،
وَمِنْهُمْ مَنْ يَدْعُونَ إِلَى مُقَاوَمَةِ بَعْضِ ٱلدُّوَلِ ٱلْغَرْبِيَّةِ ، وَمِنْهُمْ مَنْ يَدْعُونَ إِلَى
عَدَمِ ٱلِٱنْحِيَازِ .

وَهُنَاكَ أَمْرٌ تَعْرِفِينَهُ كُلَّ ٱلْمَعْرِفَةِ هُوَ أَنَّ ٱلِٱخْتِلَافَ ٱلسِّيَاسِيَّ لَا يَدُلُّ فِي
كُلِّ ٱلْأَحْيَانِ عَلَى ٱلْبُغْضِ. فَٱلْعَرَبِيُّ قَدْ يَحْتَرِمُ ٱلْغَرْبِيَّ بَلْ قَدْ يُحِبُّهُ عَلَى ٱلرَّغْمِ 미움,
مِنِ ٱخْتِلَافِهِمَا فِي ٱلْآرَاءِ ٱلسِّيَاسِيَّةِ . أَلَعَلَّكَ لَمْ تَسْمَعِي عَنْ دَوْلَةٍ عَرَبِيَّةٍ تُرْسِلُ
طُلَّابَهَا لِلدِّرَاسَةِ فِي دَوْلَةٍ غَرْبِيَّةٍ عَلَى ٱلرَّغْمِ مِنِ ٱخْتِلَافِ ٱلْحُكُومَتَيْنِ سِيَاسِيًّا ؟
أَمْ لَعَلَّكِ لَمْ تَسْمَعِي أَنَّ ٱلْعَرَبَ يَسْتَقْبِلُونَ ٱلزَّائِرَ ٱلْغَرْبِيَّ بِٱلتَّرْحِيبِ وَٱلْإِكْرَامِ
غَيْرَ مُتَأَثِّرِينَ بِسِيَاسَةِ بِلَادِهِ ؟

لَيْسَ غَرِيبًا أَنْ يَكُونَ ٱلْأَصْدِقَاءُ ٱلَّذِينَ ذَكَرْتِهِمْ قَدْ قَابَلُوا فِي ٱلشَّرْقِ
사람들 ٱلْأَوْسَطِ نَاسًا لَا يُحِبُّونَ ٱلْأَجَانِبَ ، وَلٰكِنِّي أَعْتَقِدُ أَنَّهُمْ قَابَلُوا أَيْضًا أُنَاسًا
يُرَحِّبُونَ بِٱلضَّيْفِ وَيُكْرِمُونَهُ . فَلْتَزُورِي ٱلشَّرْقَ ٱلْأَوْسَطَ إِذَا كَانَ سُؤَالُكِ يَدُلُّ عَلَى 그러니 방문해 보세요*
رَغْبَةٍ فِي زِيَارَتِهِ ، وَلْتَعْلَمِي أَنَّكِ سَتَجِدِينَ مِنِّي وَمِنْ غَيْرِي كُلَّ تَرْحِيبٍ وَكُلَّ 또, 당신은 알아보세요*
إِكْرَامٍ .

ٱلْمُخْلِصَةُ
وِدَادُ

* 이 2인칭에 쓰이는 단축법의 용법에 유의하라.

연습 4. 쓰기. 윗 글의 개요를 아랍어로 적어라. 요점은 아랍인들이 외국인을 좋아하지 않는다는 주장에 답하는 위다드의 편지에 나타나 있다.

(2) 테이프에서 문장을 듣고 연습 5를 하라.

(주: أَجْدَادٌ 는 "조상들"을 뜻한다.)

연습5. (테이프에 수록) 쓰기, 듣고 이해하기

١ - كم سنة حكم واشنطن أمريكا ؟

٢ - اذكر عملا من الأعمال الهامّة التي قام بها واشنطن عندما كان رئيسا للولايات المتحدة . ما الذي ساعده على تحقيق أهدافه ؟

٣ - لأيّ سبب اختلف هاملتون وجفرسون ؟

٤ - ماذا كان رأي واشنطن في الحرب بين بريطانيا وفرنسا ؟

هـ - التمارين العامة

마. 종합 연습

연습6. 전개 : 단수 → 양의 명사 + 복수

필요한 변형을 하여 밑줄 친 단어 앞에 제시된 단어를 놓아라.

أ : حضر المندوب المؤتمر . بعض. ← ‘그 사절은 협의회에 참석했다. 일부.’

ط : حضر بعض المندوبين المؤتمر . ‘일부 사절은 협의회에 참석했다.’

١ - زرت قريبي هذا الاسبوع . بعض.

٢ - بني فندق حديث في العاصمة . بعض.

٣ - درست المشكلة دراسة شاملة . كلّ.

٤ - أعجبتني الصورة . أكثر.

٥ - تحدّث المدير الى العامل . جميع .

٦ - يرى المهندس أنّ حفر القناة لن يكون سهلا . أكثر.

٧ - قابلت أديبا مصريّا معروفا أثناء زيارتي للقاهرة . بعض .

٨ - يعتقد المفكّر أنّ حرّية التصرّف من أهم حقوق الانسان . كل.

٩ - حضر الوزير المؤتمر . أكثر.

연습7. 변형: جميع / كل +명사→명사 + جميع / كل

'나는 모든 책을 읽었다.' قرأت جميع الكتب ← قرأت الكتب جميعها .

١ ـ نحترم جميع الروابط الاجتماعيّة .

٢ ـ تقدّمت ليبيا في كلّ الميادين .

٣ ـ ذكر الأستاذ في محاضرته جميع أنظمة الحكم .

٤ ـ للبنان علاقات حسنة بكل الدول العربيّة .

٥ ـ زار الوزير جميع بلاد الشرق الأوسط .

٦ ـ حضر جميع الوزراء اجتماع أمس .

٧ ـ سوف تؤثّر السياسة الجديدة على كلّ المناهج التعليميّة .

٨ ـ حقّقت الثورة جميع أهدافها .

٩ ـ سيجتمع جميع الشعراء مساء غد ليبحثوا نهضة الشعر في الادب العربي.

연습8. 상태문

'그는 돌아왔을 때 기뻐했다.' أ : كان سعيدا حين رجع . ←

'그는 기뻐서 돌아왔다.' ط : رجع وهو سعيد . ←

: رجع سعيدا .

١ ـ كان مسلما عندما مات .

٢ ـ كان فقيرا حين جاء الى هذه البلاد .

٣ ـ كان يضحك أثناء تكلّمه .

٤ ـ كان يغنّي أغنية جميلة أثناء سيره .

٥ ـ كان صغيرا عندما أحبّها .

٦ ـ كان يفكّر أثناء خروجه من الاجتماع .

연습 9. 쓰기 : 능동태 → 수동태

'그들은 방문객들을 따뜻이("환영과 존경으로") 만났다.'	: قابلوا الزائرات بالترحيب والاكرام .
'방문객들은 따뜻이("환영과 존경으로") 만나졌다.'	: قوبلت الزائرات بالترحيب والاكرام .

١ ـ منعوا الباحث من استخدام هذه المصادر الهامّة .

٢ ـ دعت مريم استاذ اللغة العربيّة الى الحفلة .

٣ ـ سمّى الشعب المدينة باسم القائد .

٤ ـ بنت الحكومة مدارس كثيرة هذا العام .

٥ ـ أعدّت زوجتي الطعام .

٦ ـ يعدّ العرب طهَ حُسَيْن والعَقَّاد وأَحْمَد أَمِين من أعظم أدباء القرن العشرين .

٧ ـ احتفلنا برجوع فريد من باريس احتفالا عظيما .

٨ ـ ترجم المستشرقون كثيرا من الكتب العربيّة الى اللغات الأوربيّة .

٩ ـ أخرجنا المراسلين من الاجتماع .

١٠ ـ أجّل المدير الاجتماع .

١١ ـ انتخب الشعب رئيسا جديدا للجمهوريّة .

١٢ ـ تستخدم بعض الدول الطائرات في الحرب أحيانا .

١٣ ـ علمنا أنّ رئيس الجمهوريّة سيزور مصر .

연습 10. 수 사

다음 각 문장에 알맞는 서수를 넣어라.

١ ـ درست النصّ (٥) هذا الصباح . في النصّ عشرون جملة أكثرها سهلة ، لكنّ بعضها صعبة كالجملة الـ (١٤) .

٢ ـ ما هي الكلمة الـ (١) في هذه الجملة ؟ وما هي الكلمة الـ (٢) ؟

٣ ـ الشهادة الجامعيّة الـ (٣) هي الدكتوراه •

٤ ـ سوف أترك المكتب في الساعة الـ (١٠) والدقيقة الـ (٤٥) •

٥ ـ في هذا الكتاب مقالات كثيرة أهمها الـ (٢٨) •

٦ ـ هذا هو اليوم الـ (٢٦٧) من السنة •

٧ ـ ولد مُصْطَفَى كَامِلٌ في السنة الميلادية الـ (١٨٧٤) ، أما مُصْطَفَى لُطْفِي اَلْمَنْفَلُوطِيُّ فولد في العام الميلادي الـ (١٨٧٦) •

٨ ـ بيتي هو البيت الـ (٢٠) في شارع الجمهوريّة •

٩ ـ رحل المسلمون عن مكّة الى المدينة في السنة الـ (٦٢٢) •

١٠ ـ وصلنا اَلْعَدَدُ الـ (٢) من هذه المجلّة ثم انقطعت • 호

연습11. 의문문 만들기

다음 각 문장의 밑줄 친 부분을 물어보는 의문문을 만들어라.

١ ـ عاصمة العراق هي بغداد •

٢ ـ أعلى جبل في العالم هو جبل إِفِرِسْت •

٣ ـ فتحت مصر في عهد عُمَرِ بْنِ اَلْخَطَّابِ •

٤ ـ أكلت طعاما عربيّا •

٥ ـ تحيط الجبال بمدينة سولت ليك سيتي •

٦ ـ لون الكتاب أحمر •

٧ ـ النيل الأزرق في السودان •

٨ ـ استفاد الاقتصاد العربيّ من الزيت •

٩ ـ سافر الى فرنسا لدراسة الادب الفرنسي •

١٠ ـ تمّ الاتفاق على حفر قناة •

١١ ـ عاد بالطائرة •

١٢ ـ أحضر هذه الكتب من مصر ٠

١٣ ـ رأيت المراسل الأمريكيّ في مكتب الوزير ٠

١٤ ـ احتاجت الى الكتاب الذي عندي ٠

١٥ ـ وصلنا ثلاثون كتابا من كتب ٱلْجَاحِظِ ٠

١٦ ـ تتطلّب هذه الكتب دراسة طويلة ٠

연습 12. 쓰기, 번역

수단은 이집트의 남쪽이다. 그곳("그것")을 영국인들이 지배했으며, 뒤에 잠시("짧은 시간 동안") 이집트와 연합했고, 그리고는 독립이 되었다. 수단의 현 정체("정부 체제")는 이집트의 것과 비슷하다. 이것은 수단이 공화국이라는 것을 뜻한다.

하르툼은 수단의 서울이다. 그곳("그것")은 그 인구가 대부분 무슬림인 현대 도시이다. 하르툼 대학은 이집트와 레바논을 빼고는 중동에서 가장 큰 대학 중의 하나이다.

수단 정부는 지금 경제 상황을 개선하고 여러 가지 다른 분야에서 발전을 이룩하고 수 개의 국지적인 문제를 풀려고 시도하고 있다.

أ - الجمل التمهيديّة

가. 예비문

مُذَكِّرَاتُ طَالِبٍ جَدِيدٍ

신입생의 일지

١ - تَرَكْتُ ٱلْكُوَيْتَ مُنْذُ أُسْبُوعَيْنِ. وَصَلْتُ إِلَى مَدِينَةِ شِيكَاغُو مَسَاءَ ٱلْخَامِسِ مِنْ أَغُسْطُسَ وَسَكَنْتُ فِي ٱلْمَدِينَةِ ٱلْجَامِعِيَّةِ .

나는 두 주 전에 쿠웨이트를 떠났다. 나는 8월 5일 저녁에 시카고 시에 도착해서 그 대학 도시에서 거주했다.

أَغُسْطُسُ — 팔월(레반트와 이락에서는 آبُ)

٢ - كَانَ أَوَّلُ مَا فَعَلْتُهُ أَنْ أَرْسَلْتُ رِسَالَةً إِلَى وَالِدَيَّ أَخْبَرْتُهُمَا فِيهَا بِعُنْوَانِي ٱلْجَدِيدِ .

내가 맨 먼저 한 것은 나의 새 주소를 알리며 나의 부모님께 편지를 보낸 것이었다.

عُنْوَانٌ - عَنَاوِينُ — 제목; 주소

٣ - أَرْجُو أَنْ يَصِلَنِي ٱلرَّدُّ قَرِيبًا لِأَنِّي مُشْتَاقٌ جِدًّا إِلَيْهِمَا .

나는 두 분께 몹시 보고 싶으므로 곧 답장에 오게를 바란다.

رَجَا ـُ ، رَجَاءٌ (أَنْ) — (~하기를) 바라다, 원하다

رَدَّ ـُ ، رَدٌّ (عَلَى) — 되돌리다; (아무에) 답장하다

رَدٌّ - رُدُودٌ (عَلَى) — (아무에 대한) 답장

٤ - أَثْنَاءَ ٱلْأُسْبُوعِ ٱلْأَوَّلِ قُمْتُ بِٱلْأَعْمَالِ ٱلتَّالِيَةِ :

나는 첫번째 주일 동안 다음 일들을 했다.

٥ - قَابَلْتُ رَئِيسَ قِسْمِ ٱللُّغَةِ ٱلْإِنْكِلِيزِيَّةِ .

나는 영어과장을 만났다.

قِسْمٌ - أَقْسَامٌ — 과, 부분, 부서

٦ - ذَهَبْتُ إِلَى مَكْتَبَةٍ قَرِيبَةٍ مِنَ

나는 대학에서 가까운 서점에 갔다. 나는

الجامعة . لم أجد هناك قاموس "وبستر" الإنكليزي الذي كنت أبحث عنه .

거기서 내가 찾고 있던 웹스터 영어 사전을 발견하지 못했다.

مكتبة ـ ات — 도서관; 서점

قاموس ـ قواميس — 사전

٧ — ذهبت إلى فرع من فروع المكتبة فوجدت طبعة قديمة منه وهي طبعة جيدة .

나는 그 서점의 한 분점으로 가서는 그것의 구판을 찾아냈는데 그것은 훌륭한 판이었다.

فرع ـ فروع — 지점, 분점

طبعة ـ ات — 인쇄물, 판

جيد ـ جياد — 좋은, 훌륭한

٨ — قدمت شيكا بالثمن لكن الشيك رفض .

나는 값으로 수표를 냈는데 그 수표가 거부되었다.

شيك ـ ات — 수표

بـ — ~의 값으로

ثمن ـ أثمان — 값, 가격

رفض ـُ ، رفض — 거부하다, 거절하다

٩ — قرأت عددا من الصحف التي تصدر في هذه المدينة . لا شك أن الصحف هنا تختلف كل الاختلاف عن صحفنا في الكويت .

나는 이 도시에서 발행되는 수 개의 신문을 읽었다. 여기의 신문이 쿠웨이트의 우리의 신문과 전적으로 다르다는 것은 의심의 여지가 없다.

صدر ـُ ، صدور — 나오다, 발행되다

١٠ — قابلت عددا من الطلاب السوريين والمصريين ، أما الطلاب الكويتيون فلم أقابل أحدا منهم حتى الآن .

나는 수 명의 시리아와 이집트 학생을 만났다. 쿠웨이트 학생들은 지금까지 한 명도 보지 못했다.

١١ ـ سَيَبْدَأُ ٱلْعَامُ ٱلدِّرَاسِيُّ غَداً. أَرْجُو أَلَّا تَكُونَ ٱلدِّرَاسَةُ هُنَا صَعْبَةً . وَفَوْقَ ذٰلِكَ كُلِّهِ أَرْجُو أَنْ أَحْصُلَ عَلَى ٱلشَّهَادَةِ فِي أَقْصَرِ مُدَّةٍ .

학년도가 내일 시작된다. 나는 여기서의 공부가 어렵지 않기를 바란다. 그 무엇보다도 나는 가장 짧은 기간에 학위를 얻기를 바란다.

فَوْقَ ~의 위에

فَوْقَ ذٰلِكَ 무엇보다도, 게다가, 더군다나

ب ـ النص الاساسي

رِسَالَـــــةٌ

٢٣ آبَ (أُغُسْطُس) سَنَةَ ١٩٧٥

حَضْرَةَ ٱلسَّيِّدِ مُدِيرَ ٱلْمَكْتَبَةِ ٱلتِّجَارِيَّةِ

تَحِيَّةً وَٱحْتِرَاماً وَبَعْدُ ، 인사 그리고는 또

عَلِمْتُ مِنْ قَائِمَةِ مَكْتَبَتِكُمْ بِصُدُورِ طَبْعَةٍ جَدِيدَةٍ لِقَامُوسِ ٱلْمُنْجِدِ . 목록
بَحَثْتُ عَنْ هٰذِهِ ٱلطَّبْعَةِ ٱلْجَدِيدَةِ ٱلَّتِي سَمِعْتُ أَنَّهَا جَيِّدَةٌ جِدّاً فِي ٱلْمَكْتَبَاتِ ٱلْأَمْرِيكِيَّةِ فَعَرَفْتُ أَنَّنِي لَنْ أَتَمَكَّنَ مِنَ ٱلْحُصُولِ عَلَى نُسْخَةٍ مِنْهَا هُنَا .
لِذٰلِكَ أَرْجُو أَنْ تُرْسِلُوا إِلَيَّ نُسْخَةً مَعَ ٱلْقَائِمَةِ ٱلْأَخِيرَةِ بِأَسْمَاءِ ٱلْكُتُبِ ٱلْجَدِيدَةِ ٱلَّتِي أَصْدَرْتُمُوهَا .

تَجِدُونَ مَعَ رِسَالَتِي هٰذِهِ شِيكاً بِثَمَنِ ٱلْكِتَابِ .

وَلَكُمْ شُكْرِي وَٱحْتِرَامِي .

ٱلْمُخْلِصُ

وليم جونسون

وِلْيَم جُونْسُون

ٱلْعُنْوَانُ : ٥٦٤ شَارِعَ لِنْكُولْن
وَاشِنْطُن ـ ٱلْعَاصِمَةُ
ٱلْوِلَايَاتُ ٱلْمُتَّحِدَةُ ٱلْأَمْرِيكِيَّةُ

اَلرَّدُّ

٣١ آب سَنَةَ ١٩٧٥

حَضْرَةَ ٱلسَّيِّدِ وِلْيَم جُونْسُون :

وَصَلَتْنَا أَمْسِ رِسَالَتُكَ ٱلَّتِي تَطْلُبُ فِيهَا أَنْ نُرْسِلَ إِلَيْكَ نُسْخَةً مِنْ قَامُوسِ ٱلْمُنْجِدِ مَعَ قَائِمَةٍ بِكُتُبِنَا ٱلْجَدِيدَةِ .

سَتَجِدُ ٱلْقَائِمَةَ ٱلْمَطْلُوبَةَ مَعَ هٰذِهِ ٱلرِّسَالَةِ . أَمَّا ٱلْمُنْجِدُ فَلَنْ نَسْتَطِيعَ إِرْسَالَهُ إِلَيْكَ ٱلْآنَ لِأَنَّ ٱلشِّيكَ لَا يُؤَدِّي ثَمَنَهُ . لَقَدِ ٱزْدَادَتْ أَثْمَانُ ٱلْكُتُبِ ٱللُّبْنَانِيَّةِ أَثْنَاءَ ٱلشَّهْرِ ٱلْمَاضِي كَمَا ٱزْدَادَتْ أَثْمَانُ ٱلْكُتُبِ ٱلْأَمْرِيكِيَّةِ وَٱلْأُورُبِّيَّةِ ، وَأُضِيفَ إِلَى ثَمَنِ ٱلْمُنْجِدِ ثَلَاثَةُ دُولَارَاتٍ . وَفَوْقَ ذٰلِكَ شِيكُكَ لَا يُؤَدِّي تَكَالِيفَ ٱلْبَرِيدِ وَهِيَ دُولَارٌ . نَرْجُو أَنْ تُرْسِلَ شِيكًا بِٱلدُّولَارَاتِ ٱلْأَرْبَعَةِ وَسَوْفَ نُرْسِلُ إِلَيْكَ نُسْخَةً مِنَ ٱلْمُنْجِدِ عِنْدَ وُصُولِ ٱلشِّيكِ إِلَيْنَا .

(가격에) 충분하다 / 더해졌다 / 우편료

يُؤْسِفُنَا أَنَّكَ لَمْ تَسْتَطِعِ ٱلْحُصُولَ عَلَى نُسْخَةٍ مِنَ ٱلْمُنْجِدِ ٱلْجَدِيدِ فِي أَمْرِيكَا . مَكْتَبَتُنَا كَمَا تَعْلَمُ مِنْ أَكْبَرِ ٱلْمَكْتَبَاتِ ٱللُّبْنَانِيَّةِ ، وَلَنَا فُرُوعٌ كَثِيرَةٌ خَارِجَ لُبْنَانَ ، لٰكِنَّ ٱلطَّبْعَةَ ٱلْأَخِيرَةَ مِنَ ٱلْمُنْجِدِ لَنْ تَصِلَ إِلَى تِلْكَ ٱلْفُرُوعِ قَبْلَ نِهَايَةِ ٱلشَّهْرِ ٱلْقَادِمِ .

우리에게 유감이다

تَسْتَطِيعُ أَنْ تَطْلُبَ مِنْ مَكْتَبَتِنَا كُلَّ مَا تُرِيدُهُ مِنَ ٱلْكُتُبِ ٱلَّتِي نَنْشُرُهَا ، فَنَحْنُ لَا نَرْفُضُ ٱلطَّلَبَاتِ ٱلَّتِي تَصِلُنَا مِنْ خَارِجِ لُبْنَانَ .

لَا شَكَّ أَنَّ وُصُولَ كُتُبِنَا إِلَيْكَ سَيَحْتَاجُ إِلَى شَيْءٍ مِنَ ٱلْوَقْتِ وَلٰكِنَّ أَثْمَانَنَا أَقَلُّ مِنْ أَثْمَانِ ٱلْفُرُوعِ ٱلْأَجْنَبِيَّةِ .

وَلَكُمْ شُكْرُنَا وَٱحْتِرَامُنَا .

ٱلْمُخْلِصُ

أنيس خوري

أَنِيس خُورِي

مُدِيرُ قِسْمِ ٱلْكُتُبِ ٱلْعَرَبِيَّةِ بِٱلْمَكْتَبَةِ ٱلتِّجَارِيَّةِ

أسئلة

١ ـ ما القاموس الذي اراد السيّد وليم جونسون الحصول عليه ؟

٢ ـ هل اراد السيّد وليم جونسون الحصول على طبعة قديمة ام اراد الحصول على طبعة حديثة لهذا القاموس ؟

٣ ـ اين بحث السيّد وليم جونسون عن هذه الطبعة ؟

٤ ـ لمن ارسل السيّد وليم جونسون رسالته ؟

٥ ـ ماذا طلب في تلك الرسالة ؟

٦ ـ ماذا ارسل السيّد وليم جونسون مع رسالته ؟

٧ ـ اين كان السيّد وليم جونسون يسكن ؟ في اي شارع ؟

٨ ـ من هو السيّد انيس خوري ؟

٩ ـ ماذا ارسل السيّد انيس خوري الى السيّد وليم جونسون ؟

١٠ ـ لماذا لم يرسل السيّد انيس خوري القاموس الى السيّد وليم جونسون ؟

١١ ـ ماذا تعرف عن المكتبة التجارية ؟

١٢ ـ ماذا يقول السيّد انيس خوري عن اثمان المكتبة التجارية ؟

나. 기본문

편 지

상업서점 지배인 귀하!

안녕하십니까("문안 인사드립니다.").

나는 귀 서점의 목록에서 "알문지드" 사전의 신판의 발간을 알았읍니다. 나는 미국의 서점들에서 매우 좋다고 들은 이 신판을 찾았읍니다만 여기서는 그 책("그것의 한 권")을 구입할 수가 없다는 것을 알았읍니다. 그래서 나는 귀점이 발행한 새 책들의 이름을 적은 최신 목록과 함께 책 한 권을 보내주시기를 바랍니다.

내 이 편지에서 그 책 가격의 수표를 발견하실 것입니다.

감사와 존경을 드리면서.

경구 1975년 8월 23일

William Johnson

월리엄 존슨

주소 : 미합중국 워싱턴시 링컨가 564

답 장

친애하는 윌리엄 존슨 씨!

우리는 어제 "알문지드"사전 1 권을 새 책들의 목록과 함께 보내달라는 귀하의 편지를 받았읍니다.

요청하신 목록은 이 편지에 동봉했읍니다. "알문지드"는 수표가 책 값에 미치지 않기 때문에 지금 귀하에게 보내드릴 수가 없읍니다. 레바논의 책 값들은 지난 달 사이에 미국과 유럽의 책 값과 마찬가지로 올랐읍니다. "알문지드" 가격은 3 달러가 올랐읍니다. 더군다나 귀하의 수표는 우편료 1 달러를 계산하지 않았읍니다. 우리는 귀하가 4 달러의 수표를 보내주시길 원합니다. 그러면 수표의 도착시 "알문지드" 1 권을 보내드리겠읍니다.

귀하가 미국에서 신판의 "알문지드"를 구입할 수 없었음을 유감스럽게 생각합니다. 폐서점은 아시다시피 레바논에서 가장 큰 서점의 하나입니다. 우리는 레바논 국외에도 많은 분점이 있읍니다. 그러나 "알문지드"의 최신판은 다음 달 말 이후에야 그 분점들에 도착할 것입니다. 귀하는 귀하가 원하시는 폐점이 출판하는 어떤 책이라도 폐서점에 주문하실 수 있읍니다. 폐점은 레바논 밖에서 오는 주문을 거절하지 않습니다. 우리 책이 귀하께 도착하기까지는 얼마 간의 시간이 필요하다는 것은 의심없는 일입니다. 그러나 폐점의 가격이 해외 분점의 가격보다 적습니다.

감사와 존경을 드리면서.

경구 1975년 8월 31일

아니스 후리(서명)

아니스 후리

상업서점 아랍서적과장

1. 명사의 한정상태 : 요약
2. مَا ... مِنْ 구문
3. 사실의 서술로 쓰이는 أَنْ 절
4. 연결형의 제2요소로 쓰이는 절

1. 명사의 한정상태 : 요약

6. 다. 4에서 배웠듯이 연결형의 각 요소의 한정상태의 여부는 제2요소에 따르므로, بِنْتُ ٱلْمَلِكِ 는 두 요소가 모두 한정상태로서 "그 왕의 (그) 딸"을, بِنْتُ مَلِكٍ 은 두 요소가 모두 비한정상태로서 "한 왕의 (한) 딸"을 뜻한다. 아랍어로 "그 왕의 한 딸"(제1요소는 비한정, 제2요소는 한정)은 다음과 같이 표현한다.

بِنْتٌ لِلْمَلِكِ	'그 왕의 한 딸'
بِنْتٌ مِنْ بَنَاتِ ٱلْمَلِكِ	'그 왕의 딸의 하나("딸들 중의 (한) 딸")'

① 첫번째 형식의 لِ 는 소유를 의미한다.

② 또 다른 두번째 형식의 보기는 이 과의 예비문 7번에 나온 فَرْعٌ مِنْ فُرُوعِ ٱلْمَكْتَبَةِ '그 서점의 분점의 하나' 또는 '그 서점의 한 분점'이다. 이 구문은 '단수명사 + 전치사 مِنْ + 첫번째 명사의 복수형 + 복수형 명사와 연결형을 이루는 두번째 명사'로 되어 있다. 여기서 두번째 명사가 빠지면 복수형 명사에 관사가 붙고, 그 구문은 "어떤, 한~"으로 번역된다.

كَانَ لِمَلِكٍ مِنَ ٱلْمُلُوكِ بِنْتٌ جَمِيلَةٌ .	'어떤 왕에게 아름다운 딸이 있었다.'
يَوْمًا مِنَ ٱلْأَيَّامِ .	'어느날, 하루는, 옛날에'

이런 구문은 이야기의 시작에서 주제를 이끌어낼 때에 흔히 사용되며, 따라서 يَوْمًا مِنَ ٱلْأَيَّامِ 는 "옛날 옛적에"로도 번역될 수 있다. 이 구문은 이미 배운(21. 다. 5 참조) "대명사 أَحَدٌ '하나' + 한정상태의 명사"의 연결형 구문과는 다르다.

قَامَ أَحَدُ ٱلْمَنْدُوبِينَ وَقَالَ ...	'대표 중의 한 사람이 일어나서 … 이라고 말했다.'

연습 1. 변형 — 번역

ㄱ. '그가 그 대학 교수이다.' → هو استاذ الجامعة . ←

'그는 한 대학 교수이다.' → هو استاذ جامعة . ←

'그는 대학 교수 중의 한 사람이다.' → هو استاذ من اساتذة الجامعة . ←

'그는 교수 중의 한 사람이다.' هو استاذ من الاساتذة .

١ — هو مدير البنك .

٢ — هذا شبّاك المتحف .

٣ — هذه طائرة الشركة .

٤ — تبادلت هديّة الزواج .

٥ — وصل ليلة الحفلة .

٦ — اقاموا في قصر الملك .

ㄴ. '이것이 그 예멘 방언이다.' → هذه هي اللهجة اليمنيّة . ←

'이것은 한 예멘 방언이다.' → هذه لهجة يمنيّة . ←

'이것은 예멘 방언의 하나이다.' هذه لهجة من اللهجات اليمنيّة .

١ — جبل عرفات هو الجبل العالي .

٢ — مطار لندن هو المطار الكبير .

٣ — هذا هو الشارع الرئيسيّ .

٤ — تحدّث عن الدين غير الاسلاميّ .

٥ — كان هذا هو الامتحان السهل .

2. مَا ... مِنْ 구문

다음 문장의 밑줄 친 부분을 살펴보자.

سَنُرْسِلُ إِلَيْكَ مَا نَشَرْنَا مِنْ كُتُبٍ فِي الشَّهْرَيْنِ الأَخِيرَيْنِ .	'저희는 최근 두 달 동안에 저희가 발행한 책들을 귀하에게 보내드리겠습니다.'

위의 مَا는 비한정 관계 대명사 مَا '~하는 것'(30. 다. 4 참조)로서, 위의 밑줄 친 부분의 글자 그대로의 뜻은 "책들 중에서 우리가 발행한 것"이다. 그러나 이러한 구문은 "우리가 발행한 책들"이라고 옮기는 것이 더 매끄러운 번역이다.

(다른 보기)

أَخْبِرْنِي بِمَا لَكَ مِنْ آرَاءٍ فِي هٰذَا الْمَوْضُوعِ .	'이 주제에 대한 당신의 견해를 나에게 알려달라.'
تَسْتَطِيعُ أَنْ تَطْلُبَ كُلَّ مَا تُرِيدُهُ مِنَ الْكُتُبِ الَّتِي نَنْشُرُهَا .	'귀하는 귀하가 원하시는 저희가 출판하는 어떤 책이라도 주문하실 수 있습니다.'

مَنْ '누구든지, 아무라도'도 그 뒤에 مِنْ 이 뒤따를 수 있다.

قُلْ لِي مَنْ حَضَرَ الْمُؤْتَمَرَ مِنْ مُهَنْدِسِينَ ؟	'기사 중의 누구가 그 협의회에 참석했는지 나에게 말해달라.'

연습 2. 쓰기, 변형 : مَا ... مِنْ

'우리는 우리가 발행한 책들을 당신에게 보낼 것이다.' ← سنرسل اليك الكتب التي نشرناها .

سنرسل اليك ما نشرناه من كتب .

١ ـ اهتمّ الرئيس بالآراء التي قدّموها له .

٢ ـ اطلب الكتب التي تريدها .

٣ ـ هذه هي المقالات التي قرأتها .

٤ ـ لا اعرف شيئا عن المواضيع التي بحثت في هذا المؤتمر •

٥ ـ أعجبتنا جدّا الاماكن المقدّسة التي زرناها في القدس •

٦ ـ صف لنا الآثار التي في لبنان ؟

٧ ـ ليست كل الأشياء التي احضرتها هامة •

3. 사실의 서술로 쓰이는 أَنْ 절

앞에서 배웠듯이 أَنَّ '~이라는 것'에 이끌리는 절은 실제로 일어났거나 일어날 수 있는 사건 또는 상태인 사실을 서술하며, أَنْ '~하는 것'에 이끌리는 절은 어떤 일이 일어날지 아닐지 확실하지 않은 가능성을 나타낸다(22. 다. 1 참조).

أَعْرِفُ أَنَّكَ بَذَلْتَ جُهُودًا كَبِيرَةً وَأَنَّكَ سَتَنْجَحُ فِي مَنْهَجِكَ ٱلْجَدِيدِ.	'나는 당신이 큰 노력을 기울였으며 당신의 새로운 계획에서 성공할 것이라는 것을 알고 있다.'
يَجِبُ أَنْ تُحَاوِلَ أَكْثَرَ.	'당신은 더 시도해야 한다.'

أَنَّ 는 아니지만 أَنْ 의 뒤에는 접속법 동사가 온다. 그러나 다음과 같은 경우에 أَنْ 의 뒤에 완료형이 올 수가 있는데, 이 때 أَنْ 절은 사실 서술의 의미를 가진다.

① 전치사 بَعْدَ '~의 뒤에' 다음에서(22. 다. 1 참조):

بَعْدَ أَنْ أَعَدَّ ٱلْأَسْئِلَةَ.	'그 질문들을 준비한 후에'

② 이 과의 예비문 2번에 나온대로 أَنْ 절이 명사문의 술어이고 그 자체가 완료된 행위를 뜻할 때 :

كَانَ أَوَّلُ مَا فَعَلْتُهُ أَنْ أَرْسَلْتُ رِسَالَةً إِلَى وَالِدَيَّ.	'내가 맨 먼저 한 것은 내 부모님께 편지를 보낸 것이었다.'

4. 연결형의 제2요소로 쓰이는 절

다음 두 표현을 비교해 보라.

أَجْمَلُ مَدِينَةٍ	'가장 아름다운 도시'
أَجْمَلُ مَا وَجَدْنَا	'우리가 찾아낸 가장 아름다운 것'

위의 보기에서처럼 비한정 관계 대명사 مَا '~하는 것'와 아래의 보기에 나오는 مَنْ '~하는 이'이 이끄는 절은 그 앞에 우선급 형용사가 와서 연결형을 이룰 수가 있으며, 이때 مَا 또는 مَنْ 이 이끄는 절은 그 연결형의 제2요소로 사용되었다. 이러한 구문은 "~한 가장 ~한 것'으로 번역할 수 있다.

(다른 보기)

هٰذَا أَصْعَبُ مَا قَرَأْتُهُ •	'이것은 내가 읽은 가장 어려운 것이다.'
كَانَ أَوَّلُ مَا فَعَلْتُهُ أَنْ أَرْسَلْتُ رِسَالَةً إِلَى أَهْلِي •	'내가 맨 먼저 한 것은 내 친족에게 편지를 보낸 것이었다.'
أَوَّلُ مَنْ دَعَا إِلَى ذٰلِكَ مُحَمَّدٌ عَلِيٌّ •	'그것을 맨 먼저 주창한 이는 무함맏 알리였다.'
عَلَى أَتَمِّ مَا يَكُونُ	'있음직한 가장 완전한 것으로'

절이 연결형의 제2요소로 사용되는 다른 보기는 시간의 명사의 뒤에서이다.

حِينَ دَرَسْتُ مَعَهُ فِي ٱلْجَامِعَةِ	'내가 대학에서 그와 같이 공부한 때에'

위의 보기에서 명사 حِينَ '시간'과 절 دَرَسْتُ مَعَهُ فِي ٱلْجَامِعَةِ '내가 대학에서 그와 함께 공부했다'는 연결형을 이루고 있다. 명사 حِينَ 은 연결형의 제1요소이므로 탄윈이 없으며, 부사로 쓰였기 때문에 목적격으로 되어 있다(23. 다. 4 참조). 이처럼 시간의 명사는 그 뒤의 절과 연결형을 이룰 수 있다.

(다른 보기)

يَوْمَ وُلِدَتْ	'그 여자가 태어난 날에'
وَقْتَ كَانَ مُدَرِّسًا	'그가 선생님이었을 때에'
سَاعَةَ دَخَلَ	'그가 들어온 시각에'

시간의 명사의 뒤에 오는 절은 해당 동명사로 바꾸어 쓸 수 있다.

يَوْمَ وِلَادَتِهَا	'그 여자의 탄생일에'
وَقْتَ كَوْنِهِ مُدَرِّسًا	'그의 선생님의 때에'
سَاعَةَ دُخُولِهِ	'그의 들어옴의 시각에'

연습3. 명사화

다음 시간의 명사의 뒤에 오는 절을 동명사구로 바꾸어라.

'그 여자가 태어난 날에' يوم ولدت ← يوم ولادتها

'그가 도착했을 때에' عندما وصل ← عند وصوله

١ – ساعة خرجا

٢ – عندما رجعوا

٣ – وقت أقمن في القدس

٤ – حين وصلت

٥ – يوم سافرت الى امريكا

٦ – ليلة اجتمعت بك

٧ – عندما اتّصل بنا

٨ – وقت بنى هذا المتحف

٩ – ليلة انعقد الاجتماع

١٠ – يوم مرّوا بنا

١١ – وقت أنتجوا الزيت

١٢ – حين تطوّر الاقتصاد

연습 4. مَا / مَنْ 로 완성하기

다음 각 문장의 첫번째 빈 칸에는 ما 또는 من 을, 두번째 빈 칸에는 적당한 연계형 대명사를 넣어라.

كان أوّل ــ فعلت ــ أن ارسلت رسالة الى اهلي . ←
كان أوّل ما فعلته أن ارسلت رسالة الى اهلي .

'내가 맨 먼저 한 것은 내 친족에게 편지를 보낸 것이었다.'

١ ــ كان آخر ــ قمنا بـ ــ من أعمال أن زرنا جريدة "الاخبار" القاهريّة .

٢ ــ هل تعرف ــ قابلت ــ في الحفلة أمس .

٣ ــ أريد ــ تريد ــ من اشياء .

٤ ــ أخبرني بـ ــ درست مع ــ في جامعة هارفارد .

٥ ــ وصلني ــ نريد الاتصال بـ ــ .

٦ ــ أخبرني بـ ــ فعلت ــ في العراق .

٧ ــ هل هناك ــ تحبّ ــ مريم ؟

٨ ــ أعجبني ــ كنتم تبحثون ــ هذا الصباح .

٩ ــ نَازِكُ ٱلْمَلَائِكَةِ هي أوّل ــ قرأت شعرا من تأليف ــ .

١٠ ــ هذا ــ اريدك ان تعرف ــ .

라. 강 독

د ــ نصوص للفهم

다음 문장을 읽고 연습 5를 하라.

رِسَالَــــــــةٌ

٥ آبَ (أَغُسْطُس) سَنَةَ ١٩٧٥ .

اَلسَّيِّدُ مُدِيرُ قِسْمِ اللُّغَةِ الْإِنْكِلِيزِيَّةِ
جَامِعَةُ الْكُوَيْتِ

تَحِيَّةً وَاحْتِرَامًا . 인사

عَلِمْتُ مِنَ الْأُسْتَاذِ جِيم رِيتْشَارْدز ، الَّذِي عَادَ إِلَى أَمْرِيكَا هٰذَا الْأُسْبُوعَ بَعْدَ زِيَارَةٍ قَصِيرَةٍ لِلْكُوَيْتِ ، أَنَّكُمْ مُحْتَاجُونَ إِلَى أُسْتَاذٍ لِتَدْرِيسِ اللُّغَةِ الْإِنْكِلِيزِيَّةِ وَالْأَدَبِ الْأَمْرِيكِيِّ الْمُعَاصِرِ .

أَنَا طَالِبٌ مِصْرِيٌّ أَدْرُسُ الْآنَ فِي قِسْمِ اللُّغَةِ الْإِنْكِلِيزِيَّةِ بِجَامِعَةِ مِشِيغَان ، وَهِيَ كَمَا تَعْلَمُونَ مِنْ أَكْبَرِ الْجَامِعَاتِ الْأَمْرِيكِيَّةِ وَأَشْهَرِهَا . حَصَلْتُ مِنْ هٰذِهِ الْجَامِعَةِ عَلَى الْمَاجِسْتِيرِ فِي اللُّغَةِ الْإِنْكِلِيزِيَّةِ وَالْأَدَبِ الْأَمْرِيكِيِّ وَأَكْمَلْتُ فِيهَا جَمِيعَ الدُّرُوسِ الْمَطْلُوبَةِ لِلدُّكْتُورَاهِ فِي الْأَدَبِ الْأَمْرِيكِيِّ الْمُعَاصِرِ .

أَمَّا رِسَالَةُ الدُّكْتُورَاهِ فَقَدْ أَكْمَلْتُ مُعْظَمَهَا ، وَأَرْجُو أَنْ أَحْصُلَ عَلَى الشَّهَادَةِ فِي نِهَايَةِ هٰذَا الْعَامِ الدِّرَاسِيِّ . الدُّكْتُورُ جِيم رِيتْشَارْدز هُوَ الْأُسْتَاذُ الْمُشْرِفُ عَلَى الرِّسَالَةِ ، وَتَسْتَطِيعُونَ أَنْ تَسْأَلُوهُ عَنِّي إِذَا أَحْبَبْتُمْ . (학위) 논문

شَمِلَتْ دِرَاسَتِي الْجَامِعِيَّةُ دُرُوسًا كَثِيرَةً مِنْهَا مَا يَتَّصِلُ بِعِلْمِ اللُّغَةِ

وَمِنْهَا مَا يَتَّصِلُ بِالْأَسَالِيبِ الْحَدِيثَةِ الْمُتَّبَعَةِ فِي تَدْرِيسِ الْإِنْكِلِيزِيَّةِ كَلُغَةٍ أَجْنَبِيَّةٍ .

وَقَدْ شَمِلَتْ دِرَاسَتِي لِلْأَدَبِ عَدَدًا كَبِيرًا مِنْ أُدَبَاءِ أَمْرِيكَا الْمُعَاصِرِينَ ، وَسَتَجِدُونَ هٰذَا كُلَّهُ فِي الشَّهَادَاتِ الْجَامِعِيَّةِ الْمُرْفَقَةِ بِهٰذِهِ الرِّسَالَةِ . ~에 첨부된

وَقَدْ عَمِلْتُ مُنْذُ حُصُولِي عَلَى الْمَاجِسْتِيرِ مُسَاعِدًا لِلْأُسْتَاذِ رِتْشَارْدز فِي تَدْرِيسِ اللُّغَةِ الْإِنْكِلِيزِيَّةِ كَلُغَةٍ أَجْنَبِيَّةٍ ، وَكَانَ بَعْضُ طُلَّابِي كُوَيْتِيِّينَ . كَذٰلِكَ دَرَّسْتُ الْأَدَبَ الْأَمْرِيكِيَّ الْمُعَاصِرَ فِي جَامِعَةِ مِشِيغَان خِلَالَ الصَّيْفِ الْمَاضِي .

سَوْفَ أَكُونُ فِي ٱنْتِظَارِ رَدِّكُمْ . وَأَرْجُو لَكُمْ وَلِجَامِعَةِ ٱلْكُوَيْتِ كُلَّ نَجَاحٍ أَثْنَاءَ ٱلْعَامِ ٱلدِّرَاسِيِّ ٱلْقَادِمِ .

ٱلْمُخْلِص

علي فكري

عَلِيٌّ فِكْرِي

ٱلرَّدُّ

٢٥ آب ١٩٧٥ .

حَضْرَةَ ٱلسَّيِّدِ عَلِيٍّ فِكْرِي ٱلْمُحْتَرَمُ :

أَمَّا بَعْدُ ، (그리고는 또)

وَصَلَتْنَا أَمْسِ رِسَالَتُكَ ، وَيُؤْسِفُنَا (우리에게 유감입니다) أَنَّنَا لَنْ نَسْتَطِيعَ ٱلِاسْتِفَادَةَ مِنْ خَدَمَاتِكَ لِأَنَّ أُسْتَاذًا أَمْرِيكِيًّا مِنْ جُورْجِيَا حَصَلَ عَلَى ٱلْوَظِيفَةِ ٱلَّتِي ذَكَرْتَهَا .

نَرْجُو لَكُمْ كُلَّ نَجَاحٍ .

ٱلْمُخْلِص

محمود حكيم

مَحْمُودُ حَكِيم

مُدِيرُ قِسْمِ ٱللُّغَةِ ٱلْإِنْكِلِيزِيَّةِ

جَامِعَةُ ٱلْكُوَيْتِ

연습 5. 쓰 기

ㄱ. 알리 피크리가 편지에 쓴 그 직업의 모든 자격을 아랍어로 요약하라.

ㄴ. هل رفض طلب علي فكري ؟ لماذا ؟

هـ – التمارين العامة

마. 종합 연습

연습 6. 결합 : 비교급의 사용

نهر النيل – نهر الامازون (طويل). ←

نهر النيل اطول من نهر الامازون .　　'나일 강은 아마존 강보다 더 길다.'

١ ـ الولد ـ الصديق　　(عزيز) .

٢ ـ وداد ـ انا　　(جميل) .

٣ ـ طه حسين ـ شوقي ضيف　　(مشهور) .

٤ ـ انا ـ انت　　(فقير) .

٥ ـ محاضراتك ـ محاضراته　　(واضح) .

٦ ـ سيارتك ـ سيارتى　　(جديد) .

٧ ـ أنت ـ هو　　(قويّ) .

٨ ـ هنّ ـ هى　　(قبيح) .

연습 7. 결합 : 최상급의 사용

نهر النيل ـ نهر في العالم　　(طويل) . ←

نهر النيل اطول نهر في العالم .　　'나일 강은 세계에서 가장 긴 강이다.'

١ ـ الجامعة الامريكية ـ جامعة في لبنان　　(مشهور) .

٢ ـ هي ـ بنت في تونس　　(جميلة) .

٣ ـ هذا القصر ـ قصر في فرنسا　　(قديم) .

٤ ـ نيويورك ـ مدينة في الولايات المتحدة　　(كبير) .

٥ ـ احمد ـ طالب في الصف　　(طويل) .

٦ ـ كان ـ قائد فى العالم العربى　　(عظيم) .

٧ ـ هو ـ رجل فى الحكومة اليوم　　(قوىّ) .

٨ ـ هى ـ بنت في صفّنا　　(قصير) .

연습 8. (테이프에도 수록) 동사 → 동명사

عرف	سأل	عمل	ذهب	طبع
سمّى	عيّن	زار	دعا	وصف
انحاز	تبادل	تأكّد	أقام	ساعد
استفاد	استخدم	اهتمّ	امتاز	فضّل

연습 9. 쓰기, 사전 찾기 연습

다음 단어를 사전에서 찾아보라.

의미	어근	
용량	وعب	استيعاب

ولاء	استئصال	امانة
اهتزّ	عذوبة	مفيد
ابتاع	استنكر	انقلاب
انتحار	استمال	مؤسسة
مصابيح	خيانة	سعادة

연습 10. 쓰기, 번역

1. 프랑스의 외무장관은 레바논 공식 방문을 했다.
2. 엿새 동안 계속된 그 협의회에는 스무 명의 대표가 참석했다.
3. 아랍 사람들은 이 가수들을 금세기에 살았던 가장 유명한 아랍 가수 중의 일부라고 여기고 있다.
4. 내 아내는 홍해에서 가까운 조그만 마을 출신이다.
5. 나는 카이로에 닷새 머물렀으며, 그 뒤에 다마스커스로 돌아왔다.
6. 꾸란이 문어체 아랍어로 쓰여져 있다는 것은 알려진바다.
7. 그들은 우리에게 다음 번에는 더 잘 행동하겠다고 약속했다.
8. 그는 특별히 예멘 문화를 잘 알고 싶어한다.

제 40 과

الدرس الاربعون

أ – الجمل التمهيدية

가. 예비문

اَلْحُرِّيَّةُ وَاَلْوَاجِبُ

자유와 의무

١ – لِي صَدِيقٌ يَمَنِيٌّ اِسْمُهُ أَحْمَدُ فَقَدَ وَالِدَيْهِ وَهُوَ فِي اَلثَّامِنَةِ مِنْ عُمْرِهِ فَقَامَ بِتَرْبِيَتِهِ زَوْجُ أُخْتٍ لَهُ اِسْمُهُ اَلسَّيِّدُ فَرِيدٌ .

나는 아흐맛이라는 예멘 친구가 있는데, 그는 8살의 나이에 부모를 여의었고 파리드 씨라는 그의 자형이 그를 양육했다.

فَقَدَ – ِ ، فَقْدٌ، فِقْدَانٌ

잃다, 여의다

٢ – اِهْتَمَّ بِهِ اَلسَّيِّدُ فَرِيدٌ وَاِعْتَبَرَهُ اِبْنًا لَهُ وَفَتَحَ أَمَامَهُ أَبْوَابَ اَلْعِلْمِ .

파리드 씨는 그를 돌보고 자기의 아들로 여겨서 그 앞에 학문의 문을 열어주었다.

فَتَحَ – َ ، فَتْحٌ

열다, 정복하다

٣ – أَنْهَى أَحْمَدُ دِرَاسَتَهُ اَلثَّانَوِيَّةَ فِي اَلْيَمَنِ فَأَرْسَلَهُ اَلسَّيِّدُ فَرِيدٌ إِلَى مِصْرَ لِيَدْرُسَ فِي كُلِّيَّةِ اَلْآدَابِ بِجَامِعَةِ اَلْقَاهِرَةِ .

아흐맛은 예멘에서 고등학교 공부를 끝마쳤다. 그래서 파리드 씨는 그를 카이로 대학교 문과대학에서 공부하도록 이집트로 보냈다.

أَنْهَى ، إِنْهَاءٌ — IV 끝내다, 완수하다

كُلِّيَّةٌ – ات — 단과대학, 학부

كُلِّيَّةُ اَلْآدَابِ — 문과대학, 문학부

٤ – دَرَسَ أَحْمَدُ فِي كُلِّيَّةِ اَلْآدَابِ ، وَكَانَ مِنْ أَسَاتِذَتِهِ رَجُلٌ فَرَنْسِيٌّ مَعْرُوفٌ سَاعَدَهُ عَلَى فَهْمِ اَلْأَدَبِ اَلْفَرَنْسِيِّ وَاَلثَّقَافَةِ اَلْفَرَنْسِيَّةِ فَهْمًا عَمِيقًا .

아흐맛은 문과대학에서 공부했으며, 그의 교수들 중에는 유명한 프랑스 사람이 있어서 그가 불문학과 불문화를 깊이 이해하도록 도와주었다.

فَهِمَ – َ ، فَهْمٌ — 이해하다

عَمِيقٌ — 깊은

٥ – وَكَانَ ٱلْأُسْتَاذُ يَقُولُ دَائِمًا لِطَالِبِهِ : يَجِبُ أَنْ تَذْهَبَ إِلَى فَرَنْسَا وَتَحْصُلَ عَلَى ٱلدُّكْتُورَاهِ فِي ٱلْأَدَبِ ٱلْفَرَنْسِيِّ ثُمَّ تَنْفَعُ طُلَّابَ بِلَادِكَ بِمَا تَتَعَلَّمُهُ هُنَاكَ .

그 교수는 언제나 그의 학생에게, "자네는 프랑스로 가서 불문학 박사학위를 얻은 다음에 자네 나라의 학생들에게 자네가 거기서 배우는 것으로 유용하게 해야 하네." 라고 말하곤 했다.

دَائِمًا — 늘, 언제나

نَفَعَ ـَـ ، نَفْعٌ — ~에게 이롭다

٦ – أَظْهَرَ صَدِيقِي رَغْبَةً فِي ٱلسَّفَرِ إِلَى فَرَنْسَا لِدِرَاسَةِ ٱلْأَدَبِ ٱلْفَرَنْسِيِّ وَسَاعَدَهُ أُسْتَاذُهُ عَلَى تَحْقِيقِ رَغْبَتِهِ .

내 친구는 불문학을 공부하러 프랑스로 여행하려는 욕망을 나타냈고, 그의 교수는 그가 욕망을 실현하도록 도와주었다.

٧ – قَبْلَ ٱلسَّفَرِ كَتَبَ أَحْمَدُ إِلَى زَوْجِ أُخْتِهِ يُخْبِرُهُ بِٱلْأَمْرِ فَأَدْهَشَ ذٰلِكَ زَوْجَ أُخْتِهِ .

아흐맏은 여행하기 전에 자형에게 편지를 하여 그 일에 대해 알려주었는데, 그것이 자형을 놀라게 했다.

أَدْهَشَ ، إِدْهَاشٌ — IV 놀라게 하다

٨ – كَتَبَ زَوْجُ أُخْتِهِ إِلَيْهِ يَقُولُ : أَنَا ٱلْآنَ فِي ٱلسِّتِّينَ مِنْ عُمْرِي وَقَدْ أَصْبَحْتُ فِي حَاجَةٍ إِلَى مُسَاعَدَتِكَ .

자형은 그에게 편지하여서, "나는 지금 나이가 예순이고 네 도움이 필요하게 되었다." 라고 말했다.

٩ – قَرَّرَ أَحْمَدُ عَلَى ٱلرَّغْمِ مِنْ ذٰلِكَ أَنْ يُسَافِرَ إِلَى فَرَنْسَا .

아흐맏은 그럼에도 불구하고 프랑스로 여행하기로 결심했다.

١٠ – حَصَلَ أَحْمَدُ عَلَى ٱلدُّكْتُورَاهِ مِنْ جَامِعَةِ ٱلسُّرْبُون بَعْدَ أَنْ كَتَبَ رِسَالَةً بِعُنْوَانِ "شِعْرُ لَامَارْتِين"

아흐맏은 "라마르띤의 시"라는 제목의 논문을 쓴 뒤에 소르본 대학에서 박사학위를 얻었다.

رِسَالَةٌ – رَسَائِلُ — 편지; (학위) 논문

١١ – أَثْنَاءَ دِرَاسَتِهِ هُنَاكَ قَابَلَ فَتَاةً فَرَنْسِيَّةً أَحَبَّهَا وَتَزَوَّجَهَا .

그는 거기서 공부하는 동안 한 프랑스 처녀를 만나 사랑에 빠졌고 그녀와 결혼했다.

فَتَاةٌ – فَتَيَاتٌ

소녀, 처녀, 젊은 여자

١٢ – أَصْبَحَ أَحْمَدُ بَعْدَ إِكْمَالِهِ الدِّرَاسَةَ الْجَامِعِيَّةَ مُدَرِّسًا فِي جَامِعَةٍ فَرَنْسِيَّةٍ وَكَتَبَ كُتُبًا عَمِيقَةَ الْبَحْثِ عِلْمِيَّةَ الْأُسْلُوبِ .

아흐맏은 대학 공부를 마친 뒤에 한 프랑스 대학의 교원이 되어, 깊은 탐구와 학문적 문체의 책들을 썼다.

١٣ – وَمَا زَالَ يَتَرَقَّى حَتَّى صَارَ أُسْتَاذًا .

그는 계속 승진해서 교수까지 되었다.

تَرَقَّى ، تَرَقٍّ — V 진급하다, 승진하다

صَارَ ـِ ، صَيْرٌ ، صَيْرُورَةٌ — ~이 되다

١٤ – فِي بِدَايَةِ هٰذَا الْأُسْبُوعِ وَصَلَتْ أَحْمَدَ رِسَالَةٌ تَقُولُ إِنَّ زَوْجَ أُخْتِهِ قَدْ مَاتَ . جَاءَ أَحْمَدُ يَسْأَلُنِي : "أَكُنْتُ عَلَى حَقٍّ فِيمَا فَعَلْتُ ؟"

이번 주 초에 아흐맏에게 그의 자형이 죽었다는 내용의 편지가 왔다. 아흐맏은 나에게 와서, "나는 내가 한 일에 대해 옳았느냐?"고 물었다.

(أَنَا) عَلَى حَقٍّ — (나는) 옳다

١٥ – لَقَدْ أَغْضَبْتُهُ حِينَ فَضَّلْتُ حَيَاتِي وَمُسْتَقْبَلِي عَلَى حَيَاتِهِ وَمُسْتَقْبَلِهِ . أَلَعَلِّي أَسَأْتُ إِلَيْهِ بِذٰلِكَ ؟

나는 내가 그 분의 삶과 미래보다 내 삶과 미래를 더 선택해서 그분을 노하게 했었다. 나는 그렇게 해서 그분에게 해를 끼쳤을 것인가?

أَغْضَبَ ، إِغْضَابٌ — Ⅳ (아무를) 화나게 하다

مُسْتَقْبَلٌ — 미래

أَسَاءَ ، إِسَاءَةٌ إِلَى — Ⅳ ~에게 해를 끼치다

١٦ – أَلَا يَسْتَطِيعُ الْإِنْسَانُ أَنْ يَهْتَمَّ بِحَيَاتِهِ وَمُسْتَقْبَلِهِ ، وَيُظْهِرَ فِي الْوَقْتِ نَفْسِهِ التَّقْدِيرَ لِأَهْلِهِ ؟

사람은 가족에게 사의를 표하면서 동시에 자기의 삶과 미래에 관심을 가질 수는 없을까?

قَدَّرَ ، تَقْدِيرٌ — Ⅱ 감사하다, 평가하다, 기리다

ب - النص الاساسي

طٰهٰ حُسَيْنٌ

كَانَ طٰهٰ حُسَيْنٌ مِنْ أَشْهَرِ أُدَبَاءِ ٱلْعَرَبِ فِي ٱلْقَرْنِ ٱلْعِشْرِينَ وَأَعْظَمِهِمْ إِنْتَاجًا . وُلِدَ فِي قَرْيَةٍ صَغِيرَةٍ بِمِصْرَ عَامَ ١٨٨٩ ، وَفَقَدَ بَصَرَهُ (시력) حِينَ كَانَ فِي ٱلثَّالِثَةِ مِنْ عُمْرِهِ . تَعَلَّمَ ٱلْقُرْآنَ فِي ٱلْقَرْيَةِ ، وَدَرَسَ فِي ٱلْأَزْهَرِ ، ثُمَّ تَابَعَ دِرَاسَتَهُ فِي ٱلْجَامِعَةِ ٱلْمِصْرِيَّةِ (ٱلَّتِي تُعْرَفُ ٱلْيَوْمَ بِجَامِعَةِ ٱلْقَاهِرَةِ) عَلَى (~의 밑에) كِبَارِ ٱلْأَسَاتِذَةِ وَمِنْ بَيْنِهِمِ ٱلْمُسْتَشْرِقُونَ نَالِينُو وَجْوِيدِي وَلِيتْمَان. وَفِي عَامِ ١٩١٤ حَصَلَ عَلَى شَهَادَةِ ٱلدُّكْتُورَاهِ بِرِسَالَتِهِ عَنْ أَبِي ٱلْعَلَاءِ ٱلْمَعَرِّي .

بَعْدَ أَنْ أَنْهَى طٰهٰ حُسَيْنٌ دِرَاسَتَهُ فِي مِصْرَ ، أُرْسِلَ إِلَى فَرَنْسَا ، فَدَرَسَ فِي جَامِعَةِ مُونْبِلْيِيه ، ثُمَّ ٱنْتَقَلَ مِنْهَا إِلَى ٱلسُّورْبُون وَهُنَاكَ دَرَسَ ٱلْأَدَبَ ٱلْكِلَاسِيكِيَّ (고전의) ، وَتَأَثَّرَ بِٱلْأَدَبِ ٱلْفَرَنْسِيِّ وَٱلثَّقَافَةِ ٱلْأُورُبِّيَّةِ وَحَصَلَ عَلَى شَهَادَةِ ٱلدُّكْتُورَاهِ بِرِسَالَتِهِ عَنِ ٱبْنِ خَلْدُونَ . وَفِي بَارِيس قَابَلَ ٱلْفَتَاةَ ٱلَّتِي صَارَتْ لَهُ زَوْجَةً وَلِعَيْنَيْهِ بَصَرًا (시각) .

وَعِنْدَ رُجُوعِهِ إِلَى مِصْرَ صَارَ أُسْتَاذًا لِلْأَدَبِ ٱلْعَرَبِيِّ فِي كُلِّيَّةِ ٱلْآدَابِ بِٱلْجَامِعَةِ ٱلْمِصْرِيَّةِ ، ثُمَّ عَمِيدًا (학장) لِهٰذِهِ ٱلْكُلِّيَّةِ ، ثُمَّ رَئِيسًا لِجَامِعَةِ ٱلْإِسْكَنْدَرِيَّةِ ، وَمَا زَالَ يَتَرَقَّى حَتَّى صَارَ وَزِيرًا لِلتَّرْبِيَةِ وَٱلتَّعْلِيمِ فِي عَامِ ١٩٥٠ ، فَفَتَحَ أَبْوَابَ ٱلْمَدَارِسِ لِأَبْنَاءِ ٱلشَّعْبِ (일반 국민, 서민, 평민) ٱلْمِصْرِيِّ كُلِّهِ ، وَٱهْتَمَّ بِتَعْلِيمِ ٱلْفَتَيَاتِ ٱهْتِمَامًا عَظِيمًا . وَقَدْ سَمَّاهُ مُعَاصِرُوهُ عَمِيدًا (거장) لِلْأَدَبِ ٱلْعَرَبِيِّ تَقْدِيرًا لَهُ وَلِخَدَمَاتِهِ فِي ٱلْمَيَادِينِ ٱلْأَدَبِيَّةِ وَٱلثَّقَافِيَّةِ .

كَانَ لِإِنْتَاجِهِ ٱلْكَبِيرِ تَأْثِيرٌ عَظِيمٌ عَلَى ٱلنَّهْضَةِ ٱلْأَدَبِيَّةِ فِي ٱلْعَالَمِ ٱلْعَرَبِيِّ ، وَسَاعَدَ ذٰلِكَ ٱلْإِنْتَاجُ مُسَاعَدَةً كَبِيرَةً عَلَى تَقَدُّمِ ٱلثَّقَافَةِ ٱلْعَرَبِيَّةِ. وَمِنْ أَهَمِّ كُتُبِهِ " ٱلْأَيَّامُ " وَ " فِي ٱلشِّعْرِ ٱلْجَاهِلِيِّ (이슬람 이전의) " ، وَ " مُسْتَقْبَلُ ٱلثَّقَافَةِ فِي مِصْرَ " .

يَتَحَدَّثُ طٰهَ حُسَيْنٌ فِي كِتَابِ " ٱلْأَيَّامُ " عَنْ حَيَاتِهِ وَدِرَاسَتِهِ فِي ٱلْقَرْيَةِ
وَفِي ٱلْأَزْهَرِ قَبْلَ سَفَرِهِ إِلَى بَارِيس . وَقَدْ تُرْجِمَ ٱلْكِتَابُ إِلَى لُغَاتٍ أَجْنَبِيَّةٍ
كَثِيرَةٍ مِنْهَا ٱلْإِنْكِلِيزِيَّةُ وَٱلْفَرَنْسِيَّةُ، وَيُعْتَبَرُ مِنْ أَرْوَعِ ٱلْكُتُبِ ٱلْأَدَبِيَّةِ ٱلْحَدِيثَةِ . 가장 훌륭한
أَمَّا كِتَابُهُ " فِي ٱلشِّعْرِ ٱلْجَاهِلِيِّ " فَقَدْ كُتِبَ بِأُسْلُوبٍ عِلْمِيٍّ لَمْ يَكُنْ
سَائِدًا فِي مِصْرَ ٱلْحَدِيثَةِ قَبْلَ ذٰلِكَ. أَدْهَشَ ٱلْكِتَابُ بَعْضَ ٱلْأُدَبَاءِ، وَأَعْجَبَ آخَرِينَ
لٰكِنَّهُ أَغْضَبَ ٱلْمُحَافِظِينَ ٱلَّذِينَ عَدُّوهُ إِسَاءَةً إِلَى ٱلدِّينِ. وَكَانَ أُولٰئِكَ 보수주의자들
ٱلْمُحَافِظُونَ دَائِمًا يَبْذُلُونَ ٱلْجُهُودَ ٱلْكَبِيرَةَ لِمُقَاوَمَةِ ٱلْكِتَابِ .

وَ" مُسْتَقْبَلُ ٱلثَّقَافَةِ فِي مِصْرَ " مِنْ أَهَمِّ كُتُبِ طٰهَ حُسَيْنٍ ، نُشِرَ بَعْدَ أَنْ
حَصَلَتْ مِصْرُ عَلَى ٱسْتِقْلَالِهَا فِي عَامِ ١٩٣٦، وَفِيهِ يَقُولُ طٰهَ حُسَيْنٌ: إِنَّ ثَقَافَةَ
أُورُبَّا هِيَ أَعْظَمُ مَا وَصَلَ إِلَيْهِ ٱلْإِنْسَانُ، وَيَجِبُ عَلَى ٱلْمِصْرِيِّينَ فِي عَهْدِهِمِ
ٱلْجَدِيدِ أَنْ يَنْقُلُوا هٰذِهِ ٱلثَّقَافَةَ إِلَى بِلَادِهِمْ وَيَنْفَعُوا بِهَا أَبْنَاءَهُمْ. وَأَظْهَرَ
ٱلْكَاتِبُ فَهْمًا عَمِيقًا لِلْمُشْكِلَاتِ ٱلْمُتَّصِلَةِ بِنِظَامِ ٱلتَّعْلِيمِ فِي مِصْرَ، قَالَ: يَجِبُ
أَنْ يَكُونَ ٱلتَّعْلِيمُ ٱلْإِبْتِدَائِيُّ حَقًّا لِكُلِّ مِصْرِيٍّ ، وَأَنْ تَسْتَقِلَّ ٱلْجَامِعَاتُ ٱقْتِصَادِيًّا 초등의
وَعِلْمِيًّا . وَأَكْثَرُ رِجَالِ ٱلتَّرْبِيَةِ وَٱلتَّعْلِيمِ ٱلْيَوْمَ يَعْتَقِدُونَ أَنَّ طٰهَ حُسَيْنًا كَانَ
عَلَى حَقٍّ فِي هٰذِهِ ٱلْآرَاءِ .

مَاتَ طٰهَ حُسَيْنٌ فِي عَامِ ١٩٧٣ وَهُوَ فِي ٱلرَّابِعَةِ وَٱلثَّمَانِينَ مِنْ عُمْرِهِ
فَفَقَدَ ٱلْعَالَمُ ٱلْعَرَبِيُّ بِمَوْتِهِ أَدِيبًا كَبِيرًا وَمُفَكِّرًا مِنْ أَعْظَمِ ٱلْمُفَكِّرِينَ .

أسئلة

١ – أين تعلّم طه حسين القرآن ؟

٢ – متى درس طه حسين في الازهر ؟ ماذا تعتقد أنه درس هناك ؟ لماذا تعتقد ذلك ؟

٣ – ألا تزال جامعة القاهرة موجودة في مصر ؟

٤ – حصل طه حسين على الدكتوراه من مصر ، ثمّ ذهب الى فرنسا للحصول على الدكتوراه من هناك . علام يدل ذلك ؟

٥ ـ في كم جامعة فرنسيّة درس طه حسين ؟

٦ ـ هل تزوّج طه حسين فرنسيّة أم مصريّة ؟

٧ ـ ماذا درّس طه حسين بعد رجوعه من فرنسا ؟ لماذا اذن كانت رسالة الدكتوراه التى كتبها في فرنسا عن موضوع تاريخيّ ؟

٨ ـ لأيّ جامعة صار طه حسين رئيسا ؟

٩ ـ هل استفادت الفتيات عندما أصبح طه حسين وزيرا للتربية والتعليم؟ لماذا ؟

١٠ ـ هل كان طه حسين يهتمّ بالسياسة ؟ كيف علمت ذلك ؟

١١ ـ ما الحياة التي وصفها طه حسين في كتاب " الايّام " : حياته في مصر أم حياته في باريس؟

١٢ ـ ما بعض اللغات التي ترجم اليها كتاب " الايّام " ؟

١٣ ـ لماذا قاوم بعض الناس كتاب " في الشعر الجاهليّ " ؟

١٤ ـ عمّ تحدّث طه حسين في كتابه " مستقبل الثقافة في مصر " ؟

나. 기본문

타하 후사인

타하 후사인은 20세기의 가장 유명한 아랍 문인이며 최다 작가의 하나이었다. 그는 1889년 이집트의 조그만 마을에서 태어났으며, 그의 나이 3살 때에 시력을 잃었다. 그는 마을에서 꾸란을 배웠고 알아즈하르에서 공부했다. 그리고는 이집트 대학(오늘날 카이로 대학으로 알려짐)에서 위대한 교수들—그 중에는 동양학자들인 날리노·귀디·리트만이 있다— 밑에서 공부를 계속했다. 그는 1914년 아부 알알라 알마아리에 대한 논문으로 박사학위를 받았다.

타하 후사인은 이집트에서 공부를 마친 뒤에, 프랑스로 보내져서 몽뻴리에 대학에서 공부했다. 그리고 그곳에서 소르본으로 옮겨서 거기에서 고전문학을 공부했다. 그는 불문학과 유럽 문화에 영향을 받았으며, 이븐 할둔에 대한 논문으로 박사학위를 받았다. 그는 빠리에서 그에게는 아내가, 그의 눈에는 시각이 되어준 여성을 만났다.

그는 이집트에 돌아와서 이집트 대학교 문과대학의 아랍 문학 교수가 되었다. 그리고는 그 대학의 학장, 또 알렉산드리아 대학의 총장이 되었으며, 계속 승진하여 1950년에 문교부장관까지 되었다. 그는 이집트의 모든 평민들에게 학교의 문을 개방했으며, 여성 교육에 큰 관심을 가졌다. 그의 당대 인들은 그와 문학 및 문화 분야에서의 그의 공헌을 기리어 그를 "아랍 문학의 거장"이라고 불렀다.

그의 대작은 아랍 세계의 문예 부흥에 큰 영향력을 미쳤으며, 아랍 문화 발전을 크게 도왔다. 그의 가장 중요한 책 중에는 "알아이얌("나날들")"·"피 알쉬으르 알자힐리("이슬람전시 대시론")"·"무스타크발 알사카파 피 미스르("이집트 문화의 미래")"가 있다.

타하 후사인은 "알아이얌" 책에서 빠리로 여행하기 전의 고향("마을")과 알아즈하르에서의 생활과 공부에 대해 이야기하고 있다. 그 책은 많은 외국어로 번역되었는데, 그 중에는 영어와 불어가 있다. 그것은 가장 훌륭한 현대 문학 작품 중의 하나로 간주된다.

그의 책 "피 알쉬으르 알자힐리"는 그 전까지 현대 이집트에서 일반적이지 않았던 학문체로 쓰여졌다. 그 책은 일부 문인들을 놀라게 했으며, 또 다른 일부를 감탄시켰다. 그러나 그것은 종교에 유해하다고 생각한 보수주의자들을 화나게 했다. 이 보수주의자들은 그 책과 대항하기 위해 언제나 큰 노력을 기울이곤 했다.

"무스타크발 알사카파 피 미스르"는 타하 후사인의 가장 중요한 책의 하나로, 이집트가 1936년 독립을 얻은 뒤에 발행되었는데, 타하 후사인은 거기에서, "유럽 문화는 인류가 도달한 가장 위대한 것이다. 이집트인들은 그들의 신시대에 이 문화를 그들 나라에 옮기고 그것이 자식들에게 유익하게 해야 한다."라고 말하고 있다. 저자는 이집트 교육제도에 관계되는 문제들에 깊은 이해를 나타내어, "초등교육은 각 이집트인의 권리가 되어야 하며, 대학은 경제적·학문적으로 독립해야 한다."라고 말했다. 오늘날 대부분의 교육자들은 이 의견에 타하 후사인이 옳았다고 믿고 있다.

타하 후사인은 1973년 84살의 나이로 죽었으며, 아랍 세계는 그의 죽음으로 위대한 문인이며 가장 뛰어난 사상가를 하나 잃었다.

다. 문법과 연습

ج - القواعد والتمارين

1. 원인이나 목적의 목적격: تَقْدِيرًا لَهُ

1. 원인이나 목적의 목적격: تَقْدِيرًا لَهُ

어떤 행위의 원인·이유·목적 등을 표시하기 위해서 동명사의 목적격을 탄원을 붙여서 사용할 수 있다. 이 경우의 목적격을 원인이나 목적의 목적격(اَلْمَفْعُولُ لَهُ أَوِ الْمَفْعُولُ لِأَجْلِهِ مِنْ أَجْلِهِ) 이라고 하며, "~의 이유로, ~하여, ~하려고"의 뜻을 나타낸다. 이 동명사에 목적어가 필요하면, 그 동명사가 동사-전치사구에서 나온 것이면 해당 전치사로, 그렇지 않으면 전치사 لِ 를 그 목적어의 앞에 붙인다.

شَكَرُوا الزَّائِرَ تَقْدِيرًا لِخَدَمَاتِهِ الْكَثِيرَةِ .	'그들은 방문객에게 그의 많은 공헌을 기리어 감사했다.'
تَرَكَ بِلَادَهُ حُبًّا لِلْحُرِّيَّةِ .	'그는 자유를 사랑하여 그의 나라를 떠났다.'
سَمَّوْهُ عَمِيدًا لِلْأَدَبِ الْعَرَبِيِّ تَكْرِيمًا لَهُ .	'그들은 그를 존경하여 그를 "아랍 문학의 거장"이라고 불렀다.'
قَالَ الْوَزِيرُ رَدًّا عَلَى سُؤَالٍ : ...	'장관은 한 질문에 답하여 ……이라고 말했다.'
عَادَ إِلَى بَيْتِهِ بَحْثًا عَنِ الْمَجَلَّةِ .	'그는 그 잡지를 찾으려고 그의 집으로 돌아왔다.'

연습 1. 목적의 목적격 가려내기

다음에서 목적의 목적격을 가려내어 그 뜻을 적어라.

١ - يرحل البدو من مكان الى مكان في الصحراء طلبا للماء .

٢ - سافر الى الولايات المتحدة بحثا عن عمل .

٣ ـ قدّم المؤلف كتابه الجديد لوالدته احتراما لها .

٤ ـ عينته الشركة مديرا تقديرا لخدماته .

٥ ـ اقاموا حفلة كبيرة تكريما لاستاذهم .

٦ ـ اجتمع الناس في المطار تكريما للوزير الزائر .

٧ ـ درست الطالبة ساعات طويلة استعدادا للامتحان .

٨ ـ قام الناس اكراما لرجل الدين .

٩ ـ بقي مندوبو الدول الاعضاء في اماكنهم انتظارا لوصول السكرتير العام لمنظمة الامم المتحدة .

١٠ ـ طلب الزواج منها حبّا لها .

د ـ نصوص للفهم

라. 강 독

(1) 다음 문장을 읽고 연습 2를 하라.

قِصَّةُ حُبٍّ

كَانَ فَرِيدٌ وَسَلْوَى يَشْرَبَانِ ٱلْقَهْوَةَ فِي مَقْهَى ٱلْجَامِعَةِ . فَرِغَا مِنْ (그들은 ~을 끝냈다) شُرْبِ ٱلْقَهْوَةِ دُونَ أَنْ يَقُولَا شَيْئًا ، وَبَعْدَ دَقَائِقَ طَوِيلَةٍ تَكَلَّمَ فَرِيدٌ :

فَرِيدٌ : لَقَدْ أَدْهَشَنِي مَا سَمِعْتُ مِنْ وَالِدِكِ أَمْسِ ، بَلْ لَقَدْ أَغْضَبَنِي .

سَلْوَى : لَعَلَّهُ أَسَاءَ إِلَيْكَ بِمَا قَالَهُ . أَنْتَ تَعْلَمُ أَنَّ لِي رَأْيًا غَيْرَ رَأْيِهِ ، وَلٰكِنَّ حُرِّيَّةَ ٱلتَّصَرُّفِ لَيْسَتْ مِنْ حُقُوقِ ٱلْفَتَاةِ فِي بِلَادِنَا .

فَرِيدٌ : بَلْ أَعْلَمُ أَنَّ لِلْفَتَاةِ حَقَّ ٱلتَّصَرُّفِ فِي أُمُورِ حَيَاتِهَا . أَلَسْنَا فِي ٱلْقَرْنِ ٱلْعِشْرِينَ !؟ وَلِمَنْ تَكُونُ حُرِّيَّةُ ٱلتَّصَرُّفِ إِذَا لَمْ تَكُنْ لِلْمُتَعَلِّمَاتِ مِنْ بَنَاتِ ٱلْعَائِلَاتِ ٱلْغَنِيَّةِ ؟!

سَلْوَى : أَنْتَ عَلَى حَقٍّ ، وَلٰكِنْ ......

فَرِيدٌ : وَلٰكِنَّنِي فَقِيرٌ ، وَعَائِلَتِي غَيْرُ مَعْرُوفَةٍ ، وَوَالِدِي لَيْسَ عُضْوًا فِي
ٱلْبَرْلَمَانِ ! لَقَدْ صَارَ ٱلزَّوَاجُ فِي هٰذِهِ ٱلْأَيَّامِ تِجَارَةً ! 의회

سَلْوَى : كُنْتُ أُحِبُّ أَلَّا يُغْضِبَكَ كَلَامُ وَالِدِي إِلَى هٰذَا ٱلْحَدِّ .

فَرِيدٌ : لَعَلَّ هُنَاكَ رَجُلًا آخَرَ يَرْغَبُ فِي أَنْ يَتَزَوَّجَكِ ، وَلَعَلَّ وَالِدَكِ يُفَضِّلُهُ عَلَيَّ .

سَلْوَى : لَسْتَ عَلَى حَقٍّ فِي ذٰلِكَ . أَرْجُو يَا فَرِيدُ أَنْ تَفْهَمَ مَوْقِفَ وَالِدِي وَأَنْ 입장
تَفْهَمَ مَوْقِفِي أَنَا أَيْضًا . أَنَا أُحِبُّكَ كَمَا تُحِبُّنِي ، لٰكِنَّ ٱلْحَيَاةَ لَا
تَسِيرُ دَائِمًا فِي ٱلطَّرِيقِ ٱلَّتِي نُرِيدُهَا .

فَرِيدٌ : فَهِمْتُ . أَنْتِ تَعْلَمِينَ أَنِّي مُسَافِرٌ إِلَى فَرَنْسَا فِي بَعْثَةٍ دِرَاسِيَّةٍ عِنْدَ 유학 파견단
نِهَايَةِ هٰذَا ٱلْعَامِ . كُنْتُ أَرْجُو أَنْ نَذْهَبَ مَعًا ، وَلٰكِنَّنِي أَرَى ٱلْآنَ
أَنَّ لِكُلٍّ مِنَّا طَرِيقًا وَأَنَّ ٱلطَّرِيقَيْنِ لَنْ تَلْتَقِيَا . 만난다

مَضَتْ أَعْوَامٌ أَرْبَعَةٌ كَانَ فَرِيدٌ خِلَالَهَا يَدْرُسُ ٱلْعُلُومَ ٱلسِّيَاسِيَّةَ فِي
بَارِيس . كَانَتْ طَرِيقُهُ صَعْبَةً ، وَلٰكِنَّهُ كَانَ يَسِيرُ بِإِصْرَارٍ وَنَشَاطٍ أَدْهَشَا 인내
أَسَاتِذَتَهُ وَأَصْدِقَاءَهُ . فَلَمَّا حَصَلَ عَلَى ٱلدُّكْتُورَاهِ بِمَرْتَبَةِ ٱلشَّرَفِ ٱلْأُولَى كَانَ 수석으로
أَعْظَمَ ٱلنَّاسِ دَهْشَةً . 놀람

عَادَ فَرِيدٌ إِلَى بِلَادِهِ وَصَارَ مُوَظَّفًا فِي مَكْتَبِ رَئِيسِ ٱلْوُزَرَاءِ ، وَظَلَّ
يَتَرَقَّى حَتَّى أَصْبَحَ مُدِيرًا لِلْمَكْتَبِ . وَبَذَلَ جُهُودًا عَظِيمَةً فِي خِدْمَةِ بِلَادِهِ ،
فَاحْتَرَمَهُ ٱلنَّاسُ وَوَضَعُوا ثِقَتَهُمْ فِيهِ ، كَذٰلِكَ صَادَقَهُ ٱلْكَثِيرُونَ مِنْ كِبَارِ
رِجَالِ ٱلدَّوْلَةِ .

وَأَقْبَلَتِ ٱلِانْتِخَابَاتُ فَانْتَخَبَهُ ٱلشَّعْبُ عُضْوًا فِي ٱلْبَرْلَمَانِ . 의회

وَفِي حَفْلَةٍ ٱلْتَقَيَا : كَانَتْ فِي ٱلْحَفْلَةِ لِأَنَّ وَالِدَهَا كَانَ أَحَدَ ٱلْمَدْعُوِّينَ 둘이 만났다
أَمَّا هُوَ فَقَدْ كَانَ ضَيْفَ ٱلشَّرَفِ . قَالَتْ لَهُ : 주빈

أَخْبَرْتَنِي قَبْلَ سَفَرِكَ إِلَى فَرَنْسَا أَنَّ طَرِيقَيْنَا لَنْ تَلْتَقِيَا ، لٰكِنَّكَ لَمْ 만난다
تَكُنْ عَلَى حَقٍّ !

قَالَ :

- هَلْ كُنْتَ عَلَى حَقٍّ ، فَمَا زَالَتِ ٱلْمَسَافَةُ بَيْنَ طَرِيقَيْنَا بَعِيدَةً كُلَّ ٱلْبُعْدِ . لَمْ يَتَغَيَّرْ مِنِّي إِلَّا وَضْعِي ٱلِاجْتِمَاعِيُّ . هَلْ تَزَوَّجْتِ ؟

قَالَتْ :

- لَا ، فَإِنَّ لِبَعْضِ ٱلنَّاسِ قُلُوبًا تُحِبُّ مَرَّةً وَاحِدَةً فَقَطْ . وَأَنْتَ ، هَلْ تَزَوَّجْتَ ؟

فَنَظَرَ إِلَيْهَا طَوِيلًا قَبْلَ أَنْ يَقُولَ :

- لَا ، وَلٰكِنَّنِي سَأَتَزَوَّجُ قَرِيبًا .

قَالَتْ :

لَعَلَّهَا ٱبْنَةُ صَدِيقٍ لَكَ مِنْ أَعْضَاءِ ٱلْبَرْلَمَانِ !

قَالَ :

- بَلْ هِيَ طَالِبَةٌ فِي ٱلْجَامِعَةِ ٱلْأَمْرِيكِيَّةِ . وَأَوَدُّ أَنْ تَعْلَمِي أَنَّهَا مِنْ عَائِلَةٍ فَقِيرَةٍ .

أسئلـــة

연습2. 쓰기, 물음

١ - أين اِلْتَقَى فريد وسلوى ؟ 만났다

٢ - هل عائلة سلوى أغنى من عائلة فريد ؟ كيف علمت ذلك ؟

٣ - ما رأيك في مَوْقِفِ سلوى مِنْ موضوع الزواج ؟ هل يختلف مَوْقِفُ فريد من ذلك ؟ ~에 대한 입장

٤ - ما رأيك في قول فريد : " انّ لكلّ منّا طريقا وانّ الطريقين لن تَلْتَقِيَا " ؟ 만난다

٥ - كم سنة درس فريد في فرنسا ؟ ماذا درس ؟

٦ - أين عمل فريد بعد رجوعه الى بلاده ؟ هل نجح في عمله ؟

٧ - كيف كان وضع فريد في المجتمع حين قابل سلوى في الحفلة ؟ هل كان رأيه في الزواج قد تغيّر ؟ ورأي سلوى ؟

٨ - لماذا قالت سلوى : " ان لبعض الناس قلوبا تحبّ مرّة واحدة فقط ".

(2) 테이프에서 문장을 듣고 연습 3을 하라.

연습 3. 쓰기(테이프에 수록) 테이프에 녹음된 문장을 우리말로 옮겨라.

마. 종합 연습　　　　هـ ـ التمارين العامة

연습 4. 쓰기, 완성하기

다음 빈 칸을 알맞는 형으로 채워라.

능동태동사	수동태동사	능동분사	수동분사	동명사
كَتَبَ				
		وَاصِفٌ		
				بِنَاءٌ
	حُدِّدَ			
			مُسَمًّى	
شَاهَدَ				
		مُغْضِبٌ		
				اِنْتِخَابٌ
			مُسْتَخْدَمٌ	
	أُسْتُطِيعَ			

연습 5. 변형, 수동태 완료형 ↔ سـ + 수동태 미완료형

١ ـ بُنيت مصانع كثيرة قرب تلك المدينة •

٢ ـ سَيُسمح لهما بالسفر •

٣ ـ أجّل عقد الاجتماع •

٤ ـ سيتّفق على حلّ للمشكلة •

٥ ـ أحترمت احتراما كبيرا •

٦ ـ سيعتمد عليهم كل الاعتماد •

٧ ـ تبودلت الزيارات بين البلدين •

٨ ـ سيدرّسون التاريخ الاسلامي على كبار الاساتذة •

٩ ـ أقيمت في البلاد احتفالات كثيرة تكريما للملك الضيف •

١٠ ـ ستبذل جهود كبيرة لتحسين الاوضاع الاقتصادية •

연습6. 쓰기, 변형 : 동사가 있는 관계절 → 분사가 있는 관계절

هو من الذين يهتمون بمثل هذه المواضيع. ← '그는 이러한 주제들에 관심있는 사람 중의 하나이다.'

هو من المهتمين بمثل هذه المواضيع •

١ ـ هذه الدولة من الدول التي تحتاج الى مساعدات كبيرة لتحسين اوضاعها الاقتصادية •

٢ ـ الجبال التي تحيط بهذه المدينة جبال عالية •

٣ ـ النظام الذي يسود اليوم في معظم البلدان العربية هو النظام الجمهوري •

٤ ـ ليس هذا الموضوع من المواضيع التي يُسمح ببحثها •

٥ ـ لسنا عادة من الذين يُدعون الى مثل هذه الحفلات •

٦ ـ طه حسين من الذين يعرفون بانتاجهم الادبي الكثير •

٧ ـ هي من الذين يتفقون معي في الرأي •

٨ ـ هو من الذين يشرفون على سير العمل في هذا المصنع •

٩ _ الدكتورة نوال السعداوي من اللواتي يدعون الى المساواة بين الرجل والمرأة ٠

١٠ _ ليس هذا الحزب من الاحزاب التي تتعاون مع الدولة ٠

연습 7. 쓰기, 번역

1. 라쉬드는 위다드와 결혼하기 전에 그 여자와 5년 동안 연애했었다.
2. 제삼세계 국가들은 비동맹국가들로서 동방이나 서방에 편들지 않는다.
3. 중동의 세 가지 주요 종교는 이슬람교·기독교·유대교이다.
4. 그 여자는 자기 나라에 큰 공헌(들)을 했는데, 이들 공헌은 크게 이득을 주었다.
5. 그들은 그들 사이에 있는 문제 해결에 도달하려고 큰 노력을 기울였다.
6. 바다의 색은 낮 동안 파랑에서 녹색으로 또 하양으로 바뀐다.
7. 이 성은 오랜 역사를 통해 큰 중요성을 가지고 있다고(عَنْ) 한다("말되어진다").
8. 이 정치 단체는 검고 노란 기가 있다.
9. 그의 애인은 녹색 눈에 검은 살결이다.

연습 8. 쓰기, 어휘

다음 빈 칸에 가장 적당한 말을 골라 넣어라.

(محلية ، يحمّر ، عنوان ، ابيها ، يطلني ، قاموس ، مركز ، عاصمة ، الميادين ، امّها ، مختلف ، المنحازة ، اقاربها ، المملكة ، دام ، تبادل ، ردّ ، تحسين ، نسخة ، اقوى) ٠

١ _ الرياض ـــ العربية السعودية ٠
(왕국)

٢ _ ـــ رئيسا الجامعتين الزيارات ٠

٣ _ لم ـــ ـــ على رسالتي الاخيرة حتى الآن ٠
(대답)

٤ _ اريد الحصول على ـــ جديدة من ـــ المنجد ٠
(복사본, 부, 권)

٥ _ بيروت ـــ هام للتجارة الدولية ٠

ـ في فرنسا احزاب ـــــ كثيرة ٠

٧ ـ يعمل الرئيس الجديد على ـــــ الاوضاع في ـــــ ـــــ ٠
(여러 가지의)

٨ ـ مصر من الدول غير ـــــ ٠

٩ ـ ـــــ وجهه عندما تتحدث معه اي فتاة ٠

١٠ ـ ذهبت مع زوجها الى بغداد لزيارة ـــــ و ـــــ و ـــــ ٠
(어머니)

١١ ـ ـــــ حكمه ثلاثين عاما وهو ـــــ رئيس وزراء عرفته البلاد ٠
(계속되었다)

제 41 과

الدرس الحادي والاربعون

أ - الجمل التمهيدية

가. 예비문

جُمَلٌ مُتَفَرِّقَةٌ

다양한 문장

١ - اِشْتَدَّ الْخِلَافُ بين الاب وابنه حَوْلَ موضوع زواج الابن .

아들의 결혼 문제에 대한 아버지와 아들 사이의 이견은 심화되었다.

اِشْتَدَّ ، اِشْتِدَادٌ — Ⅷ 강해지다, 심화되다, 세어지다

خِلَافٌ ـ ات — 이견, 의견의 불일치, 갈등

حَوْلَ — ～에 대한 ; 대략

٢ - تَقَعُ مشكلات كثيرة عادة بين الزوجة وامّ زوجها .

아내와 시어머니("남편의 어머니") 사이에는 보통 많은 문제가 일어난다.

وَقَعَ يَقَعُ ، وُقُوعٌ — 위치해 있다 ; 생겨나다, 일어나다, 발생하다

٣ - اجتمع اعضاء ادارة البنك لبحث الاوضاع الاقتصاديّة الْحَالِيَّةِ .

그 은행의 이사들은 현 경제 상황을 토의하기 위해 모였다.

حَالِيٌّ ـ ون — 현재의

٤ - أَبْدَى رئيس الشركة اهتماما كبيرا بالاراء التي قدّمها له موظفوه .

그 회사 사장은 직원들이 제출한 의견에 큰 관심을 보였다.

أَبْدَى ، إِبْدَاءٌ — Ⅳ 드러내다, 보이다, 표명하다

٥ - أُذِيعَ امس في واشنطن ان وزير الخارجية الامريكيّ سيعقد مؤتمرا صحفيّا لَدَى عودته من اوروبا .

미국무장관이 유럽에서 돌아오자 기자 회견을 열 것이라고 어제 워싱턴에서 방송되었다.

أَذَاعَ ، إِذَاعَةٌ (عَلَى) — Ⅳ (～에게) 방송하다

لَدَى = عِنْدَ — ～에(서)(시간·장소) ; ～의 면전에 ; ～에게 ～이 있다 (소유) ; ～하자, ～하

٦ — استخدمت الجامعة ثلاثة أساتذة سود ولم تكن هذه الجامعة قد استخدمت أيّ أساتذة سود مِنْ قَبْلُ .

그 대학은 세 명의 흑인 교수를 채용했다. 이 대학은 그 전에 어떤 흑인 교수도 채용하지 않았었다.

مِنْ قَبْلُ — 그 전에

٧ — أرسل رسالة الى أخيه ولكنّ هذا الأخيرَ لم يُجِبْهُ على رسالته .

그는 형에게 편지를 보냈으나, 후자는 그의 편지에 답장하지 않았다.

أَجَابَ ، إجَابَةٌ — IV 대답하다, 답장하다, (요구에) 응하다

أَجَابَ إِلَى — IV (아무에게) 답(장)하다

أَجَابَ عَنْ ، عَلَى — IV (아무에게) ~에 대해 답(장)하다

٨ — قدّم الاهل والأصدقاء لهما الهدايا بعد زواجهما فقبلاها بسُرُورٍ .

친지와 친구들은 그 둘의 결혼 후에 그들에게 선물을 주었으며, 그 둘은 그것을 기쁨으로 받아들였다.

قَبِلَ ـَ ، قُبُولٌ — 받아들이다, 시인하다

سَرَّ ـُ ، سُرُورٌ — 기쁘게 하다

سُرُورٌ (بِـ) — (~에 대한) 기쁨, 즐거움

٩ — جَرَتْ في الاسبوع الماضي مُحَادَثَاتٌ هامّة بين الرئيسين السوريّ والمصريّ .

지난 주에 시리아와 이집트의 두 대통령 사이에 중요한 회담이 있었다.

جَرَى ـِ ، جَرْيٌ — 일어나다, 생기다

مُحَادَثَةٌ ـ ات — 회담, 회화, 담화

١٠ — سأزور لبنان في شهر آبَ (أُغُسْطُس) عِوَضًا عَنْ شهر كَانُونَ ٱلْأَوَّلِ (دِيسَمْبِر) .

나는 십이월 대신에 팔월에 레바논을 방문할 것이다.

عِوَضًا عَنْ — ~의 대신에

[دِيسَمْبِر] — [십이월 (레반트와 이락에서는 كَانُونُ ٱلْأَوَّلُ)]

١١ ـ اِشْتَرَى والدي سيّارة بخمسة آلاف دولار ثمّ بَاعَها بثلاثة آلاف دولار .

나의 아버지는 오천 달러에 차를 샀는데, 그것을 삼천 달러에 팔았다.

اِشْتَرَى ، شِرَاءٌ — Ⅷ 사다(동명사는 I형인 것에 주의할 것)

بَاعَ ـِ ، بَيْعٌ — 팔다

١٢ ـ كان مَسْرُورًا جدّا بوجود جميع أولاده حوله .

그는 자기의 아이들이 모두 주위에 있는 것에 매우 기뻐했다.

سُرَّ ، سُرُورٌ (بِ ، مِنْ ، لِ) — (수동태)(~에 대해) 기쁘다, 즐거워하다

١٣ ـ كانت العلاقة بينها وبين أهلها علاقة سَيِّئَةً ولكنّها تَحَسَّنَتْ في المدة الاخيرة وذلك بسبب فهم والدها لها ولزوجها ولتعاونه معهما على حلّ كلّ المشكلات التي وقعت بينهم .

그 여자와 그녀의 가족 사이의 관계는 나쁜 관계였다. 그러나 그것은 최근에 좋아졌는데, 그것은 그의 아버지의 그와 그의 남편에 대한 이해와 그들 사이에 생겼던 모든 문제 해결에 대한 아버지의 그들과의 협조 때문이다.

سَيِّئٌ ـ ون — 나쁜

تَحَسَّنَ ، تَحَسُّنٌ — V 개선되다, 좋아지다

١٤ ـ يحبّ الناس في العالم العربيّ شرب القهوة ولكنّ بعضهم يفضّل الشّايَ .

아랍 세계의 사람들은 커피 마시기를 좋아하지만 일부는 차를 더 좋아한다.

شَايٌ — 차

ب ـ النصّ الاساسيّ

مُقْتَطَفَاتٌ من جرائد عربيّة — 발췌

١ ـ اشتدّ الخلاف بين رئيس الوزراء ووزير التربية والتعليم بشأن المناهج الدراسيّة . والمعروف أنّ الخلاف وقع لأنّ وزير التربية

والتعليم يعتبر المناهج الحاليّة سيّئة ويدعو الى تحسينها؛ أمّا رئيس الوزراء فيرى أن الوضع الاقتصادي لا يسمح الآن بمثل هذا التحسين . وقد أبدى الوزير رغبته في الاجتماع برئيس الوزراء ليبحث الموضوع ، لكنّ رئيس الوزراء رفض ذلك .

٢ - أذيع أمس في اَلْمَكْسِيكِ أنّ مندوبي منظّمات مختلفة في عشرين دولة من دول أمريكا الجنوبيّة عقدوا مؤتمرا في العاصمة المكسيكيّة استمر أربعة أيّام لدراسة الاوضاع الدوليّة . وقيل في نهاية الاجتماع انّ العلاقات بين دول أمريكا الجنوبيّة في تحسّن مستمرّ . 멕시코

٣ - قام أمس وزير الخارجيّة الامريكيّة بزيارة لدمشق وكان في استقباله لدى وصوله وزير الخارجيّة السوريّ وعدد من كبار موظّفي الدولة . والمعروف أنّ وزير الخارجيّة الامريكيّ ما زار دمشق من قبل .

٤ - قرّر وزير الصناعة تعيين احدى السيّدات اللواتي يعملن في الوزارة رئيسة لمكتبه . والمرأة التي عيّنها الوزير هي السيّدة سُعَادُ لُطْفِي وقد أجابت السيّدة سعاد لطفي على سؤال لمندوبنا قائلة " يسرّني أن أكون أوّل امرأة تتمكّن من الحصول على هذه الوظيفة وأنا أقبلها باسم نساء بلادي جميعهنّ " .

٥ - عقد اليوم رئيس الجمهوريّة اجتماعين مع الرئيس السوريّ . وقد وصف مُتَحَدِّثٌ رسميّ المحادثات التي جرت بين الرئيسين بأنّها كانت ناجحة . 대변인

٦ - أذيع اليوم أنّ وزير الخارجيّة البريطانيّ أرسل رسالة الى وزير خارجيّتنا يطلب فيها أن يعقد الاجتماع القادم بين الوزيرين في لندن عوضا عن باريس .

٧ - اشترت حكومتنا خمسين طائرة حربيّة من دولة غربيّة ، - تال

مُتَحَدِّثٌ رسمي انّ الدولة التي باعت الطائرات سوف تنشئ ثلاثة مصانع خلال السنوات الثلاث القادمة ٠

٨ ـ اشتدّ الخلاف بين البلدين حول مشكلات الشاي لم يستطيعا الوصول الى اتّفاق بشأنها ٠

ج ـ القواعد والتمارين : 다. 문법과 연습

1. مَا 를 쓰는 완료형의 부정
2. ـُ 로 끝나는 불변사

1. مَا 를 쓰는 완료형의 부정

완료형의 부정은 일반적으로 لَمْ + 단축법으로 만든다. (보기) دَرَسَ ← لَمْ يَدْرُسْ

زَالَ 동사의 부정도 이런 방법으로 만들 수 있지만 흔히 부정어 مَا 를 완료형의 앞에 놓아서 만든다. (보기) مَا زَالَ مَوْجُودًا '그는 아직도 있다.' (22. 다. 2 참조)

이 مَا 는 물론 다른 동사의 완료형 부정에도 쓰인다.

مَا كَانَ قَدْ زَارَ دِمَشْقَ مِنْ قَبْلُ ٠ '그는 전에 다마스커스를 방문하지 않았었다.'

이 두 가지 용법의 선택 여부는 문체의 문제이나, 대체로 مَا 가 덜 보편적이며 사용될 때는 어느 정도 강조의 느낌을 준다.

연습 1. 변형: لَمْ 을 쓰는 부정 → مَا 를 쓰는 부정

'나는 중동사를 공부하지 않았다.' ← لم أدرس تاريخ الشرق الاوسط ٠

ما درست تاريخ الشرق الاوسط ٠

١ ـ لم يتزوّجها لأنّه لم يحبّها ٠

٢ ـ لم اهتمّ بهذا الموضوع اهتماما كبيرا ٠

٣ ـ لم أقم في سان فرانسيسكو في العام الماضي ٠

٤ ـ لم يستعدّوا للامتحان ٠

٥ ـ لم تصل اختي الى هنا حتى الآن ٠

٦ - لم تتعلم مريم اللهجة الكويتية خلال اقامتها في الكويت .

٧ - لم يهب لهما ابناء او بنات .

٨ - لم يلقيا ترحيبا في المملكة .

2. ـُ 로 끝나는 불변사

아랍어의 단어는 크게 명사·동사·불변사의 셋으로 품사 분류를 할 수 있는데(2. 다. 2 참조), 그 중에서 불변사(حَرْفٌ)란 변화 ―격변화·동사활용― 하지 않는 부류를 일컫는 말이다. 이에는 전치사(보기: مِنْ '~에서부터')·부사(보기: هُنَا '여기')·접속사(보기: أَنْ '~하는 것' لِ '~하려고')·감탄사(보기: أُفٍّ '싫을 때 내는 소리'(45. 가. 9번 참조)) 등이 있다.

여기에서는 ـُ 로 끝나는 불변사를 살펴보기로 하자.

مُنْذُ (전치사) '~이래, ~전에' ; (접속사) '~할 때부터'(35. 다. 3 참조)

قَبْلُ (부사) '먼저, 미리, 이전에'

بَعْدُ (부사) '그리고는; 그 뒤에, 나중에'

حَيْثُ (관계 부사) '~한 장소에서 /로'(42. 다. 1 참조)

위와 같은 불변사는 마지막 모음이 변하지 않는다. 그러므로 가령 부사 قَبْلُ 의 앞에 전치사 مِنْ 이 와서 مِنْ قَبْلُ 가 되어도 뜻이나 모양에 변함이 없다. 이것은 전치사가 다른 전치사의 뒤에 오면 목적격에서 소유격으로 변하는 것(37. 다. 5 참조)과는 대조적이다.

قَبْلَ كُلِّ شَيْءٍ	'무엇보다도 먼저'
مِنْ قَبْلِ ٱلْحَرْبِ	'전쟁 전에'
لَمْ أَكُنْ أَعْرِفُهُ مِنْ قَبْلُ .	'나는 전에 그를 알지 못했다.'

부사와 전치사의 주요한 차이는 전자에는 목적어가 없고 후자에는 있다는 것이다.

부사 بَعْدُ 는 일반적으로 فِيمَا بَعْدُ '그 뒤에, 나중에'의 형태로 쓰이고, 특히 أَمَّا بَعْدُ 는 편지의 서두에 쓰인다(39. 라. 답장 부분 참조). بَعْدُ 는 또한 부정어의 뒤에서 "아직"의 뜻을 가진다.

لَمْ يَجِئْ بَعْدُ .	'그는 아직 오지 않았다.'

라. 강 독 د ـ نصوص للفهم

(1) 다음 문장을 읽고 연습 2를 하라.

مؤتمر صحفي

عقد وزير الخارجيّة المصريّة مؤتمرا صحفيّا حضره عدد غير قليل من المراسلين العرب والاجانب . وقد تحدّث الوزير في ذلك المؤتمر عن العلاقات السياسية بين مصر والولايات المتحدة . بدأ الوزير مؤتمره الصحفي بقوله : " يسرني جدا ان اقابلكم اليوم واود ان اشكر لكم حضوركم هذا المؤتمر كما اود ان اتقدّم بشكري الخاص الى جميع المراسلين الاجانب الموجودين بيننا .

سيكون هذا المؤتمر مؤتمرا مفتوحا دون تحديد للوقت . اما الآن فانا على استعداد للاجابة على اسئلتكم بشأن اي موضوع ترغبون في السؤال عنه . "

سؤال : حضرة الوزير ، سمعنا انك رفضت ان تقبل دعوة قدّمت اليك لزيارة الولايات المتحدة ، فهل هذا صحيح ؟

اجابة : لا ، لم ارفض الدعوة . لقد قبلتها بكل سرور . كُلُّ مَا فِي الأَمْرِ ان محادثات قد جرت بيننا وبين الولايات المتحدة حول موعد الزيارة ، وقد قرّرنا معا ان اقوم بهذه الزيارة في ديسمبر عوضا عن القيام بها في اغسطس .

사실의 내력은 ~이다

س : اذيع امس في القاهرة وواشنطن ان العلاقات بين البلدين في تحسّن مستمر ، فما رأيكم في ذلك ؟

ج : حَقًّا انّ العلاقات بين بلدينا في تحسّن مستمرّ . وهدفنا الآن هو تحقيق التعاون التامّ بين بلدينا في مختلف الميادين الثقافيّة والاقتصاديّة والسياسيّة .

참으로, 실제로

س : انا مراسل امريكي . تعرف يا حضرة الوزير انّ العلاقات بين بلدينا لم تكن دائما حسنة وان الخلاف قد اشتدّ بيننا اكثر من مرّة . فهل سيكون لخلافات الماضي تأثير على علاقاتنا في المستقبل ؟

ج : منذ اقدم الازمان تقع الخلافات بين الشعوب والحكومات ، لكنّنا نعتقد ان الشعبين الامريكي والمصري سيتمكّنان من العمل معا في جَوٍّ يسوده التعاون والثقة المتبادلة .

분위기, 공기

س : حضرة الوزير ، اودّ ان ارجع بسؤالي الى موضوع زيارتك للولايات المتحدة . ماذا سيبحث خلال هذه الزيارة ؟

ج : سوف اتكلّم عمّا سيبحث خلال هذه الزيارة بعد رجوعي من الولايات المتحدة ، اما الآن فافضّل ألاّ اقول شيئا عن محادثات لم تجر حتى الآن .

س : شكرا حضرة الوزير .

ج : عفوا.

연습2. 쓰기, 참－거짓

صَوَابٌ أَمْ خَطَأٌ

다음 각 문장이 옳은지 그른지를 밝혀라.

١ ـ بحث وزير الخارجية في مؤتمره الصحفيّ موضوع العلاقات الامريكية المصرية .

٢ ـ تقدم الوزير بشكره الخاص الى جميع المراسلين الذين حضروا المؤتمر الصحفيّ .

٣ ـ كل المراسلين الذين حضروا المؤتمر مصريون .

٤ ـ عقد الوزير مؤتمره الصحفي بعد رجوعه من الولايات المتحدة .

٥ ـ رفض الوزير دعوة لزيارة الولايات المتحدة .

٦ ـ هدف الوزير ان تبقى العلاقات بين بلاده والولايات المتحدة كما هي الآن ٠

٧ ـ لم تكن العلاقات بين مصر والولايات المتحدة حسنة دائما لكنّ الخلاف لم يشتدّ بينهما ٠

٨ ـ يريد الوزير التعاون مع امريكا ٠

٩ ـ تكلّم الوزير في مؤتمره الصحفيّ عن بعض المواضيع التي ستتناولها المحادثات ٠

١٠ ـ رفض الوزير ان يجيب على سؤال احد الصحفيّين ٠

١١ ـ سأل صحفيّ امريكيّ اكثر من سؤال عن موضوع زيارة وزير الخارجيّة لامريكا ٠

(2) 테이프에서 문장을 듣고 연습 3을 하라.

(주: حَاجّ 는 메카 순례를 한 무슬림에게 붙이는 칭호로써, 큰 존경을 나타낸다.)

연습 3. 쓰기(테이프에 수록) 테이프에 들은 이야기를 요약하라.

هـ ـ التمارين العامّة

마. 종합 연습

연습 4. 변형 : 서술문 → 부정문

لَمْ 와 مَا 이 가능한 곳에서는 둘 다 사용하라.

١ ـ انا من اليمن ٠

٢ ـ اتفقا على تبادل الزيارات ٠

٣ ـ سأسافر الى القدس قريبا ٠

٤ ـ يعتمدون عليهما اعتمادا كبيرا ٠

٥ ـ جاءني به ٠

٦ ـ اذهب من هنا ٠

٧ ـ هما فتاتان سوريتان ٠

٨ ـ اغضبني اخوك امس ٠

ـ سنشاهد هذا الفلم غدا ٠

١٠ ـ يهتمّ باولاده اهتماما كبيرا ٠

١١ ـ في البيت رجل غريب ٠

١٢ ـ يحافظ مسؤول المنظمة الثورية على قانون البلد ٠

연습 5. 쓰기, 변형: 단수 → 쌍수 → 복수

هذا هو الاستاذ الذي يدرس العربيّة في جامعتنا ٠ ←

'이 분이 우리 대학에서 아랍어를 가르치는 교수이다.' →

هذان هما الاستاذان اللذان يدرّسان العربية في جامعتنا ٠ ←

'이 두 분이 우리 대학에서 아랍어를 가르치는 교수들이다.' →

هؤلاء هم الاساتذة الذين يدرسون العربية في جامعتنا ٠

'이 분들이 우리 대학에서 아랍어를 가르치는 교수들이다.' →

١ ـ هذا هو الرجل الذي ألّف هذه الكتب ٠

٢ ـ هذه هي المرأة التي دعت الى المساواة بين الرجال والنساء ٠

٣ ـ اجتمعت بالرجل الذي عيّن مديرا للشركة ٠

٤ ـ قابلت الفتاة التي دعوتها الى حفلتك ٠

연습 6. 쓰기, 변형: 능동태 ↔ 수동태

필요한 곳에 알맞는 주어를 넣어라.

١ ـ ستبنى مصانع كثيرة في البلاد ٠

٢ ـ اقيم احتفال كبير لرئيس الجامعة تقديرا لخدماته ٠

٣ ـ سوف تسمى المولود الجديد عمر اذا كان ولدا ٠

٤ ـ دعينا الى حفلة رسمية ٠

٥ ـ ستذهب السكرتيرة بك الآن الى مكتب رئيس الجامعة ٠

٦ ـ أجّل الاجتماع الى الاسبوع القادم ٠

٧ ـ ستؤسّس منظمة جديدة في الشهر القادم ٠

٨ ـ أستفيد من موارد الزيت استفادة كبيرة ٠

٩ ـ سيبيع اخي سيارته بثلاثة آلاف دولار ٠

١٠ ـ حكم عليها بالموت ٠

١١ ـ منحهم حق الاشتراك في عمل الحزب ٠

연습 7. 쓰기, 번역

1. 선생님, 선생님께 합중국에서의 사회생활에 관계되는 몇 가지 사항에 대해 여쭈어 보겠읍니다.
2. 이 나라에서의 어머니의 지위는 아버지의 지위와 같다. 그러나 그의 가족에서의 기능은 아버지("그의")의 기능과 다르다.
3. 나는 어제 저녁 나의 학생들과 한 아랍 식당으로 갔다. 그 날("같은") 밤에 우리는 "클레오파트라"라는 영화를 보러 함께 갔다.
4. 차들이 베이루트의 길들, 특히 도심지에 매우 많다. 그러나 나는 길 가운데 차들 사이에 걸어가는 사람들을 보았다.
5. 석유 회사들이 아랍 세계에 수 개의 공장을 세웠는데, 이들 공장의 건설은 쉬운 일이 아니었다.
6. 우리는 그 기자가 북미의 일반적으로 옳지 않은 모습을 그리는 것을 알아냈다.

연습 8. 쓰기, 어휘

다음 단어표에서 가장 알맞는 말을 골라 빈 칸을 채워라.

(أغضبه ، منذ ، صدرت ، حاول ، طبعة ، عميقا ، للضيف ، الفتاة ، صار ، على حقّ ، يوحّدوا ، يترقى ، ثمن ، كافحت ، فهموا ، قابلت ، دعا ، قواميس ، رأيك ، بالأكرام ، مشكلة) ٠

١ ـ لم يعجبني ــــــ في تلك ــــــ (문제) ٠

٢ ـ ــــــ الشعوب العربية للحصول على استقلالها ٠

٣ ـ ـــــ ـــــ حديدة لكتاب " الاغاني " ٠
(판)

٤ ـ بعد ان حصل على شهادته ـــــ استاذا جامعيّا ثم اخذ ـــــ من
(되었다)
مكانة الى مكانة حتى اصبح رئيسا للجامعة ٠

٥ ـ ما ـــــ الكتاب الذي اشتريته امس ؟

٦ ـ ـــــ صديقي هذا ـــــ سبع سنوات ٠
(전에)

٧ ـ انت ـــــ فيما قلته ٠

٨ ـ ـــــ بعض القادة العرب أن ـــــ الدول العربية ٠
(시도했다)

٩ ـ ـــــ ذلك الرجل الى المساواة بين الناس في بلاده ٠

١٠ ـ كان بطرس البستاني من الذين ـــــ الشعر القديم فهما ـــــ ٠
(이해했다)

١١ ـ يعرف العرب ـــــ ـــــ .
(손님)

١٢ ـ ـــــ تصرّف ابنه ٠

연습 9. 쓰기, 어휘

다음 각 문장의 빈 칸에 괄호 안의 단어 중에서 가장 알맞는 말을 골라 넣어라.

١ ـ يفهم طه حسين الشعر القديم فهما ـــــ ٠ (جميلا، كثيرا، عميقا)

٢ ـ نوال السعداوي ـــــ المساواة بين الرجال والنساء ٠ (دعت بـ ، دعت الى ، دعت) ٠

٣ ـ قاموا ـــــ ثورة في البلاد ٠ (في ، بـ ، على)

٤ ـ أسست ـــــ جديدة ٠ (طائرة ، منظمة ، عائلة)

٥ ـ تمّ ـــــ الزواج بينهما ٠ (عادة ، اخيرا ، احيانا)

٦ ـ سمّي شاعر القطر ـــــ ٠ (ترحيبا به ، تقديرا له ، حبّا به)

٧ ـ اخي ـــــ طالب في صفه ٠ (اصغر، اوضح، اقلّ)

٨ ـ من ـــــ الحكومة تحسين الاوضاع الاقتصادية في البلاد ٠ (مواضيع، اهداف، آراء)

٩ ـ واخذ ـــــ الى ان اصبح رئيسا للوزراء٠ (ينجح، يترقى، ينتقل)

١٠ ـ لا يزال الخلاف ـــــ بين الأب وابنه٠ (قديما، قائما، مساويا)

연습 10. 쓰기, 어휘

ㄱ. 17과에서 원형과 Ⅳ형의의미 관계를 다시 살펴 보고, 다음 각 쌍의 단어의 의미를 사전에서 찾아서 두 단어를 사용하여 의미있는 문장을 만들어라.

حضر الحفلة واحضر هدية جميلة معه ٠ '그는 파티에 참석하였는데 아름다운 선물을 가져왔다.'

خرج ـ اخرج

صدر ـ اصدر

ظهر ـ اظهر

غضب ـ اغضب

دخل ـ ادخل

ㄴ. 역시 같은 방법으로 사전을 찾아서 다음 각 쌍의 단어의 의미 관계를 밝혀라(각 쌍의 왼쪽에 있는 단어는 지금까지 이 책에 나오지 않은 것임).

علم ـ اعلم
ضحك ـ اضحك
مات ـ أمات
بقي ـ ابقى
سكن ـ اسكن
مضى ـ امضى

سكت ـ اسكت
فقد ـ افقد
فهم ـ افهم
تمّ ـ اتمّ
عاد ـ اعاد
رجع ـ ارجع

انتج ـ نتج
اذاع ـ ذاع
ادهش ـ دهش
اساء ـ ساء
انشأ ـ نشأ
اهدى ـ هدا
أجلس ـ جلس

제 42 과

الدرس الثاني والاربعون

أ – الجمل التمهيديّة

가. 예비문

الشعر العربي

아 랍 시

١ – بدأ الشعر العربيّ قبل الاسلام ، وبَلَغَ مكانة عالية حتّى صار العرب يعتبرونه اجمل الفنون .

아랍시는 이슬람 전에 시작되었으며, 아랍인들이 가장 아름다운 예술이라고 여기게 될만큼 높은 지위에 달했다.

بَلَغَ ـُ ، بُلُوغٌ

도달하다; (소식이)(아무에게) 들리다

٢ – كانت القَصِيدَةُ قبل الاسلام تَنْقَسِمُ الى مواضيع كثيرة اهمها الحبّ والسياسة ووصف الصحراء والحكم .

카시다는 이슬람 전에 많은 주제로 나뉘어져 있었는데, 그 중 중요한 것은 사랑·정치·사막의 묘사·격언이다.

قَصِيدَةٌ – قَصَائِدُ
إِنْقَسَمَ ، إِنْقِسَامٌ (إِلَى)

카시다, 송시
Ⅶ (~으로) 나뉘다, 분리되다

٣ – إِمْرُؤُ ٱلْقَيْسِ من الشعراء الذين عاشوا قبل الاسلام ، وله قصيدة طويلة تعدّ من أجمل الشعر العربيّ . وقد لُقِّبَ بالملك ٱلضِّلِّيل لانه كان أَمِيرًا ترك مملكة ابيه واخذ يرحل في الصحراء من مكان الى مكان .

임루 알카이스는 이슬람 전에 산 시인의 하나로, 그에게는 가장 아름다운 아랍시의 하나로 간주되는 긴 카시다가 있다. 그는 왕자로 아버지의 왕국을 떠나서 사막에서 이곳 저곳 돌아다니기 시작했기 때문에 "떠돌이 왕"이라는 별명이 붙었다.

لَقَّبَ ، تَلْقِيبٌ (بِ)
[ضِلِّيلٌ]
أَمِيرٌ – أُمَرَاءُ

Ⅱ (아무에게)(~이라고) 별명 붙이다
〔떠도는, 방랑하는〕
왕자, 소군주, 사령관

٤ – انتشر الشعر بين العرب في زمن الاسلام ، وقد حكي أنّ ٱلنَّبِيَّ محمّدا سمع قصيدة فقَامَ من مكانه وأَلْقَى عَبَاءَتَه على الشاعر

시는 이슬람시대에 아랍인 사이에 널리 퍼졌다. 선지자 무함맛이 카시다를 듣고는 그의 자리에서 일어나 그 시인의 시에 감탄하여 자신의 외투를 그에게 던졌다.

إعْجَابًا بِشعره

نَبِيٌّ ـ أَنْبِيَاءُ — 선지자(니스바= نَبَوِيٌّ)

قَامَ ـُ ، قِيَامٌ — 일어나다, 일어서다

أَلْقَى ، إِلْقَاءٌ — IV 던지다; (연설·강의를)하다

[عَبَاءَةٌ ـ ات] — [아바, 외투]

[أُعْجِبَ ، إِعْجَابٌ بِـ] — [IV (수동태) ~에 감탄하다]

٥ ـ وبعد زمن ٱلرَّسُولِ كان لكل حاكم شاعره ، بل كان بعض الامراء انفسهم شعراء ، وأَدْخَلَتْ عَلَى الشعر العربي مواضيع جديدة .

사도의 시대 후에 각 통치자에게는 그의 시인이 있었으며, 오히려 몇몇 왕자들은 그 자신이 시인이었다. 또 아랍시에는 새로운 주제들이 도입되었다.

[رَسُولٌ ـ رُسُلٌ] — [사자; 사도]

أَدْخَلَ ، إِدْخَالٌ (عَلَى) — IV (~에) 도입하다

٦ ـ كان الشعر العربيّ حتّى نهاية القرن الثامن عشر غير متأثّر بالشعر الاوربيّ . فلمّا ازدادت العلاقات بين دول العرب والدول العربيّة ، أرسل الطلاّب في بَعَثَاتٍ علمية الى اوربّا حَيْثُ اتّصلوا بِٱلْحَضَارَةِ الاوربيّة فبدأ ٱلتَّجْدِيدُ في الشعر العربيّ .

아랍시는 18세기 말까지 유럽시에 영향받지 않았다. 서방국들과 아랍국들 사이의 관계가 늘어났을 때 학생들은 유학 파견단으로 유럽으로 보내져서, 거기서 유럽 문명과 접촉했고 그래서 아랍시의 혁신이 시작되었다.

بَعْثَةٌ ـ بَعَثَاتٌ — 사절단, 대표단; 유학 파견단

حَيْثُ — (관계 부사) 거기에서, ~하는 곳에서

حَضَارَةٌ ـ ات — 문명; 문화

جَدَّدَ ـ تَجْدِيدٌ — II 갱신하다, 부흥하다, 혁신하다

٧ ـ يرى بعض الادباء أنّ الشعر العربيّ استفاد من اتّصاله بالشعر الاوربيّ. يقول أولئك الادباء إنّ الشعر العربيّ كَادَ يموت في نهاية القرن الثامن عشر ، وإنّ الشعراء كانوا يكتبون القصائد في مواضيع لا تصوّر المجتمع . فالتجديد إذن أنْتِصَارٌ للشعر العربيّ .

일부 문인들은 아랍시가 유럽시와의 접촉에서 이득을 보았다고 보고 있다. 그 문인들은 "아랍시는 18세기 말에 거의 죽을뻔 했으며, 시인들은 사회를 그리지 않는 주제로 카시다를 쓰곤 했다"라고 말한다. 그렇다면 혁신은 아랍시의 승리이다.

كَادَ ـَ — (동명사 없음) 거의 ~할 뻔하다

إِنْتَصَرَ ، إِنْتِصَارٌ (عَلَى) — Ⅷ (~에 대해) 승리하다, 이기다

٨ — يرى ادباء آخرون أنّ تأثـر الشعر العربيّ بالحضارة الغربية ليس تقدّما ، ويعتقدون أنّ عددا غير قليل من قصائد المعاصرين لا تصوّر المجتمع العربيّ وإنَّمَا تصوّر أفكار الغرب وحضارتـه وأساليبه .

다른 문인들은 아랍시가 서방 문명에 영향 받은 것은 발전이 아니라고 보고 있으며, 당대인들의 적지 않은 수의 카시다가 아랍 사회를 그리지 않고 오히려 서방의 사상·문화·양식을 그리고 있다고 믿고 있다.

إِنَّمَا — 그러나, 오히려

٩ — ومن ادباء العرب من يـرون أنّ التجديد في الادب العربيّ أمر ما زلنا لا نفهمه كل الفهم لانّنا لم نُوَفِّهِ حَقَّهُ مِنَ الدراسة .

아랍 문인 중에는 아랍 문학에서의 혁신이 우리가 충분할 만큼의 연구를 하지 않았기 때문에 아직도 전적으로 이해하지 못하는 일이라고 보고 있는 사람들이 있다.

وَفَّى ، تَوْفِيَةٌ — Ⅱ (~에) 충분히 해주다

حَقٌّ [(مِنْ)] — 옳바름; 권리; [(아무의) ~할 만한]

جمل اضافيّة — 보충어

١٠ — يصل الرئيس الامريكي كلّ يوم عدد كبير من الرسائل من دَاخِلِ البلاد وخارجها .

미국 대통령에게는 날마다 국내외에서 많은 수의 편지가 도달한다.

دَخَلَ ـُ ، دُخُولٌ — 들어오다, 들어가다

دَاخِلٌ — 안, 내부; 안의, 내부의, 국내의

١١ — عُقِد اليوم اجتماع هام حضره وزيرا الدَّاخِلِيَّة والخارجيّة .

오늘 내무 및 외무 두 장관이 참석한 중요한 회의가 열렸다.

اَلدَّاخِلِيَّةُ — 내무

ب - النصّ الاساسيّ

أَحْمَدُ شَوْقِي

أحمد شوقي من اشهر شعراء النهضة الادبية الحديثة في العالم العربيّ . ولد بمصر في سنة ١٨٦٩ لعائلة غنيّة معروفة . ولما أكمل تعليمه في مصر ذهب في بعثة الى فرنسا حيث درس القانون ، وتمكن قبل عودته الى مصر من زيارة بريطانيا .

عيّن شوقي بعد رجوعه من أوربّا موظّفا بالقصر ، وبعد مدّة قصيرة صار شاعر القصر .

تنقسم حياة شوقي الادبيّة الى قسمين : كان في اولهما متأثّرا بوضعه الاجتماعيّ وثقافته الغربية ووظيفته الرسميّة ، وشعره في هذا القسم لا يصوّر حياة الشعب وانّما يصوّر حياة القصر وآراء السياسيّين وحضارة اوربّا . وعلى الرغم من ذلك فقد انتج شيئا من الشعر التاريخيّ والدينيّ والوطنيّ . وبسبب شعره الوطني أخرجه الانكليز من مصر بعد قيام الحرب العالميّة الاولى .

أمّا القسم الثاني فيبدأ بعد رجوع شوقي الى بلاده ؛ توفّرت له الحريّة فازداد شعره الوطنيّ وصارت قصائده صورة للمجتمع . والوحدة العربيّة من اهمّ ما دعا اليه شوقي في هذا القسم من انتاجه .

وفي القسم الثاني حقّق شوقي انتصارا عظيما في ميدان التجديد فقد نجح في ادخال أَلْفَنِّ أَلتَّمْثِيلِيِّ على الادب العربيّ وبلغ فيه مكانة عالية . 연극 예술

وقد عدّ شوقي قائدا للنهضة الشعرية ، ولقّب بأمير الشعراء . فلمّا مات في سنة ١٩٣٢ فقد العرب شاعرا من اعظم شعرائهم . وعند موته ألقى الشاعر حَافِظٌ إِبْرَاهِيمُ الملقّب بشاعر النيل قصيدة تحدّث فيها

عن مكانة شوقي في عالم الشعر .

ومن شعر شوقي في المعلّم :　　~에 대한, ~의 주제의

경의　قُمْ لِلْمُعَلِّمِ وَفِّهِ ٱلتَّبْجِيلَا　　كَادَ ٱلْمُعَلِّمُ أَنْ يَكُونَ رَسُولَا　사도

주: 작시법에 따라 시행의 끝에서 اَلتَّبْجِيلَ 는 اَلتَّبْجِيلَا 로, رَسُولًا 은 رَسُولَا 로 되었다.

أسئلـــة

١ ـ ما مكانة شوقي بين شعراء النهضة الادبية الحديثة في العالم العربيّ؟

٢ ـ اين ولد شوقي ؟ متى ولد ؟

٣ ـ ماذا تعرف عن عائلة شوقي ؟

٤ ـ متى ذهب شوقي الى فرنسا ؟

٥ ـ ماذا درس في فرنسا ؟

٦ ـ ما البلد التي تمكّن من زيارتها قبل عودته الى مصر ؟

٧ ـ ماذا عيّن شوقي بعد عودته من اوربا الى مصر ؟ماذا اصبح بعد ذلك ؟

٨ ـ الى كم قسم تنقسم حياة شوقي الادبية ؟

٩ ـ بماذا تأثّر شوقي في القسم الاول من حياته الادبيّة ؟

١٠ ـ ماذا يصوّر القسم الاول من حياة شوقي الادبية ؟

١١ ـ ماذا انتج شوقي في القسم الاول من حياته الادبية ؟

١٢ ـ متى اخرج الانكليز شوقي من مصر ؟ لماذا ؟

١٣ ـ صف قصائد شوقي في القسم الثاني من حياته الادبية .

١٤ ـ ما الذي استطاع شوقي تحقيقه في القسم الثاني من حياته الادبية ؟

١٥ ـ إلَامَ دعا شوقي في القسم الثاني من انتاجه الادبي ؟

١٦ ـ متى مات شوقي ؟

١٧ ـ ماذا فعل حافظ ابراهيم عند موت شوقي ؟

١٨ ـ بماذا لقب حافظ ابراهيم ؟

١٩ ـ ماذا قال شوقي عن المعلّم شعرا ؟

다. 문법과 연습　　　　ج - القواعد والتمارين

1. حَيْثُ '~하는 곳에서'
2. كَادَ '거의 ~하다'
3. لَوْ أَنَّ ... لَ 구문의 조건문

1. حَيْثُ '~하는 곳에서'

حَيْثُ '~하는 곳에서'는 اَلْمَكَانُ الَّذِي '하는 곳'이나 فِي الْمَكَانِ الَّذِي '~하는 곳에서' 또는 وَهُنَاكَ '그리고 거기에서'와 같은 뜻을 가지며, 마지막 모음 ُ 는 변하지 않는다.

أُرْسِلَ إِلَى أُورُبَّا حَيْثُ اتَّصَلَ بِالْحَضَارَةِ الْأُورُبِّيَّةِ .	'그는 유럽으로 보내졌는데 거기에서 유럽 문화와 접촉했다.'

حَيْثُ 절은 전치사 مِنْ 또는 إِلَى 의 목적어가 될 수 있는데, مِنْ حَيْثُ 는 مِنَ الْمَكَانِ الَّذِي ..مِنْهُ 또는 وَمِنْ هُنَاكَ 와 같은 뜻으로 '~하는 곳에서부터, 그리고 거기에서부터'를 뜻하며, إِلَى حَيْثُ 는 إِلَى الْمَكَانِ الَّذِي ... فِيهِ 또는 وَإِلَى هُنَاكَ 와 같은 뜻으로서 '~하는 곳으로, 그리고 거기로'를 뜻한다.

هَلْ رَجَعُوا مِنْ حَيْثُ ذَهَبُوا ؟	'그들은 갔던 데에서부터 돌아왔느냐?'
يَوَدُّ أَنْ يَرْجِعَ إِلَى حَيْثُ وُلِدَ .	'그는 그가 태어난 곳으로 돌아가고 싶어한다.'

연습 1. حَيْثُ 를 사용하여 문장 결합하기

밑줄 친 부분을 حَيْثُ 로 바꿔 써라.

سافر الى فرنسا وهناك درس الادب الفرنسي.

'그는 프랑스로 여행했는데 거기서 프랑스 문학을 공부했다.' →

سافر الى فرنسا حيث درس الادب الفرنسيّ.

١ – أرسل في بعثة الى بريطانيا وهناك تأثّر بالحضارة الاوربية .

٢ – رحل النبي محمد الى المدينة ، وهناك صار قائدا سياسيا ودينيا مَعًا .

같이, 동시에

٣ – ينتقل البدويّ الى المكان الذي يجد فيه ماء.

٤ – انتقل جُبْرَانُ خَليلٌ جُبْرَانُ الى الولايات المتحدة ، وهناك كتب كتاب " النبي " .

٥ – وصل الوزير الى المطار ، وهناك استقبله عدد من كبار الموظفين.

٦ – رجع من مكان لا يعلمه .

٧ – أقمت خمس سنوات في واشنطن ، وهناك درست القانون الدوليّ .

٨ – درست في جامعة القاهرة ، وهناك صادقت عددا كبيرا من المصريين.

٩ – درس في سولت ليك سيتي ، وهناك قابل الفتاة التي تزوّجها .

١٠ – سكن في عمّان ، وهناك عمل بالتجارة .

2. كَادَ '거의 ~하다'

كَادَ (يَكَادُ) 동사는 "거의 ~할 뻔하다, 막 ~하려고 하다"의 뜻으로서, 다음과 같이 사용된다.

① + أَنْ 절 ② +직설법

كَادَ أَنْ يَقُولَ نَعَمْ .	'그는 거의 "예"라고 말할 뻔했다.'
يَكَادُ أَنْ يَكُونَ سَهْلاً .	'그것은 쉬운 것이나 다름없다.'
كِدتُّ أَزُورُكُمْ .	'나는 당신들을 거의 방문할 뻔했다.'
يَكَادُونَ يَصِلُونَ إِلَى ٱلْعَاصِمَةِ .	'그들은 수도에 거의 도착할 것이다.'

연습 2. (테이프에 수록) 동사활용 : كاد

연습 3. 변 형

أ : فقد الرجل وظيفته . ←

'그 남자는 그의 직업을 잃었다.'

ب : كاد الرجل أن يفقد وظيفته ولكنه لم يفقدها .

'그 남자는 그의 직업을 거의 잃을 뻔 잃지는 않았다.'

١ ـ حصل على شهادة الدكتوراه ·

٢ ـ حقّقت المنظمة أهدافها ·

٣ ـ ماتا عند نهاية الحرب الكبرى ·

٤ ـ رفضن طلبها ·

٥ ـ تزوج الفتاة التي كان يحبها ·

٦ ـ أغضبوا والدهم ·

٧ ـ وحّدا البلدين ·

٨ ـ بعت سيارتي ·

٩ ـ انتصروا علينا ·

١٠ ـ اغضب الطالب استاذه ·

3. لَوْ أَنَّ .. لَ 구문의 조건문

37. 다. 4에서 배웠듯이 조건문의 조건사의 뒤에는 완료형의 동사가 오는 것이 원칙이며, 따라서 동사가 없는 명사문을 조건절로 만들 때는 조건사의 뒤에 كَانَ 동사의 완료형을 쓰게 된다.

أَنَا مُسْتَعِدٌّ لِلسَّفَرِ ، إِنْ كَانَ فَرِيدٌ مُسْتَعِدًّا كَذٰلِكَ فَلْنَذْهَبْ ·	'나는 여행할 준비가 되어 있다. 파리드도 준비가 되면 가자.'

كَانَ 는 또한 동사문의 동사가 ① 완료형이 아니거나 ② 조건사의 바로 뒤에 오지 않으면 그 동사문의 앞에 놓인다.

إِذَا أَرَدْتَ · إِذَا كُنْتَ تُرِيدُ ·	فَلْنَذْهَبْ	① '당신이 원하면 가자.'
إِنْ سَافَرَ أَخُوكَ · إِنْ كَانَ أَخُوكَ قَدْ سَافَرَ ·	فَلْنَذْهَبْ	② '당신의 형이 떠났으면 가자.'

위의 ①과 ②에는 각각 같은 우리말에 아랍어의 표현이 두 가지씩이다. 어느 것이나 일반적이며, 선택 여부는 문체상의 문제이다.

위의 규칙은 إِنْ, إِذَا 외에도 لَوْ ... لَ 에도 적용된다. 그러나 لَوْ의 바로 뒤에 동사가 오지 않으면 لَوْ كَانَ ... لَ 의 대신에 لَوْ أَنَّ ... لَ 를 쓸 수도 있다.

لَوْ أَنَّ ٱللُّغَةَ ٱلْعَرَبِيَّةَ صَعْبَةٌ جِدًّا لَمَا دَرَسْتُهَا .	'아랍어가 매우 어렵다면 나는 그것을 공부하지 않았을텐데!'
لَوْ أَنَّهَا عَرَبِيَّةٌ لَتَزَوَّجْتُهَا غَدًا .	'그 여자가 아랍 사람이라면 나는 내일 그녀와 결혼할텐데!'
لَوْ أَنَّ ٱلْإِجَابَةَ وَصَلَتْنِي مِنْ قَبْلُ لَمَا وَقَعْتُ فِي هٰذِهِ ٱلْمُشْكِلَةِ .	'답장이 나에게 더 일찍 왔다면 내가 이 난관에 봉착하지 않았을텐데!'

لَوْ 의 뒤에 미완료 직설법이 오면 기원의 뜻을 나타내어 "~하기만 하면"으로 번역된다.

كَمْ سُرِرْتُ لَوْ يَعْلَمُ ذٰلِكَ .	'그가 그것을 알기만 하면 얼마나 좋을까!'

د — نصوص للفهم

라. 강 독

다음 두 가지 문장을 읽고 연습 4와 연습 5를 하라.

(١) النبي والشعراء

يعتقد بعض الناس أنّ النبيّ محمدا كان لا يحب الشعر وأنه كان لِذٰلِكَ يقاوم الشعراء. ويعتقد أولئك الناس أنّ النبي انتصر على أَعْدَائِهِ ثم عمل على اقامة دولة بالمعنى الحديث لهذه الكلمة ، وكان يرى أنّ الشعر لا يساعد على اقامة دولته ، وانما يسبّب الانقسام بين العرب ، فمنع الشعر بين المسلمين .

لِذٰلِكَ 그러므로

أَعْدَائِهِ 적들

لكنّ الحق بعيد من ذلك كل البعد : فلو أنّ النبيّ قاوم الشعر لما انتشر الشعر بين المسلمين بعده ، بل في زمنه أيضا ، ولما وجدنا رجالا من أعظم المسلمين يحبون الشعر ويسمعون القصائد .

كان الشعر قد بلغ مكانة عالية بين العرب في زمن النبيّ، وكان لقصائد الشعراء تأثير عظيم في نفوس العرب . وساد الشعر السياسيّ في ذلك الوقت المجتمع العربيّ فاستخدم كما تستخدم الصحف والاذاعة اليوم . وكان النبيّ يعلم هذا كلّه ، ولكنه كان يعلم أيضا أنّ الشعر ليس كلّه سياسة ، كذلك كان يعلم أنّ المسلمين في حاجة الى شعر سياسيّ يقاومون به ٱلْأَعْدَاءَ وشعر ٱلْأَعْدَاءِ . الحق اذن أنّ النبي كان يقاوم بعض الشعراء، ولكنّه لم يكن مقاوما للشعر نفسه . ألم يكن للنبيّ ثلاثة شعراء أشهرهم حَسَّانُ بْنُ ثَابِتٍ الذي لقّب بشاعر الرسول ؟ 조

والتاريخ يخبرنا بأنّ النبيّ سمع قصيدة كَعْبِ بْنِ زُهَيْرٍ فأعجبته اعجابا جعله يقوم من مكانه ويلقي عَبَاءَتَه على الشاعر . 아바, 외투

وبعد النبيّ ظهر بين المسلمين عدد كبير من الشعراء منهم جَرِيرٌ وٱلْفَرَزْدَقُ وأَبُو نُوَاسٍ وبَشَّارُ بْنُ بُرْدٍ وأَبُو ٱلْعَلَاءِ ٱلْمَعَرِّي .

أمّا في القرن العشرين فقد ظهر عدد من الشعراء أشهرهم أمير الشعراء أحمد شوقي وشاعر النيل حافظ ابراهيم .

연습 4. 쓰기, 선다형

다음 각 항목에서 가장 알맞는 것을 골라내라.

١ - يرى البعض أنّ النبيّ قاوم الشعر

أ - لأنّ الشعر في زمنه كان سياسيّا كلّه .

ب - لأنّ الشعر في زمنه كان لا يصور الحضارة العربية .

ج - لأنّ الشعر في زمنه كان لا يساعد على التعاون .

٢ - كان النبيّ يقاوم

أ - الشعر فقط .

ب - جميع الشعراء من غير المسلمين .

ج - بعض الشعراء السياسيّين .

٣ ـ كان للشعر في زمن النبيّ أهميّة عظيمة

أ ـ لأنه كان يؤثر في نفوس العرب تأثيرا كبيرا .

ب ـ لأن أكثر الشعراء كانوا من عظماء العرب .

ح ـ لأنّ أكثر الشعر كان سياسيّا .

٤ ـ كان النبيّ في حاجة الى شعر

أ ـ سياسيّ .

ب ـ اجتماعيّ .

ج ـ تاريخيّ .

٥ ـ كان للنبيّ

أ ـ شاعر واحد .

ب ـ ثلاثة شعراء .

ج ـ شعراء كثيرون .

٦ ـ أمير الشعراء هو

أ ـ أَبُو ٱلْعَلَاءِ ٱلْمَعَرِّي .

ب ـ حَافِظٌ إِبْرَاهِيمُ .

ج ـ أَحْمَدُ شَوْقِي .

(٢) من رَحَلَاتِ ٱبْنِ بَطُّوطَـــة

여행(기)

كان للشرق منذ زمن طويل أهمية كبيرة في نظر العالم ، وكان الناس يرحلون اليه لانه مركز الحضارات القديمة والاديان الكبرى كاليهوديّة والمسيحيّة والاسلام .

대여행가(들)

من أشهر ٱلرَّحَّالَةِ العرب ابن بطوطة الذي عاش في القرن الرابع عشر الميلادي .

بدأ ابن بطوطة رَحَلَاتِه من مكان ولادته طَنْجَةَ في ٱلْمَغْرِبِ ومرّ بالمدن

탕헤르, 탄자;
북아프리카, 모로코

الكبرى في الجزائر وتونس ثم وصل الى القاهرة وسافر بعدها الى ٱلْحِجَازِ 히자즈
ومن هناك ذهب الى بِلَادِ ٱلشَّامِ ٠ ثم سافر الى العراق ومنه الى ٱلْهِنْدِ 인도 시리아
حيث أقام مدة ٠ وما زال ابن بطوطة يرحل من بلد الى آخر حتى وصل الى
بلاد ٱلصِّينِ ٠ 중국

وصف ابن بطوطة في كتاب مشهور له طَبِيعَةَ البلدان التي زارها 자연
وحضارتها والكثير من عادات الناس فيها ٠ يعد الباحثون هذا الكتاب
الذي أصبح مشهورا في الشرق والغرب وترجم الى عدد من اللغات الاجنبية
من أعظم ما كتب في أدب ٱلرِّحَلَاتِ في ٱلْقُرُونِ ٱلْوُسْطَى ٠ 여행(기) 중세

연습 5. 쓰기, 물음

١ ـ بماذا امتاز الشرق في التاريخ القديم ؟

٢ ـ اذكر ثلاثة من أهمّ الاديان التي ظهرت في الشرق .

٣ ـ في أيّ قرن عاش ابن بطوطة ؟

٤ ـ اذكر الاماكن التي زارها او شاهدها ٠

٥ ـ ما ابعد بلد غير عربيّ وصل اليه ؟

٦ ـ ماذا وصف في كتابه ؟

٧ ـ ما رأي الباحثين في هذا الكتاب ؟

هـ ـ التمارين العامّة

마. 종합 연습

연습 6. 변형 : 단수 → 복수

다음의 괄호 안에 주어진 단어를 단수에서 복수로 바꾸고, 각 단어의 의미를 적어라.

١ ـ ألّف أَحْمَدُ شَوْقِي عددا كبيرا من الـ (قصيدة) ٠

٢ ـ المنطقة التي تسمى اليوم بالشرق الأوسط عرفت (رسول) و (نبيّ) كثيرين ٠

٣ ـ وصلتني هذا الاسبوع خمس (رسالة) من أهلي وأصدقائي ٠

٤ ـ استقبل مساعد الوزير الـ (مندوبة) العشر في المطار ٠

٥ — قابل المراسل عددا من كبار الـ (مسؤول) .

٦ — في ميشيغان (مقهى) عربية ، بعضها في آن آربر .

٧ — أحبّ الـ (أغنية) القوميّة ، خاصّة أغنية " سنرجع " .

٨ — الزيت أهم الـ (مورد) الاقتصادية في الكويت .

٩ — مضى على رجوعه خمسة (يوم) وخمس (ليلة) .

١٠ — السدّ العالي من أكبر الـ (سدّ) في العالم .

١١ — المحافظة على السلام من (هدف) الأمم المتحدة .

١٢ — تقدّمت مصر في جميع الـ (ميدان) .

١٣ — لشركتنا (فرع) في معظم الـ (عاصمة) .

١٤ — تحيط الـ (جبل) بمدينة سولت ليك سيتي .

연습 7. 상태문의 사용

أ — رجع من المدرسة . سائر . ←
'그는 학교에서 돌아왔다. (걷고 있는)' →

ط١ — كيف رجع من المدرسة ؟
'그는 학교에서 어떻게 돌아왔느냐?'

ط٢ — رجع من المدرسة سَائِرًا .
'그는 학교에서 걸어서 돌아왔다.'

١ — خرج من الاجتماع . سعيد.

٢ — عاش في نيويورك . فقير.

٣ — جاء الى الاجتماع . هو مُغْضَبٌ.

٤ — تحدّثوا الى والدهم . هم مسرورون .

٥ — ردّ الوزير على السؤال . هو مدهش .

٦ — تكلّمت معهم بعد المؤتمر . ضاحك.

٧ — سار في الشارع الواسع . يغنّي.

٨ — انتظر امام الباب . هو يفكر.

연습 8. 동족 목적어의 사용

كان انتصارهم عظيما . ←
'그들의 승리는 컸다.' →

انتصروا انتصارا عظيما .
'그들은 큰 승리를 얻었다.'

١ ـ كانت اقامتهنّ في المسيسبّي طويلة ٠

٢ ـ كان فهمه للمشكلة عميقا ٠

٣ ـ كانت اساءتنا اليهم عظيمة ٠

٤ ـ كان اهتمامهم بنا مشكورا ٠

٥ ـ كان وصفها للمدينة جميلا ٠

٦ ـ كان ازدياد عدد الطلاب كبيرا ٠

٧ ـ كان نومها عميقا ٠

٨ ـ كانت رغبتهم في النجاح قوية ٠

٩ ـ كان احترامنا لرأيك عظيما ٠

١٠ ـ كان تعاونكم معنا مشكورا ٠

١١ ـ كانت محاولتهنّ للتأليف ناجحة ٠

연습 9. 쓰기, 번역

1. "예언자의 시인"이라고 별명 붙은 핫산 이븐 사빗(حَسَّانُ بْنُ ثَابِتٍ)은 예언자와 무슬림들에 대해 이야기한 많은 시를 지었다.

2. 나는 최근에 박사 학위(를 위한 그의) 공부(들)을 끝마친 나의 친구에게 그의 논문 한 부를 보내달라고 요청했다. 그는 답장하면서 "나는 당신에게 한 부를 보내게 되어 대단히 기쁩니다." 라고 말했다.

3. 미국의 책 값이 크게 올랐다("증가하였다"). 그 결과로 많은 교수들이 필요한 책을 유럽에서 샀다.

4. 무스타파 카밀(مُصْطَفَى كَامِلٌ)은 자기 나라의 독립을 위해 투쟁한 유명한 이집트인이다. 그는 또한 이집트인들에게 협력하고 그들의 나라를 도우라고 요구했다.

5. 의심할 바가 없는 것은 국제연합이 많은 정치적 문제를 해결하려고 도왔다는 것이다. 그럼에도 몇몇 사람들은 그것이 그 목표 실현에 성공하지 못했다고 믿고 있다.

6. 운하 가까이에 서 있는 붉은 색의 호텔이 마치 온 지역을 조정하는 듯하며, 그의 여러 주민은 기사 한 명·의사 한 명·왕자 두 명을 포함하고 있다.

7. 이 먼 곳에서는 지역 주민들이 그의 형인 왕을 해친(قَتَلَ) 그 못생긴 왕자에게 편들었으며 같은 길을 따르도록 신드밧(سِنْدَبَادُ)을 초청했다.

연습 10. 쓰기, 어휘

다음 괄호 안에서 가장 알맞는 말을 골라서 밑줄 친 말과 바꾸어라.

١ – انهى تأليف كتابه في اواخر القرن التاسع عشر •

(الربع الثالث من ، نهاية ، بداية)

٢ – أنشأت الدولة المصانع في أوائل القرن العشرين •

(النصف الاول من ، بداية ، النصف الثاني من)

٣ – كنا في استقبالها عند وصولها •

(بعد ، ساعة ، قبل)

٤ – ظهرت أحزاب كثيرة في العالم العربي بعد الحرب العالمية الثانية •

(استمرت ، جرت ، قامت)

٥ – سمّى حافظ ابراهيم " شاعر النيل "

(صار ، لقّب ، انتخب)

٦ – وصلتني رسالة من اخي امس •

(جاءتني ، حضرتني ، ارسلتني)

٧ – استمرّ الاجتماع اربع ساعات •

(دام ، مضى ، تمّ)

٨ – " الايّام " من أهمّ كتب طه حسين •

(اطول ، أعظم ، اوضح)

٩ – وهبهم الامير قصرا •

(باعهم ، منحهم ، اقام لهم)

١٠ – انهى رسالته في العام الماضي •

(أكمل ، تابع ، أعدّ)

연습 11. 쓰기, 어휘

ㄱ. 20과에서 Ⅱ형과 Ⅴ형·Ⅲ형과 Ⅵ형의 의미 관계를 다시 살펴보고, 다음 각 쌍의 단어의 의미를 사전에서 찾아서 두 단어를 사용하여 의미있는 문장을 만들어라.

علّم ـ تعلّم

حسّن ـ تحسّن

قدّم ـ تقدّم

أثّر ـ تأثّر

راسل ـ تراسل

ㄴ. 역시 같은 방법으로 사전을 찾아서 다음 각 쌍의 단어의 의미 관계를 밝혀라.(각 쌍의 왼쪽에 있는 단어는 지금까지 이 책에 나오지 않은 것임.)

أسّس ـ تأسّس	أجّل ـ تأجّل	تأكّد ـ أكّد	تزوّج ـ زوّج
ألّف ـ تألّف	جدّد ـ تجدّد	تغيّر ـ غيّر	ترقّى ـ رقّى
صوّر ـ تصوّر	تأخّر ـ أخّر	تحدّث ـ حدّث	تناول ـ ناول
قرّر ـ تقرّر	وحّد ـ توحّد	تكلّم ـ كلّم	تعاون ـ عاون
حدّد ـ تحدّد	صادق ـ تصادق	تمكّن ـ مكّن	تبادل ـ بادل
عيّن ـ تعيّن	ساوى ـ تساوى	توفّر ـ وفّر	تطوّر ـ طوّر
خرّج ـ تخرّج	حقّق ـ تحقّق		

연습 12. 동사와 동사—전치사구

다음 빈 칸에 맞는 동사 또는 동사—전치사구를 넣어라. 전치사는 맞는 위치에 놓어라.

١ ـ ـــــ مندوبو المؤتمر ورحبوا بوزير الخارجية (قام ، قام بـ) .

٢ ـ ـــــ الفتاة اعضاء الحزب الفهم الكامل لوضع المرأة الصعب (دعت ، دعت الى) .

٣ ـ ـــــ قائد الثورة بالموت (حُكِمَ ، حُكِمَ على) .

٤ ـ ـــــ المدينة وهناك اتصلت باصدقائي (حضرت ، حضرت الى).

٥ ـ ـــــ الاب وجه حبيب بنته وهو لا يعرف ماذا يقول (نظر ، نظرفي) .

٦ ـ ـــــ الباحث طويلا كتب قديمة يستفيد منها في كتابته (بحث بحث عن) .

٧ ـ ـــــ النساء محاضرة عن مَيّ زِيَادَة (حضرت ، حضرت الى) .

٨ ـ ـــــ رئيس الحزب الوطني واجبه القومي وقاوم الملك (قام ، قام بـ) .

٩ ـ عندما نجحت المقاومة ـــــ رئيس الحزب البلد (حكم ، حكم على) .

١٠ ـ ـــــ تحسين الوضع الاجتماعي والاقتصادي في بلاده (عمل، عمل على).

١١ ـ و ـــــ في ذلك المصنع نفسه حتى مات (عمل ، عمل على) .

١٢ ـ ـــــ بعيدا وأخذ يفكر في مشكلاته الكثيرة (نظر ، نظر في).

١٣ ـ ـــــ ها ملك الحب مكانه العالي (دعا ، دعا الى) .

١٤ ـ الوالدان ـــــ ابنهما الى العاصمة لزيارة طبيب القلب (ذهبا ، ذهبا بـ) .

١٥ ـ ـــــ البنات الى العاصمة معهم (ذهبت ، ذهبت بـ) .

제 43 과

الدرس الثالث والاربعون

أ ـ الجمل التمهيدية

가. 예비문

جمل متفرقة

다양한 문장

١ ـ لم نشتر حتى الآن تَذَاكِرَ السفر للذهاب الى فرنسا ٠

우리는 지금까지 유럽으로 가는 여행표를 사지 않았다.

تَذْكِرَةٌ ـ تَذَاكِرُ

표

٢ ـ اجتمع وزيرا خارجية فرنسا وبريطانيا لبحث المواضيع التي تَهُمُّ البلدين ٠

프랑스와 영국의 두 외무장관은 두 나라에 관계있는 주제들을 토의하기 위해 만났다.

هَمَّ ـُ ، هَمٌّ

~에 관계하다, 관심을 갖다

٣ ـ عندما بدأ رئيس الجمهورية مؤتمره الصحفي وَقَفَ الناس احتراما له ٠

대통령이 기자 회견을 시작했을 때 모든 사람들은 그를 존경하여 일어섰다.

وَقَفَ يَقِفُ ، وُقُوفٌ

서다, 멈추다, 일어서다

٤ ـ لَمْ تُعْطَ المرأة العربية جميع حقوقها بَعْدُ ٠

아랍 여성은 아직도 그의 모든 권리가 주어지지 않았다.

أَعْطَى ، إِعْطَاءٌ

IV (아무에게)(~을) 주다

لَمْ ... بَعْدُ ٠

아직 ~않다.

٥ ـ الّف كثير من الادباء العرب والمستشرقين كتبا كثيرة حول تَفْسِيرِ القرآن ٠

많은 아랍 문인·동양학자들은 꾸란의 해설에 관한 많은 책을 저술했다.

فَسَّرَ ، تَفْسِيرٌ

II 설명하다, 해설하다, 주석을 달다, 해석하다

٦ - ماذا ينفع الانسان لو رَبِحَ نُقودَ العالم كلّها وخسِرَ اصدقاءه .

사람이 세계의 모든 돈을 얻고도 친구를 잃으면 무엇이 유익하겠느냐?

رَبِحَ ـَ ، رِبْحٌ (من) — (~에서) 이익을 얻다; 이기다, 따다

[نَقْدٌ ـ نُقودٌ] — 〔현금, 돈〕

خَسِرَ ـَ ، خَسارَةٌ — 잃다, 손해보다

٧ - يا لَهُ مِنْ رَجُلٍ كبيرِ القلبِ .

그는 얼마나 마음이 넓은 사람인가!

يا لَهُ من ... — 그는 얼마나 ~한가!

٨ - ما أَعْجَبَ انسانا لا يحترم من يحترمونه ولا يحبّ من يحبونه .

자기를 존경하는 사람을 존경하지 않고 자기를 좋아하는 사람을 좋아하지 않는 사람은 얼마나 이상한가!

ما (أَعْجَبَ) — 얼마나 (이상한가)!

٩ - سوف اتعاون معك كلّ التعاون اذا شِئْتَ ذلك .

당신이 그렇게 원하면 당신과 전적으로 협조할 것이다.

شاءَ ـَ ، مَشيئَةٌ — 원하다, 바라다

١٠ - قالت له انّها تحبّه ولكنّه لم يُصَدِّقْها .

여자는 남자에게 자신이 그를 사랑한다고 말했으나 그는 여자의 말을 믿지 않았다.

صَدَّقَ ، تَصْديقٌ — II (~의 말을) 믿다

١١ - من الصعب ان نجد مكانا لِلْجُلوسِ فى هذا المطعم عند الظهر .

정오에 이 식당에서 앉을 데를 찾기란 어렵다.

جَلَسَ ـِ ، جُلوسٌ — 앉다

١٢ - سمعت انّ المصانع قليلة فى مصر . بِالْعَكْسِ هناك مصانع كثيرة فى مصر .

나는 이집트에 공장이 적다고 들었다. 반대로 이집트에는 많은 공장이 있다.

بِالْعَكْسِ — 반대로, 거꾸로

١٣ـ قال إنّه لم يقابل مُطْلَقًا فتاة اجمل من الانسة شُهَيرَ.

그는 수하이르 양보다 더 아름다운 소녀를 절대로 만나지 못했다고 말했다.

مُطْلَقًا

절대로; (+부정) 결코 이상한

١٤ـ احببته كاخ لى واخلصت له كلّ الاخلاص، والعَجيبُ انه لا يحبّنى كما احبّه ولم يخلص لى كما اخلصت له .

나는 그를 내 형제같이 사랑했고 아주 성실히 대했으나, 이상한 것은 그가 내가 그를 사랑하는 만큼 나를 사랑하지도 않고 내가 그를 성실히 대해준 만큼 나에게 성실하지도 않은 점이다.

عَجيبٌ ـ ون

이상한

ب ـ النص الاساسي

تمثيلية

희곡

امام شباك التذاكر

لِتَوْفيق الْحَكيم

هى : سيّدى ! .... تريد ....؟

هو : لا شيء يا آنسة ! .... اشكرك !

هى : لا شيء ! ؟ ...

هو : لا شيء ......

هى : لا شيء مطلقا ؟ ....

هو : لا شيء مطلقا ! .... ايدهشك ذلك يا آنسة ؟ ...

هى : بعض الشيء يا سيدى ! ... الا تطلب شيئا ؟ ...　　얼마간, 다소

هو : وماذا تريدين ان اطلب ؟ ؟ ....

هى : اطلب ... محلّا .... مثلا ! ...

هو : ليس لديك محلّ ! ....

هى : ليس لديّ ؟ ! ...

هو : نعم ! ... ليس لديك ! ...

هى : كيف تعرف ذلك ؟ ! ....

هو : اعرف ذلك حَقَّ المَعْرِفَةِ ... وانا متأكَد من ذلك ... 나는 아주 잘 안다

هى : نعم ! ...

هو : لا ! ....

هى : نعم ... نعم ...

هو : لا ! لا ! صدّقيني انا ...

هى : كيف اصدقك يا سيدى ، وامامى لَوْحَةُ المحلّات ؟ ... 표:

هو : لا تهمّني لوحة المحلات ! ... انى اقول لك ليس لديك محلّ ! ...

내기하자. وانت متأكدة من وجوده ... فَلْنَتَراهَنْ! ... وهذه هى مئة فرانك .. 프랑

هى : انا متأكدة انك ستخسر نُقودَكَ ! ... 돈

هو : بالعكس ... وسوف ترين ! ...

هى : هذا عجيب ! ....

놀라움 هو : لا محلّ لِلْعَجَبِ ! ... انا متأكد انه ليس لديك محلّ خالٍ .. كل امرأة جميلة ليس لديها محلّ خالٍ في قلبها ! ... افهمت ؟.... 빈, 비어있는

농담 هى : هذه دُعابَةٌ ظَريفَةٌ !! ... 멋진, 익살스러운

هو : اعندك حتّى مكان للوقوف ؟ ...

هى : يا لها من دُعابَةٍ ! ...

هو : نعم انها دُعابَة ! ... ولكن اجيبى : اعندك ام لا ؟ ...

هى : مكان للوقوف ؟! ... فى قلبى!؟ (تضحك) ما اعجب ذلك ! ...

هو : ليس لديك ! ... الم اقل لك ذلك من قبل ؟ ... لقد كنت اذن على حقّ ... وانني على ذَلِكَ الرابح ؟! ... 그러므로

هى : بالعكس ! ... لم تربح يا سيدى ! ...

هو : كيف ! ...

هى : لست انت الرابح ! ... انت تطلب مكانا للوقوف فى آخر الصُّفوفِ ! 줄들
أليس كذلك ! ...

هو : نعم ! ...

هى : حسنا ... عندى طلبك ... عندى محلّ ! ... محلّ واحد بقى لِحُسْنِ الحَظِّ   다행히

... فما رأيك ؟ ...

هو : مكان للوقوف فى آخر الصُّفوفِ ؟ ... كيف ذلك ؟ ...   줄들

هى : الست انت الذى طلبت ؟ ... ومَعَ ذَلِكَ ليس هذا صعب التفسير ...   그렇지만, 그런데도

أفهمت ؟ ...

هو : لا ... لم أفهم ....

هى : إنّ هذا المحلّ يا سيّدى يعطيك الحقّ فى الحضور هنا مَتى شئت: ~하기만 하면

تراني وتتحدّث اليّ ... وانت امام شبّاك التذاكر ... واقف

كما انت الآن ! ...

هو : بِغَيْرِ جلوس ؟ ...   ~없이

هى : لا جلوس ، ترانى وانت واقف ... هذا هو المحلّ ! ...

هو : اهذا كلّ شيء ؟ ...

هى : كل شيء ... والآن قد اتّفقنا ... وبذلك فقد ربحت ... وهذا

حقّ ! ... وانى اضع المئة فرانك فى جَيْبي .   주머니

هو : اذن قد خسرت انا المئة فرانك ! ... ولم اجيء هنا الا

لاخسرها ...

هى : (ضاحكة) ولكنّك ربحت الوقوف فى آخر الصُّفوفِ ! ...

충분하다   هو : كَفَى يا سيّدتي ! ... ليس من السهل الدُّعابة معك ! ... وَداعًا   안녕!

يا آنسة ! ...

هى : (ضاحكة) وَداعًا يا سيّدى ! ...

이것은 타우피크 알하킴의 단막극 "매표구에서"를 각색한 것이다. 알하킴(1898~)은 이집트의 뛰어난 극작가·소설가·수필가 중의 하나이다. 그의 많은 수의 작품이 불어·영어 및 다른 유럽의 언어로 번역되었다.

1. 감탄 동사:	مَا أَجْمَلَهَا

1. 감탄 동사: مَا أَجْمَلَهَا

다음 문장을 살펴보자.

مَا أَعْجَبَ ذَلِكَ !	'그것은 얼마나 이상한가!'

위와 같은 문장을 감탄문이라고 하며 다음과 같은 구조로 되어 있다.

① مَا : 이를 감탄의 مَا (مَا ٱلتَّعَجُّبِيَّةُ)라고 한다.

② 형용사에서 파생된 Ⅳ형의 3. 남. 단. 완료형 동사: 이를 감탄 동사(فِعْلُ ٱلتَّعَجُّبِ)라고 한다.

③ 목적격의 명사 또는 연계형 대명사

윗 문장의 글자 그대로의 뜻은 "무엇이 그것을 놀라게 했느냐?"이다.

(다른 보기)

مَا أَجْمَلَ هٰذِهِ ٱلْمَدِينَةَ !	'이 도시는 얼마나 아름다운가!'
مَا أَجْمَلَهَا !	'그 여자는 얼마나 아름다운가!'
مَا أَصْعَبَ هٰذَا ٱلدَّرْسَ ٱلْأَخِيرَ !	'이 마지막 과는 얼마나 어려운가!'
مَا أَطْوَلَنِي !	'나는 얼마나 큰가!'

연습 1. 변형: 형용사 → 감탄 동사

'그 새 과는 쉽다.'　　　　الدرس الجديد سهل ←

'그 새 과는 얼마나 쉬운가!'　　　　ما أسهل الدرس الجديد .

١ - أمته جميلة .

٢ - هذه الجملة صعبة .

٣ - هو قبيح .

٦ - هي عظيمة .

٧ - بلادكم غنية .

٨ - أنا قصير .

٤ ـ قصيدتك طويلة •

٥ ـ فهمه للشعر القديم عميق •

٩ ـ نبيل قويّ •

١٠ ـ هذا الجهل عال •

١١ ـ هذا الشيك كبير •

د ـ نصوص للفهم

라. 강 독

다음 두 가지 문장을 읽고 연습 2와 연습 3을 하라.

(١) جُحَـــــا *

기원, 출신 جُحَا رجل غير معروف اَلْأَصْلِ تاريخيا • فالْأَتْرَاكُ يقولون انه تُرْكِيٌّ 터키 사람들

والايرانيّون يقولون انه ايراني والعرب يقولون انه عربيّ اسمه أَبُو 이란 사람들

اَلْغُصْنِ من سكان اَلْكُوفَةِ في العراق • والناس جميعا في الشرق الاوسط 쿠파

وشمال افريقيا يخبرون عنه قصصا طَرِيفَةً • وعلى الرغم من عدم معرفتنا 기묘한

أَصْلَه التاريخيّ فانه رجل مسلم يُمَثِّلُ الى حد بعيد شيئا عن حياة الناس 대표한다

وعاداتهم •

وهناك قصص طَرِيفَةٌ كثيرة ليس لها علاقة بالعرب او بجحا ولكن

الناس يقولون انها جرت مع جحا •

لهذه الاسباب اصبح جحا اليوم رجلا أُسْطُورِيًّا عند مختلف شعوب 전설적인, 우화적인

الشرق الاوسط وشمال افريقيا •

والقصة التالية هي واحدة من القصص اَلطَّرِيفَةِ الكثيرة التي حكيت

عن جحا •

جاء صديق الى جحا يطلب منه حِمَارَه ليستخدمه في سفر قصير قائلا 당나귀

انه سيعود بالْحِمَارِ في المساء • فقال جحا لصديقه : " لا استطيع اجابة

طلبك لأن اَلْحِمَارَ ليس هنا اليوم " • ولَمْ يكمل جحا كلامه حَتَّى بدأ اَلْحِمَارُ ~하자마자

يَنْهَقُ في الخارج • فقال صديقه : " اني اسمع حِمَارَك يا جحا • حِمَارُك (당나귀가) 운다

يَنْهَقُ ! " فقال له جحا : " عجيب أَمْرُكَ يا صديقي ! أتصدّق الحمار ولا تصدّقني " ؟! .

당신(아래의 주 참조)

* 아니스 프라이하(Anis Frayha)의 'The Essentials of Arabic'(86~87면)에서 뽑아서 고쳐 씀.

أسئلة

연습 2. 쓰기, 물음

١ – من هو جحا ؟

٢ – ما دين جحا ؟

٣ – في أيّ منطقة يتحدّث الناس عن جحا ؟

٤ – هل يتحدّث الناس عن جحا في المغرب ؟

٥ – ماذا طلب صديق جحا منه ؟

٦ – اين كان الحمار ؟

٧ – كيف عرف صديق جحا ان الحمار في الخارج ؟

٨ – ما رأيك بجحا ؟

٩ – هل في بلدك رجل تاريخيّ مثل جحا ؟

١٠ – أخبرنا شيئا عنه ؟

주: عَجِيبٌ أَمْرُكَ 의 글자 그대로의 뜻은 "당신의 일은 이상하군"이다. 명사 أَمْرٌ – أُمُورٌ '일, 사무, 사건'는 흔히 연계형 대명사와 연결형의 상태로 쓰여서 분리형 대명사의 뜻을 가진다.

(보기) أَمْرُكَ = أَنْتَ , أَمْرُهُ = هُوَ 이 문장에서 술어 عَجِيبٌ 은 강조하기 위해 주어 أَمْرُكَ 의 앞에 놓였다. 따라서 이 문장은 "당신은 참 이상하군!"의 뜻을 가진다.

(٢) رسالة : أَيْ بُنَيَّ * 나의 사랑하는 아들아, 얘야

لِأَحْمَدَ أَمِين

أَيْ بُنَيَّ :

영국 انك الآن تدرس في إِنْكِلْتِرَّا بعد ان أكملت دراستك في مصر والذين

(여러 가지의) 유형들 درسوا قبلك في أوروبا أَشْكَالٌ ...

~이라고 느꼈다 فمنهم من شَعَرَ بأن حريته في مصر كانت مفقودة ، فرآها في أوروبا

빠져들 쾌락 متوفرة ... فَانْغَمَسَ في ... اَللَّهْوِ ...

~와는 반대로 ومن الدارسين في أوروبا من كانوا عَلَى الْعَكْسِ مِنْ ذلك وهم أقل

عددا • هؤلاء اقبلوا على دروسهم باذلين أعظم الجهود ، ولم يعرفوا غير

بيوتهم وكتبهم وجامعاتهم وطريقهم من البيت الى الجامعة ... وظلّوا

يعملون ... حتى حصلوا على شهاداتهم العالية ... ثم عادوا الى بلادهم

يحملون شهاداتهم ويعملون فيما طلب منهم أن يعملوا ...

무리, 집 네가 ~처럼 처신한다 وهناك طَائِفَةٌ ثالثة هي التي تعجبني وهي التي احب ان تَسِيرَ عَلَى

품행, 도덕 مَنْهَجِهَا • هؤلاء ... فهموا انهم انما سافروا ليدرسوا علما ويدرسوا خُلُقًا

... يتعلمون هذه الدروس من الحياة الاجتماعية في الجامعة ومن الحياة

العائلية في البيت ، ومن الزيارات ... والحفلات ...

~의 본들 كل هؤلاء يا بُنَيَّ قد رأيت نَمَاذِجَ مِنْهُم ... فليكن سفرك أنت للمعرفة

개선, 가 하나님께서 네게 성공하게 하시기를(빈다) العلم وعودتك لِلإِصْلَاحِ والنفع وَاللّٰهُ يُوَفِّقُكَ •

* 아흐맏 아민(أَحْمَدُ أَمِين)의 '나의 아들에게(إِلَى وَلَدِي)'(17~27면)에서 뽑아서 고쳐 씀. أَيْ 의 용법은 44. 다. 1을 참조할 것.

연습 3. 쓰기, 물음

أَسْئِلَة :

١ ـ أين درس الابن ؟

٢ ـ الى كم قسم ينقسم الدارسون في أوروبا في رأي المؤلف ؟

٣ ـ ماذا تعرف عن القسم الاوّل ؟

٤ ـ ماذا تعرف عن القسم الثاني ؟

٥ ـ ماذا تعرف عن القسم الثالث ؟

٦ ـ أيّ قسم من هذه الاقسام يفضّل المؤلف ؟

٧ ـ هل تتفق مع المؤلف في الرأي ؟ لماذا ؟

٨ ـ ما رأيك بالطلاب الاجانب الذين يدرسون في أمريكا ؟

هـ ـ التمارين العامّة

마. 종합 연습

연습 4. 비교급과 최상급의 사용

다음 빈 칸에 괄호 안에 주어진 형용사의 바른 형을 넣어라.

١ ـ هذا الشارع ــــ من ذلك الشارع . (واسع)

٢ ـ هي ــــ منه فهما للشعر العربيّ القديم . (عميق)

٣ ـ المسيسبي ــــ من الامازون . (طويل)

٤ ـ أختي ــــ من أختك . (قصير)

٥ ـ نَبِيلٌ أخي ــــ . (كبير)

٦ ـ سَلْوَى ــــ بناته . (صغير)

٧ ـ المملكة العربية السعوديّة ــــ البلدان العربية انتاجا للزيت . (كثير)

٨ ـ ترجمة القرآن هذه ــــ من تلك الترجمة . (واضح)

٩ ـ جبال " روكي " ــــ من جبال " سموكي " . (عال)

١٠ ـ لندن عاصمة بريطانيا ــــ . (عظيم)

١١ ـ اجتمعت بعد الحرب العالمية الثانية بعض الدول ــــ وعدد من الدول ــــ في مدينة سان فرانسيسكو لتأسيس منظمة الامم المتحدة . (كبير، صغير)

연습5. 쓰기, 완성하기

능동태	수동태	능동분사	수동분사	동명사
رفضت				
	يهدى			
يذيع				
	لقّهوا			
جدّد				
	يعطى			
يسرّ				
	فهم			
اشترى				
	يحاط به			
يلقى				
	يوجد			

연습6. 쓰기, 번역

1. 아들의 결혼 문제에 대한 아버지와 그 아들 사이의 이견은 매우 심화되었다.
2. 여기의 신문들은 우리의 신문들과 전적으로 다르다는 것은 의심할 여지가 없다.
3. 내가 어제 밤 맨 먼저 한 것은 나의 새 주소를 알리며 나의 부모님께 편지를 보낸 것이었다.
4. 그 여자를 가르친 분 중에는 유명한 프랑스 교수가 있어서 그가 프랑스 문학과 문화를 이해

하도록 도와주었다.

5. 이번 주 초에 그 여자에게 그의 형부가 죽었다는 내용의("말하는") 편지가 왔다.

연습 7. 쓰기, 어휘

다음 단어표에서 적당한 말을 골라 빈 칸을 채워라.

(تحيط ، تحسّنت ، رفضت ، حضارة ، الخلاف ، عاشت ، مضى ، تَلِدَ ، عالية ،
على حق ، حول ، فَقَدَ ، بأمير ، حِينَ ، كليّة ، اشتدّ ، جهال ، لُقّب ،
ظهرت ، أساء ، حيّ ، قائمة ، من قاوموه) .

١ - ـــــ على زواجها خمسة اعوام قبل ان ـــــ (낳다) .

٢ - ـــــ احمد شوقي ـــــ (왕자) الشعراء .

٣ - هل انتصر صَلَاحُ ٱلدِّينِ على ـــــ ؟

٤ - ـــــ والديه وهو في السابعة من عمره .

٥ - ـــــ ـــــ (이견) بين الزوج وزوجته ـــــ (~에 관한) مشكلاتهما العائلية .

٦ - درست الادب الفرنسي في ـــــ الآداب في الجامعة اللبنانية .

٧ - كان العرب قبل الاسلام اهل ـــــ قبل ان يكونوا اهل حرب .

٨ - ـــــ الى والده دون ان يعرف انه فعل ذلك .

٩ - كانت ـــــ (옳다) عندما ـــــ الزواج منه .

١٠ - ـــــ في لبنان احزاب كثيرة في النصف الثاني من القرن الحالي.

١١ - ـــــ (개선되었다) الاوضاع في هذا البلد نتيجة لجهود المخلصين من ابنائه .

١٢ - كنت ادرس في جامعة هارفرد ـــــ قابلتها .

١٣ - ـــــ بهذه المدينة ـــــ (산들) عالية .

연습 8. 어 휘

다음 단어나 구의 반대말을 써라.

جميل	ذهب	عاش
كثير	شمال	المستقبل
صغير	غرب	اشترى
طويل	سيّئ	اتّفقا
قريب	نهاية	خسر
اعطى	قَبِلَ	وقف
داخلَ	فقير	قديما
قَبْلَ	جاء	حرب
عدم الانحياز	من قَبْلُ	سهل
امام	اسود	عامّ

연습 9. 쓰기, 사전 찾기 연습

다음 단어를 사전에서 찾아서 그 어근과 뜻을 써라.

استثقال	مجاملات	يتقصّون
مناورات	معتنق	عزّ
دحرج	سخاء	مناشير
راض	اشتقاق	تأويل
مودّة	انقلاب	تفاؤل

연습 10. 어휘, 동사—전치사구

다음 빈 칸에 필요한 전치사가 있으면 아래에서 찾아 적어 넣어라.

بـ ، الى ، في ، على ، عن ، من

١ – يرغب الاديب العربي ـــــ ان تقوم نهضة فكريّة في مجتمعه .

٢ – يهتم قائد المقاومة ـــــ الثورة الشعبية .

٣ – يعتمد السلام العالمي ـــــ تصرف الدول الكبرى .

٤ – ان الامة العربية بحاجة ـــــ الوحدة .

٥ – رأت ـــــ البنت أخاها الصغير حاملا الكرسي الى الطاولة .

٦ – تحيط جبال خضراء ـــــ هذه المدينة الجميلة .

٧ – احتفل اهل القرية كلهم ـــــ زواج اخي الكبير .

٨ – تقدم العامل ـــــ طلب للعمل الى المكتب الاداري للمصنع .

٩ – يمتاز لبنان ـــــ جباله العالية .

١٠ – حكي ـــــ الجاحظ انه قبيح الوجه واسع العينين .

١١ – لقّب الشعب العربي أُمّ كُلْثُومَ ـــــ "كَوْكَبُ الشرق" 별

١٢ – أساء ـــــ الاستاذ عندما اخرجني من الصف .

١٣ – انحاز أهل البلد ـــــ الوزير في خلافه مع الامير .

연습 11. 쓰기, 번역

레바논 주재 미국 대사 سَفِيرٌ

신입 미국 대사가 대통령에게 그의 신임장을 제정하기 위해 어제 밤 레바논의 수도에 도착했다. 오늘 아침 열 시에 대통령을 만나러 대통령궁으로 갔다. 그가 도착했을 때 외무장관과 수 명의 국가 고위 관리들이 궁 앞에서 그를 맞이했다. 그리고는 대사는 대통령을 만나서 공식에서 그의 신임장을 제정했는데 그 동안에 대사는 가장 따뜻한("아름다운") 환영을 받았다("만났다"). 대사는 대통령궁에서 두 시간 동안 머무르고는 그 뒤에 미대사관으로 돌아왔다. سَفَارَةٌ

أَوْرَاقُ اَعْتِمَادٍ

신입 대사는 레바논 주재 대사로 임명되기 전에 ("그의 임명 전에") 십 년 동안 미국무성의 고위 관리로 그의 나라에 봉사했었다. خَدَمَ

연습 12. 쓰기, 어휘

ㄱ. 24과에서 X형의 의미를 다시 살펴 보고, 다음 각 쌍의 단어의 의미를 사전에서 찾아 적어라. (밑줄 친 단어는 이미 이 책에서 나온 것임).

خدم – استخدم　　خرج – استخرج　　وقف – استوقف

مرّ – استمرّ　　حمل – استحمل　　عاد – استعاد

أعدّ – استعدّ　　انتج – استنتج　　رجع – استرجع

عمل – استعمل　　افاد – استفاد　　مات – استمات

فهم – استفهم　　خسر – استخسر　　بقي – استبقى

دعا – استدعى　　علم – استعلم　　دل – استدلّ

ردّ – استردّ

ㄴ. 21과에서 Ⅶ형의 의미를 다시 살펴 보고, 다음 각 쌍의 단어의 의미를 사전에서 찾아 적어라. (밑줄 친 단어는 이미 이 책에서 나온 것임).

قطع – انقطع　　عقد – انعقد

صرف – انصرف　　قسم – انقسم

قضى – انقضى　　فصل – انفصل

ㄷ. 21과에서 Ⅷ형의 의미를 다시 살펴 보고, 다음 각 쌍의 단어의 의미를 사전에서 찾아 적어라. (밑줄 친 단어는 이미 이 책에서 나온 것임).

نشر – انتشر　　شدّ – اشتدّ

فقد – افتقد　　زاد – ازداد

ربط – ارتبط　　وصل – اتصل

لقي – التقى　　هم – اهتم

تبع – اتبع

제 44 과

الدرس الرابع والاربعون

أ - الجمل التمهيدية

가. 예비문

أَحْمَدُ وكريمة

아흐맛과 카리마

١ - تَعَرَّفَ احمد على كريمة في الجامعة ثم احبّها واحبّته فاتّفقا على ان لا يسمحا لأيّ شيء بالتّفريق بينهما .

아흐맛은 카리마를 대학에서 알게 되어서 그는 그 여자를, 그 여자는 그를 사랑하게 되었으며, 그 둘은 어떤 일도 그들 사이를 갈라놓지 못하게 하자고 합의했다.

[تَعَرَّفَ ، تَعَرُّفٌ عَلَى]

〔V (아무를) 알게 되다〕

فَرَّقَ ، تَفْرِيقٌ ، تَفْرِقَةٌ

II 갈라놓다, 나누다

٢ - وبعد حبّ دام ثلاثة اعوام تزوّجا وقرّر كل منهما ان يبذل كل الجهد لإسْعَادِ الآخر .

그들은 삼 년 동안 계속된 사랑을 한 뒤에 결혼했으며 각자가 상대방을 행복하게 하기 위해 모든 노력을 다 하자고 결심했다.

أَسْعَدَ ، إِسْعَادٌ

IV (아무를) 행복하게 하다

٣ - سرّ الاهل والاصدقاء والأَصْحَابُ بزواجهما سرورا كبيرا .

가족과 친구들은 그들의 결혼을 크게 기뻐했다.

صَاحِبٌ - أَصْحَابٌ

친구, 동료

٤ - عمل احمد بجهد عظيم في وظيفته فترقّى وحصل على كثير من اَلْمَالِ فقدّره رئيس الشركة التي كان يعمل فيها كلّ التقدير .

아흐맛은 자기 직업에서 아주 열심히 일해서 승진하고 많은 부를 얻었으며, 그가 일하고 있던 회사의 사장은 그를 높이 샀다.

مَالٌ - أَمْوَالٌ

돈, 재산, 부, 부귀

٥ - وبَعْدَئِذٍ اخذ احمد يهتمّ بوظيفته اكثر من اهتمامه بزوجته حتى جعل نفسه مِلْكًا لتلك الوظيفة .

그 뒤에 아흐맛은 자기의 아내보다 직업에 보다 많은 관심을 두기 시작해서 자신을 그 직업의 소유물로 할 정도였다.

بَعْدَئِذٍ

그리고는, 그 뒤에

مِلْكٌ ـ أَمْلَاكٌ	재산, 소유물
٦ ـ لم يسعد كريمة المال الكثير الذي كان يحصل عليه احمد لأنّها لم تكن ترى في أَلدُّنْيَا الا بيتها " الجميل " لمدة اربع وعشرين ساعة في اليوم ولم يكن لديها ولد تسرّ به ٠	아흐맏이 벌어온 많은 부는 카리마를 기쁘게 하지 못했는데, 그 여자는 하루 스물네 시간 동안 세상에서 "아름다운" 자기 집 외에는 못 보았기 때문이다. 그녀에게는 더불어 즐거워할 아이도 없었다.
دُنْيَا	(여) 세상, 이승(أَلآخِرَةُ '저승'에 대한 반대말), 세상사
دُنْيَوِيٌّ ، دُنْيَاوِيٌّ	(دُنْيَا 의 니스바) 세상의, 이승의, 세속적인
٧ ـ صَبَرَتْ كريمة طويلا وسَكَتَتْ على ذلك الوضع ٠	카리마는 그 상황에 대해 오랫 동안 참고 침묵했다.
صَبَرَ ـِ ، صَبْرٌ (عَلَى)	(~에 대해) 참다, 견디다
سَكَتَ ـُ سُكُوتٌ (عَنْ)	(~에 대해) 침묵하다, 말 않다
٨ ـ تحدّثت مع زوجها بالموضوع قائلة ان المال فقط لايسعدها لكنّه غَضِبَ غَضَبًا عظيما وقال لها إنّها لا تقدّر كل ما يقوم به من عمل لاسعادها ٠	그 여자는 그 문제에 대해 남편과 이야기하면서 돈만이 자기를 행복하게 하지는 않는다고 말했다. 그러나 남편은 크게 화를 내면서 그 여자에게 자신을 행복하게 하려고 그가 하는 모든 것을 알아주지 않는다고 말했다.
غَضِبَ ـَ ، غَضَبٌ	화내다
٩ ـ وبعد أَنْقِضَاءِ خمسة اعوام على زواجهما عرف الزوجان انهما وَقَعَا في مشكلة صعبة ٠	그 부부는 결혼 5년이 지난 뒤에 그들이 어려운 문제에 봉착했다는 것을 알았다.
إِنْقَضَى ، إِنْقِضَاءٌ	Ⅶ ('~만큼') 지나다
وَقَعَ يَقَعُ ، وُقُوعٌ	떨어지다, 넘어지다; 생기다, 일어나다; 위치하다
١٠ ـ طلبت كريمة من احمد أَلطَّلَاقَ فرفض ان يُطَلِّقَهَا ٠	카리마는 이혼을 요구했으나 그는 이혼할 것을 거부했다.
طَلَّقَ ، طَلَاقٌ	Ⅱ 이혼하다

١١ ـ تركت كريمة بيت زوجها وذهبت الى بيت ابيها ‧ عِنْدَئِذٍ شَعَرَ احمد بِأنه لا معنى لحياته بدون زوجته وحبيبته كريمة ‧ وعلى الرغم من ان اَلْقَاضِيَ حكم بينهما بالتفريق فقد رجعت كريمة الى زوجها وحبيبها احمد وعاشا معا سعيدين ‧

카리마는 남편의 집을 떠나서 친정("아버지의 집")으로 갔다. 그 때에 아흐맛은 자기의 인생에서 아내며 애인인 카리마가 없으면 아무 뜻이 없다는 것을 느꼈다. 판사가 그 둘 사이에 헤어질 것을 판결했는데도 불구하고 카리마는 남편이며 애인인 아흐맛에게 돌아왔으며 그 둘은 같이 행복하게 살았다.

عِنْدَئِذٍ — 그 때에

شَعَرَ ـُ، شُعُورٌ (بِ) — (~라고) 느끼다

قَاضٍ ـ قُضَاةٌ — 판사, 재판관

النص الاساسي

قصة من كتاب الف ليلة وليلة

هَارُونُ اَلرَّشِيدُ وجَعْفَرُ واَلْجَارِيَةُ (여종)

الليلة التاسعة والعشرون بعد الثلاثمائة

وحكت شَهْرَزَادُ للملك فقالت: (샤흐라자드)

" يُحْكَى ان جَعْفَرَ اَلْبَرْمَكِيَّ كان في قصر اَلْخَلِيفَةِ هارون الرشيد (할리파) ليلةً فقال له الرشيد بلغني انك اشتريت سَلَّامَةَ اَلْجَارِيَةَ السمراء اللون السوداء العينين وانا احبها واطلبها منك منذ مدة طويلة فبعها لي ‧ فقال جعفر : لا ابيعها يا أَمِيرَ اَلْمُؤْمِنِينَ (신자들의 사령관) ‧ فقال : هبها لي فقال : لا اهبها ‧ فقال الرشيد : زوجتي زُبَيْدَةُ طَالِقٌ ثَلَاثَةً(1) (세 차례 이혼한) ان لم تبعها او تهبها لي ‧ قال جعفر : زوجتي طَالِقٌ ثَلَاثَةً ان بعتها او وهبتها لك ‧ ثم عرفا انهما وقعا في مشكلة كبيرة ما استطاعا حلها ‧ فأرسل الرشيد يطلب القاضي ابا يُوسُفَ ليساعدهما على حل هذه المشكلة ‧

جاء القاضي أبو يُوسُفَ مسرعًا . فلمّا وصل الى القصر رحّب بـه

이러저러한 الرشيد وقال له : ما طلبناك في هذا الوقت إلّا لامر هامّ هو كَذَا وَكَذَا

لم نستطع حلّه . فقال : يا امير المؤمنين إنّ هذا الامر اسهل ما

يكون . ثم قال : يا جعفر بع لأمير المؤمنين نصف ٱلْجَارِيَةِ وهب له

감탄했다 نصفها فتَبَرَّآنِ مِنْ يَمِينِكُمَا بالطلاق . فأُعْجِبَ أَمِيرُ ٱلْمُؤْمِنِينَ بذلك وفعل 당신들의 맹세 풀릴 것이다

هو وجعفر ما طلبه القاضي ثم قال الرشيد : أحضروا الجارية في

هذا الوقت .

ولما احضروا الجارية قال الرشيد للقاضي : اريد ان اتزوّجها

불임확인 (이슬람법) في هذا الوقت فانّي لا استطيع الصبر حتى تنقضي مدّة ٱلِاسْتِبْرَاءِ فقال

القاضي ابو يوسف : احضروا لي مَمْلُوكًا من مَمَالِيكِ أَمِيرِ ٱلْمُؤْمِنِينَ 맘룩, 노예

그가 그 여자와 동침하기; 허용된다 فَأُزَوِّجَهُ إِيَّاهَا ثم يطلّقها قبل ان يَدْخُلَ عَلَيْهَا فَيَحِلّ زواجها بعدئذ من 내가 그를 그 여자와 결혼 시키도록

امير المؤمنين .

فأُعْجِبَ الرشيد بهذا الحلّ وطلب إحضار ٱلْمَمْلُوكِ فلمّا حضر قال

للقاضي زوّجه من ٱلْجَارِيَةِ ففعل . ثم قال الرشيد لِلْمَمْلُوكِ : طلّقها

그는 그에게 더 준다 ولَكَ مائة دِينَارٍ فقال : لا افعل . ولم يزل يَزِيدُهُ وهو يرفض حتى 디나르

맹세코 اعطاه الف دِينَارٍ فرفضها وقال : هل الطلاق بيَدِي ام بِيَدِكَ ؟ وَٱللّٰهِ 내 마음대로의

لا اطلّقها . فغضب ٱلْخَلِيفَةُ وقال : ما الحلّ يا ابا يوسف فقال : يا

أَمِيرَ ٱلْمُؤْمِنِينَ : الامر سهل جدا . اجعل هذا ٱلْمَمْلُوكَ مِلْكًا لِلْجَارِيَةِ .

قال : جعلته ملكا لها . فقال لها القاضي : قولي : قبلت . فقالت

قبلت . فقال القاضي : حكمت بينهما بالتفريق لانه صار ملكا لها

무효화 되었다 فَٱنْفَسَخَ الزواج . فسرّ الرشيد بذلك واعطاه عشرة آلاف دِينَارٍ تقديرا

له فأخذها وانصرف الى بيته .

وفي صباح اليوم التالي قال القاضي لاصحابه : " لا طريق الى

الدين والدنيا اسهل من طريق العلم فاني اعطيت المال الكثير لاني

استطعت بقليل من العلم حلّ مشكلة أَمِيرِ ٱلْمُؤْمِنِينَ وإسعاده "

허용된 وَأَدْرَكَ شَهْرَزَادَ الصباح ، فسكتت عن الكلام ٱلْمُبَاحِ . 갑자기 왔다

※주: 1) 이 문구는 무슬림들이 최종적으로 이혼할 때 쓰는 것으로, 남편이 그의 아내가 세 차례 이혼했다고 선언한다(طَالِقٌ 는 형태상으로는 남성이지만 여성 형용사이다). 세 차례 이혼의 맹세는, 한 번 말하면 지켜야 하므로 농담으로 말해서는 안 된다. 그러므로 이 맹세는 최후의 결정을 선언할 때 쓰인다.

2) 여종의 소유자는 여종의 불임신을 확인하기 전에 그와 동침해서는 안 되며, 여종이 임신했으면 그가 그 아이의 아버지가 아님을 확실히 해야 한다. 여종이 임신하지 않았음을 확인하는 것을 اِسْتِبْرَاءٌ 라고 한다.

※어휘 주: فَ "그리고는"는 담화에서 주어가 바뀔 때도 사용된다. 따라서, وَقَالَ 이나 ثُمَّ قَالَ 는 "그리고 그가 말했다"이지만, فَقَالَ 는 "다른 사람이 말했다"에 해당한다(19. 다. 4 참조).

다. 문법과 연습 ج – القواعد والتمارين

1. 호격 : 요약
2. 완료형 : 성취적 기능
3. 수여동사 : 요약
4. بَعْدَئِذٍ '그 뒤에'

1. 호격: 요약

ㄱ. 호격사 يَا 의 뒤에 오는 명사 또는 형용사는 탄윈이 없는 주격을 취한다(2. 다. 4 참조). يَا 는 특정한 사람 또는 사람들을 부를 때 쓰인다.

يَا أَمِيرُ	'왕자여!'
يَا يُوسُفُ ٱلْكَرِيمُ	'너그러운 유숩이여!'

ㄴ. 그러나 그 명사 또는 형용사가 연결형의 제1요소이면 목적격을 취한다(6. 다. 4 참조).

يَا أَمِيرَ ٱلْمُؤْمِنِينَ	'신자들의 사령관이시어!'
يَا أَمِيرَنَا	'우리의 왕자여!'
يَا أَبَا يُوسُفَ ، يَا أَخِي ٱلْعَزِيزَ	'아부 유숩이여, 나의 사랑하는 형제여!'

ㄷ. 호격사 أَيُّهَا (여성: أَيَّتُهَا)(14. 다. 3 참조)는 يَا 와 뜻이 같지만, 그 뒤에 관사를 가진 주격의 보통명사가 온다.

أَيُّهَا ٱلسَّيِّدَاتُ وَٱلسَّادَةُ	'신사 숙녀 여러분!'
أَيُّهَا ٱلطُّلَّابُ ٱلْمُحْتَرَمُونَ	'존경하는 학생 여러분!'

ㄹ. 위의 모든 경우는 특정한 사람을 부를 때의 용법이다. 그러나 불특정인을 부를 때에는 호격 명사가 탄윈을 가지고 목적격을 취한다.

يَا رَجُلًا ، سَاعِدْنِي!	'누구든지 도와 주세요!'

ㅁ. 호격에서 연계형 대명사 일인칭 단수형 ـِي 는 가끔 ـِ 로 짧아진다.(보기) يَا أَعِزَّائِي 또는 '나의 사랑하는 이들이여!' 명사 أَبٌ '아버지'은 이 형에서 특수한 형을 가진다. يَا أَبَتِ '나의 아버지여!'

ㅂ. 또 다른 호격사에 أَيْ (43. 라. (2) 참조)가 있는데 현대 아랍어에서는 잘 쓰이지 않는다. أَيْ 는 يَا 와 같은 규칙을 따른다.

	특정인 호칭 탄윈 없는 주격형	불특정인 호칭 탄윈 있는 목적격형
يَا (관사 없음)	يَا رَجُلُ	يَا رَجُلًا
أَيُّهَا (관사 있음)	أَيُّهَا ٱلرَّجُلُ	

2. 완료형 : 성취적 기능

기본문에서 뽑은 다음 문장을 살펴 보자.

قَالَ : اِجْعَلْ هٰذَا ٱلْمَمْلُوكَ مِلْكًا لِلْجَارِيَةِ .	'그는 "이 맘룩을 그 여종의 소유로 만드시오"라고 말했다.'
قَالَ : جَعَلْتُهُ مِلْكًا لَهَا .	'그는 "나는 그를 그 여자의 소유로 만드노라"라고 말했다.'
قَالَ لَهَا : قُولِي قَبِلْتُ ، فَقَالَتْ قَبِلْتُ .	'그는 그 여자에게 " '받아들입니다'라고 말하라"라고 말했다. 그러자 그 여자가 "받아들입니다"라고 말했다.'
حَكَمْتُ بَيْنَهُمَا بِٱلتَّفْرِيقِ .	'나는 그 둘 사이를 갈라 섬으로 선언하노라.'

위의 보기에서처럼 아랍어에서는 우리 말과는 달리 완료형은 말하는 바로 그 행위로 성취되는 선언의 뜻을 나타낸다. 이와 같이 쓰이는 완료형의 용법을 성취적 기능이라고 한다. 이것을 다음의 무슬림 혼례식의 발췌에서 더 살펴 보라.

ٱلْإِمَامُ لِلْعَرُوسِ : قُولِي : زَوَّجْتُكَ نَفْسِي عَلَى ٱلْمَهْرِ ٱلْمُتَّفَقِ عَلَيْهِ بَيْنَنَا عَلَى كِتَابِ ٱللّٰهِ وَسُنَّةِ رَسُولِهِ (صلعم) . (صلعم = صَلَّى ٱللّٰهُ عَلَيْهِ وَسَلَّمَ)	이맘이 신부에게: " '하나님의 책과 그 사도 (하나님께서 그를 축복하시고 구원하시기를)의 전통에 의해 우리 사이에 합의된 지참금에 따라서 당신과 결혼합니다'라고 말하시오."
ٱلْإِمَامُ لِلْعَرِيسِ : قُلْ : وَأَنَا قَبِلْتُ زَوَاجَكِ عَلَى ٱلْمَهْرِ ٱلْمُتَّفَقِ عَلَيْهِ بَيْنَنَا عَلَى كِتَابِ ٱللّٰهِ وَسُنَّةِ رَسُولِهِ (صلعم) .	이맘이 신랑에게: " '또 나는 하나님의 책과 그 사도 (하나님께서 그를 축복하시고 구원하시기를)의 전통에 의해 우리 사이에 합의된 지참금에 따라서 당신의 결혼을 받아들입니다'라고 말하시오."

위의 보기에서 결혼과 받아들이는 행위는 그 단어를 말하는 자체로 성취된 것이다.

3. 수여 동사: 요약

수여 동사의 두 개의 목적어는 각각 간접 목적어와 직접 목적어이다(22. 다. 4 참조). 이제 다음과 같은 경우를 살펴 보자. (ㄱ) 직접 목적어가 대명사인 경우 (ㄴ) 간접 목적어를 لِ 구로 대체하는 경우.

다음은 지금까지 나온 수여 동사를 모은 것이다.

أَعْطَى	IV	(아무에게)(～을) '주다'
وَهَبَ	I	(아무에게)(～을) '주다'
مَنَحَ	I	(아무에게)(～을) '부여하다'
زَادَ	I	(아무에게)(～을) '더하다'
وَفَّى	II	(아무에게)(～을) '충분히 주다'
بَاعَ	I	(아무에게)(～을) '팔다'

(ㄱ) 간접 목적어가 대명사이면 동사의 뒤에 대명사의 연계형을 붙인다. 그러나 직접 목적어가 대명사이면 그 연계형을 불변사 - إِيَّا 의 뒤에 붙인다.

목적어가 둘 다 명사일 때:

أَعْطَى ٱلْخَلِيفَةَ ٱلْهَدِيَّةَ . '그는 칼리프에게 선물을 주었다.'

간접 목적어가 대명사일 때:

أَعْطَاهُ ٱلْهَدِيَّةَ . '그는 그에게 선물을 주었다.'

직접 목적어가 대명사일 때:

أَعْطَى ٱلْخَلِيفَةَ إِيَّاهَا . '그는 칼리프에게 그것을 주었다.'

목적어가 둘 다 대명사일 때:

أَعْطَاهُ إِيَّاهَا . '그는 그에게 그것을 주었다.'

여기에서 - إِيَّا 는 직접 목적어가 대명사일 때만 사용된다.

(ㄴ) 다음 두 문장을 비교하라.

وَهَبَنِي ٱلْقَلَمَ .	'그는 나에게 연필을 주었다.'
وَهَبَ ٱلْقَلَمَ لِي .	'그는 연필을 나에게 주었다.'

어떤 수여 동사는 간접 목적어를 목적격 대신에 전치사 لِ '~에게'의 목적어로 놓을 수도 있다. 이러한 동사는 목적어가 둘 다 대명사일 때 다음과 같은 구문이 된다.

هَبْنِي إِيَّاهُ	'나에게 그것을 달라.'
هَبْهُ لِي	'그것을 나에게 달라.'

이렇게 두 가지 구문을 쓰는 것은 용법의 문제로서, وَهَبَ 는 لِ 변형을 흔히, أَعْطَى 와 بَاعَ 는 가끔, مَنَحَ , زَادَ , وَفَّى 는 드물게 사용한다.

연습 1. 말 바꾸기: 명사 → إِيَّا- 를 사용하는 대명사

밑줄 친 명사를 적당한 대명사로 바꾸어라.

'그는 그들에게 역사를 가르쳤다.' → درّسهم التاريخ . ←

'그는 그들에게 그것을 가르쳤다.' درّسهم ايّاه .

١ – أعطاني الكتابين .	٥ – أعطانا الجرائد .
٢ – أعطيته الرسالة .	٦ – أعطاهن الرسائل .
٣ – درّستهنّ اللّغة العربيّة .	٧ – درّسني الأدب العربيّ .
٤ – وهبتكما الكتب .	٨ – منحته قلبها .

4. بَعْدَئِذٍ '그 뒤에'

기본문에 나오는 بَعْدَئِذٍ 는 "그 뒤에, 그리고는"을 뜻하는 부사이다. 이 말은 전치사 بَعْدَ '~의 뒤에'와 ئِذٍ '그 때'이 결합한 형이다. 이 ئِذٍ 은 여러 전치사와 시간을 나타내는 명사와 결합을 하여 쓰이며 앞의 말은 부사적 용법의 목적격을 가진다.

يَوْمَئِذٍ	'그 날에'	عِنْدَئِذٍ	'그 때에'
حِينَئِذٍ	'그 때에'	بَعْدَئِذٍ	'그 뒤에'
سَاعَتَئِذٍ	'그 시간에'	وَقْتَئِذٍ	'그 때에'

د ـ نصوص للفهم

라. 강 독

(1) 다음 두 가지 문장을 읽고 연습 2와 연습 3을 하라.

(١) الآبـــاء

목소리 — جلست أمام والدها ... وقالت في صوت قويّ ... :

ـ اني أحبّه ...

소리치다, 때렸다 — فأدهش قولها والدها وشعر أنّ ابنته ضَرَبَتْه على وجهه واراد أن يَصْرُخَ

억눌렀다 — في وجهها : ولكنّه تَمَالَكَ نفسه ... وقال :

ـ منذ متى ؟

ـ منذ عام وأكثر.

ـ وكنت تقابلينه ؟

ـ نعم ... كثيرا .

ـ أين ؟

ـ في بيته !!

너희 둘만 — ـ في بيته ... وَحْدَكُمَا ؟

그가 소개했다 — ـ لقد قَدَّمَني الى اخواته ... وأمّه !

그가 입맞췄다 — ـ هل قَبَّلَك ؟

ـ نعم ...

너는 부끄럽지 않았다 — ـ ولَمْ تَخْجَلِي ... ؟

부끄러움 — ـ لم أشعر بالخَجَلِ ... شعرت بالحب !

ـ هل طلبك للزواج ؟

ـ سنتزوّج ، ولكن لا يستطيع ان يطلبني للزواج الآن ... انّه لا يزال طالبا ، ولا يستطيع أن يعدّ لي بيتا .

ـ هل أخبرت أمّك بكل ذلك ؟

나는 무서웠다 — ـ لا ... خِفْتُ ألا تفهمني !

– ولماذا تخبريني أنا ؟

– لأنّي أحترمك ... ولأني واثقة أنّك ستفهمني .

وسكت الأب قليلا كأنّه يفكّر ، ثم قال :

– هل أستطيع أن اعرفه ؟

فقالت في سرور :

– نعم ... طبعًا ... (물론)

– ادعيه لتَنَاوُلِ الشاي معنا ، غدا ... (들기, 마시기, 먹기)

وجاء اَلشَّابُّ (젊은이, 청년) في الغد ... وجلس بين أَفْرَادِ (개개인) العائلة كلّهم ... الأب والأم والاخوة ... وكان الأب ينظر اليه مُتَفَحِّصًا (찾으며) كأنّه يبحث في قلبه عن آثارِ (흔적들;) اَلْجَرِيمَةِ (죄) ... ولكنّه لم يستطع أن يُقْنِعَ نفسه بِأن (~이라고 확신시킨다) هناك جَرِيمَةً أو أَثَرًا لها ... وضحك وهو يجد أبناءه وقد اَنْصَرَفُوا إِلَى (~에 몰두했다) اَلشَّابِّ (젊은이) في حَدِيثٍ (대화) طويل .

وأصبح صديقا للعائلة وحبيبا للابنة ... ثم تَصَادَقَتِ (서로 친구가 되었다) العائلتان ... الاب والاب ... والأم والأم ... والاخوة والاخوة ....

وبعد عامين ... تم الزواج !

* 이 단편은 إِحْسَانُ عَبْدُ اَلْقُدُّوسِ 의 مُنْتَهَى اَلْحُبِّ(119~121면)에서 뽑아서 고쳐 쓴 것임.

연습2. 쓰고, 묻고 대답하기

١ – لماذا غضب الوالد ؟

٢ – لماذا أخبرت الفتاة والدها عن حبّها عوضا عن أمّها ؟

٣ – هل قابلت الفتاة حبيبها ؟ أين ؟

٤ – لماذا لم يستطع الحبيبان أن يتزوّجا ؟

٥ – هل دعت الفتاة حبيبها الى بيتها ؟ ومن قابل هناك ؟

٦ – بماذا أَقْنَعَ الوالد نفسه ؟ (확신시켰다)

٧ – ماذا كانت نتيجة لقاء الحبيب بالعائلة ؟

٨ – متى تزوّج الحبيبان ؟

무식한 ## المعلم الأمِّيّ (٢)

(من كتاب ألف ليلة وليلة)

샤흐라자 قالت شَهْرَزَادُ للملك شَهْرِيَارَ : 샤흐리야르

يحكى أيّها الملك أنّ رجلا لا يعرف القراءة والكتابة لم يجد عملا يعيش منه ... ففتح مكتبا لتعليم الاولاد ... وكان يطلب من كبارهم تعليم صغارهم ، ويَكْتَفِي بِالاشراف عليهم . ~에 만족한다

وفي يوم من الايّام جاءالى والدة أحد الاولاد الذين في المكتب رسالة من زوجها الْغَائِبِ في سفر بعيد ، فأخذت الرسالة وذهبت الى المكتب واعطتها للمعلّم كي يقرأها لها . فلمّا أخذ الرسالة منها وقع في حَرَجٍ شَدِيدٍ ... ولكنه قال لنفسه ... من الأحسن أن أَتَظَاهَرَ بقراءتها وأخبرها بأيّ شيء مِنْ عِنْدِي ... وعلى هذا فتحها ووجد فيها قِطْعَةَ قُمَاشٍ ثم أَمْسَكَ الرسالة مَقْلُوبَةً ، مُتَظَاهِرًا بِأنّه يقرأ ما فيها . وانقضت مدّة وهو ساكت ... فلمّا رأت المرأة ذلك ظَنَّتْ أنّ زوجها قد مات .. فقالت للمعلّم وهي تَبْكِي : أرجوك يا سيّدي : قل لي الحق . اذا كان زوجي قد مات اخبرني بذلك حتى أقوم بالواجب . فلمّا سمع كلامها ... قال لها : يا سيّدتي أنا لا أريد أن أُعْلِمَكِ بمثل هذا الخبر الْمُحْزِنِ . فحين سمعت كلامه عرفت أنّ زوجها مات وخرجت من عنده وهي تَبْكِي حُزْنًا على زوجها . ولمّا وصلت بيتها اجتمع عندها الجيران لِتَعْزِيَتِهَا ...

부재중인 / 큰 난관 / 나는 ~인 체 한다 / 내 생각대 / 조각 / 천; / 거꾸로 / ~체 하면서 / 잡았다 / 생각했다 / 울면서 / 알린다 / 슬프게 하는, 슬픈 / ~때문에 슬퍼서 / 그 여자에게 조위하러

وكان زوجها قد أرسل مع رسالته اليها رسالة أخرى الى أحد أصدقائه وفيها أنّه بخير ... وأنّه عائد الى بلده وأهله وسيصل بعد أيّام . فلمّا سمع صديقه هذا بما جرى لزوجته تَعَجَّبَ ... وذهب اليها وسألها : من الذي أخبرك بموت زوجك ؟ فأخبرته بما قال لها المعلّم وأعطته الرسالة ... فلمّا قرأها ضحك وقال لها : انّ هذه الرسالة ليس فيها أيّ شيء عن موت زوجك فقد أرسل لي زوجك رسالة أخرى وفيها أنّه

놀랐다

가져왔다 بخير ... وسيكون عندنا هنا بعد أيّام ، وقد حَمَلَ لك معه كثيرا من الهدايا ....

عند ذلك ذهبت المرأة مع صديق زوجها الى المعلّم وقالت له :

كيف أخبرتني بموت زوجي مَعَ أَنَّهُ سيحضر قريبا ... ومعه الهدايا الكثيرة ؟ ~에도 불구하고

사과했다 فلمّا سمع المعلّم كلامها وقع في حَرَجٍ شَدِيدٍ ولكنّه اِعْتَذَرَ قائلا : انّي لمّا 큰 난관

당신이 운다 رأيت الرسالة فيها قِطْعَةُ قُمَاشٍ ورأيتك تَبْكِينَ ، اعتقدت أنّ زوجك مات وأنّ

그가 싸였다 تلك هي قِطْعَةٌ من اَلْقُمَاشِ الذي كُفِّنَ به .

연습 3. 쓰기, 다음 글이 옳은지 그른지 밝혀라.

무식한 ١ – أخذت قصّة " المعلّم اَلْأُمِّيُّ " من كتاب " ألف ليلة وليلة " .

٢ – كان المعلّم يعرف القراءة والكتابة جيّدا .

٣ – كان بعض الطلاّب يعلّمون البعض الآخر .

부재중인 ٤ – جاءت الى المعلّم رسالة من زوج المرأة اَلْغَائِبِ .

٥ – قال المعلّم للمرأة انّه لا يعرف القراءة والكتابة .

٦ – أخبر المعلّم المرأة أنّ زوجها مات .

٧ – أسعد موت زوج المرأة المعلّم .

٨ – زار الجيران المرأة في بيتها .

٩ – أخبر المرأة صديق زوجها أنّ زوجها لم يمت .

١٠ – لا يعرف صديق زوج المرأة القراءة والكتابة .

가져올 것이다 ١١ – قال الزوج في احدى رسالتيه انّه سَوْفَ يَحْمِلُ معه كثيرا من الهدايا الى عائلته .

١٢ – أرسل الزوج رسالتين : واحدة الى زوجته وأخرى الى صديقه .

그의 사과 ١٣ – قدّم المعلّم اِعْتِذَارَهُ لصديق الزوج .

(2) 테이프에서 문장을 듣고 연습 4를 하라.

연습 4. 쓰기, 테이프에서 들은 문장을 우리 말로 요약하라.

마. 종합 연습　　　　هـ – التمارين العامّة

연습 5. 쓰기, 기수와 서수

다음 숫자의 바른 형을 써라.

'나에게 편지 세 통이 왔으나 나는 세번째 편지 밖에 읽지 않았다.'

وصلتني الرسائل الـ ٣ ، ولكنّي لم أقرأ
الاّ الرسالة الـ ٣ . ←
وصلتني الرسائل الثلاث ، ولكنّي لم أقرأ
الاّ الرسالة الثالثة .

١ – قرأت الجمل الـ ٥ ، فلم أفهم غير الجملة الـ ٥ .

٢ – سمعت المحاضرات الـ ٩ ، فلم تعجبني الاّ المحاضرة الـ ٩ .

٣ – حكم البلاد ١٣ عاما ، وفي نهاية العام ألـ ١٣ مات .

٤ – عمل في الكلّية ٢٣ سنة ، ولكنّه لم يترقّ الاّ في نهاية السنة الـ٢٠ .

٥ – قاوم الشعب الحكم الاجنبيّ ٤٨ سنة ، وفي السنة الـ ٤٨ حصل على استقلاله .

٦ – في الكتاب ١٦٩ درسا أهمّها الدرس الـ ٦٩ .

연습 6. 쓰기, 질문 만들기

다음 각 단어를 사용하여 질문을 만들고 거기에 답하라.

هل ، أ ، أَلَمْ ، ألن ، لِمَ ، فيمَ ، مِمَّ ، عَمَّنْ ، كيف ، أين ، لماذا ،
معى ، حتّى متى ، مَنْ ، الى أين .

연습7. 변형: 수동태 완료형 → لَمْ + 수동태 단축법

'그들은 갈라졌다.' → فرّق بينهم • ←
'그들은 갈라지지 않았다.' لم يفرّق بينهم •

١ – أعطوا كتبا علميّة •
٢ – صدّق الخبر •
٣ – أذيعت الأخبار.
٤ – لقّب بالشاعر الوطنيّ •
٥ – سمّي بشيرا •
٦ – أقيمت حفلات كثيرة •
٧ – احتيج الى عدد كبير من العمّال •
٨ – صودقن •
٩ – أجّل الاجتماع •
١٠ – انتخب رئيسا للجمهوريّة •
١١ – استقبلت في المطار •

연습8. أنّ / أن 절 → 동명사 구문

'그는 나에게 예멘을 방문하고 싶다고 언급했다.' → ذكر لي أنّه يرغب في زيارة اليمن.
'그는 나에게 예멘 방문의 바람을 언급했다.' ذكر لي رغبته في زيارة اليمن •

١ – تغيّرت حياتها بعد أن قابلت الرجل الذي تزوّجته •
٢ – سمعت بأنّهم غضبوا •
٣ – لم يغضبنا أنّكم أسأتم الينا •
٤ – أدهشنا أنّكم رفضتم دعوتنا •
٥ – تحترمهم لانّهم يكافحون •
٦ – لم أكن أعلم بأنّهم أستقلّوا •
٧ – قابلت الأستاذ بعد أن انصرف الطلاّب •
٨ – لا يعجبني أن يبقوا هنا •
٩ – لا تحبّهم على الرغم من أنّهم يهتمّون بأمرها •
١٠ – أنّكم تحتاجون الينا أمر معروف •
١١ – لم يسمع بأن يحضر الاجتماع •
١٢ – ما السبب في أنّك أخرجتها من المكتب ؟
١٣ – سافرت الى الشرق الاوسط قبل أن أتعلّم اللغة العربية •
١٤ – يحتاج حلّ المشكلة الى أن يتعاونوا •

연습 9. 어 휘

다음 괄호 안의 표현을 같은 뜻을 가지는 한 단어로 바꾸어 써라.

١ ـ حكم القاضي بـ (التفريق بين الزوج وزوجته) •

٢ ـ أعجبته السيّارة ، لِذٰلِكَ (قدّم المال ثمنًا لها وأخذها) • 그러므로

٣ ـ سمعت أنّ صديقك (حصل على وظيفة أعلى من الوظيفة التي كانت له) •

٤ ـ سوف يزداد عدد المصانع في (السنوات القادمة) •

٥ ـ كان لي مال كثير ، ولكنّي (لم أستطع ان أجده) •

٦ ـ أكملت كتابة (بحث قدّمته الى الجامعة للحصول على شهادة) •

٧ ـ مصر دولة (يحكمها أبناؤها) •

٨ ـ نظام الحكم في الأردن نظام (دولة يحكمها ملك) •

٩ ـ هذا (رجل يؤلّف الأشعار) •

١٠ ـ السيّد فريد وَجْدِي (متحدّث باسم بلاده) في منظمة الامم المتحدة •

연습 10. 쓰기, 번역

서양의 일부 사람들은 이혼은 중동에서 쉬운 일이라고 생각하는데, 이것은 옳지 않다. 만약 남편과 아내가 심각한 가정 문제에 부딪히고("만나고") 또 그 결과 이혼을 청구하려고 결정하면, 재판관에게 가야 한다. 재판관은 그 일을 조사하고 그 문제를 풀려고 시도한다. 만약 그가 성공하지 못하면 남편과 아내에게 자식들("아들들과 딸들")의 권리를 보호하는 이혼을 허락한다.

مَبْلَغٌ 이혼시에 아내가 가지는 금액은("으로 말하면") 결혼 전에 결정된다. 그 돈은 지참금 (اَلْمَهْرُ)이라고 불린다. 여성은 결혼 전이나 이혼이 이루어지면 이혼 후에 그(여자)의 지참금을 모두 가질 권리가 있다.

연습 11. 쓰기, 어휘

다음 단어표에서 적당한 말을 골라 빈 칸을 채워라.

(ينفع ، عوضا عن ، وقف ، قرية ، أنقسم، أسعدني ، نشاط ، يغضب ، تضع ،

قوانين ، سكتت ، كاد ، بصر ، ربح ، الانسان ، القاضي ، أغضابه ،أمواله ، الدنيا ، حول ، أرسل ، يخسر ، التفريق ، عهد ، قاموس) .

١ ـ حاولت ____ ولكنّه لم ____ (화낸다) .

٢ ـ الأمريكيّون يحترمون ____ بلدهم .

٣ ـ حكم ____ بينهما بـ ____ (갈라짐) .

٤ ـ ____ خبر زواج أبنك .

٥ ـ ____ عدد من الطلاب المصريّين للدراسة الى فرنسا .

٦ ـ ____ (거의) ذلك الرجل الغنيّ أن ____ كل ____ (돈) .

٧ ـ عقد الاجتماع في القاهرة ____ بيروت .

٨ ـ ____ مدّة قصيرة ثم قالت لوالدتها أنّها تحب أبن الجيران .

٩ ـ ماذا ____ الانسان لو ____ ____ (세상) وخسر نفسه .

١٠ ـ ____ الرأي العام العالمي ____ (~에 관한) مشكلة الشرق الأوسط .

١١ ـ ____ المراسلون مدّة دقيقة أحتراما لرئيس الجمهوريّة عندما بدأ مؤتمره الصحفي .

١٢ ـ ولد في ____ صغيرة وفقد ____ ـه وهو في الخامسة من عمره .

١٣ ـ تقوم الأمم المتحدة بـ ____ ثقافي واسع . لذلك ____ الدول الصغرى ثقتها الكبيرة فيها .

연습12. 쓰기, 번역

أوستن ـ تكساس ٢٥ آب (أغسطس)١٩٧٥.

عزيزي سليم :

تحيّة أخويّة وَبَعْدُ ، وصلتني رسالتك أمس ولم تكن قد وصلتني منك

그리고는 또 (41. 다. 2 참조)

أَيَّ رسائل منذ أكثر من ستة أشهر • لقد سررت جدّا برسالتك هذه كما سرّني أيضا خبر نجاحك في الامتحانات الحكومية وحصولك على شهادة البكالوريوس بِاَمْتِيَازٍ • أرجو لك النجاح في كل ما تقوم به من أعمال وكلّي ثقة أنّك ستتابع دراستك للحصول على شهادة الماجستير في الجامعة الأمريكيّة في بيروت • لقد أسعدني جدّا قولك انّ لك خَطِيبَةً الآن تحبّك وتحبّها وتهتم بك وتهتم بها • ألف سلام منّي اليها عَلَى غَيْرِ مَعْرِفَةٍ •

우등으로

약혼녀

알지 못해도

نحن هنا مسرورون في حياتنا الاجتماعيّة والدراسيّة على الرغم من أنّ أوضاعنا المالية ليست حسنة جدّا • أنا أدرس اَلْعُلُومَ اَللُّغَوِيَّةَ وأدرّس اللّغة العربيّة هنا في جامعة تكساس وزوجتي تدرس العلوم السياسيّة • لقد قابلنا كثيرا من الناس هنا واصبح لنا أصدقاء كثيرون • وأود أن اخبرك أنّ الشعب الأمريكي كالشعب العربيّ شعب يمتاز بِاَلْكَرَمِ فالأمريكي يكرم الضيف ويقدّم للأجنبي كل ما يستطيع تقديمه من مساعدة •

언어학

너그러움

الاساتذة الذين يدرسونني من كبار الاساتذة في الولايات المتحدة وهم يقومون بكل ما يجب القيام به لمساعدتي في مختلف الميادين • انّني اشعر أنّ معرفتي بالمواضيع التي ادرسها تزداد يوما بعد يوم وهذا بسبب مساعدة اساتذتي لي • لقد بدأت منذ مدة قصيرة بكتابة رسالة الدكتوراه وانا أبذل الآن كل الجهود في انهاء هذه الرسالة وجعلها رسالة تعجب اساتذتي •

ارجو أن تجيبني على رسالتي هذه عندما يسمح لك الوقت بذلك كما ارجو ان نبقى على اتصال وأن لا تنقطع الرسائل بيننا يا صديقي العزيز •

سلامي الى جميع الاهل والاصدقاء٠٠ من عندنا جميع أصدقائك يرسلون لك سلامهم ٠

المخلص

أحمد امـــام

연습13. 쓰기, 어휘

여러 가지 동사형의 의미를 고려하여 사전을 찾아 다음 각 단어군의 의미 관계를 밝혀라.

١ـ علم ـ علّم ـ اعلم ـ تعلّم ـ استعلم

٢ـ عجب ـ أعجب ـ تعجّب

٣ـ خرج ـ خرّج ـ تخرّج ـ استخرج

٤ـ بدل ـ بادل ـ تبادل ـ استبدل

٥ـ فقد ـ افقد ـ افتقد ـ استفقد

٦ـ قطع ـ قطّع ـ قاطع ـ أقطع ـ تقطّع ـ انقطع ـ اقتطع ـ استقطع

제 45 과

الدرس الخامس والاربعون

أ ـ آيَاتٌ وَأَحَادِيثُ

(١) ـ آيَاتٌ

١ ـ وَإِذَا قُرِئَ ٱلْقُرْآنُ فَٱسْتَمِعُوا لَهُ وَأَنْصِتُوا لَعَلَّكُمْ تُرْحَمُونَ (٢٠٤
ٱلْأَعْرَافِ)

٢ ـ وَإِذَا حُيِّيتُمْ بِتَحِيَّةٍ فَحَيُّوا بِأَحْسَنَ مِنْهَا أَوْ رُدُّوهَا (٨٦ ٱلنِّسَاءُ)

٣ ـ إِنَّ ٱلَّذِينَ آمَنُوا وَٱلَّذِينَ هَادُوا وَٱلنَّصَارَى وَٱلصَّابِئِينَ مَنْ
آمَنَ بِٱللّٰهِ وَٱلْيَوْمِ ٱلْآخِرِ وَعَمِلَ صَالِحًا فَلَهُمْ أَجْرُهُمْ عِنْدَ رَبِّهِمْ
وَلَا خَوْفٌ عَلَيْهِمْ وَلَا هُمْ يَحْزَنُونَ (٦٢ ٱلْبَقَرَةِ)

٤ ـ وَلَوْ شَاءَ رَبُّكَ لَجَعَلَ ٱلنَّاسَ أُمَّةً وَاحِدَةً (١١٨ هُودٍ)

٥ ـ إِنْ تُقْرِضُوا ٱللّٰهَ قَرْضًا حَسَنًا يُضَاعِفْهُ لَكُمْ (١٧ ٱلتَّغَابُنِ)

٦ ـ إِنْ يَنْصُرْكُمُ ٱللّٰهُ فَلَا غَالِبَ لَكُمْ (١٦٠ آلِ عِمْرَانَ)

٧ ـ فَأَمَّا ٱلْيَتِيمَ فَلَا تَقْهَرْ
وَأَمَّا ٱلسَّائِلَ فَلَا تَنْهَرْ
وَأَمَّا بِنِعْمَةِ رَبِّكَ فَحَدِّثْ (٩ ، ١٠ ، ١١ ٱلضُّحَى)

٨ ـ مَنْ عَمِلَ صَالِحًا فَلِنَفْسِهِ وَمَنْ أَسَاءَ فَعَلَيْهَا (٤٦ فُصِّلَتْ)

٩ ـ وَقَضَى رَبُّكَ أَلَّا تَعْبُدُوا إِلَّا إِيَّاهُ وَبِٱلْوَالِدَيْنِ إِحْسَانًا .... فَلَا
تَقُلْ لَهُمَا أُفٍّ وَلَا تَنْهَرْهُمَا وَقُلْ لَهُمَا قَوْلًا كَرِيمًا . وَٱخْفِضْ لَهُمَا
جَنَاحَ ٱلذُّلِّ مِنَ ٱلرَّحْمَةِ وَقُلْ رَبِّ ٱرْحَمْهُمَا كَمَا رَبَّيَانِي صَغِيرًا .
(٢٣ و ٢٤ بَنِي إِسْرَائِيلَ)

٢) ـ أَحَادِيثُ

١٠ ـ مَنْ مَاتَ وَهُوَ يَعْلَمُ أَنَّهُ لَا إِلٰهَ إِلَّا ٱللّٰهُ دَخَلَ ٱلْجَنَّةَ .

١١ ـ لَا يُؤْمِنُ أَحَدُكُمْ حَتَّى يُحِبَّ لِأَخِيهِ مَا يُحِبُّ لِنَفْسِهِ .

가. 꾸란의 절과 하디스(예언자의 언행록)

(1) 꾸란의 절

1. 꾸란이 낭독될 때는 정신을 차리고 귀를 기울여라. 그러면 아마도 너희는 자비를 받으리라. (7. "고벽"의 장 204절).
2. 인사를 받으면 그보다 낫게 또는 그와 같은 만큼 인사를 하라(4. "여인"의 장 86절).
3. (꾸란을) 믿는 사람들과 유대교도·기독교도·사비교도, 하나님과 최후의 날을 믿고 좋은 일을 하는 사람은 누구든지, 그들의 주로부터 보상이 있을 것이며, 그들에게는 두려움도 없고 슬프지도 않을 것이다(2. "암소"의 장 62절).
4. 너의 주는 원하시기만 하면 사람들을 하나의 민족으로 만드셨을 것이다(11. "후드"의 장 118절).
5. 너희가 하나님께 좋은 대여를 하면 그 분은 너희에게 곱으로 갚아 주시리라(64. "서로 속임"의 장 17절).
6. 하나님께서 도우시면 아무도 너희를 이길 자가 없으리라(3. "임란가"의 장 160절).
7. 그러므로, 너는 고아를 거칠게 다루지 말아라. /
   청하는 자를 물리치지 말아라. /
   네 주의 은혜를 말해 주어라(93. "아침"의 장 9~11절).
8. 누구든지 선행을 하는 자는 자신을 위하는 것이고, 악행을 하는 자는 자신에 거역하는 것이다(41. "해명" 또는 "하밈"의 장 46절).
9. 너의 주는 그 분 외의 자를 경배해서는 안 되며 부모에게 잘 대하라고 명하셨다…… 부모에게 불경하거나 짜증내지 말아라. 그들에게 정중한 말을 하여라. / 연민에서 그들에게 겸손의 날개를 낮추어라. 또, "주여, 그들이 어린 저를 길러 주었듯이 그들에게 자비를 베푸소서." 라고 말하라(17. "이스라엘 자손"의 장 23~24절).

(2) 예언자의 언행록

10. 누구든지 하나님 외에는 신이 없다는 것을 알고 죽는 사람은 천국에 들어갈 것이다.
11. 너희 중 하나도 자신에게 원하는 것을 형제에게도 원할 때까지는 믿지 않는 것이다.

ب - شِعْرٌ

اَلْعِرَاكُ

لِمِخَائِيلَ نُعَيْمَةَ

دَخَلَ ٱلشَّيْطَانُ قَلْبِي فَرَأَى فِيهِ مَلَاكْ
وَبِلَمْحِ ٱلطَّرْفِ مَا بَيْنَهُمَا ٱشْتَدَّ ٱلْعِرَاكْ
ذَا يَقُولُ: ٱلْبَيْتُ بَيْتِي ! فَيُعِيدُ ٱلْقَوْلَ ذَاكْ
وَأَنَا أَشْهَدُ مَا يَجْرِي وَلَا أُبْدِي حَرَاكْ
سَائِلًا رَبِّي : " أَفِي ٱلْأَكْوَانِ مِنْ رَبٍّ سِوَاكْ
جَبَلَتْ قَلْبِي مِنَ ٱلْبَدْءِ يَدَاهُ وَيَدَاكْ" ؟
وَإِلَى ٱلْيَوْمِ أَرَانِي فِي شُكُوكٍ وَٱرْتِبَاكْ
لَسْتُ أَدْرِي أَرَجِيمٌ فِي فُؤَادِي أَمْ مَلَاكْ .

나. 시

격　　투

미하일 누아이마 지음

악마가 내 마음에 들어와 거기에서 천사를 보았다.
눈 깜짝할 사이에 그들 사이에 격투가 심화되었다.
한 쪽이 "이 집은 내 집이다!"라고 말하면 다른 쪽이 그 말을 되돌린다.
나는 꿈짝도 않고 벌어지고 있는 일을 지켜본다.
나의 주께 여쭈면서: "만물 중에 당신 외에 신이 계십니까?
그 분의 손이 당신의 손과 처음부터 제 마음을 만드신 분말입니다."
오늘까지도 나는 의심과 혼란 속에 있는 나를 본다.
내 가슴에 악령이 있는지 천사가 있는지 알지 못한 채.

※운율: 이 시의 운율은 رَمَل 로서, 이것은 전통적인 16 가지의 아랍시 운율의 하나이다. 이 시의 형식은 다음과 같다. ⏓ ⏑ — — | ⏓ ⏑ — — ‖ ⏓ ⏑ — — | ⏓ ⏑ —

여기서, ⏑ 은 "경음절"(짧은 모음으로 끝나는 음절.(보기) دَخَلَ = ⏑ ⏑ ⏑)을, — 은 "중음절"(경음절이 아닌 음절.(보기) ، قَلْبٌ = — —)을 나타낸다. 각 행의 첫 반행은 4음절의 2운각이 있다. 첫번째는 길거나 짧다(⏓). 두번째는 반드시 짧다(⏑). 마지막 두 개는 반드시 길다(— —). 그래서 ⏓ ⏑ — — 의 모양이 된다. 행의 마지막 운각은 3음절 뿐이다. 음생략(와슬라; ٱ)는 엄격히 지켜져야 하며, 행의 끝에서는 음을 쉽게 하기 위해서 휴지형(اَلْعِرَاقْ، اَلْمَلَاكْ 등)으로 발음한다.

다. 문법과 연습 　　　　　　　　　　　　　　 ج – القواعد والتمارين

1. 불변사 　 إِيَّا - ： 요약

1. 불변사 إِيَّا -: 요약

불변사 إِيَّا - 는 그 뒤에 연계형 대명사만 오며 직접 목적어의 의미를 가진다. (보기) '그를', إِيَّاهُ '당신을', إِيَّاكَ '나를', إِيَّايَ '우리를:' إِيَّانَا

이 말의 용법은 다음과 같다.

(1) 동사의 직접 목적어(44. 다. 3 참조):

أَعْطَى ٱلْجَارِيَةَ إِيَّاهُ .	'그는 여종에게 그것을 주었다.'

(2) 강조를 위해 동사의 앞에 나오는 대명사 목적어:

إِيَّاكَ نَعْبُدُ وَإِيَّاكَ نَسْتَعِينُ .	'당신께 우리는 예배하고 당신께 도움을 청하나이다.' (1. 개경장 4절)

(3) 동사와 분리되어 있는 대명사 목적어(위의 가. 9 참조):

وَقَضَى رَبُّكَ أَلَّا تَعْبُدُوا إِلَّا إِيَّاهُ .	'너의 주는 그 분 외의 자를 경배해서는 안 된다고 명하셨다.' (17. "이스라엘 자손"의 장 23절)

위의 두 가지 용법은 꾸란에 나온 것이다. 다음의 두 가지는 현대 아랍어에서 일반적인 용법이다.

(4) 불변사 إِيَّا - 의 뒤에 أَنْ 절이 오면 "~하지 않도록 조심하라"의 뜻을 나타낸다.

إِيَّاكَ أَنْ تَقُولَ ذٰلِكَ !	'그것을 말하지 않도록 조심하라!'

(5) 목적격 목적어를 가진 동사가 명사화하면—동명사로 됨—그 목적어는 목적격을 그대로 유지한다.

أَغْضَبَهَا أَنَّهُمْ رَفَضُوا دَعْوَتَهَا .	'그들이 그 여자의 초대를 거절한 것이 그를 화나게 했다.'
أَغْضَبَهَا رَفْضُهُمْ دَعْوَتَهَا .	'그들의 그 여자의 초청 거절이 그를 화나게 했다.'

이 때 동사의 목적어가 대명사이면 그 대명사는 동명사의 뒤에서 إِيَّا - 에 붙는다.

أَغْضَبَهَا أَنَّهُمْ رَفَضُوهَا .	'그들이 그것을 거절한 것이 그를 화나게 했다.'
أَغْضَبَهَا رَفْضُهُمْ إِيَّاهَا .	'그들의 그것 거절이 그를 화나게 했다.'

동사—전치사구에서는 그 목적어가 명사이거나 대명사이거나 전치사의 목적어가 되므로 إِيَّا - 를 사용할 필요가 없다.

سَرَّنَا حُصُولُهُ عَلَيْهَا .	'그가 그것을 얻어서 우리는 기뻤다.'

연습 1. 변형 : 명사 목적어 → 대명사 목적어

'당신들의 우리 초대 거절이 우리를 놀라게 했다.' → أدهشنا رفضكم دعوتنا .

'당신들의 그것 거절이 우리를 놀라게 했다.' أدهشنا رفضكم اياها .

١ ـ متى موعد طبعكم الكتاب الجديد ؟

٢ ـ ما سبب ادخالهم المفردات على هذا الدرس ؟

٣ ـ هل تمكّنت من بيعهم الهدية ؟

٤ ـ طالبنا بمنحهم سليم المال ٠

٥ ـ سمعت باعدادهم الامتحانات القادمة ٠

〈표 1〉 강동사: 원형 (ُ) دَرَسَ '공부하다'

	능동태					수동태	
	완료형	직설법	접속법	단축법	명령법	완료형	직설법
3 남단	دَرَسَ	يَدْرُسُ	يَدْرُسَ	يَدْرُسْ		دُرِسَ	يُدْرَسُ
여단	دَرَسَتْ	تَدْرُسُ	تَدْرُسَ	تَدْرُسْ		دُرِسَتْ	تُدْرَسُ
2 남단	دَرَسْتَ	تَدْرُسُ	تَدْرُسَ	تَدْرُسْ	اُدْرُسْ	دُرِسْتَ	تُدْرَسُ
여단	دَرَسْتِ	تَدْرُسِينَ	تَدْرُسِي	تَدْرُسِي	اُدْرُسِي	دُرِسْتِ	تُدْرَسِينَ
1 단	دَرَسْتُ	أَدْرُسُ	أَدْرُسَ	أَدْرُسْ		دُرِسْتُ	أُدْرَسُ
3 남쌍	دَرَسَا	يَدْرُسَانِ	يَدْرُسَا	يَدْرُسَا		دُرِسَا	يُدْرَسَانِ
여쌍	دَرَسَتَا	تَدْرُسَانِ	تَدْرُسَا	تَدْرُسَا		دُرِسَتَا	تُدْرَسَانِ
2 쌍	دَرَسْتُمَا	تَدْرُسَانِ	تَدْرُسَا	تَدْرُسَا	اُدْرُسَا	دُرِسْتُمَا	تُدْرَسَانِ
3 남복	دَرَسُوا	يَدْرُسُونَ	يَدْرُسُوا	يَدْرُسُوا		دُرِسُوا	يُدْرَسُونَ
여복	دَرَسْنَ	يَدْرُسْنَ	يَدْرُسْنَ	يَدْرُسْنَ		دُرِسْنَ	يُدْرَسْنَ
2 남복	دَرَسْتُمْ	تَدْرُسُونَ	تَدْرُسُوا	تَدْرُسُوا	اُدْرُسُوا	دُرِسْتُمْ	تُدْرَسُونَ
여복	دَرَسْتُنَّ	تَدْرُسْنَ	تَدْرُسْنَ	تَدْرُسْنَ	اُدْرُسْنَ	دُرِسْتُنَّ	تُدْرَسْنَ
1 복	دَرَسْنَا	نَدْرُسُ	نَدْرُسَ	نَدْرُسْ		دُرِسْنَا	نُدْرَسُ

분사: دَارِسٌ　　　　　　　　　　　　مَدْرُوسٌ

동명사: دَرْسٌ　دِرَاسَةٌ

다른 원형 동사의 중간 모음 체계는 다음과 같다.

ـَـ ـ ـَـ (보기) ذَهَبَ '가다'

ـَـ ـ ـِـ (보기) رَجَعَ '돌아오다'

ـِـ ـ ـَـ (보기) شَرِبَ '마시다'

ـُـ ـ ـُـ (보기) كَرُمَ '고상하다'

〈표 2〉 강동사: Ⅱ형 دَرَّسَ '가르치다'

	능동태					수동태	
	완료형	직설법	접속법	단축법	명령법	완료형	직설법
3남단	دَرَّسَ	يُدَرِّسُ	يُدَرِّسَ	يُدَرِّسْ		دُرِّسَ	يُدَرَّسُ
여단	دَرَّسَتْ	تُدَرِّسُ	تُدَرِّسَ	تُدَرِّسْ		دُرِّسَتْ	تُدَرَّسُ
2남단	دَرَّسْتَ	تُدَرِّسُ	تُدَرِّسَ	تُدَرِّسْ	دَرِّسْ	دُرِّسْتَ	تُدَرَّسُ
여단	دَرَّسْتِ	تُدَرِّسِينَ	تُدَرِّسِي	تُدَرِّسِي	دَرِّسِي	دُرِّسْتِ	تُدَرَّسِي
1단	دَرَّسْتُ	أُدَرِّسُ	أُدَرِّسَ	أُدَرِّسْ		دُرِّسْتُ	أُدَرَّسُ
3남쌍	دَرَّسَا	يُدَرِّسَانِ	يُدَرِّسَا	يُدَرِّسَا		دُرِّسَا	يُدَرَّسَانِ
여쌍	دَرَّسَتَا	تُدَرِّسَانِ	تُدَرِّسَا	تُدَرِّسَا		دُرِّسَتَا	تُدَرَّسَانِ
2쌍	دَرَّسْتُمَا	تُدَرِّسَانِ	تُدَرِّسَا	تُدَرِّسَا	دَرِّسَا	دُرِّسْتُمَا	تُدَرَّسَانِ
3남복	دَرَّسُوا	يُدَرِّسُونَ	يُدَرِّسُوا	يُدَرِّسُوا		دُرِّسُوا	يُدَرَّسُونَ
여복	دَرَّسْنَ	يُدَرِّسْنَ	يُدَرِّسْنَ	يُدَرِّسْنَ		دُرِّسْنَ	يُدَرَّسْنَ
2남복	دَرَّسْتُمْ	تُدَرِّسُونَ	تُدَرِّسُوا	تُدَرِّسُوا	دَرِّسُوا	دُرِّسْتُمْ	تُدَرَّسُونَ
여복	دَرَّسْتُنَّ	تُدَرِّسْنَ	تُدَرِّسْنَ	تُدَرِّسْنَ	دَرِّسْنَ	دُرِّسْتُنَّ	تُدَرَّسْنَ
1복	دَرَّسْنَا	نُدَرِّسُ	نُدَرِّسَ	نُدَرِّسْ		دُرِّسْنَا	نُدَرَّسُ

분사 : مُدَرِّسٌ　　　　　　　　　　مُدَرَّسٌ

동명사 : تَدْرِيسٌ

〈표 3〉 강동사: Ⅲ형 شاهَدَ '목격하다, 보다'

	능동태					수동태	
	완료형	직설법	접속법	단축법	명령법	완료형	직설법
3남단	شاهَدَ	يُشاهِدُ	يُشاهِدَ	يُشاهِدْ		شُوهِدَ	يُشاهَدُ
여단	شاهَدَتْ	تُشاهِدُ	تُشاهِدَ	تُشاهِدْ		شُوهِدَتْ	تُشاهَدُ
2남단	شاهَدْتَ	تُشاهِدُ	تُشاهِدَ	تُشاهِدْ	شاهِدْ	شُوهِدْتَ	تُشاهَدُ
여단	شاهَدْتِ	تُشاهِدِينَ	تُشاهِدِي	تُشاهِدِي	شاهِدِي	شُوهِدْتِ	تُشاهَدِينَ
1단	شاهَدْتُ	أُشاهِدُ	أُشاهِدَ	أُشاهِدْ		شُوهِدْتُ	أُشاهَدُ
3남쌍	شاهَدا	يُشاهِدانِ	يُشاهِدا	يُشاهِدا		شُوهِدا	يُشاهَدانِ
여쌍	شاهَدَتا	تُشاهِدانِ	تُشاهِدا	تُشاهِدا		شُوهِدَتا	تُشاهَدانِ
2쌍	شاهَدْتُما	تُشاهِدانِ	تُشاهِدا	تُشاهِدا	شاهِدا	شُوهِدْتُما	تُشاهَدانِ
3남복	شاهَدُوا	يُشاهِدُونَ	يُشاهِدُوا	يُشاهِدُوا		شُوهِدُوا	يُشاهَدُونَ
여복	شاهَدْنَ	يُشاهِدْنَ	يُشاهِدْنَ	يُشاهِدْنَ		شُوهِدْنَ	يُشاهَدْنَ
2남복	شاهَدْتُمْ	تُشاهِدُونَ	يُشاهِدُوا	يُشاهِدُوا	شاهِدُوا	شُوهِدْتُمْ	تُشاهَدُونَ
여복	شاهَدْتُنَّ	تُشاهِدْنَ	تُشاهِدْنَ	تُشاهِدْنَ	شاهِدْنَ	شُوهِدْتُنَّ	تُشاهَدْنَ
1복	شاهَدْنا	نُشاهِدُ	نُشاهِدَ	نُشاهِدْ		شُوهِدْنا	نُشاهَدُ

분사: مُشاهِدٌ　　　　　　　　　　مُشاهَدٌ

동명사: مُشاهَدَةٌ

〈표 4〉 강동사: Ⅳ형 أَكْرَمَ '존경하다'

	능동태					수동태	
	완료형	직설법	접속법	단축법	명령법	완료형	직설법
3남단	أَكْرَمَ	يُكْرِمُ	يُكْرِمَ	يُكْرِمْ		أُكْرِمَ	يُكْرَمُ
여단	أَكْرَمَتْ	تُكْرِمُ	تُكْرِمَ	تُكْرِمْ		أُكْرِمَتْ	تُكْرَمُ
2남단	أَكْرَمْتَ	تُكْرِمُ	تُكْرِمَ	تُكْرِمْ	أَكْرِمْ	أُكْرِمْتَ	تُكْرَمُ
여단	أَكْرَمْتِ	تُكْرِمِينَ	تُكْرِمِي	تُكْرِمِي	أَكْرِمِي	أُكْرِمْتِ	تُكْرَمِينَ
1단	أَكْرَمْتُ	أُكْرِمُ	أُكْرِمَ	أُكْرِمْ		أُكْرِمْتُ	أُكْرَمُ
3남쌍	أَكْرَمَا	يُكْرِمَانِ	يُكْرِمَا	يُكْرِمَا		أُكْرِمَا	يُكْرَمَانِ
여쌍	أَكْرَمَتَا	تُكْرِمَانِ	تُكْرِمَا	تُكْرِمَا		أُكْرِمَتَا	تُكْرَمَانِ
2쌍	أَكْرَمْتُمَا	تُكْرِمَانِ	تُكْرِمَا	تُكْرِمَا	أَكْرِمَا	أُكْرِمْتُمَا	تُكْرَمَانِ
3남복	أَكْرَمُوا	يُكْرِمُونَ	يُكْرِمُوا	يُكْرِمُوا		أُكْرِمُوا	يُكْرَمُونَ
여복	أَكْرَمْنَ	يُكْرِمْنَ	يُكْرِمْنَ	يُكْرِمْنَ		أُكْرِمْنَ	يُكْرَمْنَ
2남복	أَكْرَمْتُمْ	تُكْرِمُونَ	تُكْرِمُوا	تُكْرِمُوا	أَكْرِمُوا	أُكْرِمْتُمْ	تُكْرَمُونَ
여복	أَكْرَمْتُنَّ	تُكْرِمْنَ	تُكْرِمْنَ	تُكْرِمْنَ	أَكْرِمْنَ	أُكْرِمْتُنَّ	تُكْرَمْنَ
1복	أَكْرَمْنَا	نُكْرِمُ	نُكْرِمَ	نُكْرِمْ		أُكْرِمْنَا	نُكْرَمُ

분사: مُكْرِمٌ　　　　مُكْرَمٌ

동명사: إِكْرَامٌ

〈표 5〉 강동사: V형 تَقَدَّمَ '발달하다, 진보하다'

	능동태					수동태	
	완료형	직설법	접속법	단축법	명령법	완료형	직설법
3남단	تَقَدَّمَ	يَتَقَدَّمُ	يَتَقَدَّمَ	يَتَقَدَّمْ			
여단	تَقَدَّمَتْ	تَتَقَدَّمُ	تَتَقَدَّمَ	تَتَقَدَّمْ			
2남단	تَقَدَّمْتَ	تَتَقَدَّمُ	تَتَقَدَّمَ	تَتَقَدَّمْ	تَقَدَّمْ		
여단	تَقَدَّمْتِ	تَتَقَدَّمِينَ	تَتَقَدَّمِي	تَتَقَدَّمِي	تَقَدَّمِي		
1단	تَقَدَّمْتُ	أَتَقَدَّمُ	أَتَقَدَّمَ	أَتَقَدَّمْ			
3남쌍	تَقَدَّمَا	يَتَقَدَّمَانِ	يَتَقَدَّمَا	يَتَقَدَّمَا			
여쌍	تَقَدَّمَتَا	تَتَقَدَّمَانِ	تَتَقَدَّمَا	تَتَقَدَّمَا			
2쌍	تَقَدَّمْتُمَا	تَتَقَدَّمَانِ	تَتَقَدَّمَا	تَتَقَدَّمَا	تَقَدَّمَا		
3남복	تَقَدَّمُوا	يَتَقَدَّمُونَ	يَتَقَدَّمُوا	يَتَقَدَّمُوا			
여복	تَقَدَّمْنَ	يَتَقَدَّمْنَ	يَتَقَدَّمْنَ	يَتَقَدَّمْنَ			
2남복	تَقَدَّمْتُمْ	تَتَقَدَّمُونَ	تَتَقَدَّمُوا	تَتَقَدَّمُوا	تَقَدَّمُوا		
여복	تَقَدَّمْتُنَّ	تَتَقَدَّمْنَ	تَتَقَدَّمْنَ	تَتَقَدَّمْنَ	تَقَدَّمْنَ		
1복	تَقَدَّمْنَا	نَتَقَدَّمُ	نَتَقَدَّمَ	نَتَقَدَّمْ			

분사: مُتَقَدِّمٌ

동명사: تَقَدُّمٌ

이 동사에는 수동태가 없다. تَعَلَّمَ '배우다' 동사의 수동태는 تُعُلِّمَ '배워지다'이다.

〈표 6〉 강동사: Ⅵ형　　　　تَنَاوَلَ ‘취하다, 처리하다, 다루다; 먹다, 들다’

	능동태					수동태	
	완료형	직설법	접속법	단축법	명령법	완료형	직설법
3남단	تَنَاوَلَ	يَتَنَاوَلُ	يَتَنَاوَلَ	يَتَنَاوَلْ			
여단	تَنَاوَلَتْ	تَتَنَاوَلُ	تَتَنَاوَلَ	تَتَنَاوَلْ			
2남단	تَنَاوَلْتَ	تَتَنَاوَلُ	تَتَنَاوَلَ	تَتَنَاوَلْ	تَنَاوَلْ		
여단	تَنَاوَلْتِ	تَتَنَاوَلِينَ	تَتَنَاوَلِي	تَتَنَاوَلِي	تَنَاوَلِي		
1단	تَنَاوَلْتُ	أَتَنَاوَلُ	أَتَنَاوَلَ	أَتَنَاوَلْ			
3남쌍	تَنَاوَلَا	يَتَنَاوَلَانِ	يَتَنَاوَلَا	يَتَنَاوَلَا			
여쌍	تَنَاوَلَتَا	تَتَنَاوَلَانِ	تَتَنَاوَلَا	تَتَنَاوَلَا			
2쌍	تَنَاوَلْتُمَا	تَتَنَاوَلَانِ	تَتَنَاوَلَا	تَتَنَاوَلَا	تَنَاوَلَا		
3남복	تَنَاوَلُوا	يَتَنَاوَلُونَ	يَتَنَاوَلُوا	يَتَنَاوَلُوا			
여복	تَنَاوَلْنَ	يَتَنَاوَلْنَ	يَتَنَاوَلْنَ	يَتَنَاوَلْنَ			
2남복	تَنَاوَلْتُمْ	تَتَنَاوَلُونَ	تَتَنَاوَلُوا	تَتَنَاوَلُوا	تَنَاوَلُوا		
여복	تَنَاوَلْتُنَّ	تَتَنَاوَلْنَ	تَتَنَاوَلْنَ	تَتَنَاوَلْنَ	تَنَاوَلْنَ		
1복	تَنَاوَلْنَا	نَتَنَاوَلُ	نَتَنَاوَلَ	نَتَنَاوَلْ			

분사: مُتَنَاوِلٌ

동명사: تَنَاوُلٌ

이 동사의 수동태는 드물다. 그 형은 تُنُووِلَ ‘취해지다’이다.

〈표 7〉 강동사: Ⅶ형　　　　اِنْصَرَفَ '가버리다'

	능동태 완료형	능동태 직설법	능동태 접속법	능동태 단축법	능동태 명령법	수동태 완료형	수동태 직설법
3남단	اِنْصَرَفَ	يَنْصَرِفُ	يَنْصَرِفَ	يَنْصَرِفْ			
여단	اِنْصَرَفَتْ	تَنْصَرِفُ	تَنْصَرِفَ	تَنْصَرِفْ			
2남단	اِنْصَرَفْتَ	تَنْصَرِفُ	تَنْصَرِفَ	تَنْصَرِفْ	اِنْصَرِفْ		
여단	اِنْصَرَفْتِ	تَنْصَرِفِينَ	تَنْصَرِفِي	تَنْصَرِفِي	اِنْصَرِفِي		
1단	اِنْصَرَفْتُ	أَنْصَرِفُ	أَنْصَرِفَ	أَنْصَرِفْ			
3남쌍	اِنْصَرَفَا	يَنْصَرِفَانِ	يَنْصَرِفَا	يَنْصَرِفَا			
여쌍	اِنْصَرَفَتَا	تَنْصَرِفَانِ	تَنْصَرِفَا	تَنْصَرِفَا			
2쌍	اِنْصَرَفْتُمَا	تَنْصَرِفَانِ	تَنْصَرِفَا	تَنْصَرِفَا	اِنْصَرِفَا		
3남복	اِنْصَرَفُوا	يَنْصَرِفُونَ	يَنْصَرِفُوا	يَنْصَرِفُوا			
여복	اِنْصَرَفْنَ	يَنْصَرِفْنَ	يَنْصَرِفْنَ	يَنْصَرِفْنَ			
2남복	اِنْصَرَفْتُمْ	تَنْصَرِفُونَ	تَنْصَرِفُوا	تَنْصَرِفُوا	اِنْصَرِفُوا		
여복	اِنْصَرَفْتُنَّ	تَنْصَرِفْنَ	تَنْصَرِفْنَ	تَنْصَرِفْنَ	اِنْصَرِفْنَ		
1복	اِنْصَرَفْنَا	نَنْصَرِفُ	نَنْصَرِفَ	نَنْصَرِفْ			

분사: مُنْصَرِفٌ

동명사: اِنْصِرَافٌ

Ⅶ형에는 수동태가 없다.

〈표 8〉 강동사: Ⅷ형

إِنْتَخَبَ '선거하다'

	능동태					수동태	
	완료형	직설법	접속법	단축법	명령법	완료형	직설법
3남단	إِنْتَخَبَ	يَنْتَخِبُ	يَنْتَخِبَ	يَنْتَخِبْ		أُنْتُخِبَ	يُنْتَخَبُ
여단	إِنْتَخَبَتْ	تَنْتَخِبُ	تَنْتَخِبَ	تَنْتَخِبْ		أُنْتُخِبَتْ	تُنْتَخَبُ
2남단	إِنْتَخَبْتَ	تَنْتَخِبُ	تَنْتَخِبَ	تَنْتَخِبْ	إِنْتَخِبْ	أُنْتُخِبْتَ	تُنْتَخَبُ
여단	إِنْتَخَبْتِ	تَنْتَخِبِينَ	تَنْتَخِبِي	تَنْتَخِبِي	إِنْتَخِبِي	أُنْتُخِبْتِ	تُنْتَخَبِينَ
1단	إِنْتَخَبْتُ	أَنْتَخِبُ	أَنْتَخِبَ	أَنْتَخِبْ		أُنْتُخِبْتُ	أُنْتَخَبُ
3남쌍	إِنْتَخَبَا	يَنْتَخِبَانِ	يَنْتَخِبَا	يَنْتَخِبَا		أُنْتُخِبَا	يُنْتَخَبَانِ
여쌍	إِنْتَخَبَتَا	تَنْتَخِبَانِ	تَنْتَخِبَا	تَنْتَخِبَا		أُنْتُخِبَتَا	تُنْتَخَبَانِ
2쌍	إِنْتَخَبْتُمَا	تَنْتَخِبَانِ	تَنْتَخِبَا	تَنْتَخِبَا	إِنْتَخِبَا	أُنْتُخِبْتُمَا	تُنْتَخَبَانِ
3남복	إِنْتَخَبُوا	يَنْتَخِبُونَ	يَنْتَخِبُوا	يَنْتَخِبُوا		أُنْتُخِبُوا	يُنْتَخَبُونَ
여복	إِنْتَخَبْنَ	يَنْتَخِبْنَ	يَنْتَخِبْنَ	يَنْتَخِبْنَ		أُنْتُخِبْنَ	يُنْتَخَبْنَ
2남복	إِنْتَخَبْتُمْ	تَنْتَخِبُونَ	تَنْتَخِبُوا	تَنْتَخِبُوا	إِنْتَخِبُوا	أُنْتُخِبْتُمْ	تُنْتَخَبُونَ
여복	إِنْتَخَبْتُنَّ	تَنْتَخِبْنَ	تَنْتَخِبْنَ	تَنْتَخِبْنَ	إِنْتَخِبْنَ	أُنْتُخِبْتُنَّ	تُنْتَخَبْنَ
1복	إِنْتَخَبْنَا	نَنْتَخِبُ	نَنْتَخِبَ	نَنْتَخِبْ		أُنْتُخِبْنَا	نُنْتَخَبُ

분사 : مُنْتَخِبٌ　　　　　　　　مُنْتَخَبٌ

동명사 : إِنْتِخَابٌ

〈표 9〉 강동사 : IX형 　　　　اِحْمَرَّ '붉어지다'

	능동태					수동태	
	완료형	직설법	접속법	단축법	명령법	완료형	직설법
3남단	اِحْمَرَّ	يَحْمَرُّ	يَحْمَرَّ	يَحْمَرَّ			
여단	اِحْمَرَّتْ	تَحْمَرُّ	تَحْمَرَّ	تَحْمَرَّ			
2남단	اِحْمَرَرْتَ	تَحْمَرُّ	تَحْمَرَّ	تَحْمَرَّ	اِحْمَرَّ		
여단	اِحْمَرَرْتِ	تَحْمَرِّينَ	تَحْمَرِّي	تَحْمَرِّي	اِحْمَرِّي		
1단	اِحْمَرَرْتُ	أَحْمَرُّ	أَحْمَرَّ	أَحْمَرَّ			
3남쌍	اِحْمَرَّا	يَحْمَرَّانِ	يَحْمَرَّا	يَحْمَرَّا			
여쌍	اِحْمَرَّتَا	تَحْمَرَّانِ	تَحْمَرَّا	تَحْمَرَّا			
2쌍	اِحْمَرَرْتُمَا	تَحْمَرَّانِ	تَحْمَرَّا	تَحْمَرَّا	اِحْمَرَّا		
3남복	اِحْمَرُّوا	يَحْمَرُّونَ	يَحْمَرُّوا	يَحْمَرُّوا			
여복	اِحْمَرَرْنَ	يَحْمَرِرْنَ	يَحْمَرِرْنَ	يَحْمَرِرْنَ			
2남복	اِحْمَرَرْتُمْ	تَحْمَرُّونَ	تَحْمَرُّوا	تَحْمَرُّوا	اِحْمَرُّوا		
여복	اِحْمَرَرْتُنَّ	تَحْمَرِرْنَ	تَحْمَرِرْنَ	تَحْمَرِرْنَ	اِحْمَرِرْنَ		
1복	اِحْمَرَرْنَا	نَحْمَرُّ	نَحْمَرَّ	نَحْمَرَّ			

분사 : مُحْمَرٌّ

동명사 : اِحْمِرَارٌ

IX형에는 수동태가 없다.

〈표 10〉 강동사 : X형 اِسْتَقْبَلَ '받아들이다'

	능동태					수동태	
	완료형	직설법	접속법	단축법	명령법	완료형	직설법
3 남단	اِسْتَقْبَلَ	يَسْتَقْبِلُ	يَسْتَقْبِلَ	يَسْتَقْبِلْ		أُسْتُقْبِلَ	يُسْتَقْبَلُ
여단	اِسْتَقْبَلَتْ	تَسْتَقْبِلُ	تَسْتَقْبِلَ	تَسْتَقْبِلْ		أُسْتُقْبِلَتْ	تُسْتَقْبَلُ
2 남단	اِسْتَقْبَلْتَ	تَسْتَقْبِلُ	تَسْتَقْبِلَ	تَسْتَقْبِلْ	اِسْتَقْبِلْ	أُسْتُقْبِلْتَ	تُسْتَقْبَلُ
여단	اِسْتَقْبَلْتِ	تَسْتَقْبِلِينَ	تَسْتَقْبِلِي	تَسْتَقْبِلِي	اِسْتَقْبِلِي	أُسْتُقْبِلْتِ	تُسْتَقْبَلِينَ
1 단	اِسْتَقْبَلْتُ	أَسْتَقْبِلُ	أَسْتَقْبِلَ	أَسْتَقْبِلْ		أُسْتُقْبِلْتُ	أُسْتَقْبَلُ
3 남쌍	اِسْتَقْبَلَا	يَسْتَقْبِلَانِ	يَسْتَقْبِلَا	يَسْتَقْبِلَا		أُسْتُقْبِلَا	يُسْتَقْبَلَانِ
여쌍	اِسْتَقْبَلَتَا	تَسْتَقْبِلَانِ	تَسْتَقْبِلَا	تَسْتَقْبِلَا		أُسْتُقْبِلَتَا	تُسْتَقْبَلَانِ
D	اِسْتَقْبَلْتُمَا	تَسْتَقْبِلَانِ	تَسْتَقْبِلَا	تَسْتَقْبِلَا	اِسْتَقْبِلَا	أُسْتُقْبِلْتُمَا	تُسْتَقْبَلَانِ
3 MP	اِسْتَقْبَلُوا	يَسْتَقْبِلُونَ	يَسْتَقْبِلُوا	يَسْتَقْبِلُوا		أُسْتُقْبِلُوا	يُسْتَقْبَلُونَ
FP	اِسْتَقْبَلْنَ	يَسْتَقْبِلْنَ	يَسْتَقْبِلْنَ	يَسْتَقْبِلْنَ		أُسْتُقْبِلْنَ	يُسْتَقْبَلْنَ
2 남복	اِسْتَقْبَلْتُمْ	تَسْتَقْبِلُونَ	تَسْتَقْبِلُوا	تَسْتَقْبِلُوا	اِسْتَقْبِلُوا	أُسْتُقْبِلْتُمْ	تُسْتَقْبَلُونَ
여복	اِسْتَقْبَلْتُنَّ	تَسْتَقْبِلْنَ	تَسْتَقْبِلْنَ	تَسْتَقْبِلْنَ	اِسْتَقْبِلْنَ	أُسْتُقْبِلْتُنَّ	تُسْتَقْبَلْنَ
1 복	اِسْتَقْبَلْنَا	نَسْتَقْبِلُ	نَسْتَقْبِلَ	نَسْتَقْبِلْ		أُسْتُقْبِلْنَا	نُسْتَقْبَلُ

분사 : مُسْتَقْبِلٌ　　　　مُسْتَقْبَلٌ

동명사 : اِسْتِقْبَالٌ

〈표 11〉 사자음 동사: تَرْجَمَ '번역하다'

	능동태					수동태	
	완료형	직설법	접속법	단축법	명령법	완료형	직설법
3남단	تَرْجَمَ	يُتَرْجِمُ	يُتَرْجِمَ	يُتَرْجِمْ		تُرْجِمَ	يُتَرْجَمُ
여단	تَرْجَمَتْ	تُتَرْجِمُ	تُتَرْجِمَ	تُتَرْجِمْ		تُرْجِمَتْ	تُتَرْجَمُ
2남단	تَرْجَمْتَ	تُتَرْجِمُ	تُتَرْجِمَ	تُتَرْجِمْ	تَرْجِمْ		
여단	تَرْجَمْتِ	تُتَرْجِمِينَ	تُتَرْجِمِي	تُتَرْجِمِي	تَرْجِمِي		
1단	تَرْجَمْتُ	أُتَرْجِمُ	أُتَرْجِمَ	أُتَرْجِمْ			
3남쌍	تَرْجَمَا	يُتَرْجِمَانِ	يُتَرْجِمَا	يُتَرْجِمَا		تُرْجِمَا	يُتَرْجَمَانِ
여쌍	تَرْجَمَتَا	تُتَرْجِمَانِ	تُتَرْجِمَا	تُتَرْجِمَا		تُرْجِمَتَا	تُتَرْجَمَانِ
2쌍	تَرْجَمْتُمَا	تُتَرْجِمَانِ	تُتَرْجِمَا	تُتَرْجِمَا	تَرْجِمَا		
3남복	تَرْجَمُوا	يُتَرْجِمُونَ	يُتَرْجِمُوا	يُتَرْجِمُوا			
여복	تَرْجَمْنَ	يُتَرْجِمْنَ	يُتَرْجِمْنَ	يُتَرْجِمْنَ			
2남복	تَرْجَمْتُمْ	تُتَرْجِمُونَ	تُتَرْجِمُوا	تُتَرْجِمُوا	تَرْجِمُوا		
여복	تَرْجَمْتُنَّ	تُتَرْجِمْنَ	تُتَرْجِمْنَ	تُتَرْجِمْنَ	تَرْجِمْنَ		
1복	تَرْجَمْنَا	نُتَرْجِمُ	نُتَرْجِمَ	نُتَرْجِمْ			

분사 : مُتَرْجِمٌ　　　　مُتَرْجَمٌ

동명사 : تَرْجَمَةٌ

〈표 12〉 중복동사 : 원형 (ُ) عَدَّ '세다'

	능동태					수동태	
	완료형	직설법	접속법	단축법	명령법	완료형	직설법
3남단	عَدَّ	يَعُدُّ	يَعُدَّ	يَعُدَّ		عُدَّ	يُعَدُّ
여단	عَدَّتْ	تَعُدُّ	تَعُدَّ	تَعُدَّ		عُدَّتْ	تُعَدُّ
2남단	عَدَدْتَ	تَعُدُّ	تَعُدَّ	تَعُدَّ	أُعْدُدْ ، عُدَّ	عُدِدْتَ	تُعَدُّ
여단	عَدَدْتِ	تَعُدِّينَ	تَعُدِّي	تَعُدِّي	عُدِّي	عُدِدْتِ	تُعَدِّينَ
1단	عَدَدْتُ	أَعُدُّ	أَعُدَّ	أَعُدَّ		عُدِدْتُ	أُعَدُّ
3남쌍	عَدَّا	يَعُدَّانِ	يَعُدَّا	يَعُدَّا		عُدَّا	يُعَدَّانِ
여쌍	عَدَّتَا	تَعُدَّانِ	تَعُدَّا	تَعُدَّا		عُدَّتَا	تُعَدَّانِ
2쌍	عَدَدْتُمَا	تَعُدَّانِ	تَعُدَّا	تَعُدَّا	عُدَّا	عُدِدْتُمَا	تُعَدَّانِ
3남복	عَدُّوا	يَعُدُّونَ	يَعُدُّوا	يَعُدُّوا		عُدُّوا	يُعَدُّونَ
여복	عَدَدْنَ	يَعْدُدْنَ	يَعْدُدْنَ	يَعْدُدْنَ		عُدِدْنَ	يُعْدَدْنَ
2남복	عَدَدْتُمْ	تَعُدُّونَ	تَعُدُّوا	تَعُدُّوا	عُدُّوا	عُدِدْتُمْ	تُعَدُّونَ
여복	عَدَدْتُنَّ	تَعْدُدْنَ	تَعْدُدْنَ	تَعْدُدْنَ	أُعْدُدْنَ	عُدِدْتُنَّ	تُعْدَدْنَ
1복	عَدَدْنَا	نَعُدُّ	نَعُدَّ	نَعُدَّ		عُدِدْنَا	نُعَدُّ

분사 : عَادٌّ　　　　　　　　　　　　　　مَعْدُودٌ

동명사 : عَدٌّ

다른 중복 원형동사의 중간모음 체계는 다음과 같다.

ـَ ـَ (보기) ـِ تَمَّ '이루어지다'

ـِ ـَ (보기) ـَ وَدَّ '바라다' ('나는 바랐다' = وَدِدْتُ)

〈표 13〉 중복동사: Ⅳ형 أَحَبَّ '사랑하다'

	능동태					수동태	
	완료형	직설법	접속법	단축법	명령법	완료형	직설법
3남단	أَحَبَّ	يُحِبُّ	يُحِبَّ	يُحِبَّ		أُحِبَّ	يُحَبُّ
여단	أَحَبَّتْ	تُحِبُّ	تُحِبَّ	تُحِبَّ		أُحِبَّتْ	تُحَبُّ
2남단	أَحْبَبْتَ	تُحِبُّ	تُحِبَّ	تُحِبَّ	أَحِبَّ	أُحْبِبْتَ	تُحَبُّ
여단	أَحْبَبْتِ	تُحِبِّينَ	تُحِبِّي	تُحِبِّي	أَحِبِّي	أُحْبِبْتِ	تُحَبِّينَ
1단	أَحْبَبْتُ	أُحِبُّ	أُحِبَّ	أُحِبَّ		أُحْبِبْتُ	أُحَبُّ
3남쌍	أَحَبَّا	يُحِبَّانِ	يُحِبَّا	يُحِبَّا		أُحِبَّا	يُحَبَّا
여쌍	أَحَبَّتَا	تُحِبَّانِ	تُحِبَّا	تُحِبَّا		أُحِبَّتَا	تُحَبَّا
2쌍	أَحْبَبْتُمَا	تُحِبَّانِ	تُحِبَّا	تُحِبَّا	أَحِبَّا	أُحْبِبْتُمَا	تُحَبَّا
3남복	أَحَبُّوا	يُحِبُّونَ	يُحِبُّوا	يُحِبُّوا		أُحِبُّوا	يُحَبُّوا
여복	أَحْبَبْنَ	يُحْبِبْنَ	يُحْبِبْنَ	يُحْبِبْنَ		أُحْبِبْنَ	يُحْبَبْنَ
2남복	أَحْبَبْتُمْ	تُحِبُّونَ	تُحِبُّوا	تُحِبُّوا	أَحِبُّوا	أُحْبِبْتُمْ	تُحَبُّوا
여복	أَحْبَبْتُنَّ	تُحْبِبْنَ	تُحْبِبْنَ	تُحْبِبْنَ	أَحْبِبْنَ	أُحْبِبْتُنَّ	تُحْبَبْنَ
P	أَحْبَبْنَا	نُحِبُّ	نُحِبَّ	نُحِبَّ		أُحْبِبْنَا	نُحَبُّ

분사 : مُحِبٌّ　　　　　　　　　　مُحَبٌّ

동명사 : إِحْبَابٌ

〈표 14〉 중복동사 : Ⅶ형 اِنْضَمَّ الى '~에 가입하다'

	능동태					수동태	
	완료형	직설법	접속법	단축법	명령법	완료형	직설법
3남단	اِنْضَمَّ	يَنْضَمُّ	يَنْضَمَّ	يَنْضَمَّ			
여단	اِنْضَمَّتْ	تَنْضَمُّ	تَنْضَمَّ	تَنْضَمَّ			
2남단	اِنْضَمَمْتَ	تَنْضَمُّ	تَنْضَمَّ	تَنْضَمَّ	اِنْضَمِمْ، اِنْضَمَّ		
여단	اِنْضَمَمْتِ	تَنْضَمِّينَ	تَنْضَمِّي	تَنْضَمِّي	اِنْضَمِّي		
1단	اِنْضَمَمْتُ	أَنْضَمُّ	أَنْضَمَّ	أَنْضَمَّ			
3남쌍	اِنْضَمَّا	يَنْضَمَّانِ	يَنْضَمَّا	يَنْضَمَّا			
여쌍	اِنْضَمَّتَا	تَنْضَمَّانِ	تَنْضَمَّا	تَنْضَمَّا			
2쌍	اِنْضَمَمْتُمَا	تَنْضَمَّانِ	تَنْضَمَّا	تَنْضَمَّا	اِنْضَمَّا		
3남복	اِنْضَمُّوا	يَنْضَمُّونَ	يَنْضَمُّوا	يَنْضَمُّوا			
여복	اِنْضَمَمْنَ	يَنْضَمِمْنَ	يَنْضَمِمْنَ	يَنْضَمِمْنَ			
2남복	اِنْضَمَمْتُمْ	تَنْضَمُّونَ	تَنْضَمُّوا	تَنْضَمُّوا	اِنْضَمُّوا		
여복	اِنْضَمَمْتُنَّ	تَنْضَمِمْنَ	تَنْضَمِمْنَ	تَنْضَمِمْنَ	اِنْضَمِمْنَ		
1복	اِنْضَمَمْنَا	نَنْضَمُّ	نَنْضَمَّ	نَنْضَمَّ			

분사 : مُنْضَمٌّ

동명사 : اِنْضِمَامٌ

Ⅶ형에는 수동태가 없다.

〈표 15〉 중복동사 : Ⅶ형 اِحْتَلَّ '점령하다'

	능동태 완료형	능동태 직설법	능동태 접속법	능동태 단축법	능동태 명령법	수동태 완료형	수동태 직설법
3남단	اِحْتَلَّ	يَحْتَلُّ	يَحْتَلَّ	يَحْتَلَّ		اُحْتُلَّ	يُحْتَلُّ
여단	اِحْتَلَّتْ	تَحْتَلُّ	تَحْتَلَّ	تَحْتَلَّ		اُحْتُلَّتْ	تُحْتَلُّ
2남단	اِحْتَلَلْتَ	تَحْتَلُّ	تَحْتَلَّ	تَحْتَلَّ	اِحْتَلَّ		
여단	اِحْتَلَلْتِ	تَحْتَلِّينَ	تَحْتَلِّي	تَحْتَلِّي	اِحْتَلِّي		
1단	اِحْتَلَلْتُ	اَحْتَلُّ	اَحْتَلَّ	اَحْتَلَّ			
3남쌍	اِحْتَلَّا	يَحْتَلَّانِ	يَحْتَلَّا	يَحْتَلَّا		اُحْتُلَّا	يُحْتَلَّانِ
여쌍	اِحْتَلَّتَا	تَحْتَلَّانِ	تَحْتَلَّا	تَحْتَلَّا		اُحْتُلَّتَا	تُحْتَلَّانِ
2쌍	اِحْتَلَلْتُمَا	تَحْتَلَّانِ	تَحْتَلَّا	تَحْتَلَّا	اِحْتَلَّا		
3남복	اِحْتَلُّوا	يَحْتَلُّونَ	يَحْتَلُّوا	يَحْتَلُّوا			
여복	اِحْتَلَلْنَ	يَحْتَلِلْنَ	يَحْتَلِلْنَ	يَحْتَلِلْنَ			
2남복	اِحْتَلَلْتُمْ	تَحْتَلُّونَ	تَحْتَلُّوا	تَحْتَلُّوا	اِحْتَلُّوا		
여복	اِحْتَلَلْتُنَّ	تَحْتَلِلْنَ	تَحْتَلِلْنَ	تَحْتَلِلْنَ	اِحْتَلِلْنَ		
1복	اِحْتَلَلْنَا	نَحْتَلُّ	نَحْتَلَّ	نَحْتَلَّ			

분사 : مُحْتَلٌّ　　　　　مُحْتَلٌّ

동명사 : اِحْتِلَالٌ

이 동사는 3인칭에서만 수동태가 나타난다.

〈표 16〉 중복동사 : X형 اِسْتَمَرَّ '계속하다'

	능동태					수동태	
	완료형	직설법	접속법	단축법	명령법	완료형	직설법
3남단	اِسْتَمَرَّ	يَسْتَمِرُّ	يَسْتَمِرَّ	يَسْتَمِرَّ			
여단	اِسْتَمَرَّتْ	تَسْتَمِرُّ	تَسْتَمِرَّ	تَسْتَمِرَّ			
2남단	اِسْتَمْرَرْتَ	تَسْتَمِرُّ	تَسْتَمِرَّ	تَسْتَمِرَّ	اِسْتَمِرَّ		
여단	اِسْتَمْرَرْتِ	تَسْتَمِرِّينَ	تَسْتَمِرِّي	تَسْتَمِرِّي	اِسْتَمِرِّي		
1단	اِسْتَمْرَرْتُ	أَسْتَمِرُّ	أَسْتَمِرَّ	أَسْتَمِرَّ			
3남쌍	اِسْتَمَرَّا	يَسْتَمِرَّانِ	يَسْتَمِرَّا	يَسْتَمِرَّا			
여쌍	اِسْتَمَرَّتَا	تَسْتَمِرَّانِ	تَسْتَمِرَّا	تَسْتَمِرَّا			
2쌍	اِسْتَمْرَرْتُمَا	تَسْتَمِرَّانِ	تَسْتَمِرَّا	تَسْتَمِرَّا	اِسْتَمِرَّا		
3남복	اِسْتَمَرُّوا	يَسْتَمِرُّونَ	يَسْتَمِرُّوا	يَسْتَمِرُّوا			
여복	اِسْتَمْرَرْنَ	يَسْتَمْرِرْنَ	يَسْتَمْرِرْنَ	يَسْتَمْرِرْنَ			
2남복	اِسْتَمْرَرْتُمْ	تَسْتَمِرُّونَ	تَسْتَمِرُّوا	تَسْتَمِرُّوا	اِسْتَمِرُّوا		
여복	اِسْتَمْرَرْتُنَّ	تَسْتَمْرِرْنَ	تَسْتَمْرِرْنَ	تَسْتَمْرِرْنَ	اِسْتَمْرِرْنَ		
1복	اِسْتَمْرَرْنَا	نَسْتَمِرُّ	نَسْتَمِرَّ	نَسْتَمِرَّ			

분사 : مُسْتَمِرٌّ

동명사 : اِسْتِمْرَارٌ

이 동사에는 수동태가 없다.

〈표 17〉 ع 약동사 : 원형 قَالَ – يَقُولُ '말하다'

	능동태					수동태	
	완료형	직설법	접속법	단축법	명령법	완료형	직설법
3남단	قَالَ	يَقُولُ	يَقُولَ	يَقُلْ		قِيلَ	يُقَالُ
여단	قَالَتْ	تَقُولُ	تَقُولَ	تَقُلْ		قِيلَتْ	تُقَالُ
2남단	قُلْتَ	تَقُولُ	تَقُولَ	تَقُلْ	قُلْ		
여단	قُلْتِ	تَقُولِينَ	تَقُولِي	تَقُولِي	قُولِي		
1단	قُلْتُ	أَقُولُ	أَقُولَ	أَقُلْ			
3남쌍	قَالَا	يَقُولَانِ	يَقُولَا	يَقُولَا		قِيلَا	يُقَالَا
여쌍	قَالَتَا	تَقُولَانِ	تَقُولَا	تَقُولَا		قِيلَتَا	تُقَالَا
2쌍	قُلْتُمَا	تَقُولَانِ	تَقُولَا	تَقُولَا	قُولَا		
3남복	قَالُوا	يَقُولُونَ	يَقُولُوا	يَقُولُوا			
여복	قُلْنَ	يَقُلْنَ	يَقُلْنَ	يَقُلْنَ			
2남복	قُلْتُمْ	تَقُولُونَ	تَقُولُوا	تَقُولُوا	قُولُوا		
여복	قُلْتُنَّ	تَقُلْنَ	تَقُلْنَ	تَقُلْنَ	قُلْنَ		
1복	قُلْنَا	نَقُولُ	نَقُولَ	نَقُلْ			

분사 : قَائِلٌ　　　　　　　　مَقُولٌ

동명사 : قَوْلٌ

이 동사는 3인칭에서만 수동태가 나타난다.

〈표 18〉 ع 약동사 : 원형 سَارَ — يَسِيرُ '걷다'

	능동태					수동태	
	완료형	직설법	접속법	단축법	명령법	완료형	직설법
3남단	سَارَ	يَسِيرُ	يَسِيرَ	يَسِرْ			
여단	سَارَتْ	تَسِيرُ	تَسِيرَ	تَسِرْ			
2남단	سِرْتَ	تَسِيرُ	تَسِيرَ	تَسِرْ	سِرْ		
여단	سِرْتِ	تَسِيرِينَ	تَسِيرِي	تَسِيرِي	سِيرِي		
1단	سِرْتُ	أَسِيرُ	أَسِيرَ	أَسِرْ			
3남쌍	سَارَا	يَسِيرَانِ	يَسِيرَا	يَسِيرَا			
여쌍	سَارَتَا	تَسِيرَانِ	تَسِيرَا	تَسِيرَا			
2쌍	سِرْتُمَا	تَسِيرَانِ	تَسِيرَا	تَسِيرَا	سِيرَا		
3남복	سَارُوا	يَسِيرُونَ	يَسِيرُوا	يَسِيرُوا			
여복	سِرْنَ	يَسِرْنَ	يَسِرْنَ	يَسِرْنَ			
2남복	سِرْتُمْ	تَسِيرُونَ	تَسِيرُوا	تَسِيرُوا	سِيرُوا		
여복	سِرْتُنَّ	تَسِرْنَ	تَسِرْنَ	تَسِرْنَ	سِرْنَ		
1복	سِرْنَا	نَسِيرُ	نَسِيرَ	نَسِرْ			

분사 : سَائِرٌ

동명사 : سَيْرٌ

이 동사에는 수동태가 없다.

〈표 19〉 ع 약동사 : 원형 خَافَ ـ يَخَافُ '두려워하다'

	능동태					수동태	
	완료형	직설법	접속법	단축법	명령법	완료형	직설법
3남단	خَافَ	يَخَافُ	يَخَافَ	يَخَفْ		خِيفَ	يُخَافُ
여단	خَافَتْ	تَخَافُ	تَخَافَ	تَخَفْ		خِيفَتْ	تُخَافُ
2남단	خِفْتَ	تَخَافُ	تَخَافَ	تَخَفْ	خَفْ		
여단	خِفْتِ	تَخَافِينَ	تَخَافِي	تَخَافِي	خَافِي		
1단	خِفْتُ	أَخَافُ	أَخَافَ	أَخَفْ			
3남쌍	خَافَا	يَخَافَانِ	يَخَافَا	يَخَافَا		خِيفَا	يُخَافَانِ
여쌍	خَافَتَا	تَخَافَانِ	تَخَافَا	تَخَافَا		خِيفَتَا	تُخَافَانِ
2쌍	خِفْتُمَا	تَخَافَانِ	تَخَافَا	تَخَافَا	خَافَا		
3남복	خَافُوا	يَخَافُونَ	يَخَافُوا	يَخَافُوا			
여복	خِفْنَ	يَخَفْنَ	يَخَفْنَ	يَخَفْنَ			
2남복	خِفْتُمْ	تَخَافُونَ	تَخَافُوا	تَخَافُوا	خَافُوا		
여복	خِفْتُنَّ	تَخَفْنَ	تَخَفْنَ	تَخَفْنَ	خَفْنَ		
1복	خِفْنَا	نَخَافُ	نَخَافَ	نَخَفْ			

분사 : خَائِفٌ　　　　　　　　　　　　　　　　　　　مَخُوفٌ

동명사 : خَوْفٌ

이 동사는 일반적으로 3인칭에서만 수동태가 나타난다.

〈표 20〉 ع 약동사 : Ⅳ형 أَجابَ '대답하다'

	능동태					수동태	
	완료형	직설법	접속법	단축법	명령법	완료형	직설법
3남단	أَجابَ	يُجيبُ	يُجيبَ	يُجِبْ		أُجيبَ	يُجابُ
여단	أَجابَتْ	تُجيبُ	تُجيبَ	تُجِبْ		أُجيبَتْ	تُجابُ
2남단	أَجَبْتَ	تُجيبُ	تُجيبَ	تُجِبْ	أَجِبْ	أُجِبْتَ	تُجابُ
여단	أَجَبْتِ	تُجيبينَ	تُجيبي	تُجيبي	أَجيبي	أُجِبْتِ	تُجابينَ
1단	أَجَبْتُ	أُجيبُ	أُجيبَ	أُجِبْ		أُجِبْتُ	أُجابُ
3남쌍	أَجابا	يُجيبانِ	يُجيبا	يُجيبا		أُجيبا	يُجابانِ
여쌍	أَجابَتا	تُجيبانِ	تُجيبا	تُجيبا		أُجيبَتا	تُجابانِ
2쌍	أَجَبْتُما	تُجيبانِ	تُجيبا	تُجيبا	أَجيبا	أُجِبْتُما	تُجابانِ
3남복	أَجابوا	يُجيبونَ	يُجيبوا	يُجيبوا		أُجيبوا	يُجابونَ
여복	أَجَبْنَ	يُجِبْنَ	يُجِبْنَ	يُجِبْنَ		أُجِبْنَ	يُجَبْنَ
2남복	أَجَبْتُمْ	تُجيبونَ	تُجيبوا	تُجيبوا	أَجيبوا	أُجِبْتُمْ	تُجابونَ
여복	أَجَبْتُنَّ	تُجِبْنَ	تُجِبْنَ	تُجِبْنَ	أَجِبْنَ	أُجِبْتُنَّ	تُجَبْنَ
1복	أَجَبْنا	نُجيبُ	نُجيبَ	نُجِبْ		أُجِبْنا	نُجابُ

분사 : مُجيبٌ　　　　　　　　　　　　مُجابٌ

동명사 : إِجابَةٌ

〈표 21〉 ع 약동사 : Ⅶ형 اِنْقَادَ '이끌어지다'

	능동태					수동태	
	완료형	직설법	접속법	단축법	명령법	완료형	직설법
3남단	اِنْقَادَ	يَنْقَادُ	يَنْقَادَ	يَنْقَدْ			
여단	اِنْقَادَتْ	تَنْقَادُ	تَنْقَادَ	تَنْقَدْ			
2남단	اِنْقَدْتَ	تَنْقَادُ	تَنْقَادَ	تَنْقَدْ	اِنْقَدْ		
여단	اِنْقَدْتِ	تَنْقَادِينَ	تَنْقَادِي	تَنْقَادِي	اِنْقَادِي		
1단	اِنْقَدْتُ	أَنْقَادُ	أَنْقَادَ	أَنْقَدْ			
3남쌍	اِنْقَادَا	يَنْقَادَانِ	يَنْقَادَا	يَنْقَادَا			
여쌍	اِنْقَادَتَا	تَنْقَادَانِ	تَنْقَادَا	تَنْقَادَا			
2쌍	اِنْقَدْتُمَا	تَنْقَادَانِ	تَنْقَادَا	تَنْقَادَا	اِنْقَادَا		
3남복	اِنْقَادُوا	يَنْقَادُونَ	يَنْقَادُوا	يَنْقَادُوا			
여복	اِنْقَدْنَ	يَنْقَدْنَ	يَنْقَدْنَ	يَنْقَدْنَ			
2남복	اِنْقَدْتُمْ	تَنْقَادُونَ	تَنْقَادُوا	تَنْقَادُوا	اِنْقَادُوا		
여복	اِنْقَدْتُنَّ	تَنْقَدْنَ	تَنْقَدْنَ	تَنْقَدْنَ	اِنْقَدْنَ		
1복	اِنْقَدْنَا	نَنْقَادُ	نَنْقَادَ	نَنْقَدْ			

분사 : مُنْقَادٌ

동명사 : اِنْقِيَادٌ

Ⅶ형에는 수동태가 없다.

〈표 22〉 ع약동사 : X형 اِخْتَارَ '(~에서) 이득을 얻다'

	능동태 완료형	능동태 직설법	능동태 접속법	능동태 단축법	능동태 명령법	수동태 완료형	수동태 직설법
3남단	اِخْتَارَ	يَخْتَارُ	يَخْتَارَ	يَخْتَرْ		اُخْتِيرَ	يُخْتَارُ
여단	اِخْتَارَتْ	تَخْتَارُ	تَخْتَارَ	تَخْتَرْ		اُخْتِيرَتْ	تُخْتَارُ
2남단	اِخْتَرْتَ	تَخْتَارُ	تَخْتَارَ	تَخْتَرْ	اِخْتَرْ		
여단	اِخْتَرْتِ	تَخْتَارِينَ	تَخْتَارِي	تَخْتَارِي	اِخْتَارِي		
1단	اِخْتَرْتُ	أَخْتَارُ	أَخْتَارَ	أَخْتَرْ			
3남쌍	اِخْتَارَا	يَخْتَارَانِ	يَخْتَارَا	يَخْتَارَا		اُخْتِيرَا	يُخْتَارَانِ
여쌍	اِخْتَارَتَا	تَخْتَارَانِ	تَخْتَارَا	تَخْتَارَا		اُخْتِيرَتَا	تُخْتَارَانِ
2쌍	اِخْتَرْتُمَا	تَخْتَارَانِ	تَخْتَارَا	تَخْتَارَا	اِخْتَارَا		
3남복	اِخْتَارُوا	يَخْتَارُونَ	يَخْتَارُوا	يَخْتَارُوا			
여복	اِخْتَرْنَ	يَخْتَرْنَ	يَخْتَرْنَ	يَخْتَرْنَ			
2남복	اِخْتَرْتُمْ	تَخْتَارُونَ	تَخْتَارُوا	تَخْتَارُوا	اِخْتَارُوا		
여복	اِخْتَرْتُنَّ	تَخْتَرْنَ	تَخْتَرْنَ	تَخْتَرْنَ	اِخْتَرْنَ		
1복	اِخْتَرْنَا	نَخْتَارُ	نَخْتَارَ	نَخْتَرْ			

분사 : مُخْتَارٌ (수동태) مُخْتَارٌ

동명사 : اِخْتِيَارٌ

이 동사는 일반적으로 3인칭에서만 수동태가 나타난다.

〈표 23〉 ع 약동사 : Ⅷ형 (مِنْ) إِسْتَفَادَ '선택하다'

	능동태 완료형	능동태 직설법	능동태 접속법	능동태 단축법	능동태 명령법	수동태 완료형	수동태 직설법
3남단	اِسْتَفَادَ	يَسْتَفِيدُ	يَسْتَفِيدَ	يَسْتَفِدْ		اُسْتُفِيدَ	يُسْتَفَادُ
여단	اِسْتَفَادَتْ	تَسْتَفِيدُ	تَسْتَفِيدَ	تَسْتَفِدْ			
2남단	اِسْتَفَدْتَ	تَسْتَفِيدُ	تَسْتَفِيدَ	تَسْتَفِدْ	اِسْتَفِدْ		
여단	اِسْتَفَدْتِ	تَسْتَفِيدِينَ	تَسْتَفِيدِي	تَسْتَفِيدِي	اِسْتَفِيدِي		
1단	اِسْتَفَدْتُ	أَسْتَفِيدُ	أَسْتَفِيدَ	أَسْتَفِدْ			
3남쌍	اِسْتَفَادَا	يَسْتَفِيدَانِ	يَسْتَفِيدَا	يَسْتَفِيدَا			
여쌍	اِسْتَفَادَتَا	تَسْتَفِيدَانِ	تَسْتَفِيدَا	تَسْتَفِيدَا			
2쌍	اِسْتَفَدْتُمَا	تَسْتَفِيدَانِ	تَسْتَفِيدَا	تَسْتَفِيدَا	اِسْتَفِيدَا		
3남복	اِسْتَفَادُوا	يَسْتَفِيدُونَ	يَسْتَفِيدُوا	يَسْتَفِيدُوا			
여복	اِسْتَفَدْنَ	يَسْتَفِدْنَ	يَسْتَفِدْنَ	يَسْتَفِدْنَ			
2남복	اِسْتَفَدْتُمْ	تَسْتَفِيدُونَ	تَسْتَفِيدُوا	تَسْتَفِيدُوا	اِسْتَفِيدُوا		
여복	اِسْتَفَدْتُنَّ	تَسْتَفِدْنَ	تَسْتَفِدْنَ	تَسْتَفِدْنَ	اِسْتَفِدْنَ		
1복	اِسْتَفَدْنَا	نَسْتَفِيدُ	نَسْتَفِيدَ	نَسْتَفِدْ			

분사 : مُسْتَفِيدٌ　　　　مُسْتَفَادٌ

동명사 : اِسْتِفَادَةٌ

이 동사는 일반적으로 3인칭에서만 수동태가 나타난다.

〈표 24〉 ف 약동사 : 원형 وَعَدَ (ـِ) ب '(아무에게)(~을) 약속하다'

	능동태					수동태	
	완료형	직설법	접속법	단축법	명령법	완료형	직설법
3남단	وَعَدَ	يَعِدُ	يَعِدَ	يَعِدْ		وُعِدَ	يُوعَدُ
여단	وَعَدَتْ	تَعِدُ	تَعِدَ	تَعِدْ		وُعِدَتْ	تُوعَدُ
2남단	وَعَدْتَ	تَعِدُ	تَعِدَ	تَعِدْ	عِدْ	وُعِدْتَ	تُوعَدُ
여단	وَعَدْتِ	تَعِدِينَ	تَعِدِي	تَعِدِي	عِدِي	وُعِدْتِ	تُوعَدِينَ
1단	وَعَدْتُ	أَعِدُ	أَعِدَ	أَعِدْ		وُعِدْتُ	أُوعَدُ
3남쌍	وَعَدَا	يَعِدَانِ	يَعِدَا	يَعِدَا		وُعِدَا	يُوعَدَانِ
여쌍	وَعَدَتَا	تَعِدَانِ	تَعِدَا	تَعِدَا		وُعِدَتَا	تُوعَدَانِ
2쌍	وَعَدْتُمَا	تَعِدَانِ	تَعِدَا	تَعِدَا	عِدَا	وُعِدْتُمَا	تُوعَدَانِ
3남복	وَعَدُوا	يَعِدُونَ	يَعِدُوا	يَعِدُوا		وُعِدُوا	يُوعَدُونَ
여복	وَعَدْنَ	يَعِدْنَ	يَعِدْنَ	يَعِدْنَ		وُعِدْنَ	يُوعَدْنَ
2남복	وَعَدْتُمْ	تَعِدُونَ	تَعِدُوا	تَعِدُوا	عِدُوا	وُعِدْتُمْ	تُوعَدُونَ
여복	وَعَدْتُنَّ	تَعِدْنَ	تَعِدْنَ	تَعِدْنَ	عِدْنَ	وُعِدْتُنَّ	تُوعَدْنَ
1복	وَعَدْنَا	نَعِدُ	نَعِدَ	نَعِدْ		وُعِدْنَا	نُوعَدُ

분사 : وَاعِدٌ　　　　مَوْعُودٌ

동명사 : وَعْدٌ

〈표 25〉 ف 약동사 : Ⅷ형 اِتَّفَقَ على '~에 합의하다'

	능동태					수동태	
	완료형	직설법	접속법	단축법	명령법	완료형	직설법
3남단	اِتَّفَقَ	يَتَّفِقُ	يَتَّفِقَ	يَتَّفِقْ		أُتُّفِقَ	يُتَّفَقُ
여단	اِتَّفَقَتْ	تَتَّفِقُ	تَتَّفِقَ	تَتَّفِقْ			
2남단	اِتَّفَقْتَ	تَتَّفِقُ	تَتَّفِقَ	تَتَّفِقْ	اِتَّفِقْ		
여단	اِتَّفَقْتِ	تَتَّفِقِينَ	تَتَّفِقِي	تَتَّفِقِي	اِتَّفِقِي		
1단	اِتَّفَقْتُ	أَتَّفِقُ	أَتَّفِقَ	أَتَّفِقْ			
3남쌍	اِتَّفَقَا	يَتَّفِقَانِ	يَتَّفِقَا	يَتَّفِقَا			
여쌍	اِتَّفَقَتَا	تَتَّفِقَانِ	تَتَّفِقَا	تَتَّفِقَا			
2쌍	اِتَّفَقْتُمَا	تَتَّفِقَانِ	تَتَّفِقَا	تَتَّفِقَا	اِتَّفِقَا		
3남복	اِتَّفَقُوا	يَتَّفِقُونَ	يَتَّفِقُوا	يَتَّفِقُوا			
여복	اِتَّفَقْنَ	يَتَّفِقْنَ	يَتَّفِقْنَ	يَتَّفِقْنَ			
2남복	اِتَّفَقْتُمْ	يَتَّفِقُونَ	تَتَّفِقُوا	تَتَّفِقُوا	اِتَّفِقُوا		
여복	اِتَّفَقْتُنَّ	تَتَّفِقْنَ	تَتَّفِقْنَ	تَتَّفِقْنَ	اِتَّفِقْنَ		
1복	اِتَّفَقْنَا	نَتَّفِقُ	نَتَّفِقَ	نَتَّفِقْ			

분사 : مُتَّفِقٌ مُتَّفَقٌ

동명사 : اِتِّفَاقٌ

이 동사는 3인칭 남성 단수에서만 수동태가 나타난다.

〈표 26〉 ل 약동사 : 원형 (´) لَقِيَ '만나다'

	능동태					수동태	
	완료형	직설법	접속법	단축법	명령법	완료형	직설법
3남단	لَقِيَ	يَلْقَى	يَلْقَى	يَلْقَ		لُقِيَ	يُلْقَى
여단	لَقِيَتْ	تَلْقَى	تَلْقَى	تَلْقَ		لُقِيَتْ	تُلْقَى
2남단	لَقِيتَ	تَلْقَى	تَلْقَى	تَلْقَ	اِلْقَ	لُقِيتَ	تُلْقَى
여단	لَقِيتِ	تَلْقَيْنَ	تَلْقَيْ	تَلْقَيْ	اِلْقَيْ	لُقِيتِ	تُلْقَيْنَ
1단	لَقِيتُ	أَلْقَى	أَلْقَى	أَلْقَ		لُقِيتُ	أُلْقَى
3남쌍	لَقِيَا	يَلْقَيَانِ	يَلْقَيَا	يَلْقَيَا		لُقِيَا	يُلْقَيَانِ
여쌍	لَقِيَتَا	تَلْقَيَانِ	تَلْقَيَا	تَلْقَيَا		لُقِيَتَا	تُلْقَيَانِ
2쌍	لَقِيتُمَا	تَلْقَيَانِ	تَلْقَيَا	تَلْقَيَا	اِلْقَيَا	لُقِيتُمَا	تُلْقَيَانِ
3남복	لَقُوا	يَلْقَوْنَ	يَلْقَوْا	يَلْقَوْا		لُقُوا	يُلْقَوْنَ
여복	لَقِينَ	يَلْقَيْنَ	يَلْقَيْنَ	يَلْقَيْنَ		لُقِينَ	يُلْقَيْنَ
2남복	لَقِيتُمْ	تَلْقَوْنَ	تَلْقَوْا	تَلْقَوْا	اِلْقَوْا	لُقِيتُمْ	تُلْقَوْنَ
여복	لَقِيتُنَّ	تَلْقَيْنَ	تَلْقَيْنَ	تَلْقَيْنَ	اِلْقَيْنَ	لُقِيتُنَّ	تُلْقَيْنَ
1복	لَقِينَا	نَلْقَى	نَلْقَى	نَلْقَ		لُقِينَا	نُلْقَى

분사 : لاقٍ مُلْقًى

동명사 : لِقَاءٌ

〈표 27〉 ل 약동사 : 원형 (و) دَعَا '부르다, 초대하다'

	능동태					수동태	
	완료형	직설법	접속법	단축법	명령법	완료형	직설법
3남단	دَعَا	يَدْعُو	يَدْعُوَ	يَدْعُ		دُعِيَ	يُدْعَى
여단	دَعَتْ	تَدْعُو	تَدْعُوَ	تَدْعُ		دُعِيَتْ	تُدْعَى
2남단	دَعَوْتَ	تَدْعُو	تَدْعُوَ	تَدْعُ	اُدْعُ	دُعِيتَ	تُدْعَى
여단	دَعَوْتِ	تَدْعِينَ	تَدْعِي	تَدْعِي	اُدْعِي	دُعِيتِ	تُدْعَيْنَ
1단	دَعَوْتُ	أَدْعُو	أَدْعُوَ	أَدْعُ		دُعِيتُ	أُدْعَى
3남쌍	دَعَوَا	يَدْعُوَانِ	يَدْعُوَا	يَدْعُوَا		دُعِيَا	يُدْعَوَانِ
FD	دَعَتَا	تَدْعُوَانِ	تَدْعُوَا	تَدْعُوَا		دُعِيَتَا	تُدْعَوَانِ
D	دَعَوْتُمَا	تَدْعُوَانِ	تَدْعُوَا	تَدْعُوَا	اُدْعُوَا	دُعِيتُمَا	تُدْعَوَانِ
3 MP	دَعَوْا	يَدْعُونَ	يَدْعُوا	يَدْعُوا		دُعُوا	يُدْعَوْنَ
여복	دَعَوْنَ	يَدْعُونَ	يَدْعُونَ	يَدْعُونَ		دُعِينَ	يُدْعَوْنَ
2남복	دَعَوْتُمْ	تَدْعُونَ	تَدْعُوا	تَدْعُوا	اُدْعُوا	دُعِيتُمْ	تُدْعَوْنَ
여복	دَعَوْتُنَّ	تَدْعُونَ	تَدْعُونَ	تَدْعُونَ	اُدْعُونَ	دُعِيتُنَّ	تُدْعَوْنَ
1복	دَعَوْنَا	نَدْعُو	نَدْعُوَ	نَدْعُ		دُعِينَا	نُدْعَى

분사 : دَاعٍ　　　　مَدْعُوٌّ

동명사 : دُعَاءٌ

〈표 28〉 ل 약동사 : 원형 بَنَى '세우다, 짓다'

	능동태					수동태	
	완료형	직설법	접속법	단축법	명령법	완료형	직설법
3남단	بَنَى	يَبْنِي	يَبْنِيَ	يَبْنِ		بُنِيَ	يُبْنَى
여단	بَنَتْ	تَبْنِي	تَبْنِيَ	تَبْنِ		بُنِيَتْ	تُبْنَى
2남단	بَنَيْتَ	تَبْنِي	تَبْنِيَ	تَبْنِ	اِبْنِ	بُنِيتَ	تُبْنَى
여단	بَنَيْتِ	تَبْنِينَ	تَبْنِي	تَبْنِي	اِبْنِي	بُنِيتِ	تُبْنَيْنَ
1단	بَنَيْتُ	أَبْنِي	أَبْنِيَ	أَبْنِ		بُنِيتُ	أُبْنَى
3남쌍	بَنَيَا	يَبْنِيَانِ	يَبْنِيَا	يَبْنِيَا		بُنِيَا	يُبْنَيَانِ
여쌍	بَنَتَا	تَبْنِيَانِ	تَبْنِيَا	تَبْنِيَا		بُنِيَتَا	تُبْنَيَانِ
2쌍	بَنَيْتُمَا	تَبْنِيَانِ	تَبْنِيَا	تَبْنِيَا	اِبْنِيَا	بُنِيتُمَا	تُبْنَيَانِ
3남복	بَنَوْا	يَبْنُونَ	يَبْنُوا	يَبْنُوا		بُنُوا	يُبْنَوْنَ
여복	بَنَيْنَ	يَبْنِينَ	يَبْنِينَ	يَبْنِينَ		بُنِينَ	تُبْنَيْنَ
2남복	بَنَيْتُمْ	تَبْنُونَ	تَبْنُوا	تَبْنُوا	اِبْنُوا	بُنِيتُمْ	تُبْنَوْنَ
여복	بَنَيْتُنَّ	تَبْنِبنَ	تَبْنِينَ	تَبْنِينَ	اِبْنِينَ	بُنِيتُنَّ	تُبْنَيْنَ
F	بَنَيْنَا	نَبْنِي	نَبْنِيَ	نَبْنِ		بُنِينَا	نُبْنَى

분사 : بَانٍ

مَبْنِيٌّ

동명사 : بِنَاءٌ ، بُنْيَانٌ

모든 ل 약 파생형동사는 이 동사처럼 활용한다.

날과 달

가. 요 일 — أَيَّامُ الأُسْبُوعِ

일요일	اَلْأَحَدُ
월요일	اَلْإِثْنَيْنِ
화요일	الثَّلاثَاءُ
수요일	اَلْأَرْبَعَاءُ
목요일	الْخَمِيسُ
금요일	الْجُمْعَةُ
토요일	السَّبْتُ

나. 달 — شُهُورُ السَّنَةِ

1. 서양력(양력)

	이락과 레반트(시리아·레바논·팔레스틴) 에서 사용됨	이집트와 북아프리카 에서 사용됨
1월	كَانُونُ الثَّانِي	يَنَايِر
2월	شُبَاطُ	فَبْرَايِر
3월	آذَارُ	مَارِس
4월	نِيسَانُ	إِبْرِيل
5월	أَيَّارُ	مَايُو
6월	حَزِيرَانُ	يُونِيُو
7월	تَمُّوزُ	يُولِيُو
8월	آبُ	أُغُسْطُس
9월	أَيْلُولُ	سِبْتَمْبِر
10월	تِشْرِينُ الْأَوَّلُ	أُكْتُوبِر
11월	تِشْرِينُ الثَّانِي	نُوفَمْبِر
12월	كَانُونُ الْأَوَّلُ	دِيسَمْبِر

2. 이슬람력(음력)

1월	١ ـ مُحَرَّمٌ
2월	٢ ـ صَفَرُ
3월	٣ ـ رَبِيعُ الأَوَّلُ
4월	٤ ـ رَبِيعُ الثاني
5월	٥ ـ جُمادى الأَوَّلُ
6월	٦ ـ جُمادى الآخِرُ
7월	٧ ـ رَجَبُ
8월	٨ ـ شَعْبان
9월	٩ .. رَمَضان
10월	١٠ ـ شَوّال
11월	١١ ـ ذو الْقَعْدَةِ
12월	١٢ ـ ذو الْحِجَّةِ

다. 계 절

فُصولُ السَّنَةِ

봄	الرَّبيعُ
여름	الصَّيْفُ
가을	الْخَرِيفُ
겨울	الشِّتاءُ

《부 록 Ⅲ》 아랍 국가 명칭

여기에 수록된 것은 아랍 국가 명칭·(괄호 안에) 정식 국가 명칭·수도·주요 도시·그 밖에 이 책에 언급된 도시들이다. (남)이라고 표시된 것 이외는 모두 여성명사이다.

요르단(요르단 하심 왕국)(남)	اَلْأُرْدُنُّ (اَلْمَمْلَكَةُ الْأُرْدُنِّيَّةُ الْهَاشِمِيَّةُ)
암만(수도)	عَمَّانُ
페트라	اَلْبَتْرَاءُ
자라슈	جَرَش
아랍 토후국 연방(아랍 토후국 연방국)	اَلْإِمَارَاتُ الْعَرَبِيَّةُ الْمُتَّحِدَةُ (دَوْلَةُ الْإِمَارَاتِ الْعَرَبِيَّةِ الْمُتَّحِدَةِ)
아부 다비	أَبُو ظَبي
두바이	دُبَي
라스 알하이마	رَأْسُ الْخَيْمَةِ
알샤르자	اَلشَّارِقَةُ
아즈만	عَجْمَان
푸자이라	اَلْفُجَيْرَةُ
움 알키와인	أُمُّ الْقَيْوَيْنِ
	أَبُو ظَبي
바레인(바레인국)	اَلْبَحْرَيْنِ (دَوْلَةُ الْبَحْرَيْنِ)
마나마(수도)	اَلْمَنَامَةُ
튀니지(튀니지 공화국)	تُونِسُ (اَلْجُمْهُورِيَّةُ التُّونِسِيَّةُ)
튀니스(수도)	تُونِسُ
카르타고	قَرْطَجَنَّةُ ، قَرْطَاجَةُ
알제리(알제리 인민 민주주의 공화국)	اَلْجَزَائِرُ (اَلْجُمْهُورِيَّةُ الْجَزَائِرِيَّةُ الدِّيمُقْرَاطِيَّةُ الشَّعْبِيَّةُ)
알제(수도)	اَلْجَزَائِرُ
콩스탕틴	اَلْقُسْطَنْطِينِيَّةُ
사우디 아라비아(사우디 아라비아 왕국)	اَلسَّعُودِيَّةُ (اَلْمَمْلَكَةُ الْعَرَبِيَّةُ السَّعُودِيَّةُ)
리야드(수도)	اَلرِّيَاضُ
젯다	جِدَّةُ
다흐란	اَلظَّهْرَانُ

메디나	أَلْمَدِينَةُ
멕카	مَكَّةُ
수단(수단 민주 공화국)(남)	السّودانُ (جُمْهوريَّةُ السّودانِ الديمُقْراطيّةِ)
카르툼(수도)	أَلْخَرْطومُ
옴두르만	أُمُّ دُرْمانَ
시리아(시리아 아랍 공화국)	سوريا ، سورِيَةُ (الْجُمْهوريّةُ الْعَرَبِيّةُ السّورِيّةُ)
시리아	الشّامُ ، بِلادُ الشّامِ
다마스커스(수도)	دِمَشْقُ ، دِمَشْقُ الشّامِ ، الشّامُ
팔미라	تَدْمُرُ
알렙포	حَلَبُ
하마	حَماه
홈스	حُمْص
소말리(소말리 민주 공화국)	أَلصّومالُ ، صومالِيا (الْجُمْهوريّةُ الدّيمُقْراطِيّةُ الصّومالِيّةُ)
모가디슈(수도)	موغاديشو ، مقديشو
이락(이락 공화국)(남)	أَلْعِراقُ (الْجُمْهوريّةُ الْعِراقِيّةُ)
바그다드(수도)	بَغْدادُ
아르빌	أَرْبيلُ
바스라	أَلْبَصْرَةُ
카르쿡	كَرْكوك
쿠파	أَلْكوفَةُ
모술	أَلْموصِلُ
오만(오만 술탄국)	عُمانُ (سَلْطَنَةُ عُمانَ)
마스카트(수도)	مَسْقَط
모로코(모로코 왕국)(남)	أَلْمَغْرِبُ (الْمَمْلَكَةُ الْمَغْرِبِيّةُ)
라바트(수도)	أَلرِّباطُ
카사블랑카	أَلدّارُ الْبَيْضاءُ
탄자	طَنْجَةُ
페스	فاس
마라케쉬	مَرّاكِشُ

팔레스틴	فِلَسْطِينُ
베들레헴	بَيْتَ لَحْمُ
예루살렘	أَلْقُدْسُ
나자렛	أَلنَّاصِرَةُ
카타르(카타르국)	قَطَر (دَوْلَةُ قَطَر)
도하(수도)	أَلدَّوْحَةُ
쿠웨이트(쿠웨이트국)	أَلْكُوَيْتُ (دَوْلَةُ الْكُوَيْتِ)
쿠웨이트 시(수도)	أَلْكُوَيْتُ
레바논(레바논 공화국)(남)	لُبْنَانُ (اَلْجُمْهُورِيَّةُ اللُّبْنَانِيَّةُ)
베이루트(수도)	بَيْرُوتُ
바스킨타	بِسْكِنْتَا
바알벡	بَعْلَبَكُّ
시돈	صَيْدَا
티르	صور
트리폴리(시리아의 트리폴리)	طَرَابُلُسُ (طَرَابُلُس الشَّامِ)
리비아(리비아 아랍 공화국)	لِيبِيَا (اَلْجُمْهُورِيَّةُ الْعَرَبِيَّةُ اللِّيبِيَّةُ)
트리폴리(서부의 트리폴리)	طَرَابُلُسُ (طَرَابُلُسُ الْغَرْبِ)
벵가지	بَنْغَازي
이집트(이집트 아랍 공화국)	مِصْرُ (جُمْهُورِيَّةُ مِصْرَ الْعَرَبِيَّةُ)
카이로(수도)	أَلْقَاهِرَةُ
알렉산드리아	أَلْإِسْكَنْدَرِيَّةُ
아스완	أَسْوَانُ
포르 사이드	بور سَعيد
수에즈	أَلسُّوَيْسُ
룩소르	اَلْأَقْصُرُ
모리타니(모리타니 이슬람 공화국)	موريتانيا (اَلْجُمْهُورِيَّةُ الْإِسْلَامِيَّةُ الْمُورِيتَانِيَّةُ)
누왁쇼트(수도)	نُواكشوت ، نواخشوت
(남)예멘(예멘 인민 민주주의 공화국)	أَلْيَمَنُ (أَلْجَنُوبِيَّةُ) (جُمْهُورِيَّةُ أَلْيَمَنِ الدِّيمُقْرَاطِيَّةُ الشَّعْبِيَّةُ)
아덴(수도)	عَدَن
메디나 알샤압(수도)	مَدِينَةُ الشَّعْبِ

(북)예멘(예멘 아랍 공화국)	أَلْيَمَنُ (الشَّمالِيَّةُ) (اَلْجُمْهُورِيَّةُ الْعَرَبِيَّةُ الْيَمَنِيَّةُ)
산아(수도)	صَنْعَاءُ
타잇즈	تَعِزّ

각 과별 형용사

〈1과〉	أَوَّلٌ	첫번째의
	أَساسِيٌّ	기초의, 기본의
〈2과〉	أَلثَّانِي	두번째의
〈3과〉	ثالِثٌ	세번째의
	عَرَبِيٌّ - عَرَبٌ	아랍의; 아랍 사람
	جَدِيدٌ	새로운
〈4과〉	رابِعٌ	네번째의
	مَوْجودٌ	존재하는
	بَعِيدٌ (مِنْ)	(~에서) 먼
보충:	بِخَيْرٍ	(전치사구) 잘 있는, 안녕한
〈5과〉	خامِسٌ	다섯번째의
니스바	وَطَنِيٌّ	국립의, 민족주의의
	زائِرٌ	방문하는; 방문자
	قَدِيمٌ	오래된, 고대의
	حَدِيثٌ	새로운, 현대의
	أَمْرِيكِيٌّ	미국의; 미국 사람
	أَجْنَبِيٌّ	외국의; 외국인
	فَرَنْسِيٌّ	프랑스의; 프랑스 사람
	كَبِيرٌ	큰(사물); 나이 많은(사람)
	قَرِيبٌ (مِنْ)	(~에서) 가까운
〈6과〉	سادِسٌ	여섯번째의
	لُغَوِيٌّ	말의, 언어의
	إِنْكِلِيزِيٌّ	영국의; 영국 사람
	ثانَوِيٌّ	제 2 위의, 고등학교의
	سَنَوِيٌّ	해마다의
〈7과〉	سابِعٌ	일곱번째의
	خاصٌّ	특별한; 개인의
〈8과〉	ثامِنٌ	여덟번째의
	جُدُدٌ	새로운(복수)
〈9과〉	تاسِعٌ	아홉번째의
	نِسائِيٌّ	여성의, 여자의
보충:	بَعْضٌ	(명사) 몇몇
	كُلّ	(명사) 모든; 각각; 전체
〈10과〉	عاشِرٌ	열번째의
	ذاهِبٌ - ون	가고 있는

	قَصِيرٌ ـ قِصَارٌ	짧은
〈11 과〉	الحادي عَشَرَ	열한번째의
	بَلَدِيٌّ	나라의, 토착의, 내국의
〈12 과〉	الثّانيَ عَشَرَ	열두번째의
〈13 과〉	عَزِيزٌ ـ أَعِزّاءُ	친애하는
	مَدَنِيٌّ	도시 거주의, 도시의; 문명화한
	قادِمٌ ـ ون	다가오는, 다음의
	مُخْلِصٌ ـ ون	충실한, 성실한
	مُشْتاقٌ الى	갈망하는, 열망하는
〈14 과〉	سِياسِيٌّ	정치학의, 정치적인; 정치인
	حاضِرٌ ـ ون	지금의, 현재의; 출석한
〈15 과〉	مُسْتَعِدٌّ ـ ون (ل)	(~에) 준비가 된
	سَهْلٌ (على)	(~하기) 쉬운
	فِكْرِيٌّ	지적인, 사색적인
	جَمِيلٌ ـ ون	아름다운, 멋진
	أَخِيرٌ	마지막의; 최근의
보충 :	مُعْظَمٌ	(명사) 대부분의
〈16 과〉	هامٌّ	중요한
	عالِيَةٌ	(여) 높은
〈17 과〉	آخَرُ ـ ون	다른
	أُخْرى ـ أُخْرَياتٌ	آخَرُ 의 여성형
〈18 과〉	طَوِيلٌ ـ طِوالٌ	긴; (키가) 큰
	كَبِيرٌ ـ كِبارٌ ، كُبَراءُ	큰(사물); 나이 많은(사람)
	عَظِيمٌ ـ عِظامٌ ، عُظَماءُ	커다란, 거대한, 웅장한
	صَغِيرٌ ـ صِغارٌ	작은(사물); 젊은(사람)
	كَثِيرٌ ـ ون ، كِثارٌ	많은
〈19 과〉	بَدَوِيٌّ	유목민, 베드윈
	صَحْراوِيٌّ	사막의, 황량한
	حَيَوِيٌّ	생(활)의, 생명의
〈20 과〉 없음		
〈21 과〉	رَئِيسِيٌّ	주요한
〈22 과〉	مُساوِيَةٌ (ل)	(여)(~와) 평등한, 같은
	صَعْبٌ ـ صِعابٌ	어려운
	اِجْتِماعِيٌّ	사회학적인, 사회의
〈23 과〉	مُسْلِمٌ ـ ون	무슬림
	قَوْمِيٌّ	민족(주의)의; 민족주의자

〈24 과〉	دُوَلِيٌّ	국제적인
	ثَوْرِيٌّ	혁명의
〈25 과〉	غَرِيبٌ ـ غُرَبَاءُ	이상한, 낯선; 이방인,
	يَدَوِيٌّ	손의, 손으로 하는, 수공의
〈26 과〉	فَنِّيٌّ	예수의, 기술의, 전문적인
	حَبِيبٌ ـ أَحِبَّاءُ	사랑하는, 애인
보충 :	غَالِبٌ	(능. 분) 대부분의
〈27 과〉	سَعِيدٌ ـ سُعَدَاءُ (بـ)	(~에 대해) 행복한
	مُنْتَشِرٌ	흩어져 있는, 널려 있는, 산재해 있는
	أَخَوِيٌّ	형제의, 우애의
	حَاصِلٌ ـ ون على	~을 획득한
	سَاكِنٌ ـ ون	사는, 거주하는
	صُحُفِيٌّ	신문의, 언론의; 언론인
	مُقْبِلٌ ـ ون على	~에 접근하는, 다가가는; ~에 착수하는; ~에 몰두하는
	مُخْتَلِفٌ ـ ون (عن ، من)	(~와) 다른
	خَارِجِيٌّ	외부의, 밖의, 외국의
	أَبَوِيٌّ	아버지의, 아버지다운
보충 :	نَفْسُ الـ	(명사) 같은
〈28 과〉	مُتَنَاوِلٌ ـ ون	다루는, 취급하는
	مُظْهِرٌ ـ ون	보여주는, 드러내는
	مُتَأَكِّدٌ ـ ون (من)	(~에 대해) 확신하는
	مَعْرُوفٌ (ون) (بـ)	(~으로) 알려진, 유명한
보충 :	جَمِيعُ	(명사) 모든
〈29 과〉	مِيلَادِيٌّ	(그리스도) 탄생의, 서기의
	قَبِيحٌ ـ قِبَاحٌ	못생긴
〈30 과〉	عَامِّيٌّ	대중의, 일반의; 구어의
	مُسْتَخْدَمٌ ـ ون	사용되는
	رَسْمِيٌّ	공식적인; 관청의
	مُتَّبَعٌ ـ ون	뒤따라진, 종속된, 부착된
	مُتَّفَقٌ عليه	일치되는
〈31 과〉	قَلِيلٌ ـ قَلَائِلُ ، قِلَالٌ	적은
	نَائِمٌ ـ ون	자는
	مُتَأَخِّرٌ ـ ون	늦은, 지각의
〈32 과〉	غَنِيٌّ ـ أَغْنِيَاءُ (بـ)	(~이) 풍부한; 부자
	فَقِيرٌ ـ فُقَرَاءُ (في)	(~이) 빈약한; 가난한 이

	مُقِيمٌ – ون (في)	(~에) 사는, 거주하는
	مُمْتَازٌ – ون	뛰어난, 훌륭한, 우수한
〈33 과〉	صَحِيحٌ – صِحَاحٌ	옳은, 정당한
보충 :	كِلَا (كِلْتَا)	(명사) 양쪽의, 쌍방의
〈34 과〉	وَاضِحٌ	명백한, 정확한
	مَائِتٌ	죽어가고 있는, 임종의
	عَائِشٌ	살고 있는, 잘 사는
〈35 과〉	مُقَدَّسٌ – ون	신성한, 성스러운, 거룩한
	حَسَنٌ – حِسَانٌ	좋은, 훌륭한, 아름다운
	مَاضٍ – مَاضُونَ	지나간, 지난
	مَسِيحِيٌّ – ون	그리스도(교)의; 기독교도
	يَهُودِيٌّ – يَهُودٌ	유태인의; 유태인
	تَالٍ	뒤따르는, 다음의
	عَامٌّ	일반적인, 보통의
〈36 과〉	مَلَكِيٌّ – ون	왕의; 왕당파
	أَحْمَرُ (حَمْرَاءُ) حُمْرٌ	붉은
	حَاكِمٌ – ون	통치하는, 지배하는
〈37 과〉	سَائِدٌ – ون	널리 행하여지는, 유행하는
	مَسْؤُولٌ – ون (عن)	(~에) 책임있는
	قَوِيٌّ – أَقْوِيَاءُ	강한, 힘센
	مُسَمًّى – ون	불리는, ~이름의
	مُتَسَاوٍ – ون (لِ)	(~와) 평등한, 같은
	مُسْتَقِلٌّ – ون	독립의, 자립의
〈38 과〉	وَاسِعٌ – ون	넓은, 광활한
	آخِرُ – ون ، أَوَاخِرُ	마지막의, 후자(의); (+시간의 명사) 후기, (달의) 하순
	مُكَافِحٌ – ون	싸우고 있는, 투쟁하는
	قَائِمٌ – ون	서 있는; 존재하는
	مَرْكَزِيٌّ – ون	중심의, 중앙의
	مَحَلِّيٌّ – ون	장소의; 지방의, 지역의; 토착의
	مُخْتَلِفٌ	(+소유격) 여러 가지의, 다양한
〈39 과〉	جَيِّدٌ – جِيَادٌ	좋은, 훌륭한
〈40 과〉	مَفْقُودٌ – ون	없어진, 행방불명의, 분실된
	مَفْتُوحٌ	열려 있는, 열린
	مَفْهُومٌ	이해되는
	عَمِيقٌ	깊은, 심오한

	مُدْهِشٌ – ون	놀라운, 놀랄 만한
보충 :	عَلى حَقٍّ	(전치사구) 옳은, 정당한
〈41 과〉	واقِعٌ	위치한, 놓여 있는
	حالِيٌّ – ون	지금의, 현재의
	سَيِّئٌ – ون	나쁜
	مَقْبولٌ – ون	받아들일 수 있는
	مَسْرورٌ – ون (بِـ)	(~으로) 행복한, 기쁜, 즐거운
〈42 과〉	نَبَوِيٌّ	예언자의 ; 예언자 무함맛의
〈43 과〉	مُهِمٌّ	중요한
	واقِفٌ – ون	서 있는
	جالِسٌ – ون	앉아 있는
	عجيب – ون	이상한, 기묘한
〈44 과〉	دُنْيَوِيٌّ ، دُنْياوِيٌّ	세상의, 속세의, 세속적인
	صابِرٌ	참을성 있는, 끈기 있는
	ساكِتٌ	조용한, 침묵의, 고요한
	غاضِبٌ – ون	성난 ; 성가신
	طالِقٌ	(여) 이혼당한
	شاعِرٌ (بِـ)	(~을) 느끼는
〈45 과〉	نَصْرانِيٌّ – نَصارى	기독교(도)의 ; 기독교도
	صابِئٌ – ون	사비교(도)의 ; 사비교도
	صالِحٌ – ون	올바른
	غالِبٌ – ون	정복하는 ; 승리하는
	كَرِيمٌ – كُرَماءُ ، كِرامٌ	관대한 ; 고귀한

불 변 사

불변사란 문장에서의 통사적 기능에 관계없이 격변화가 없이 일정한 단모음으로 끝나는 단어를 말한다.

(보기) 다음에서 أَلْآنَ '지금'는 어느 경우에나 ـَ 모음으로 끝나 있다.

① 동사 수식:

وَصَلُوا الآنَ	'그들은 지금 도착했다.'

② 전치사의 목적어:

لِنَتَعَاوَنْ كُلَّ التَّعَاوُنِ مُنْذُ الآنَ	'지금부터 힘껏 협력하자.'

③ 술어:

اَلِامْتِحَانُ الآنَ يَا خَلِيلُ	'할릴, 시험이 지금이다.'

그러나, 명사나 형용사는 그 기능에 따라 격변화를 한다.

(보기)

وَصَلَ الْيَوْمَ	'그는 오늘 도착했다.'
مُنْذُ الْيَوْمِ	'오늘부터'

위의 보기에서 أَلْيَوْمُ '오늘'는 동사를 수식할 때는 목적격으로, 전치사의 목적어로 쓰일 때는 소유격으로 되어 있다. 이같이 명사와 형용사는 어느 정도 불변사의 기능도 할 수 있는데, 여기에서 그러한 단어의 앞에는 '보충'이라고 표시하였다.

불변사는 그의 통사적 기능에 따라 분류할 수 있다. 그 의미·형태·사용에 대해서는 아랍어 — 한국어 단어집이나 문법 설명을 참조하라.

불 변 사

1. 부 사

هُنا ‘여기’
هُناكَ ‘거기, 저기’
مَعًا ‘함께’
اَلآنَ ‘지금’
أَمْسِ ‘어제’
مِنْ قَبْلُ ‘전에’
ثُمَّ ‘그리고, 그리고나서’
مِنْ ثَمَّ ‘그래서, 그래서 곧’
بَعْدُ ‘뒤에, 나중에’
إِذَنْ ، إِذًا ‘그러면’
فَقَطْ ‘단지, 오로지’
أَيْضًا ‘또한’
حَتَّى ‘~조차’
بَعْدَئِذٍ ‘그 후에’
عِنْدَئِذٍ ‘그 때에’
حِينَئِذٍ ‘그 때에’
ساعَتَئِذٍ ‘그 시간에, 그 때에’
يَوْمَئِذٍ ‘그 날에’
وَقْتَئِذٍ ‘그 시간에’

보충: اَلْيَوْمَ ‘오늘’
اَللَّيْلَةَ ‘오늘밤’
غَدًا ‘내일’
صَباحًا ‘아침에’
مَساءً ‘저녁에’
أَحْيانًا ‘때때로’
جِدًّا ‘매우’
كَثِيرًا ‘자주’
دائِمًا ‘언제나, 늘’
قَدِيمًا ‘전에, 옛날에’
مُطْلَقًا ‘절대로’
عادَةً ‘보통, 통상적으로’
خاصَّةً ‘특별히’
عامَّةً ‘일반적으로’
قَرِيبًا ‘곧’
طَوِيلاً ‘길게, 오랫 동안’
أَخِيرًا ‘최근에’
حَقًّا ‘참으로’
عِوَضًا عَنْ ‘~의 대신에’
مَثَلاً ‘예를 들면’
كَذٰلِكَ ‘마찬가지로, 또한’
لِذٰلِكَ ‘그러므로, 그래서’

2. 접속사

وَ	'그리고'
فَ	'그리고, 그래서'
وَ	'~하면서' (상태문에서)
أَوْ	'또는'
أَمْ	'또는'
أَمَّا .. فَ	'~에 관해서는, ~에 대해 말하자면'
أَيْ	'다시 말하면, 즉'
بَلْ	'그러나, 오히려'
إِنَّمَا	'그러나, 그와 반대로'
لَعَلَّ	'아마도'
لٰكِنَّ	'그러나'
لٰكِنْ	'그러나'
لِأَنَّ	'왜냐하면'
كَأَنَّ	'마치 ~인 것처럼'
كَمَا	'~처럼, ~도 또한'
مِثْلَمَا	'~와 마찬가지로'
لَمَّا	'~할 때'
حَيْثُ	'~하는 곳'
مُنْذُ	'~이래'
보충 : حِينَ	'~할 때'
عِنْدَمَا	'~할 때'
كَمَا	'~처럼, ~도 또한'
مِثْلَمَا	'~와 마찬가지로'
أَنَّ	'~이라고'
إِنَّ	'~이라고'
أَنْ	'~하라고'
مَا	(명사화사)
إِنْ	'만약 ~이라면'
إِذَا	'만약 ~이라면'
لَوْ	'만약 ~이라면'
حَتَّى	'~까지'
إِلَى أَنْ	'~까지'
كَيْ	'~하기 위하여'
لِ	'~하기 위하여'
لِكَيْ	'~하기 위하여'
لِأَنْ	'~하기 위하여'
حَتَّى	'~하기 위하여'
كَيْلَا	'~하지 않도록'
لِكَيْلَا	'~하지 않도록'
لِئَلَّا	'~하지 않도록'
بَعْدَ أَنْ	'~ 후에'
قَبْلَ أَنْ	'~ 전에'

3. 예외사

إِلَّا ‘~을 제외하고’

4. 강조사

إِنَّ ‘참으로, 진실로’

لَـ ‘참으로, 실로’

5. 감탄사

نَعَمْ ‘예’ 보충 : طَبْعًا ‘물론’

لا ‘아니오’

ما (أَعْجَبَ) ‘얼마나(이상한가)!’

يا لَهُ مِنْ ‘그가 얼마나 ~한가!’

أُفٍّ (화나거나 싫을 때의 표현)

6. 의문사

أَ (의문을 나타냄) 보충 : مَنْ ‘누구?’

هَلْ (의문을 나타냄) ما ‘무엇?’

أَيْنَ ‘어디?’ ماذا ‘무엇?’

مَتى ‘언제?’ أَيٌّ ‘어느?’

كَيْفَ ‘어떻게?’ كَمْ ‘얼마나?’

لِماذا ‘왜?’

7. 부정사

لا ‘~이 아닌’ 보충 : غَيْرٌ ‘무—, 불—, 비—’ (명사)

ما ‘~이 아닌’ عَدَمٌ ‘무—, 불—, 비—’ (명사)

لَنْ ‘~하지 않을 것이다’ لَيْسَ ‘아니다’(동사)

لَمْ ‘~하지 않았다’

8. 전치사

بِ ‘~에, ~으로(도구·가격)’

فِي ‘~에’

لِ ‘으로, ~때문에, ~을 위하여, ~의’

كَ ‘~같은, ~처럼’

مَعَ ‘~와 함께, ~에도 불구하고’

مِنْ ‘~으로부터’

عَنْ ‘~에 관하여’

إِلَى ‘으로’

عَلَى ‘~의 위에’

لَدَى ‘~에(시간·장소)’

سِوَى ‘~을 제외하고’

حَتَّى ‘~하도록, ~할 때까지’

وَ ‘~에 맹세코’

보충 :

بَعْدَ ‘~의 후에’

قَبْلَ ‘~의 전에’

فَوْقَ ‘~의 위에’

تَحْتَ ‘~의 아래’

وَرَاءَ ‘~의 뒤에’

وَسْطَ ‘~의 가운데에’

أَمَامَ ‘~의 앞에’

عِنْدَ ‘~에(시간·장소)’

أَثْنَاءَ ‘~하는 동안’

خِلَالَ ‘~하는 동안’

خَارِجَ ‘~의 밖에’

دَاخِلَ ‘~의 안에’

دُونَ ‘~없이’

بِدُونِ ‘~없이’

مِثْلَ ‘~처럼, ~와 같이’

بَيْنَ ‘~의 사이에’

حَوْلَ ‘~에 대하여, 약’

قُرْبَ ‘~의 가까이에’

بِسَبَبِ ‘~의 이유로’

بِشَأْنِ ‘~에 대하여’

9. 동사보조사

لِ (간접 명령) '~하자, '~하게 하라'

سَوْفَ '~할 것이다'

سَ '~할 것이다'

قَدْ (완료형 앞에서) '이미, —엇—' ;
(미완료형 직설법 앞에서)
'아마, 가끔'

إِيَّا- (뒤에 대명사 직접 목적어가 옴)

10. 호격사

يا '~아, ~여'

(أَيَّتُها) أَيُّها '~아, ~여'

أَيْ '~아, ~여'

동　　　사

다음에 이 책에 나온 모든 동사를 과별로, 또 나오는 순서로 모아 놓았다. 세로로는 동사의 파생형(사=사자음동사)의 순서에 따라, 가로로는 유형(어근형)에 따라 분류하였다. 모든 동사는 기본형(3.남.단.완)으로 싣되, 기본형이 잘 쓰이지 않을 때는 잘 쓰이는 형을 실었다. (　　)안의 형은 해당 과에서는 그러한 형만 나타남을 뜻하며, 완전한 변화형은 그 뒤의 과에 나타난다. *는 문법 설명 또는 아랍어 본문의 난외에만 실린 동사를 표시한다. 이러한 단어는 정식으로 도입되는 과에서 다시 실었다. 한 동사가 그 뒤의 과에서 다른 뜻으로 쓰였을 때는 다시 싣지 않았다. 특정한 동사에 따라 다니는 전치사는 그 동사의 뒤에 실었으며, 동사—전치사구는 그 전치사가 없는 형과는 별도로 실었다.

과 및 유형별 동사표

	유 형	강	중 복	ف 약	ع 약	ل 약
4 과					لَيْسَ	
6 과 완료형 3.단	I II VIII	دَرَسَ ـُ رَجَعَ ـِ حَضَرَ ـُ الى دَرَّسَ اِنْتَقَلَ				
7 과	I III IV V	بَدَأَ ـَ قَرَأَ ـَ تابَعَ أَكْمَلَ تَعَلَّمَ				
8 과 완료형 복수	IV VIII X	أَصْدَرَ اِسْتَمَعَ لـ اِسْتَقْبَلَ				
9 과 완료형 복수	I III	فَعَلَ ـَ شَرِبَ ـَ ذَهَبَ ـَ أَكَلَ ـُ شاهَدَ				
10 과	I IV	تَرَكَ ـُ * أَعَدَّ			*حانَ	
11 과 단축법 단수	I III	عَمِلَ ـَ حَصَلَ ـُ على سافَرَ			(كانَ)	
12 과 단축법 복수	I IV V	سَأَلَ ـَ سَمَحَ ـَ لـ بـ أَعْجَبَ أَخْبَرَ بـ تَحَدَّثَ (الى)			(قالَ)	

	유 형	강	중 복	ف 약	ع 약	ل 약
13 과 미완료형 직설법 단수	I IV	بَحَثَ ـَ عن سَكَنَ ـُ كَتَبَ ـُ ذَكَرَ ـُ أَرْسَلَ				
14 과 미완료형 직설법 복수	I III	بَحَثَ ـَ نَقَلَ ـُ نَشَرَ ـُ سَبَحَ ـَ (ـِ) حَضَرَ ـُ تَبَادَلَ				
15 과	I	شَمَلَ ـُ				
16 과	I II	عَمِلَ ـَ على *حَمِدَ ـَ *شَكَرَ ـُ *سَلِمَ ـَ *شَهِدَ ـَ *خَدَمَ ـِ قَدَّمَ		*وَصَلَ	*عَادَ *زَارَ	*بَنَى *بَقِيَ
17 과	I II	*صَدَقَ *كَسَرَ *كَذَبَ *قَتَلَ خَرَّجَ عَلَّمَ *سَمَّعَ *رَجَّعَ *صَدَّقَ *كَسَّرَ *مَرَّضَ *كَذَّبَ *قَتَّلَ *سَلَّمَ على	حَدَّدَ قَرَّرَ		عَيَّنَ *خَيَّمَ *عَيَّدَ	*سَمَّى

	유 형	강	중 복	ف 약	ع 약	ل 약
18과 Ⅲ형	I	بَذَلَ ـَ		*تَقَعُ		
	III	سَاعَدَ شَارَكَ في حَاضَرَ				
	VIII	إِعْتَمَدَ على				
19과 Ⅳ형	I	رَحَلَ ـَ				
	II	رَحَّبَ بـ * فَضَّلَ (على)				
	IV	أَظْهَرَ أَقْبَلَ على أَسْرَعَ الى أَكْرَمَ				
	VIII	اِخْتَلَفَ(عن)				
20과 접속법 Ⅴ형 Ⅵ형	I	نَظَرَ ـُ في عَرَفَ ـِ طَلَبَ ـُ				
	II	* عَلَّمَ * مَكَّنَ من * كَلَّمَ				
	III	* عَاوَنَ * قَابَلَ				
	V	تَمَكَّنَ من تَكَلَّمَ تَقَدَّمَ تَقَدَّمَ بـ * تَقَرَّرَ * تَمَصَّرَ * تَعَلَّقَ بـ				
	VI	* تَقَابَلَ * تَرَاسَلَ			تَعَاوَنَ	
21과 쌍수 Ⅶ형 Ⅷ형	I	عَقَدَ ـِ * صَرَفَ ـِ * قَصُرَ ـُ * سَحَبَ ـَ * فَتَحَ ـَ	* ضَرَّ ـُ		* زَادَ ـِ	* تَجْرِي * دَعَا ـُ * لَقِيَ ـَ

	유형	강	중복	ف 약	ع 약	ل 약
21과		* كَسَرَ ـِ				
		* تَبِعَ ـَ				
		* صَدَمَ ـِ				
		* وَصَلَ ـِ				
		* وَحَدَ ـِ				
		* جَمَعَ ـَ				
		* عَمِدَ ـَ				
		* نَقَلَ ـُ				
		* طَلَعَ ـُ				
		* ثَأَرَ ـَ				
		* ظَلَمَ ـِ				
		* خَتَمَ ـِ				
		* أَمَرَ ـُ				
	II	أَثَّرَ على				
	VII	إِنْصَرَفَ				
		إِنْعَقَدَ				
		* إِنْقَطَعَ				
		* إِنْكَسَرَ				
		* إِنْسَحَبَ				
		* إِنْفَتَحَ				
	VIII	إِنْتَخَبَ	* إِضْطَرَّ	* إِتَّصَلَ بـ	* إِزْدَادَ	* إِدَّعَى
		إِعْتَبَرَ		* إِتَّحَدَ		* إِلْتَقَى
		إِجْتَمَعَ				
		إِنْتَظَرَ				
		إِخْتَلَفَ				
		* إِدَّكَرَ				
		* إِتَّبَعَ				
		* إِفْتَتَحَ				
		* إِعْتَرَفَ				
		* إِصْطَدَمَ				
		* إِطَّلَعَ				
		* إِثَّأَرَ				

	유 형	강	중 복	ف 약	ع 약	ل 약
21 과		* إِخْتَتَمَ				
		* إِئْتَمَرَ				
		* إِظَّلَمَ				
		* إِتَّحَدَ				
22 과	I	مَنَحَ ـَ	(ظَلَّ) ـَ	(يَجِبُ)	زالَ ـَ	* بَقِيَ
		جَمَعَ ـَ بين				
	II		حَقَّقَ			
	III	طالَبَ بـ				
	IV	أَصْبَحَ				
	V	تَصَرَّفَ		تَوَفَّرَ		
		تَقَدَّمَ				
	VIII	إِعْتَقَدَ				
23 과	I	فَتَحَ ـَ			* تَقَعُ	* يَقُولُ
		جَمَعَ ـَ				
		* خَدَمَ ـَ				
		* حَكَمَ ـُ				
	IV	أَنْشَأَ				
	V	تَأَثَّرَ بـ			تَطَوَّرَ	
	VIII	إِحْتَرَمَ				
24 과	I	حَكَمَ ـُ	(تَمَّ ـِ)	* وَطَنَ ـِ	* عادَ ـُ	* مَشَى ـِ
		رَبَطَ ـِ بين				
		حَفَرَ ـِ				
		نَجَحَ ـَ				
		* غَرُبَ ـُ				
		* حَسُنَ ـُ				
		* نَجَدَ ـُ				
		* فَهِمَ ـَ				
		* خَلَفَ ـُ				
	II	* قَصَّرَ				
	IV	أَشْرَفَ على	* أَعَدَّ		* أَعادَ	
		* أَعْمَلَ			* أَفادَ	
		* آجَرَ			* أَعارَ	
		* أَفْهَمَ				

	유형	강	중복	ف 약	ع 약	ل 약
24과	V					انْتَهى*
	VIII					
	IX	اِحْمَرَّ *			اِسْوَدَّ * اِحْوَلَّ *	
	X	اِسْتَغْرَبَ * اِسْتَحْسَنَ * اِسْتَنْجَدَ * اِسْتَأْجَرَ * اِسْتَفْهَمَ * اِسْتَخْلَفَ * اِسْتَحْضَرَ * اِسْتَعْمَلَ *		اِسْتَوْطَنَ * اِسْتَوْزَرَ *	اِسْتَفَادَ * اِسْتَعَانَ * اِسْتَعَارَ *	
25과 명령법	I	مَنَعَ ـَ جَعَلَ ـَ حَكَمَ ـُ على أَخَذَ ـُ مَدَحَ ـَ * فَرَضَ ـِ على *				رَجَا ـُ*
	II	أَحَلَّ فَتَّشَ عن *				أَدَّى *
	III				قَاوَمَ	
26과	I	رَغِبَ ـَ في عَلِمَ ـَ (ب)			(قَالَ، يَقُولُ) (عَادَ ـُ)	
	II	فَكَّرَ			غَيَّرَ *	
	IV		(أَحَبَّ، أَحَبَّ)			
	V				تَزَوَّجَ	
	VI	تَرَاسَلَ				
	VII	اِنْقَطَعَ				
27과 능동분사: 원형	I	خَرَجَ ـُ				
	III	رَاسَلَ صَادَقَ				
	IV	أَخْرَجَ				

	유 형	강	중 복	ف 약	ع 약	ل 약
28 과	I	* فَقَدَ ـِ		(وَصَلَ ـِ)	* جاءَ ـِ في	
능동분사: 파생형		حَمَلَ ـِ			* قامَ ـُ	
	III	حافَظَ على				
	IV	أَخْلَصَ لـ				
		أَسْلَمَ				
	V	تَأَكَّدَ من				
		تَطَلَّبَ				
	VIII	اِنْتَشَرَ				
29 과	I	ذَهَبَ ـَ ـ		وُلِدَ		* بَنَى ـِ
수동태:	완료형	ضَحِكَ ـَ				
		عَرُفَ ـ				
사자음 동사		رَسَمَ ـُ				
		* طَرَدَ ـُ				
	II	* غَيَّرَ				
		* طَوَّرَ				
		* زَوَّجَ				
	III	* بارَكَ				
	IV	* أَنْتَجَ				
	V	* تَغَيَّرَ			* تَجَوَّلَ	
		* تَطَوَّرَ				
	VI	* تَبارَكَ				
	X	* اِسْتَنْبَطَ				
	사 I	سَيْطَرَ على				
		تَرْجَمَ				
	사 II	* تَأَمْرَكَ				
		* تَشَيْطَنَ				
		* تَفَلْسَفَ				
30 과	II	فَضَّلَ على				
수동태:	미완료형	* عَبَّرَ عن				
수동분사	III	عاصَرَ				
	IV		* (يُحِبُّونَ)			
	V	تَغَيَّرَ				
	VIII	اِتَّهَمَ				
	X	اِسْتَخْدَمَ				

	유형	강	중복	ف 약	ع 약	ل 약
31과 ع 약: 원형	I				نامَ ـَ دامَ ـُ سارَ ـِ سارَ ـِ ب جاءَ ـِ عادَ ـُ عادَ ـُ ب زارَ ـُ	
	II	* هَنَّأَ ب				* غَنَّى
	IV	أَجْلَسَ أَحْضَرَ			* أَجابَ	
	V	تَأَخَّرَ				
	VIII	اِحْتَفَلَ ب				
32과 ع 약: 파생형	II	حَسَّنَ	سَبَّبَ			
	IV				أَدارَ أَرادَ أَقامَ	
	VIII	اِشْتَرَكَ في			اِمْتازَ ب اِحْتاجَ الى اِزْدادَ	
	X				اِسْتَفادَ من اِسْتَطاعَ	
33과 ف 약	I	* سَقَطَ ـُ * فَقَدَ ـِ		وَضَعَ ـَ وَصَفَ ـِ وَجَدَ ـِ وَثِقَ ـِ في	* عاشَ ـِ * ماتَ ـُ	
	II		أَسَّسَ * أَمَّمَ			
	VIII			اِتَّفَقَ على اِتَّصَلَ ب اِتَّحَدَ		

	유형	강	중복	ف 약	ع 약	ل 약
34과 중복: 원형	I	طَمَعَ ـَ	دَلَّ ـُ على شَكَّ ـُ في عَدَّ ـُ حَلَّ ـُ وَدَّ ـَ ظَلَّ ـَ * لَبَّ ـُ	وَضَعَ ـَ وَهَبَ ـَ	ماتَ ـُ عاشَ ـِ	
	II	أَلَّفَ			صَوَّرَ	
	V		* تَعَدَّدَ			
35과 중복: 파생형	I	شَكَرَ ـُ (على)	مَرَّ ـُ بـ	وَعَدَ ـِ بـ	* زادَ ـِ على	
	IV		أَعَدَّ			
	VII		* اِنْضَمَّ الى			
	VIII		اِهْتَمَّ بـ			
	IX		* اِحْمَرَّ			
	X		اِسْتَمَرَّ * اِسْتَرَدَّ			
36과 ل 약: 원형	I	* عَرَضَ ـِ على				دَعا ـُ تَلا ـُ حَكى ـِ لَقِيَ ـَ رَأي ـَ بَنى ـِ بَقِيَ ـَ
	IV				أَحاطَ بـ	
37과 ل 약: 파생형	I				سادَ ـُ قامَ ـُ بـ * قالَ ـُ لـ * قامَ ـُ	دَعا ـُ بـ
	II	* ثَبَّتَ		* وَفَّرَ		غَنّى سَمّى
	III					ساوى * نادى
	IV					* أَلْغى * أَعْطى
	V					* تَمَنّى

	유형	강	중복	ف 약	ع 약	ل 약
37과	VI	تَبادَلَ				* تَلاقَى
	VII	* إِنْفَصَلَ				* إِنْقَضَى
	VIII					* إِشْتَرَى
	X		إِسْتَقَلَّ			* إِسْتَثْنَى
38과	I	ظَهَرَ ـَ	حَدَّ ـُ			دعا ـُ الى
	II			وَحَّدَ		
	III	كافَحَ			حاوَلَ	
	VII				إِنْحازَ الى	
39과	I	صَدَرَ ـُ رَفَضَ ـُ	رَدَّ ـُ			رَجا ـُ
	II					أَدَّى
	IV	* أَرْفَقَ بـ * آسَفَ			* أَضافَ	
40과	I	فَهِمَ ـَ نَفَعَ ـَ فَقَدَ ـِ * فَرِغَ ـَ من			صارَ ـِ	
	II	قَدَّرَ				
	IV	أَدْهَشَ أَغْضَبَ			أَساءَ الى	أَنْهَى
	V					تَرَقَّى
	VIII					* إِلْتَقَى
41과	I	قَبِلَ ـَ	سَرَّ ـُ	وَقَعَ ـَ	باعَ ـِ	جَرَى ـِ
	IV				أَذاعَ أَجاب على	أَهْدَى
	V	تَحَسَّنَ				
	VIII		إِشْتَدَّ			إِشْتَرَى
42과	I	بَلَغَ ـُ دَخَلَ ـُ			كانَ ـُ قامَ ـُ	
	II	لَقَّبَ بـ	جَدَّدَ			وَفَّى
	IV	أَدْخَلَ				أَلْقَى

	유형	강	중 복	ف 약	ع 약	ل 약
42과	VII	اِنْقَسَمَ				
	VIII	اِنْتَصَرَ				
43과	I	جَلَسَ ـِ	هَمَّ	وَقَفَ ـِ	شاءَ ـَ	
		خَسِرَ ـَ	* كَفَّ ـُ			
		ربح ـ				
		* نَهَقَ ـَ				
		* شَعَرَ ـُ بـ				
	II	فَسَّرَ		* وَفَّقَ		
		صَدَّقَ				
		* مَثَّلَ				
	IV	* أَصْلَحَ				أَعْطَى
	VI	* تَرَاهَنَ				
	VII	* اِنْغَمَسَ				
44과	I	غَضِبَ ـَ	* ظَنَّ ـُ		* زَادَ ـِ	* بَكَى ـِ
		صَبَرَ ـُ على	* حَلَّ ـِ		* خَافَ ـَ	
		شَعَرَ ـُ بـ				
		سَكَتَ ـُ				
		* بَرِئَ ـَ				
		* خَجِلَ ـَ				
		* دَخَلَ ـُ عليها				
		* صَرَخَ ـُ				
		* ضَرَبَ ـِ				
		* قَبِلَ ـَ				
	II	طَلَّقَ			* زَوَّجَ	* عَزَّى
		فَرَّقَ				
		* كَفَّنَ				
		* قَبَّلَ				
	IV	أَسْعَدَ				
		* أَدْرَكَ				
		* أَمْسَكَ				
		* أَقْنَعَ				
		* أَحْزَنَ				
	V	* تَعَجَّبَ				

	유 형	강	중 복	ف 약	ع 약	ل 약
44 과	VI	* تَمالَكَ				
		* تَظاهَرَ				
		* تَصادَقَ				
	VII	* إِنْفَسَخَ				اِنْقَضى
		* إِنْصَرَفَ الى				
	VIII	* إِعْتَذَرَ				* اِكْتَفى بـ
45 과	I	* جَهِلَ ـُ			* هادَ ـُ	* قَضى ـِ
		* شَهِدَ ـَ				* دَرى ـِ
		* خَفَضَ ـِ				
		* لَمَحَ ـَ				
		* عَهِدَ ـِ				
		* رَحِمَ ـَ				
		* نَهَرَ ـَ				
		* قَهَرَ ـَ				
		* نَصَرَ ـُ				
		* حَزِنَ ـَ				
	II	* حَدَّثَ				* حَيّى
	III	* ضاعَفَ				
	IV	* أَحْسَنَ				
		* أَنْصَتَ				
		* أَقْرَضَ				
		* آمَنَ				
	VIII	* إِرْتَبَكَ				

아랍어—한국어 단어집

—일 러 두 기—

이 단어집에는 이 책에 나온 모든 단어——필수 단어든 연습문제 또는 문법 사항 설명에 필요한 단어들을 막론하고——가 수록되었다.

단어는 미국, 코넬대학의 J. 밀턴 코완 교수가 편찬한 한스 베르의 A Dictionary of Modern Written Arabic의 방식에 따라서, 아랍어 사전의 보편적인 방식으로 배열하였다. 또한 책 안에 연습문제를 두어서 사전을 찾아보는 훈련이 되도록 하였다. 단어의 배열은 어근에 따라 문자순으로 배열하였다. 같은 어근에서는, 동사가 있으면 원형에서부터 동사형의 순서에 따라 (원—X형의 순서) 우선적으로 수록하였다. 동사의 뒤에는 짧은 형에서 긴 형의 순서로 명사와 형용사가 나오고, 그 뒤로는 파생어·동명사·분사의 순서로 수록하였다. 다음은 이 단어집에 사용된 몇 가지 규칙이다.

(1) 기호 #는 새로운 어근을 나타낸다. 동음어근이 두 개 이상 나올 때는 각 어근의 앞에 중복기호 ##로 표시하였다.

(2) 남성형에 여성 어미 ـَةٌ를 붙여서 자동적으로 만들어지는 여성형 명사와 형용사로 수록하지 않았다. 따라서, مُعَلِّمٌ '(남)선생, (남)교사'은 مُعَلِّمَةٌ '여선생, 여교사'를 함의한다.

(3) 관계(니스바) 형용사는 한국어 설명의 앞에 (니스바)로 표시하였으며, 다른 언급이 없으면 그것이 파생된 원래의 명사의 바로 뒤에 놓았다.

(4) 인명과 지명의 고유명사도 수록하였다. 복합명사는 첫번째의 요소 다음에 실었다. 따라서 다음 이름들은 أ 항에서 찾을 수 있다.

أَبُو نُوَاس ، أَحْمَد شَوْقِي ، أَنْوَر السَّادَات

(5) 다음의 몇 가지 주제로 되어 있는 단어들은 부록에 있는 각 해당 어휘 항목에도 수록하였다: 요일 및 달 이름·아랍 국가명·각 품사별 단어

그 밖의 사항은「종합아랍어 제1권」아랍어—한국어 단어집의 일러두기를 참조하라.

아랍어—한국어 단어집

〈أ〉

أَ # (의문사)

آب # 8월(시리아·레바논·요르단·이라크)

أَبٌ # ابو 를 보라.

إِبْنٌ # بنو 을 보라.

أَبٌ / أَبو - آباءٌ # 아버지

أَبَوِيٌّ (니스바) 아버지의

يا أَبَتِ 나의 아버지여!

أَلأَبَوانِ (أَبٌ 의 쌍수) 부모, 아버지와 어머니

أَبو العَلاءِ المَعَرّي 아부 알알라 알마아리 (압바스 후기의 시인·작가)

أَبو الفَرَجِ الأَصْفَهانيّ 아부 알파라즈 알이스바하니 (중세의 문학가)

أَبو نُواسٍ 아부 누와스(압바스 조의 시인)

أَثَّرَ ، تَأْثيرٌ (في ، عَلى) # Ⅱ(~에) 영향을 미치다

تَأَثَّرَ ، تَأَثُّرٌ (بِـ ، في) Ⅴ(~에) 영향을 받다

أَثَرٌ - آثارٌ # 자취, 흔적; (복수) 유적, 유물

أَثَرِيٌّ (니스바) 유적의, 역사적인; 고고학의

أَجْرٌ - أُجورٌ # 임금, 급료, 보상

أَجَّلَ ، تَأْجيلٌ # Ⅱ 연기하다

أَحَدٌ (إِحْدى) # 하나, 누군가; (부정 께)

أَخَذَ ـُ ، أَخْذٌ # 취하다, 갖다; (+직설법) ~하기 시작하다(명령형 = خُذْ)

تَأَخَّرَ ، تَأَخُّرٌ (عَن) # Ⅴ 늦다, 지연되다, 주저하다; (~에) 뒤지다

أَخيرٌ - ونَ ، أَواخِرُ 마지막의, 최후의; 최근의; (시간의 명사 앞에서) ~의 후기, ~의 말기

أَليَومُ الآخِرُ 최후의 심판일

إِلى آخِرِهِ 따위, 등등

آخَرُ - ونَ ، (أُخْرى - أُخْرَياتٌ) 다른

أَخيرٌ 마지막의, 최후의; 최근 후자

أَخيراً 결국; 최근에

أَخٌ / أَخو - إِخْوَةٌ # 형제

أَخَوِيٌّ (니스바) 형제의, 우애의

أُخْتٌ – أَخَوَاتٌ (اخو) — 자매

أَدَّبَ ، تَأْدِيبٌ # II 교육하다, 훈육하다, 순화하다, 징계하다

أَدَبٌ – آدَابٌ — 문학; (복수) 교양, 문화

كُلِّيَّةُ الآدَابِ — 문과대학

أَدِيبٌ – أُدَبَاءُ — 문인, 문학가

أَدَّى ، – تَأْدِيَةٌ # II 실행하다, 행하다; (비용을) 충당하다

إِذَا # 만약 ~이라면, ~할 때는 (언제나)

إِلَّا إِذَا — ~하지 않는다면

إِذًا ، إِذَنْ # 그러면, 그래서

أُذُنٌ – آذَانٌ # (여성) 귀

تَارِيخٌ – تَوَارِيخُ # 역사; 날짜

أَرَامْكُو # 아람코(The Arabian American Oil Co.)

آرَامِيَّةٌ # 아람어

الأُرْدُنُّ # 요르단

أَرْزٌ # (집합) 삼나무

أَسَّسَ ، تَأْسِيسٌ # II 설립하다, 세우다, 기초를 마련하다

أَسَاسِيٌّ — 기본의, 기초의, 근본적인

أُسْتَاذٌ – أَسَاتِذَةٌ # 교수; 선생; (지식인에 대한 경칭)

إِسْرَائِيلُ # 이스라엘

بَنُو إِسْرَائِيلَ — 이스라엘 자손(꾸란의 한 장); 이스라엘인들

آسَفَ ، إِيسَافٌ — IV ~에게 유감스럽게 하다

الإِسْكَنْدَرِيَّةُ # 알렉산드리아

أَسْوَانُ # 아스완

إِصْفَهَانُ # 에스파한(이란의 도시)

أَصْلٌ – أُصُولٌ # 기원, 근원; 출전

أَصْلِيٌّ — (니스바) 기원의, 근원의; 진품의

أُغُسْطُسُ # 8월(이집트·북아프리카)

أُفٍّ # (분노나 불쾌를 나타내는 감탄사)

أَفْرِيقِيَا ، إِفْرِيقِيَةُ # (여성) 아프리카

أَفْلَاطُونُ # 플라톤

الأَقْصُرُ # 룩소르(어근: قصر)

أُكْتُوبَرُ # 10월(이집트·북아프리카)

تَأَكَّدَ ، تَأَكُّدٌ (مِن) # V (~을) 확신하다

أَكَلَ ـُ ، أَكْلٌ # 먹다(명령형: كُلْ)

أَكْلٌ — 먹음; 음식

أَلَّا (= أَنْ لَا) # ~하지 않도록

إِلَّا # ~을 제외하고; (부정어와 함께) 단지, 오로지, 뿐

إِلَّا إِذَا — ~하지 않는다면

أَلَخْ # (إِلَى آخِرِهِ 의 약어)

أَلَّذِي – أَللَّذَانِ ، أَلَّذِي – أَلَّذِينَ ، (أَلَّتِي – أَللَّتَانِ أَللَّتَيْنِ – أَللَّوَاتِي) # (관계대명사) ~하는(한) (사람·것)

أَلْفٌ – آلافٌ # (일) 천, 1,000

أُلوفٌ مِنْ 수 천의

أَلَّفَ ، تَأْلِيفٌ # II 편찬하다, 저술하다

إِلٰهٌ – آلِهَةٌ # 신

أَللّٰهُ 하나님

وَاللّٰهِ 하나님께 맹세코, 꼭

أَللّٰهُ يُوَفِّقُ 하나님께서 당신을 성공하게 하신다

إِلَى # ~에(로), ~까지

إِلَى أَنْ ~까지; ~하도록, ~에 이르기까지

إِلامَ = إِلا ما) '무엇에', 어디까지

إِلَى اللِّقاءِ '만날 때까지', 또 만납시다

أَمْ # 또는

أَمَّمَ ، تَأْمِيمٌ # II 국유화하다

أُمٌّ – أُمَّهاتٌ 어머니

أُمُّ كُلْثُومَ 움 쿨숨(현대의 이집트 가수)

أُمِّيٌّ – ون 무식한; 문맹자

أُمَّةٌ – أُمَمٌ 국가, 민족

أَلْأُمَمُ الْمُتَّحِدَةُ 국제연합

أَمامَ ~의 앞에

أَمَّا ... فَ # ~에 대해 말하면

أَمَّا بَعْدُ ، وَبَعْدُ (책·편지의 도입부와 본문을 연결하는 구) 자, 그러면

أَلْأَمازُون # 아마존 강

أَمْرٌ – أُمُورٌ # 일, 문제; (+연계형 대명사) 분리형 대명사의 역으로 쓰임.

(보기) أَمْرُهُ = هُوَ

كُلُّ ما فِي الأَمْرِ 이야기인즉 ~이다

فِي بِدايَةِ الأَمْرِ 처음에, 최초로

إِمارَةٌ – ات 아미르(왕자) 지위, 토후국

الإِماراتُ الْعَرَبِيَّةُ الْمُتَّحِدَةُ 아랍토후국연방

أَمِيرٌ – أُمَراءُ 아미르, 왕자, 사령관

أَمِيرُ الْمُؤْمِنِينَ 신자들의 사령관(칼리프의 호칭)

مُؤْتَمَرٌ – ات 협의회, 회의; 대회

أَمْرِيكا # 미국

أَمْرِيكِيٌّ، أَمْرِيكانِيٌّ – ون، أَمْرِيكانٌ 미국의; 미국인

أَمْسِ (부사) 어제

آمَنَ ، إِيمانٌ (بِ) # IV (~을) 믿다

مُؤْمِنٌ – ون 신자

أَمِيرُ الْمُؤْمِنِينَ 신자들의 사령관(칼리프의 호칭)

أَنْ # (+접속법, +완료형) ~하는 것

إِلَى أَنْ ~까지; ~하도록, ~에 이르기까지

إِنْ # 만약 ~이라면

وَإِنْ 비록 ~일지라도

أَنَّ # (접속사) ~이라는 라고

ان

إِنَّ (접속사)(قَالَ 의 뒤에서) ~이라고

إِنَّ # (강세사) 참으로, 실로

إِنَّمَا 그러나, 어쨌거나, 오히려, 반대로

أَنَا # 나

أَنْتَ ـ أَنْتُمَا ـ أَنْتُمْ 너, 당신; (복수) 너희, 당신들

أَلأَنْدَلُسُ # 안달루시아, 스페인

نَاسٌ # (집합) 사람들(비한정일 때는 또한: أُنَاسٌ)

إِنْسَانٌ 사람, 인간

آنِسَةٌ ـ ات، أَوَانِسُ 아가씨, ~양

إِنْكِلْتَرَا # 영국

إِنْكِلِيزِيٌّ، إِنْجِلِيزِيٌّ 영국의; 영국인

ـ إِنْكِلِيزٌ، إِنْجِلِيزٌ

أَلإِنْكِلِيزِيُّ، الإِنْجِلِيزِيُّ 영어

أَهْلٌ ـ أَهَالٍ # 사람들; 가족; 임자들; ~할 만한

حَرْبٌ أَهْلِيَّةٌ 내란

أَهْلاً وَسَهْلاً 어서 오십시오, 환영합니다

أَوْ # 또는

أُوتُوبِيسٌ ـ ات # 버스

أُورُبَّا، أُورُوبَّا، أُرُوبَّا # (여성) 유럽

آلٌ # 일가, 일문, 일족

آلُ عِمْرَانَ 임란가(꾸란의 한 장)

أَوَّلُ (أُولَى) أَوَائِلُ 첫번째의

أَوَّلاً 첫번째로

أَلآنَ # 지금

آيَةٌ ـ ات # 꾸란의 절

أَيْ # 다시 말하면, 즉

أَيْ # (호격사) ~아, ~여

أَيٌّ # (의문사) 무슨?; 어떤?; (서술문에서) 어느, 어떤; (부정어와 함께) 아무 것도 아닌

إِيَّا # (+직접목적어를 나타내는 연계형 대명사)

إِيَّاكَ أَنْ ; ~하지 않도록 주의하다

إِيرَانُ # 이란

إِيرَانِيٌّ ـ ون (니스바) 이란의; 이란인

أَيْضاً # ~도 또한, 역시

أَيْلُولُ # 9월(시리아·레바논·요르단·이락)

أَيْنَ # 어디?

أَيُّهَا # (여성: أَيَّتُهَا)(호격사) ~아, ~여

〈ب〉

بِـ # ~에, ~으로, ~을 가지고, (값이) ~의; (움직임의 동사의 사역화: 〈보기〉 ذَهَبَ بِـ ~을 데리고 가다)

بِدُونِ ~이 없이

بِغَيْرِ ~이 없이

بِذَلِكَ 그로써

أَلْبَتْرَاءُ # 페트라(요르단의 도시, 고대 나바트의 수도)

بَجَّلَ ، تَبْجِيلٌ # II 존경하다

بَحَثَ ـَ ، بَحْثٌ # 토의하다

بَحَثَ ، بَحَثَ عَنْ ~을 찾다, 조사하다

بَحْثٌ ـ بُحُوثٌ، أَبْحَاثٌ 토의; 조사; 연구

بَاحِثٌ ـ ون 조사자, 연구원

بَحْرٌ ـ بِحَارٌ ، بُحُورٌ ، أَبْحَارٌ # 바다

أَلْبَحْرُ الأَبْيَضُ أَلْمُتَوَسِّطُ 지중해

أَلْبَحْرُ الأَحْمَرُ 홍해

أَلْبَحْرَيْنِ 바레인

بَدَأَ ـَ ، بَدْءٌ (بِـ) # (~으로) 시작하다

بِدَايَةٌ 시작

فِي بِدَايَةِ الأَمْرِ 처음에, 최초로

اِبْتِدَائِيٌّ 초보의, 초등교육의

تَبَادَلَ ، تَبَادُلٌ # VI 교환하다, 맞바꾸다

أَبْدَى ، إِبْدَاءٌ # IV 나타내다, 보이다

بَدَوِيٌّ ـ بَدْوٌ 베드윈, 유목민

بَذَلَ ـُ ، بَذْلٌ # (노력을) 기울이다

بَذَلَ جُهُوداً 노력을 기울이다

بُرْتُقَالٌ # 귤, 오렌지

بُرْتُقَالِيٌّ 오렌지 빛(색)의, 적황색의

بَرِئَ مِنْ يَمِينِهِ # 자신의 맹세에서 풀리다

اِسْتِبْرَاءٌ 유예기간(이슬람 법)

بَرِيدٌ # 우편

بَرْلَمَانٌ # 의회

إِبْرَاهِيمُ طُوقَانُ # 이브라힘 투칸(현대 팔레스틴의 시인)

إِبْرَاهِيمُ بْنُ عَبَّاسٍ الصُّولِيُّ 이브라힘 이븐 압바스 알술리

بَرِيطَانِيَا (الْعُظْمَى) # 영국, (대)영제국

بَسْكِنْتَا # 바스킨타(레바논의 도시)

بَشَّارُ بْنُ بُرْدٍ # 빗샤르 이븐 부르드(압바스 조의 시인)

بَصَرٌ ـ أَبْصَارٌ # 시각, 시력, 봄

أَلْبَصْرَةُ # 바스라(이락의 도시)

بَطَالَةٌ # 실업

أَلْبَعْثُ # 바아스당(부흥당)

بَعْثَةٌ ـ ات 전도단; 사절단; 유학 파견단

بَعْثَةٌ دِرَاسِيَّةٌ 유학 파견단

بَعْدُ # (부사) 그러면, 그래서, 그 뒤에, 나중에

لَمْ ... بَعْدُ 아직 ~않다

فِيمَا بَعْدُ 나중에, 뒤에

أَمَّا بَعْدُ، وَبَعْدُ (책·편지의 도입부와 본문을 연결하는 구), 자, 그러면

بَعْدَ (전치사) ~의 뒤에(장소·시간)
〈보기〉 "بَعْدَ أَيَّامٍ" '며칠 뒤에'

مِنْ بَعْدِ ~의 뒤에

بَعْدَئِذٍ 그 뒤에, 나중에

بَعِيدٌ ـ بُعَدَاءُ، بِعَادٌ (عَنْ) (~에서) 먼

بَعْضٌ # 일부, 부분, 얼마의, 몇몇

بَعْضَ الشَّيْءِ 어느 정도

بَعْلَبَكّ # 바알벡(레바논에 있는 로마 유적지)

بَغْدَادُ # 바그다드

بُغْضٌ # 미움, 증오, 혐오

بَقَرٌ # (집합) 소

بَقَرَةٌ ـ ات (개체) 소, 암소

بَقِيَ ـَ ، بَقَاءٌ # 남다, 머무르다;(+미완료) 계속 ~하다

بَكَالُورِيُوس # 학사 학위

بَكَى ـِ ، بُكَاءٌ # 울다

حَائِطُ الْمَبْكَى 통곡의 벽(예루살렘)

بَلْ # 그러나, 오히려

بَلْ وَ 그래도, 그러나 또한

بَلَدٌ ـ بِلَادٌ، بُلْدَانٌ # (남성 또는 여성) 나라, 국가

بِلَادٌ (여성) 국가; 고국

بِلَادُ الشَّامِ 시리아

بَلَدِيٌّ (니스바) 나라의, 국내의, 국의, 토착의

بَلَغَ ـُ ، بُلُوغٌ # 도달하다, (소식이) 전해지다

مَبْلَغٌ ـ مَبَالِغُ 금액, 총액

بُولَاق # 불락(카이로의 한 구역)

اِبْنٌ ـ أَبْنَاءٌ، بَنُونَ # 아들; (복수) 아이들

بَنَوِيٌّ (اِبْنٌ의 니스바) 자식의

اِبْنُ بَطُّوطَة 이븐 밧투타(중세의 여행가)

اِبْنُ خَلْدُونَ 이븐 할둔(중세의 역사가·사회학자)

بَنُو إِسْرَائِيلَ 이스라엘 자손(꾸란의 한 장); 이스라엘인들

اِبْنَةٌ ـ بَنَاتٌ 딸

بِنْتٌ ـ بَنَاتٌ 소녀; 딸

اَلْبَنُونَ وَالْبَنَاتُ 아들들과 딸들, 자식들

أَبْنَاءُ الشَّعْبِ 일반 국민

بُنَيَّ 내 귀여운 아들(اِبْنِي의 축소명사)

بُنٌّ # (집합) 코피 열매, 커피

بُنِّيٌّ (니스바) 커피빛의, 다갈색의

بَنْكٌ ـ بُنُوكٌ # 은행

بَنَامَا # 파나마

بَنَى ـِ ، بِنَاءٌ # 짓다, 세우다, 건축하다

بِنَاءٌ ـ أَبْنِيَةٌ 건축; 건물; 구조

بوب

بَابٌ ـ أَبْوَابٌ # 문

مُبَاحٌ # 허용되는

بُورْ سَعِيدُ # 포르 사이드

بَيْتٌ ـ بُيُوتٌ # 집 ; 가정

بَيْتَ لَحْمُ 베들레헴

بَيْرُوتُ # 베이루트

أَبْيَضُ (بَيْضَاءُ)ـ بِيضٌ # 흰

أَلْبَحْرُ الأَبْيَضُ أَلْمُتَوَسِّطُ 지중해

بَيَاضٌ 하양

بَاعَ ـِ ، بَيْعٌ # (~에게, ~을) 팔다

~의 사이에

〈 ت 〉

تَابَعَ ، مُتَابَعَةٌ # Ⅲ 계속하다, 추구하다

إِتَّبَعَ ، إِتِّبَاعٌ Ⅲ 따르다, 준수하다

تِجَارَةٌ # 상업, 무역

تَحْتَ # ~의 아래에, ~의 밑에

يَجِدُ ، مُتَّحِدَةٌ # 아래의 وحد 을 보라

مَتْحَفٌ ـ مَتَاحِفُ # 박물관

تَدْمُرُ # 팔미라(시리아 중부의 고대 도시)

تَرْجَمَ ، تَرْجَمَةٌ # (사자음) 번역하다

تَرْجَمَةٌ ـ ات 번역, 통역

تَارِيخٌ # أرخ 를 보라

تَرَكَ ـُ ، تَرْكٌ # 남기다, 떠나다

تُرْكِيٌّ ـ أَتْرَاكٌ # 터키의; 터키인

تِسْعَةٌ # 아홉, 9

تِسْعُونَ (주격) 아흔, 90; (한정 단수 명사의 뒤에서) 아흔번째의

تَاسِعٌ 아홉번째의

تِشْرِينُ الأَوَّلُ # 10월

تَعِزٌ 타잇즈(예멘의 도시)

تِلْمِيذٌ ـ تَلَامِيذُ # 학생, 제자

تَلَا ـُ ، تُلُوٌّ # 뒤따르다

تَالٍ 뒤따르는, 뒤의, 다음의

تَمَّ ـِ # 이루어지다, 완성되다; 일어나다, 생기다

تُونِسُ # 튀니스; 튀니지

〈 ث 〉

ثَبَّتَ ، تَثْبِيتٌ # Ⅱ 굳게하다, 견실하게 하다; 입증하다

ثَرْوَةٌ ـ ات # 부

ثَقَافَةٌ ـ ات # 문화

ثُلْثٌ ـ أَثْلَاثٌ # 1/3, 20분

ثَلَاثَةٌ 셋, 3

ثَالِثٌ 세번째의

ثَالِثًا 세번째로

ثَلَاثُونَ (주격) 서른, 30; (한정 단수 명사의 뒤에서) 서른번째의

مِنْ ثَمَّ 그러므로, 그래서

ثُمَّ 그리고 나서

ثَمَنٌ ـ أَثْمانٌ # 값, 가격

ثَمانِيَةٌ # 여덟, 8

ثَمانونَ (주격) 여든, 80;(한정 단수 명사의 뒤에서) 여든번째의

ثامِنٌ 여덟번째의

أَثْناءَ # ~의 동안

إِثْنانِ (쌍수 주격) 둘, 2

ثانٍ 두번째의

ثانِياً 두번째로

ثانَوِيٌّ (니스바) 제2위의; 고등학교의

ثَوْرَةٌ ـ ات # 혁명, 반란

ثَوْرِيٌّ 혁명적인, 반역의; 혁명가, 반역자

〈 ج 〉

جُبْرانُ خَليلَ جُبْرانُ # 칼릴 지브란(레바논계 미국 작가)

جَبَلَ ـُ ، جَبْلٌ # 형성하다

جَبَلٌ ـ جِبالٌ 산

جُحا # 주하(중동 여러 나라의 생활과 풍습을 묘사하는 수 많은 우스운 일화에 나오는 주인공)

اَلْجاحِظُ # 알자히즈(중세의 작가)

جَدٌّ ـ أَجْدادٌ ## 할아버지; 신조

جَدَّدَ ـ تَجْديدٌ # II 새롭게하다, 부흥하다, 부활시키다

جِدّاً 매우

جَديدٌ ـ جُدُدٌ 새로운

جَريرٌ # 자리르(우마이야 조의 시인)

جَريدَةٌ ـ جَرائِدُ # 신문

جَرَش # 자라쉬(요르단의 도시)

جَريمَةٌ ـ جَرائِمُ # 죄

جَرى ـِ ، جَرْيٌ # 달리다, 일어나다, 발생하다

جارِيَةٌ ـ ات،جَوارٍ 하녀

جُزْءٌ ـ أَجْزاءٌ # 부분, 권

جَزيرَةٌ ـ جَزائِرُ ، جُزُرٌ # 섬; 반도

اَلْجَزيرَةُ الْعَرَبِيَّةُ 아라비아 반도

اَلْجَزائِرُ 알제; 알제리

جَعْفَرُ الْبَرْمَكِيُّ # 바르마크가의 자파르

جَعَلَ ـَ ، جَعْلٌ # (~을, ~으로) 만들다, 창조하다; (+직설법) ~하기 시작하다

مَجَلَّةٌ ـ ات # 잡지

جَلَسَ ـِ ، جُلوسٌ # 앉다

أَجْلَسَ ، إِجْلاسٌ IV (아무를) 앉게하다, 앉히다

مَجْلِسٌ ـ مَجالِسُ 집회, 회의, 의회

جَمَعَ ـَ ، جَمْعٌ # 모으다, 결합하다

جَمَعَ بَيْنَ ... وَ — …와 ~을 결합하다

اِجْتَمَعَ ، اِجْتِماعٌ (مَعَ ، بِـ) — Ⅷ (~와) 만나다

جَمْعِيَّةٌ — 협회, 학회, 연맹, 기구

اَلْجَمْعِيَّةُ العامَّةُ — 총회

جَمِيعٌ — 모두

اَلْجَمِيعُ — 모든 사람, 누구나

جَمِيعاً — 함께, 모두; 전체로

اِجْتِماعٌ ـ ات (بِـ) — (~와의) 만남, 모임, 회의

اِجْتِماعِيٌّ — 사회적인; 사회학의; 사회주의의

جامِعٌ ـ جَوامِعُ — 모스크, 이슬람교의 사원

جامِعَةٌ ـ ات — 대학교; 연맹

اَلْجامِعَةُ العَرَبِيَّةُ — 아랍연맹

مُجْتَمَعٌ ـ ات — 사회; 공동체

جُمْلَةٌ ـ جُمَلٌ ## — 문장, 절

جَمالٌ — 아름다움, 미

جَمالُ عَبْدُ النّاصِرِ — 자말 압드 알나시르(가말 압델 나세르)

جَمِيلٌ ـ ون — 아름다운, 좋은

جَمَلٌ ـ جِمالٌ ## — 낙타

جُمْهُورِيَّةٌ ـ ات # — 공화국

اَلْجُمْهُورِيَّةُ العَرَبِيَّةُ المُتَّحِدَةُ . — 아랍연방공화국

رَئِيسُ جُمْهُورِيَّةٍ — 대통령

جِنِّيٌّ ـ جِنٌّ # (집합) 진; 귀신, 신령

جَنَّةٌ ـ ات، جِنانٌ — 정원; 낙원

جَنُوبٌ # 남(쪽)

إِلى جانِبِ — ~ 이외에, ~에 덧붙여; ~은 별문제로 하고

أَجْنَبِيٌّ ـ أَجانِبُ — 외국의; 외국인

جَناحٌ ـ أَجْنِحَةٌ # 날개

جُنُودٌ # (복수) 군대; 군인들

جُنْدِيٌّ ـ جُنُودٌ — 군인

جُهْدٌ ـ جُهُودٌ # 노력, 분투

جَهْلٌ # 모름, 무지

جاهِلٌ ـ ون — 모르는, 무지한

جاهِلِيٌّ — (니스바) 이슬람 이전의

جَوٌّ ـ أَجْواءٌ، جِواءٌ # 공기, 대기; 날씨; 분위기

أَجابَ ، إِجابَةٌ # Ⅳ (아무에게) 대답하다;(요구에) 응하다

أَجابَ إِلى — Ⅳ ~아무에게 대답하다, ~에 응하다

أَجابَ عَن ، عَلى — Ⅳ (질문에) 답하다

إِجابَةٌ ـ ات — 대답, 응답

جَيِّدٌ ـ جِيادٌ # 좋은, 훌륭한

جَيِّداً — 잘

أَجْوَدُ — 더 나은

جارٌ ـ جِيرانٌ # 이웃

جورجي زَيْدانُ # 주르지 자이단(현대의 신문인 작가)

جول

تَجَوَّلَ ، تَجَوُّلٌ # V 돌아다니다, 배회하다

جاءَ ـِ ، مَجِيءٌ # 오다(명령형 = تَعالَ)

جاءَ في (문서 등에) 들어 있다

جاءَ بـ ~ 가져오다, 데려오다

جَيْبٌ ـ جُيُوبٌ # 호주머니, 주머니

〈 ح 〉

أَحَبَّ ، حُبٌّ ، مَحَبَّةٌ # Ⅳ 사랑하다, 좋아하다; (~하기를) 원하다

حُبٌّ 사랑

حَبِيبٌ ـ أَحِبّاءُ 연인, 애인

حَتَّى # (전치사) ~까지; (접속사 : +완료형) ~ 때까지; (+접속법) ~하기 위해서, ~하려고; (부사) ~조차

لَم ... حَتَّى ~하자마자

حاجٌّ ـ حُجّاجٌ ، حَجِيجٌ # 순례자, 핫지(메카 순례자에 대한 경칭)

الحِجازُ # 히자즈 지방

حَدَّ ـُ ، حَدٌّ # 한정하다, ~와 경계를 짓다

حَدَّدَ ، تَحْدِيدٌ Ⅱ 한정하다, 제한하다, 확정하다

حَدٌّ ـ حُدُودٌ 범위, 한계; 경계

تَحْدِيدٌ 한정

حَدَّثَ ، حَدِيثٌ (بـِ) # (~에 대해) 아무에게 말하다, 이야기하다

تَحَدَّثَ، تَحَدُّثٌ (إلى وَعَنْ) V (~에게, ~에 대해) 대화하다, 이야기하다

حَدِيثٌ ـ حِداثٌ 새로운, 현대의

حَدِيثًا 최근에

حَدِيثٌ ـ أَحادِيثُ 하디스, 예언자의 언행록; 대화

مُحادَثَةٌ ـ ات 회화, 담화

مُتَحَدِّثٌ ـ ون 대변인

حُرِّيَّةٌ ـ ات # 자유

تَحْرِيرٌ 해방; 편집

حَرْبٌ ـِ حُرُوبٌ # (여성) 전쟁

حَرْبٌ أَهلِيَّةٌ 내란

أَلحَرْبُ العالَمِيَّةُ 세계대전

حَرَجٌ # 당황, 난처함, 고민

حَراكٌ # 운동, 움직임

اِحْتَرَمَ ، اِحْتِرامٌ # Ⅷ 존경하다, 공경하다

حِزْبٌ ـ أَحْزابٌ # 정당

حَزَنَ ـَ حُزْنٌ (لِـ عَلَى) # (~에 대해, ~ 때문에) 슬프다

حُزْنٌ (عَلَى) (~에 대한) 슬픔

مُحْزِنٌ 슬프게 하는, 슬픈

حَسَّنَ ، تَحْسِينٌ # Ⅱ 개선하다

أَحْسَنَ ، إِحْسانٌ(بِ) Ⅳ 좋은 일을 하다, (~에게) 잘하다

تَحَسَّنَ ، تَحَسُّنٌ Ⅴ 나아지다, 개선되다

حُسْنٌ 아름다움; 뛰어남; 좋음

لِحُسْنِ الحَظِّ 운좋게, 다행히

حُسْنُ الضِّيافَةِ 환대, 후대

حَسَنٌ ـ حِسانٌ 좋은, 훌륭한; 멋있는, 아름다운

حَسَنًا 좋다! 훌륭하다!

أَحْسَنُ 더 나은, 더 훌륭한, 더 좋은

حُسَيْنٌ 후사인

حَسّانُ بْنُ ثابِتٍ 핫산 이븐 사빗(예언자 무함맏의 시인)

حَصَلَ ـُ ، حُصولٌ على ~을 얻다, 획득하다

حَضَرَ ـُ ، حُضورٌ ~에 참석하다, 출석하다

حَضَرَ إلى ~에 오다

حاضَرَ ، مُحاضَرَةٌ Ⅲ 강의하다

أَحْضَرَ ، إِحْضارٌ Ⅳ 데려오다

حَضْرَةٌ ـ حَضَراتٌ (존칭) 귀하

حَضْرَتُكَ 귀하

حَضارَةٌ ـ اتٌ 문명; 문화

مُحاضَرَةٌ ـ اتٌ 강의

حاضِرٌ ـ ونَ 참석한, 출석한; 현재의

حَظٌّ : لِحُسْنِ الْحَظِّ 운; 운좋게, 다행히

حَفَرَ ـِ ، حَفْرٌ 파다, 뚫다; 새기다, 조각하다

حافَظَ ، مُحافَظَةٌ على Ⅲ ~을 유지하다, 보존하다; 방어하다

مُحافِظٌ ـ ونَ 보수적인; 보수주의자

حافِظ إِبْراهيمُ 하피즈 이브라힘(현대의 이집트 시인)

احْتَفَلَ ، احْتِفالٌ (بِ) Ⅷ (~을) 경축하다;(아무를) 환영하다

حَفْلَةٌ ـ اتٌ 연회, 축제; 축전; 식

حَقَّقَ ، تَحْقيقٌ Ⅱ 실현하다, 성취하다

حَقٌّ ـ حُقوقٌ 진실; 원리

أَعْرِفُ..حَقَّ المَعْرِفَةِ 나는 ~을 아주 잘 안다

الحُقوقُ المَدَنِيَّةُ 민권

التَّساوى في الحُقوقِ 평등권

حَقًّا 정말로, 실로, 실제로

كانَ عَلى حَقٍّ 옳다

حَكَمَ ـُ ، حُكْمٌ 다스리다, 통치하다

حَكَمَ ـُ ،حُكْمٌ على(بِ) 아무에게 (~이라고) 판결하다, 선고하다

حِكْمَةٌ ـ حِكَمٌ 지혜; 금언

حَكيمٌ ـ حُكَماءُ 현명한; 현인, 현자

حُكومَةٌ ـ اتٌ 정부

حاكِمٌ ـ ون،حُكّامٌ 지배자, 통치자, (주의) 지사

حَكى ـِ ، حِكايَةٌ 말하다, 이야기하다

حِكايَةٌ ـ اتٌ 이야기

حَلَّ ـُ ، حَلّ # 풀다, 해결하다; 해체하다, 해산시키다

حَلَّ ـِ ، حِلّ 허용되다

إِحْتَلَّ ، إِحْتِلال Ⅷ 점령하다

حَلّ ـ حُلول 해결; 해체, 해산

مَحَلّ ـ ات ، مَحالّ 장소; 상점

مَحَلِّيّ ـ ون (니스바) 지역의, 지방의

حَلَب 알렙포

حِلْف ـ أَحْلاف 협정, 동맹

حَمْد # 찬양

أَلْحَمْدُ لِلّٰهِ 하나님께 찬양

أَحْمَد 아흐맏

أَحْمَد أَمين 아흐맏 아민(현대의 이집트 수필가)

أَحْمَد شَوْقي 아흐맏 샤우키(현대의 이집트 시인)

مُحَمَّد بَغْدادِيّ 무하맏 바그다디

مُحَمَّد عَبْدُ الوَهّاب 무하맏 압드 알와합(현대의 이집트 음악가)

إِحْمَرَّ ، إِحْمِرار # Ⅸ 붉어지다

حُمْرَة 붉음

حِمار ـ حَمير ، أَحْمِرَة 나귀, 당나귀

أَحْمَر (حَمْراء) ـ حُمْر 붉은

أَلْبَحْرُ الأَحْمَر 홍해

أَلْقَصْرُ الحَمْراء 알람브라 궁전

حَمَلَ ـِ ، حَمْل # 나르다, 운반하다, 싣다

حَمَلَ لِـ ، إِلى 아무에게 (~을) 가져가다

حَمْلَة ـ ات (عَلى) (~에 대한) 원정, 공격

إِحْتاجَ ، إِحْتِياج إِلى ، لِـ # Ⅷ ~이 필요하다

حاجَة ـ ات 필요

بِحاجَةٍ إِلى ~이 필요한

حِوار 대화, 회화

إِنْحازَ ، إِنْحِياز إِلى # Ⅶ ~에 편들다, ~와 동맹을 맺다

إِنْحِياز (إِلى) (~와의) 동맹

عَدَمُ الإِنْحِياز 비동맹

أَحاطَ ، إِحاطَة بِـ # Ⅳ ~을 둘러싸다, 에워싸다

حائِطُ المَبْكى 통곡의 벽

حاوَلَ ، مُحاوَلَة (أَن) # Ⅲ (~을, ~하도록) 시도하다

مُحاوَلَة ـ ات 시도, 노력

حال ـ أَحْوال (남성 또는 여성) 조건, 상황, 환경

كَيْفَ الحالُ؟ 어떻게 지내십니까? 안녕하십니까?

حالِيّ ـ ون 현재의, 지금의

أَلْجُمْلَةُ الحالِيَّة 상태문(아랍어 문법)

حَوْلَ ~에 대해서; ~의 주위에; 대략

حَيّا ، تَحِيَّة # Ⅱ 아무에게 인사하다

حَياة ـ حَيَوات 삶, 생활

حَيَاوِيٌّ　(니스바) 살아있는, 생명의

تَحِيَّةٌ ـ ات　인사

حَيْثُ # (관계부사) ~하는 곳에서, 거기에서

حَانَ ـِ # (시간이) 되다; (시간이) 다가오다

حِينٌ ـ أَحْيَانٌ　시간; 경우

حِينَ　~할 때에

أَحْيَانًا　때때로

حِينَئِذٍ　그 때에

〈 خ 〉

أَخْبَرَ ، إِخْبَارٌ (بِـ) # IV (~에 대해) 아무에게 알리다, 말하다

خَبَرٌ ـ أَخْبَارٌ　소식 한 토막; (복수) 새소식

خِبْرَةٌ　경험; 전문 지식

خَاتَمٌ ـ خَوَاتِمُ # 반지

خَجِلَ ـَ ، خَجَلٌ # 부끄러워하다

خَدَمَ ـِ ، خِدْمَةٌ # ~에 공헌하다, 봉사하다

اِسْتَخْدَمَ ، اِسْتِخْدَامٌ　X 사용하다

خِدْمَةٌ ـ ات　봉사, 공헌

خَرَجَ ـُ ، خُرُوجٌ (مِن) # (~에서) 나가다

خَرَّجَ ، تَخْرِيجٌ　II 배출하다, 졸업시키다; 교육하다

أَخْرَجَ ، إِخْرَاجٌ　IV 데리고 나가다, 제거하다, 추방하다

خَارِجٌ　밖(의), 외국(의)

فِي الْخَارِجِ　해외에

خَارِجَ　~의 밖에

خَارِجِيٌّ　(니스바) 밖의, 외국의

أَلْخَارِجِيَّةُ　외무, 외교(활동)

أَلْخُرْطُومُ # 하르툼

خَسِرَ ـَ ، خَسَارَةٌ # 손해보다

خَاصٌّ # 특별한; 개인적인

خَاصَّةً　특히

مُتَخَصِّصٌ ـ ون　전문가, 숙련가

أَخْضَرُ ـ (خَضْرَاءُ) خُضْرَةٌ # 초록의

خُضْرَةٌ　초록

خَطَأٌ # 잘못

خِطَابٌ ـ ات # 연설

خَطِيبٌ ـ خُطَبَاءُ　약혼자

تَخَاطُبٌ　대화, 회화

خَفَضَ ـِ ، خَفْضٌ # 낮추다, 덜다

خِلَالَ # ~의 동안

أَلْخَلِيلُ بْنُ أَحْمَدَ　알할릴 이븐 아흐맛(아랍의 문법학자)

خَالِدُ بْنُ الْوَلِيدِ # 할리드 이븐 알왈리드

أَخْلَصَ ، إِخْلَاصٌ (لِـ) # IV (~에) 성실하다, 충실하다

مُخْلِصٌ ـ ون　성실한

اِخْتَلَفَ ، اِخْتِلَافٌ (عَنْ) # VIII (~와) 다르다

اِخْتَلَفَ (مَعَ) (فِي)　VIII (~와)(~에 대해) 다르다, 일치하지 않다

اِخْتَلَفَ بِاخْتِلَافِ　VIII ~만큼 다르다

خَلِيفَةٌ – خُلَفَاءُ (남성) 칼리프, 할리파

خِلَافٌ – ات 차이; 의견의 상이, 불화, 다툼

مُخْتَلِفٌ – ون 다른, 상이한, 여러 가지의

مُخْتَلِفُ (+소유격, 남, 단로만 쓰임) 여러 가지의

خُلُقٌ – أَخْلَاقٌ # 인격, 도덕

خالٍ # 빈, 공허한

خَمْسَةٌ # 다섯, 5

خَمْسُونَ (주격) 쉰, 50 ;(한정 단수 명사의 뒤에서) 쉰번째의

خَامِسٌ 다섯번째의

خَافَ ـَ ، خَوْفٌ، مَخَافَةٌ 두려워하다, 겁내다

خَالٌ – أَخْوَالٌ # 외삼촌

خَيْرٌ – خُيُورٌ # 좋은 (것); 축복, 이익; 복지

بِخَيْرٍ 좋다, 안녕하다

خَيْمَةٌ – خِيَامٌ # 천막

〈 د 〉

داغ هَمَرْشولد # 다그 함마르셸드

دَبْكَةٌ # 답카(민속춤)

دَخَلَ ـُ ، دُخُولٌ # 들어가다

دَخَلَ عَلَى ~의 집에 들르다, 들어가다; (여자와) 동침하다

أَدْخَلَ ، إِدْخَالٌ (عَلَى) IV (~에) 도입하다, 들여오다

دَخْلٌ 수입

دَاخِلٌ 안의, 내부의; 국내의

دَاخِلَ ~의 안에

دَاخِلِيٌّ (니스바) 안의, 내부의; 국내의

دَاخِلِيَّةٌ 내무(부)

دَرَسَ ـُ ، دِرَاسَةٌ، دَرْسٌ # 공부하다, 연구하다

دَرَسَ عَلَى ~의 밑에서 수학하다

دَرَّسَ ، تَدْرِيسٌ II 가르치다

دَرْسٌ – دُرُوسٌ 학과, 수업, 과, 공부

دِرَاسَةٌ – ات 공부, 연구

مَدْرَسَةٌ – مَدَارِسُ 학교

مَدْرَسَةٌ حُكُومِيَّةٌ 공립학교

مَدْرَسَةٌ لُغَوِيَّةٌ (언) 어학교

مُدَرِّسٌ – ون 선생, 교사

أَدْرَكَ ، إِدْرَاكٌ # IV ~에게 들이닥치다, 깨닫다

درى ـِ ، دِرَايَةٌ (بِـ) # (~을) 알다

دُسْتُورٌ – دَسَاتِيرُ # 헌법

دُعَابَةٌ – ات # 농담, 웃음거리

دَعَا ـُ ، دُعَاءٌ (لِـ ، إِلَى) # (~에) 부르다, (~에) 청하다, (~에) 초청하다

دَعَا بِـ (아무를) ~이라고 부르다

دَعَا إِلَى ~을 요구하다, 주장하다

دَعْوَةٌ 초청

دِفاعٌ (عَن) # (~의) 방어, 보호

دَقيقَةٌ ـ دَقائِقُ # (일) 분

دُكْتورٌ ـ دَكاتِرَةٌ # 박사

دُكْتوراه 박사 학위

دَلَّ ـُ ، دَلالَةٌ (عَلى) # (~을) 보이다, 지적하다, 증명하다

دِمَشْقُ # 다마스커스

دُنْيا # (여성) 세상; 이승(الآخِرَةُ '저승'의 반대), 속세의 일

دُنْيَوِيٌّ ، دُنْياوِيٌّ (니스바) 세상의, 세속의, 일시적인

أَدْهَشَ ، إِدْهاشٌ # IV 놀라게 하다

دَهْشَةٌ 놀람, 경악

أَدارَ ، إِدارَةٌ # IV 다루다, 관리하다

دارٌ ـ دورٌ ، دِيارٌ (여성) 집

مُديرٌ ـ ون 장, 관리자, 지배인, 임원, 국장

دَوْلَةٌ ـ دُوَلٌ # 나라, 국가

دُوَلِيٌّ (니스바) 국제적인

دولارٌ ـ ات # 달러

دامَ ـُ ، دَوامٌ # 계속되다, 지속하다

دائِمًا 늘, 항상

دونَ # ~없이

بِدونِ ~없이

ديسمبر # 12월(이집트·북아프리카)

دينٌ ـ أَدْيانٌ # 종교

دينارٌ ـ دَنانيرُ # 디나르

〈 ذ 〉

ذا # 이 (사람·것)

كَذا 그렇게

كَذا وَكَذا 이러이러한

ذٰلِكَ (تِلْكَ) ـ أُولائِكَ (대명사) 그(사람·것), 저(사람·것)

بِذٰلِكَ 그로써

لِذٰلِكَ 그래서, 그 때문에

مَعَ ذٰلِكَ 그럼에도 불구하고, 아직도

عَلى ذٰلِكَ 이렇게, 그렇게, 따라서

كَذٰلِكَ 그렇게, 그처럼; 또한

أَلَيْسَ كَذٰلِكَ 그렇지 않느냐?

ذاكَ (تاكَ) ـ أُولائِكَ 그(사람·것)

هٰذا (تِلْكَ) 아래의 ها를 보라

ذَكَرَ ـُ ، ذِكْرٌ # 언급하다, 말하다; 기억하다

تَذْكِرَةٌ ـ تَذاكِرُ 표, 입장권

مُذَكِّرَةٌ ـ ات 필기, 메모, 비망록; (복수) 회고록

ذُلٌّ # 겸손

ذَهَبَ ـَ ، ذَهابٌ # 가다

ذَهَبَ بِـ ~을 데리고 가다

ذاهِبٌ ـ ون (إِلى) (~으로) 가는

أَذاعَ ، إِذاعَةٌ (عَلى) # IV (~에게) 방송하다

‹ ر ›

رَأْسٌ - رُؤُوسٌ # (남성 또는 여성) 머리

رَئِيسٌ - رُؤَسَاءُ 대통령, 우두머리

رَئِيسُ الْوُزَرَاءِ 국무총리, 수상

رَئِيسُ الْوِزَارَةِ 국무총리, 수상

رَئِيسِيٌّ - ون (니스바) 주요한

رَأَى يَرَى، رُؤْيَةٌ # 보다

رَأَى يَرَى، رَأْيٌ (أَنَّ) (~이라고) 여기다, 생각하다

رَأْيٌ - آرَاءٌ (فِي) (~에 대한) 의견, 생각

عَلَى رَأْيٍ وَاحِدٍ 한 의견의, 일치하여, 동의하여

رَبٌّ - أَرْبَابٌ # 주, 주인

الرَّبُّ 주(하나님)

رَبِحَ ـَ ، رِبْحٌ (مِنْ) # (~에서) 이익을 얻다; (~을) 이겨서 얻다

رَبَطَ ـُ ، رَبْطٌ (إِلَى ،بَيْنَ.وَبَيْنَ) # (~에) 묶다, 연결하다; (~와) 연합하다; (~와, ~을) 결합하다

الرِّبَاطُ 라바트

رَابِطَةٌ - رَوَابِطُ 결합, 연결; 연합; 연맹

الرَّابِطَةُ الْقَلَمِيَّةُ # 문학회

رُبْعٌ - أَرْبَاعٌ # 1/4, 15분

أَرْبَعَةٌ 넷, 4

أَرْبَعُونَ (주격) 마흔, 40; (한정 단수 명사의 뒤에서) 마흔번째의

رَابِعٌ 네번째의

رَابِعًا 네번째로

اِرْتَبَكَ ، اِرْتِبَاكٌ # Ⅷ 혼란해지다, 당황하다

رَبَّى ، تَرْبِيَةٌ # Ⅱ 키우다, 양육하다, 육성하다; 가르치다

تَرْبِيَةٌ - ات 교육; 양육

تَرْبَوِيٌّ (니스바) 교육의, 교육학의

مَرْتَبَةُ الشَّرَفِ الْأُولَى # 최우수급, 수석

رَجَعَ ـِ ، رُجُوعٌ # 돌아오다, 돌아가다

رَجَعَ بِـ 데려오다, 데려가다

رَجُلٌ - رِجَالٌ # 남자

رَجِيمٌ # 저주받은; 악마

رَجَا ـُ ، رَجَاءٌ (أَنْ) # 바라다; 소망하다; (~하도록) 요청하다

رَحَّبَ ، تَرْحِيبٌ بِـ # Ⅱ ~을 환영하다, 반기다

مَرْحَبًا 어서 오십시오!

رَحَلَ ـَ ، رَحِيلٌ (عَنْ) # 돌아다니다; (~에서) 떠나다

رِحْلَةٌ - رِحَلَاتٌ 여행

رَحَّالٌ، رَحَّالَةٌ - رَحَّالَةٌ (대) 여행가, 탐험가, 세계관광여행가

مَرْحَلَةٌ - مَرَاحِلُ 단계

رَحِمَ ـَ ، رَحْمَةٌ # ~에게 자비를 베풀다, 동정하다

رَدَّ ـُ ، رَدٌّ (عَلَى) # 되돌리다; (아무에게) 대답하다

رَدٌّ - رُدُودٌ (عَلَى) (~에 대한) 대답, 답변

رسل.

رَاسَلَ ، مُرَاسَلَةٌ # III ~와 서신왕래하다

أَرْسَلَ ، إِرْسَالٌ IV 보내다

تَرَاسَلَ ، تَرَاسُلٌ VI 서로 서신을 주고 받다

رَسُولٌ – رُسُلٌ 사자; 사도

رِسَالَةٌ – رَسَائِلُ 편지; 논문

مُرَاسِلٌ – ون 기자; 특파원

رَسَمَ ـُ ، رَسْمٌ # 그리다, 묘사하다

رَسْمِيٌّ 공식적인, 의례적인, 형식적인

مُرَشَّحٌ – ون # 입후보자, 후보

رَغِبَ ـَ ، رَغْبَةٌ فِي # ~을 바라다, 원하다

عَلَى الرَّغْمِ مِنْ...فَ # ~에도 불구하고

رَفَضَ ـُ ، رَفْضٌ # 거절하다, 반대하다

أَرْفَقَ ، إِرْفَاقٌ # IV 부착하다, 동봉하다

تَرَقَّى ، تَرَقٍّ # 승진하다

مَرْكَزٌ – مَرَاكِزُ # 중심; 중심지, 본부

مَرْكَزِيٌّ (니스바) 중앙의, 중심의

تَرَاهَنَ ، تَرَاهُنٌ # VI 내기하다

أَرَادَ ، إِرَادَةٌ # IV 바라다, 원하다

روسيا # 러시아

أَلرِّيَاضُ # 리야드

رَائِعٌ # 놀라운, 장엄한

الرُّومَانُ # 로마인들

〈 ز 〉

اِزْرَقَّ ، اِزْرِقَاقٌ # IX 파래지다

زُرْقَةٌ ، زُرْقٌ 푸름, 파랑

أَزْرَقُ (زَرْقَاءُ) – زُرْقٌ 푸른, 파란

زَمَنٌ – أَزْمَانٌ # 시기, 시대, 시간

زَنُّوبِيَةُ ، زَنُّوبِيَا # 제노비아(팔미라의 여왕)

زَيْنَبُ 자이납(여자 이름)

أَلْأَزْهَرُ # 알아즈하르(대학·모스크)

زَوَّجَ ، تَزْوِيجٌ # II 결혼시키다

تَزَوَّجَ ، تَزَوُّجٌ / زَوَاجٌ (مِنْ) V (~와) 결혼하다

زَوْجٌ – أَزْوَاجٌ 남편

زَوَاجٌ 결혼

زَارَ ـُ ، زِيَارَةٌ # 방문하다

زَائِرٌ – ون 방문

زَائِرٌ – زُوَّارٌ 방문객

زَالَ ـُ ، زَوَالٌ # 그치다

مَا زَالَ / لَا يَزَالُ 아직 ~하다, 여전히 ~하다

زَيْتٌ – زُيُوتٌ # (집합) 기름; 석유

زَادَ ـِ ، زِيَادَةٌ # 아무에게 ~을 늘려주다

زَادَ ـِ ، زِيَادَةٌ عَلَى ~을 넘다, 능가하다, ~보다 많다

اِزْدَادَ – اِزْدِيَادٌ VIII 늘다, 증가하다

〈 س 〉

سَـ # (미래사) ~할 것이다

سَأَلَ ـَـ ، سُؤالٌ # 묻다

سُؤالٌ ـ أَسْئِلَةٌ 질문

مَسْؤولٌ ـ ون (عَنْ) (~에 대해) 책임있는; 책임자

سَبَأُ # 사바, 스바

سَبَّبَ ، تَسْبِيبٌ # Ⅱ 야기하다, 초래하다

سَبَبٌ ـ أَسْبابٌ 이유; 원인

بِسَبَبِ ~의 이유로, ~때문에

سَبْتَمبَر # 9월(이집트·북아프리카)

سَبْعَةٌ # 일곱, 7

سَبْعُونَ (주격) 일흔, 70; (한정 단수 명사의 뒤에서) 일흔번째의

أُسْبوعٌ ـ أَسابِيعُ (한) 주

سابِعٌ 일곱번째의

سِتَّةٌ # 여섯, 6

سِتّونَ (주격) 예순, 60; (한정 단수 명사의 뒤에서) 예순번째의

مَسْجِدٌ ـ مَساجِدُ # 모스크, 이슬람교의 사원

الْمَسْجِدُ الأَقْصَى 알악사 사원, 요원한 사원

سَدٌّ ـ سُدودٌ # 둑, 댐

السَّدُّ الْعالي 하이댐

سادِسٌ # 여섯번째의

مَسْرَحٌ ـ مَسارِحُ # 극장

سَرَّ ـُـ ، سُرورٌ # 즐겁게 하다, 행복하게 하다

سُرَّ ، سُرورٌ (بِـ ، مِنْ ، لِـ) (수동)(~으로) 즐거워하다, (~에) 행복하다

سُرورٌ (بِـ) (~에 대한) 즐거움, 기쁨

أَسْرَعَ ، إِسْراعٌ (إِلى) # Ⅳ (~에) 서두르다

أُسْطوريٌّ # 신화의, 전설의

ساعَدَ ، مُساعَدَةٌ (عَلى ، في) # Ⅲ (~에) 돕다, 원조하다

أَسْعَدَ ، إِسْعادٌ Ⅳ 아무를 행복하게 하다

سَعيدٌ ـ سُعَداءُ (بِـ) (~으로) 행복한

السَّعوديَّةُ 사우디 아라비아

سُعادُ 수아드(여자 이름)

أَسْعَدُ 아스앗(남자 이름)

سافَرَ ، سَفَرٌ # Ⅲ 여행하다; 떠나다

سَفَرٌ ـ أَسْفارٌ 떠남; 여행

سَفيرٌ ـ سُفَراءُ 대사

سَفارَةٌ ـ ات 대사관

سَفينَةٌ ـ سُفُنٌ # 배

سَقَطَ ـُـ ، سُقوطٌ 떨어지다; (비행기가) 추락하다

سَكَتَ ـُـ ، سُكوتٌ (عَن) # (~에 대해) 침묵하다, 조용히 하다

سِكْرتيرٌ ـ ون # 비서

سَكَنَ ـُـ ، سَكَنٌ (في ، بِـ) # (~에) 살다, 거주하다

ساكِنٌ ـ سُكّانٌ 주민, 거주자; (복수) 인구

أُسْلُوبٌ ـ أَسَالِيبُ # 문체 ; 방법

سَلْطَنَةٌ ـ ات # 술탄 지위, 술탄국

سَلَامٌ # 평화 ; 인사

أَلسَّلَامُ عَلَيْكُمْ 안녕하세요?(글자 뜻 그대로는 "평화가 당신에게")

وَعَلَيْكُمُ السَّلَامُ 안녕하세요?(글자 뜻 그대로는 "당신에게 평화가" 위의 인사에 대한 답례)

سَلَامَةٌ 안녕, 복지

مَعَ السَّلَامَةِ 안녕히 가십시오(떠나는 사람에게)

سَلِيمٌ 살림(남자 이름)

الإِسْلَامُ 이슬람

إِسْلَامِيٌّ (니스바) 이슬람의

مُسْلِمٌ ـ ون 무슬림

سُلَيْمَانُ الحَكِيمُ 현자 솔로몬

سُلَيْمَانُ بْنُ دَاوُدَ 다윗(발음 : dāwūd)의 아들 솔로몬

سَمَحَ ـَ ، سَمَاحٌ (لِـ) (بِـ) (아무에게)(~을) 허락하다

سُمْرَةٌ # (살갗의) 갈색

سَمِيرٌ 사미르(남자 이름)

أَسْمَرُ ـ سُمْرٌ (سَمْرَاءُ ـ سَمْرَاوَاتٌ) (살갗이) 갈색의

سَمِعَ ـَ ، سَمَاعٌ # 듣다

اِسْتَمَعَ ، اِسْتِمَاعٌ (لِـ ، إِلَى) Ⅷ (~을) 듣다, 경청하다

سَامِي # 사미(남자 이름)

سَمَّى ، تَسْمِيَةٌ # Ⅱ 아무를 ~이라고 부르다, 이름을 부르다

اِسْمٌ ـ أَسْمَاءٌ 이름 ; 명사

سَنَةٌ ـ سَنَوَاتٌ # 해, 년

سَنَوِيٌّ (니스바) 일년의, 해마다의

سَهْلٌ (عَلَى) # (~하기) 쉬운

أَسَاءَ ، إِسَاءَةٌ إِلَى # Ⅳ 아무에게 해를 끼치다

سَيِّئٌ ـ ون 나쁜, 악한

أَسْوَأُ 더(가장) 나쁜

اِسْوَدَّ ، اِسْوِدَادٌ ## 검어지다

سَوَادٌ 검정

أَسْوَدُ (سَوْدَاءُ) ـ سُودٌ 검은

أَلسُّودَانُ 수단

سَادَ ـُ ، سِيَادَةٌ ## 유행하다, 퍼지다, 지배하다

سَيِّدٌ ـ سَادَةٌ 신사 ; ~님, ~씨

أَلسَّيِّدُ المَسِيحُ 그리스도(님)

سَيِّدَةٌ ـ ات 숙녀 ; ~부인, ~여사

سَيِّدَةُ البَيْتِ 주부

سُورَةٌ ـ سُوَرٌ # 수라, 꾸란의 장

سُورِيَا ، سُورِيَةُ # 시리아

سِيَاسَةٌ ـ ات 정책 ; 정치

سِيَاسِيٌّ ـ ون 정치의, 외교상의 ; 정치가

أَلسُّوَيْسُ # 수에즈

سَاعَةٌ ـ ات # ~시, 시간 ; 시계

سَاعَتَئِذٍ 그 시간에

سَوْفَ ، سَـ # (미래사) ~할 것이다

مَسافَةٌ ـ ات　거리, 간격

سوقٌ ـ أَسْواقٌ　# (여성) 시장, 바자르

ساوَى ، مُساواةٌ　# Ⅲ ~와 평등하다, 같다

تَساوَى ، تَساوٍ　Ⅵ 평등하다, 동등하다, 비슷하다

سِوى　(전치사) ~이외에, ~을 제외하고

التَّساوي في الحُقوقِ　평등권

مُساوٍ لِـ　~와 같은, 평등한, 동등한

السُّوَيْدُ　# 스웨덴

سيبَوَيْهِ　# 시바와이(중세의 아랍 문법학자)

سارَ ـِ ، سَيْرٌ ، سَيْرورَةٌ ، مَسيرٌ ، مَسيرَةٌ ، تِسْيارٌ　# 걷다, 행진하다, 가다, 진행되다

سارَ بِـ　아무를 데리고 가다(걷다), 인도하다

سارَ عَلى مَنْهَجٍ　~에 따라 행동하다

سَيّارَةٌ ـ ات　차, 자동차

سَيْطَرَ ، سَيْطَرَةٌ عَلى　# (사자음) 통제하다, 조종하다

سَيْفُ الدَّوْلَةِ الحَمْدانيُّ .　# 사이프 알다울라 알함다니

سيناءُ　시나이

سينَما　(여성) 영화관

〈 ش 〉

الشّامُ　# 시리아; 다마스커스

بِلادُ الشّامِ　시리아

شَأْنٌ ـ شُؤونٌ　# 일, 사정, 관심사; 상황

بِشَأْنِ　~에 관하여

شايٌ　# 차

شابٌّ ـ شُبّانٌ ، شَبابٌ　# 젊은이, 청소년

شُبّاكٌ ـ شَبابيكُ　# 창(문)

شَجَّعَ ، تَشْجيعٌ　# Ⅱ 격려하다

اِشْتَدَّ ، اِشْتِدادٌ　# Ⅷ 강해지다, 격렬해지다

شَديدٌ ـ أَشِدّاءُ　강한, 격렬한

أَشَدُّ (مِن)　(~보다) 더 강한, 더 격렬한; 가장 강한(+비한정 목적격 명사), 더 ~한 〈보기〉 أَشَدُّ سَوادًا '더 검은'

شَرٌّ ـ شُرورٌ　# 악; 해

شَرِبَ ـَ ، شُرْبٌ　# 마시다

شَرابٌ ، أَشْرِبَةٌ　마실 것, 음료

شارِعٌ ـ شَوارِعُ　# 거리, ~가

أَشْرَفَ ، إِشْرافٌ عَلى　# Ⅳ ~을 감독하다

ضَيْفٌ ـ ضُيوفٌ　손님

ضَيْفُ الشَّرَفِ　주빈

شَريفٌ　샤리프(남자 이름)

شَرْقٌ　# 동(쪽)

أَلشَّرْقُ الأَوْسَطُ　중동

مُسْتَشْرِقٌ ـ ون　동양학자

شارَكَ ، مُشارَكَةٌ في　# Ⅲ ~에 참석하다, 참가하다

اِشْتَرَكَ ، اِشْتِرَاكٌ فِي	Ⅷ ~에 참석하다, 협동하다
شَرِكَةٌ ـ ات	회사
اِشْتِرَاكِيٌّ ـ ون	사회주의의 ; 사회주의자
مُشْتَرَكٌ	공동의, 합동의
# اِشْتَرَى ، شِرَاءٌ	Ⅷ 사다(원형의 동명사)
# شَعْبٌ ـ شُعُوبٌ	국민 ; 민족
شَعْبِيٌّ	(니스바) 국민의, 대중의, 민속의
أَبْنَاءُ الشَّعْبِ	일반 국민
# شَعَرَ ـُ ، شُعُورٌ (بِـ)	(~을) 느끼다, 인지하다
شِعْرٌ ـ أَشْعَارٌ	시, 시가
شَاعِرٌ ـ شُعَرَاءُ	시인
# أَشْقَرُ ـ شُقْرٌ (شَقْرَاءُ ـ شَقْرَاوَاتٌ)	금발의, (살결이) 흰
شُقْرَةٌ ، شَقَرٌ	금발, (살결이) 흼
# شَكَّ ـُ ، شَكٌّ (فِي ، بِـ)	(~을) 의심하다, 혐의를 두다
شَكٌّ ـ شُكُوكٌ (فِي ، بِـ)	(~에 대한) 의심, 불확실 ; 혐의
لَا شَكَّ (فِي ، بِـ)	(~에 대해) 의심할 바가 없다
# شَكَرَ ـُ ، شُكْرٌ (عَلَى)	(~에 대해) 아무에게 고마와하다, 감사하다
شُكْرٌ ـ شُكُورٌ	고마움, 감사 ; 사의
شُكْرًا	고맙다
# شَكْلٌ ـ أَشْكَالٌ	형태, 형상, 유형
مُشْكِلَةٌ ـ ات ، مَشَاكِلُ	문제, 난문
## شَمِلَ ـَ ، شَمَلٌ ؛ شَمَلَ ـُ ، شَمْلٌ ، شُمُولٌ	포함하다, 함유하다
## شَمَالٌ	북(쪽)
# شَهِدَ ـَ ، شَهَادَةٌ	증언하다, 증명하다 ; 목격하다
شَاهَدَ ، مُشَاهَدَةٌ	Ⅲ 보다 ; 지켜보다
شَهَادَةٌ ـ ات	학위 ; 증거, 증명서
# شَهْرٌ ـ أَشْهُرٌ ، شُهُورٌ	(한) 달
مَشْهُورٌ ـ ون (بِـ)	(~으로) 유명한
# شَهْرَزَادُ	(천일야화의) 샤흐라자드
# شَهْرَيَارُ	(천일야화의) 샤흐리야르
# مُشْتَاقٌ ـ ون إِلَى	(~을) 갈망하는, 열망하는 ; 고대하는
# شَاءَ ـَ ، مَشِيئَةٌ	바라다, 원하다
شَيْءٌ ـ أَشْيَاءُ	것, 일, 사물
لَا شَيْءَ	아무 것도
بَعْضُ الشَّيْءِ	어느 정도, 얼마간
# مَشْيَخَةٌ ـ ات ، مَشَايِخُ	샤이흐의 직, 샤이흐국
# شَيْطَانٌ ـ شَيَاطِينُ	사탄, 악마
# شُيُوعِيٌّ ـ ون	공산주의의 ; 공산주의자
# شِيكٌ ـ ات	수표

〈 ص 〉

صابِئٌ ـ ونَ، الصّابِئة # 사비교도

أَصْبَحَ # Ⅳ ~이 되다

صَباحٌ 아침

صَباحَ الخَيْرِ 안녕하세요?(아침 인사)

صَباحَ النّورِ 안녕하세요?(위의 인사에 대한 답례)

صَبَرَ ـِ ، صَبْرٌ (على) # (~에 대해) 참다, 인내하다, 견디다

صَحيحٌ ـ صِحاحٌ # 옳은, 정말의, 맞는

صاحِبٌ ـ أَصْحابٌ ، صَحْبٌ ، صَحابَةٌ # 친구, 동료

صَحْراءُ ـ صَحارى ، صَحارٍ ، صَحْراواتٌ # 사막

صَحْراوِيٌّ (니스바) 사막의, 불모의

صَحيفَةٌ ـ صُحُفٌ # 신문

صُحُفِيٌّ (니스바) 신문의, 언론의; 신문인, 언론인

قُبَّةُ الصَّخْرَةِ # 바위의 돔(예루살렘의 우마르 사원)

صَدَرَ ـُ ، صُدورٌ # 나타나다, 출판되다

أَصْدَرَ ، إِصْدارٌ Ⅳ 출판하다; 수출하다

مَصْدَرٌ ـ مَصادِرُ 기원, 출전; 동명사

صَدَّقَ ، تَصْديقٌ # Ⅱ 아무가 진실하다(~이 사실이라고)고 믿다, 신용하다

صادَقَ ، مُصادَقَةٌ Ⅲ ~와 친구가 되다, 사귀다

تَصادَقَ ، تَصادُقٌ Ⅵ 친하게 되다

صَديقٌ ـ أَصْدِقاءُ 친구

أَصَرَّ ، إِصْرارٌ (عَلى) # Ⅳ (~을) 고집하다, 주장하다

صَرَخَ ـُ ، صُراخٌ # 소리치다, 외치다

تَصَرَّفَ ، تَصَرُّفٌ # Ⅴ 처신하다, 행동하다

اِنْصَرَفَ ، اِنْصِرافٌ (عَنْ) Ⅶ 가버리다, (~을) 떠나다; (~을) 포기하다

اِنْصَرَفَ إِلى Ⅶ ~에 전념하다, 주의를 두다

صَعْبٌ ـ صِعابٌ (عَلى) # (~하기) 어려운, 힘든

صَغيرٌ ـ صِغارٌ # (사물이) 작은; (사람이) 어린, 젊은

صَفٌّ ـ صُفوفٌ # 반, 교실; 학급, 학년; 열, 줄

صَفْحَةٌ ـ صَفَحاتٌ # 면, (한) 장

اِصْفَرَّ ، اِصْفِرارٌ ## Ⅸ 노래지다, 황색으로 되다

صُفْرَةٌ 노람, 노랑

أَصْفَرُ (صَفْراءُ) ـ صُفْرٌ 노란

صِفْرٌ ## 영, 0

صَلَّحَ ، تَصْليحٌ # Ⅱ 개선하다; 고치다, 수선하다

إِصْلاحٌ 개선, 수선, 수정, 교정

صَالِحٌ 좋은, 올바른; 경건한

صِنَاعَةٌ ـ ات ## 산업, 공업

مَصْنَعٌ ـ مَصَانِعُ 공장

صَنْعَاءُ 산아(예멘의 수도)

صَوَابٌ # 올바른, 참의

صَوْتٌ ـ أَصْوَاتٌ # 소리, 음성

صَوَّرَ ، تَصْوِيرٌ # Ⅱ 그리다, 사진을 찍다; 묘사하다

صُورَةٌ ـ صُوَرٌ 영상, 그림, 사진; 모형

صَائِغٌ ـ صَاغَةٌ # 금세공인; 보석 세공인

أَلصُّومَالُ # 소말리

صَارَ ـِ ، صَيْرٌ ، صَيْرُورَةٌ ، مَصِيرٌ # ~이 되다; (+직설법) ~해지다

صَيْفٌ ـ أَصْيَافٌ # 여름

أَلصِّينُ # (여성) 중국

〈 ض 〉

ضَحِكَ ـَ ، ضَحْكٌ ، ضِحْكٌ # 웃다

ضُحًى # (남성 또는 여성) 오전, 늦은 아침

ضَرَبَ ـِ ، ضَرْبٌ # 때리다, 치다

ضَاعَفَ ، مُضَاعَفَةٌ # Ⅲ 배로 하다; 곱하다

ضِلِّيلٌ # 헤매는, 방황하는; 돌아다니는

أَلْمَلِكُ الضِّلِّيلُ 방랑왕(이슬람 이전의 시인 أَمْرُؤُ الْقَيْسِ)

أَضَافَ ، إِضَافَةٌ (إِلَى) # Ⅳ (~에) 더하다, 보태다

ضَيْفٌ ـ ضُيُوفٌ 손님

ضَيْفُ الشَّرَفِ 주빈

ضِيَافَةٌ 환대

حُسْنُ الضِّيَافَةِ 환대, 후대

أَلْإِضَافَةُ 연결형, 이다파

〈 ط 〉

طَاوِلَةٌ ـ ات # 탁자, (책)상

طَبِيبٌ ـ أَطِبَّاءُ # 의사

طَبَعَ ـَ ، طَبْعٌ # 인쇄하다

طَبْعًا 물론, 당연히

طَبْعَةٌ ـ ات 인쇄; 판

طَبِيعَةٌ ـ طَبَائِعُ 자연; 본성

طَرَدَ ـُ ، طَرْدٌ (مِن) # (~에서부터) 밀어내다, 해고하다, 추방하다

طَرْفٌ # 일견, 열핏 봄

بِلَمْحِ الطَّرْفِ 눈 깜짝할 사이에; 즉석에서

طَرِيفٌ 묘한, 기이한

مُتَطَرِّفٌ ـ ون 극단적인; 극단론자, 급진론자

طَرِيقٌ ـ طُرُقٌ # (남성 또는 여성) 길, 도로, 거리

طَارِقُ بنُ زِيَادٍ 타리크 이븐 지야드(무슬림 사령관)

طَعَامٌ ـ أَطْعِمَةٌ # 음식

مَطْعَمٌ ـ مَطَاعِمُ 음식점, 식당

طَلَبَ ـُ ، طَلَبٌ # 청하다

طَالَبَ ، مُطَالَبَةٌ بِـ Ⅲ (아무에게) ~을 요구하다

تَطَلَّبَ ، تَطَلُّبٌ Ⅴ 필요로 하다

طَلَبٌ ـ ات 요청; 신청; 요구

طَالِبٌ ـ طُلَّابٌ 학생

طَلَّقَ ، طَلَاقٌ # Ⅱ (~와) 이혼하다

طَلَاقٌ 이혼

طَلَاقٌ بِالثَّلَاثَةِ 파기할 수 없는 이혼

طَالِقٌ (여성) 이혼 당한

طَنْجَةُ # 탄자, 탕헤르 (모로코의 도시)

طٰهٰ حُسَيْنُ # 타하 후사인(현대의 이집트 작가)

تَطَوَّرَ ، تَطَوُّرٌ # Ⅴ 발전하다

أَطَاعَ ، إِطَاعَةٌ # Ⅳ (아무에) 따르다, 복종하다

اِسْتَطَاعَ ، اِسْتِطَاعَةٌ Ⅹ (+목적격의 목적어, أَنْ) ~할 수 있다

طَائِفَةٌ ـ طَوَائِفُ # 집단, 떼, 무리, 단체; 파벌

طَوِيلٌ ـ طِوَالٌ # 긴, 오랜; (키가) 큰

طَوِيلًا 길게, 오랫 동안

مَطَارٌ ـ ات # 공항

طَائِرَةٌ ـ ات 비행기

ظ

ظَرِيفٌ # 우아한; 재치있는

ظَلَّ ـَ ، ظَلٌّ ، ظُلُولٌ # (+직설법, 분사) 계속 ~하다, 지속하다; 남다

ظَنَّ ـُ ، ظَنٌّ # (~이 ~하다고) 생각하다, 추측하다

ظَهَرَ ـَ ، ظُهُورٌ # 나타나다; ~으로 보이다

أَظْهَرَ ، إِظْهَارٌ Ⅳ 보이다, 나타내다

تَظَاهَرَ ، تَظَاهُرٌ (بِـ) Ⅵ (~인) 체하다, 가장하다

ظُهْرٌ ـ أَظْهَارٌ 정오

اَلظَّهْرَانُ 다흐란(사우디 아라비아의 도시)

مَظْهَرٌ ـ مَظَاهِرُ 나타남, 출현, 표명; 외모; 현상

〈 ع 〉

عَبَاءَةٌ ـ ات # 외투, 아바

عَبَدَ ـُ ، عِبَادَةٌ # 숭배하다

عَبْدُ اللّٰهِ السَّلَّالُ 압둘라 알살랄

عَبَّرَ ، تَعْبِيرٌ عَنْ # Ⅱ 나타내다, 표현하다

اِعْتَبَرَ ، اِعْتِبَارٌ Ⅷ 아무를 ~으로 여기다

عَبَّاسُ مَحْمُودُ الْعَقَّادُ # 압바스 마흐무드 알악카드 (현대의 이집트 수필가·비평가)

عُثْمَانِيٌّ # 오스만 제국의; 오스만인

عثمن

أَلدَّوْلَةُ الْعُثْمَانِيَّةُ 오스만 제국

أَعْجَبَ ، إِعْجَابٌ # Ⅳ 아무를 즐겁게 하다, 기쁘게 하다

أُعْجِبَ ، إِعْجَابٌ بِـ Ⅳ (수동) ~으로 기뻐하다, 좋아하다

تَعَجَّبَ ، تَعَجُّبٌ (مِنْ) Ⅴ (~에) 놀라다

عَجَبٌ ـ أَعْجَابٌ 놀람

عَجِيبٌ ـ ون 이상한, 기이한

إِعْجَابًا بِـ ~에 감탄하여

عَدَّ ـُ ، عَدٌّ # 세다, 계산하다; ~을 ~으로 여기다

أَعَدَّ ، إِعْدَادٌ Ⅳ 준비하다

اِسْتَعَدَّ ، اِسْتِعْدَادٌ (لِـ) Ⅹ (~에) 준비되다, 갖추어지다

عَدَدٌ ـ أَعْدَادٌ 수, 숫자; (잡지 등의) 호

عَدَدٌ مِنْ 많은 ~, 다소의 ~

إِعْدَادِيٌّ 예비의; 중학교의

مُسْتَعِدٌّ ـ ون (لِـ) (~에) 준비된

مُعْتَدِلٌ ـ ون # 온건한; 적당한

عَدَمٌ # 없음, 무; (+소유격의 동명사) 비—, 무—, 불—

عَدَمُ الانْحِيَازِ 비동맹

عَدُوٌّ ـ أَعْدَاءٌ # 적

اِعْتَذَرَ ، اِعْتِذَارٌ (عَنْ) # Ⅷ (~에) 사과하다

عَرَبِيٌّ ـ عَرَبٌ # 아랍(어)의; 아랍인

أَلْعَرَبِيَّةُ 아랍어

أَلْجَامِعَةُ الْعَرَبِيَّةُ 아랍연맹

تَعْرِيبٌ 아랍(어)화, 아랍어로의 번역

عُرْسٌ ـ أَعْرَاسٌ # 결혼식, 혼례

عَرُوسٌ ـ عَرَائِسُ (여성) 신부

عَرُوسَانِ 신혼 부부

عَرِيسٌ 신랑

عَرَضَ ـِ ، عَرْضٌ (عَلَى) # 전시하다; (~에게) 보이다, 제시하다

عَرَفَ ـِ ، مَعْرِفَةٌ # (완료) 찾아내다, 알아내다; (미완료) 알다, 알고 있다

أَعْرِفُ... حَقَّ الْمَعْرِفَةِ 나는 ~을 잘 알고 있다.

عُرِفَ بِـ (수동) ~으로 잘 알려져 있다

تَعَرَّفَ ، تَعَرُّفٌ عَلَى Ⅴ ~와 알게 되다

عُرْفٌ ـ أَعْرَافٌ 높은 곳, 고지

مَعْرِفَةٌ ـ مَعَارِفُ 앎, 지식

عَلَى غَيْرِ مَعْرِفَةٍ 아무와 알지 못하는 데도

وَزَارَةُ الْمَعَارِفِ 문교부

مَعْرُوفٌ (بِ) (~으로)(잘) 알려진

أَلْمَعْرُوفُ أَنَّ ~이라는 것이 잘 알려져 있다

أَلْعِرَاقُ # 이락

عِرَاكٌ # 싸움, 격투

عَزِيزٌ ـ أَعِزَّاءُ (عَلَى) # 친애하는, (~에게) 사랑받는

عَزَّى ، تَعْزِيَةٌ # II 위로하다, ~에게 조위하다

عَشَرَةٌ # 열, 10

عِشْرُونَ (주격) 스물, 20;(한정 단수 명사의 뒤에서) 스무번째의

عَاشِرٌ 열번째의

عَاصَرَ ، مُعَاصَرَةٌ # III ~와 같은, 시대를 살다 ~와 동시대이다

عَصْرٌ ـ أَعْصُرٌ ، 시대, 시기

عُصُورٌ ، أَعْصَارٌ

أَلْعَصْرُ الْجَاهِلِيُّ 이슬람 이전 시대, 무지시대, 자힐리야 시대

مُعَاصِرٌ ـ ون 동시대의, 당대의, 현대의

عَاصِمَةٌ ـ عَوَاصِمُ # 서울, 수도

عُضْوٌ ـ أَعْضَاءٌ # 회원

أَعْطَى ، إِعْطَاءٌ # IV (아무에게)(~을) 주다

عَظِيمٌ ـ عُظَمَاءُ ، # 큰, 위대한, 굉장한

عِظَامٌ ، عَظَائِمُ

مُعْظَمٌ (+소유격) 대부분의

عَفْوًا # 별 말씀을(شُكْرًا에 대한 답례)

عَقَدَ ـِ ، عَقْدٌ # 열다, 개최하다

اِنْعَقَدَ ، اِنْعِقَادٌ VII 열리다, 개최되다

اِعْتَقَدَ ، اِعْتِقَادٌ (بِ) VIII (~을) 믿다

بِالْعَكْسِ # 반대로

عَلَى الْعَكْسِ مِنْ ~와 대조하여, ~와 반대로

عَلَّ ، لَعَلَّ # (+목적격 연계형 대명사) 아마도(기대를 암시)

عَلَاقَةٌ ـ ات (بِ) # (~와의) 관계, 관련

عَلِمَ ـَ ، عِلْمٌ (بِ) # (~을) 알다, (~에) 정통하다

عَلَّمَ ، تَعْلِيمٌ II (아무에게)(~을) 가르치다, 교육하다

أَعْلَمَ ، إِعْلَامٌ (بِ) IV 아무에게 (~을, ~에 대해) 알리다, 통보하다

تَعَلَّمَ ، تَعَلُّمٌ V 배우다; 교육을 받다

عِلْمٌ (بِ) (~에 대한) 지식

عِلْمٌ ـ عُلُومٌ 배움; 학식; 학문, 과학

عِلْمِيٌّ (니스바) 학문의, 과학의; 박식한

عَلَمٌ ـ أَعْلَامٌ 기, 깃발

عَالَمٌ ـ عَوَالِمُ 세상

تَعْلِيمٌ 가르침, 교육

مُعَلِّمٌ ـ ون 선생, 교사

تَعَالَ (تَعَالَيْ) # (명령형) 와라!

تَعَالَوْا

عَلَى ~의 위에; ~을 토대로

عَلى ذٰلِكَ		그래서, 그러므로
عَلى غَيْرِ مَعْرِفَةٍ		아무와 알지 못하는 데도
كانَ عَلى حَقٍّ		맞다, 옳다
دَرَسَ عَلى		دَرَسَ 를 보라.
عَلامَ (=عَلى ما ؟)		무엇에 왜?
عَلِيٌّ		알리(남자 이름)
عالٍ – عالونَ		높은
عَمٌّ – أَعْمامٌ، أُعْمومٌ	#	삼촌, 백부, 숙부
اِبْنُ الْعَمِّ		(고종) 사촌 형제
عامٌّ		일반적인
عامَّةً		일반적으로, 대개
أَلْجَمْعِيَّةُ الْعامَّةُ		총회
عامِّيٌّ		(니스바) 구어체의
أَلْعامِّيَّةُ		구어(체) 아랍어
عَمّا	#	= عن + ما
اِعْتَمَدَ، اِعْتِمادٌ عَلى	#	Ⅷ ~에 의존하다, 의지하다
عَميدٌ – عُمَداءُ		학장
أَوْراقُ إِعْتِمادٍ		신임장
عُمْرٌ – أَعْمارٌ	#	나이
في الْخَمْسينَ مِنْ عُمْرِه		그의 나이 오십 세에
كَمْ عُمْرُهُ ؟		그는 몇 살이냐?
عُمْرُهُ عِشْرونَ سَنَةً		그는 스무 살이다

آلُ عِمْران		임란가(꾸란의 한 장)
عَميقٌ	#	깊은, 심원한
عَمِلَ – َ، عَمَلٌ	#	하다, 행하다, 일하다(+في '~에서')
يَعْمَلُ مُعَلِّماً		교편을 잡다, 선생으로 있다
عَمِلَ عَلى		~을 위해 일하다
عَمَلٌ – أَعْمالٌ		일, 직업
مُنَظَّمَةُ الْعَمَلِ الدُّوَلِيَّةُ		국제 노동 기구
عامِلٌ – عُمّالٌ		노동자, 근로자
عُمانُ	###	오만(술탄국)
عَمّانُ	###	암만
عَنْ	#	~에 대하여; ~에서 떨어져
عَمَّ = عَنْ + ما		무엇에 대하여?
عِنْدَ	#	~에, ~의 근처에(시간이나 장소); (+동명사) ~하자마자; ~의 생각에; ~에게 ~이 있다(소유)
مِنْ عِنْدِ		~의 곳(집·사무실 등)에서부터
مِنْ عِنْدِهِ		~ 자신의 것에서; 즉석에서
عِنْدَما		~할 때
عِنْدَئِذٍ		그 때에
عُنْوانٌ – عَناوينُ	#	제목; 주소

بِعُنْوانِ ~의 제목으로

مَعْنًى ـ مَعانٍ # 뜻, 의미

عَهْدٌ ـ عُهودٌ # 시대, 시기

مَعْهَدٌ ـ مَعاهِدُ 연구소

عادَ ـُ ، عَوْدَةٌ # 돌아오다, 돌아가다

عادَ بِـ ~을 데려오다, 데려가다

أَعادَ ، إِعادَةٌ Ⅳ 되풀이하다, 반복하다

عادَةٌ ـ ات 습관, 관습

عادَةً 보통은

عِوَضاً عَنْ # ~의 대신에; ~와 교환으로

عائِلَةٌ ـات،عَوائِلُ # 가족

عامٌ ـ أَعْوامٌ # 해, 년

تَعاوَنَ ، تَعاوُنٌ # Ⅵ (아무와) 협력하다

عيدٌ ـ أَعْيادٌ # 축일, 명절

عاشَ ـِ ، عيشَةٌ ، # 살다, 살아 있다

مَعيشٌ

عَيَّنَ ، تَعْيينٌ # Ⅱ (아무를)(~으로) 임명하다

عَيْنٌ ، عُيونٌ (여성) 눈

〈 غ 〉

تَغابُنٌ # 상호 기만

غَدٌ # 다음 날, 내일

غَداً 내일

غَداءٌ 점심

غَرْبٌ # 서(쪽)

غَريبٌ ـ غُرَباءُ 낯선이, 이방인; 낯선, 이상한

أَلْمَغْرِبُ 모로코; 북아프리카

غَضِبَ ـَ ، غَضَبٌ # (~에, 아무에게) 화나다

(مِنْ ، عَلى)

أَغْضَبَ ، إِغْضابٌ (아무에게) 화나게 하다

غَضَبٌ 화, 분노

غالِبٌ # 승리자, 정복자; (+소유격) 대부분의

اِنْغَمَسَ ، اِنْغِماسٌ # Ⅶ (~에) 가라앉다, 잠기다

(في)

غَنَّى ، غِناءٌ # Ⅱ 노래하다

أُغْنِيَةٌ ـات،أَغانٍ 노래

غَنِيٌّ ـ أَغْنِياءُ (بِـ) 부유한, (~이) 풍부한

مُغَنٍّ ـ ون 가수, 성악가

(مُغَنِّيَةٌ ـ ات)

غائِبٌ ـ ون # 없는, 결석한

غَيَّرَ ، تَغْييرٌ # Ⅱ (~을) 바꾸다

تَغَيَّرَ ، تَغَيُّرٌ Ⅴ 바뀌다

غَيْرٌ ~ 이외의 다른 것; 비—, 무—, 불—

غَيْرَ 이외의

بِغَيْرِ ~없이

تَغْييرٌ 변화(시킴)

〈 ف 〉

فَ # 그래서; 그리고; 그리고 나서

فُؤادٌ ــ أَفْئِدَةٌ # 마음

فَتَحَ ـَ ، فَتْحٌ # 열다; 정복하다

فَتَّشَ ، تَفْتِيشٌ عَن # Ⅱ 찾다, 뒤지다, 구하다

مُفَتِّشٌ ــ ون 검사관

فَتاةٌ ــ فَتَياتٌ # 소녀, 젊은 여자

تَفَحَّصَ ، تَفَحُّصٌ (عَنْ) # Ⅴ (~을) 찾다; (~에 대해) 문의하다; 조사하다; 검사하다

فَدْوى طوقانُ # 파드와 투칸(현대의 팔레스틴 여류 시인)

فَرْدٌ ــ أَفْرادٌ # 혼자의; 개인; 일원

فَرِيدٌ 파리드(남자 이름)

فَرِيدُ الأَطْرَشُ 파리드 알아트라쉬(현대의 가수)

مُفْرَداتٌ (복수) 단어들, 어휘

أَلفَرَزْدَقُ # 알파라즈닥(우마이아 조의 시인)

فَرَضَ ـِ ، فَرْضٌ عَلى # (무엇을) ~에게 강요하다, 떠맡기다, 부과하다

فَرْعٌ ــ فُروعٌ # 가지; 지점, 분점

فِرْعَونِيٌّ # 파라오의

فَرَغَ ـُ ، فُروغٌ مِن # ~하는 것을 끝내다

فَرَّقَ ، تَفْرِيقٌ ، تَفْرِقَةٌ # Ⅱ 나누다, 분리시키다

مُتَفَرِّقٌ 퍼져 있는, 흩뜨려진; 잡동사니의

فَرَنْسا # 프랑스

فَرانْكٌ ، فِرَنْكٌ ــ ات # 프랑(돈)

اِنْفَسَخَ ، اِنْفِساخٌ # Ⅶ 취소되다, 무효화되다

فَسَّرَ ، تَفْسِيرٌ # Ⅱ 설명하다, 해석하다, 해설하다

أَلفُصْحى # 문어(체) 아랍어

فَصَّلَ ، تَفْصِيلٌ # Ⅱ 구별하다, 분류하다

اِنْفَصَلَ ، اِنْفِصالٌ Ⅶ 탈퇴하다, 분리하다; 나누어지다

فَصْلٌ ــ فُصولٌ 철, 계절

تَفْصِيلٌ ــ تَفاصِيلُ 세부, 세목

فَضَّلَ ، تَفْضِيلٌ على # Ⅱ 보다(아무/무엇을) 더

فَعَلَ ـَ ، فِعْلٌ # 하다, 행하다; 만들다

فِعْلٌ ــ أَفْعالٌ 행위, 행동; 동사

فَقَدَ ـِ ، فَقْدٌ ، فُقْدانٌ # 잃다, 여위다

فَقْرٌ # 가난, 빈곤

فَقِيرٌ ــ فُقَراءُ (في) 가난한, (~이) 빈곤한

فَقَطْ # 단지, ~뿐

فَكَّرَ ، تَفْكِيرٌ (بِـ) # Ⅱ (~을, ~에 대하여) 생각하다

فِكْرَةٌ ــ فِكَرٌ 생각, 사상, 개념

فِكْرِيٌّ 지적인, 정신적인

مُفَكِّرٌ ــ ون 사상가

فَلَسْطِينُ # 팔레스틴

فَلْسَفَةٌ # 철학

فِلْمٌ ، فِيلْمٌ – أَفْلَامٌ # 영화, 필름

فَمٌ – أَفْوَاهٌ # 입

فَنٌّ – فُنُونٌ # 예술, 미술, 기술

فَنِّيٌّ (니스바) 예술의, 기술의; 전문의

أَلْفَنُّ التَّمْثِيلِيُّ 극, 연극

فِنْجَانٌ – فَنَاجِينُ # 잔, 컵

فُنْدُقٌ – فَنَادِقُ # 호텔

فَهِمَ – َ ، فَهْمٌ # 이해하다, 깨닫다, 주목하다

فَوْقَ # ~의 위에

فَوْقَ ذٰلِكَ 더구나, 게다가

فِي # ~의 안에, ~에; ~에 대해, ~의 주제로

فِيمَ ~의 것(곳)에

فِيمَا بَعْدُ 그 뒤에, 나중에, 후에

اِسْتَفَادَ ، اِسْتِفَادَةٌ (مِنْ ، بِ) # X (~에서, ~으로) 이익을 얻다; (~을) 이용하다

فَيْرُوزُ # 파이루즈(현대의 레바논 여가수)

قَامُوسٌ – قَوَامِيسُ # 사전

قُبَّةُ الصَّخْرَةِ # 바위의 돔(예루살렘의 우마르 사원)

قَبِيحٌ – قِبَاحٌ # 못 생긴, 추한

قُبْرُصُ # 키프로스

قَبِلَ – َ ، قُبُولٌ # 받아들이다; 인정하다

قَبَّلَ ، تَقْبِيلٌ II 입맞추다, 뽀뽀하다

قَابَلَ ، مُقَابَلَةٌ III (~와) 만나다

أَقْبَلَ ، إِقْبَالٌ (عَلَى) IV (~에게) 다가가다, 접근하다; ~에 전념하다; ~하기 시작하다

اِسْتَقْبَلَ ، اِسْتِقْبَالٌ X 맞이하다, 영접하다

اِسْتِقْبَالٌ – ات 맞이함, 영접

قَبْلَ ~의 앞에, ~의 전에

قَبْلَ الْمِيلَادِ 기원 전, "(그리스도의) 탄생 전에"

مِنْ قَبْلِ ~의 앞에, ~의 전에

مِنْ قَبْلُ ، قَبْلُ 이전에, 미리, 일찌기

مُقَابَلَةٌ – ات 만남, 회견

مُسْتَقْبَلٌ 미래(의)

قَدْ # (+완료형: 동작의 완료를 나타냄) 이미, —었—;(+직설법) 아마; ~일 것이다; 이따끔

قَدَّرَ ، تَقْدِيرٌ # II (높이) 평가하다, 기리다

أَلْقُدْسُ # 예루살렘

مُقَدَّسٌ - ون 거룩한, 신성한

أَلْكِتابُ الْمُقَدَّسُ 성경, 성서

قَدَّمَ ، تَقْدِيمٌ (إلى) # Ⅱ 주다, 제공하다;(봉사를) 하다;(아무를)(~에게) 소개하다

تَقَدَّمَ ، تَقَدُّمٌ V 나아가다, 전진하다, 발전하다

تَقَدَّمَ بـ V ~을 제출하다, 내다

قَدَمٌ - أَقْدامٌ (보통은 여성) 발

قَدِيمٌ - قُدَماءُ 오래된, 고대의

قَدِيماً 옛날에, 오래 전에, 고대에

إلى قُدّامِ ~의 앞으로, ~의 앞에

قادِمٌ - ون 오는; 다음의(달·해 등)

تَقْدِمَةٌ - ات، تَقادِمُ 선물

قَرَّرَ ، تَقْرِيرٌ # Ⅱ 결정하다

تَقْرِيرٌ - تَقارِيرُ 보고서

قَرَأَ - َ ، قِراءَةٌ # 읽다

أَلْقُرْآنُ 꾸란

قُرْبَ # ~의 가까이에

قَرِيبٌ - ون (مِنْ) (~에서) 가까운

قَرِيبٌ - أَقارِبُ ، أَقْرِباءُ 친척

قَرِيباً 곧, 오래지 않아

أَقْرَضَ ، قَرْضٌ # Ⅳ 빌려주다, 대부하다

قَرْنٌ - قُرُونٌ # 세기

أَلْقُرُونُ الْوُسْطى 중세

قَرْيَةٌ - قُرىً # 마을

اِنْقَسَمَ ، اِنْقِسامٌ (إلى) # Ⅶ (~으로) 나누어지다, 분류되다

قِسْمٌ - أَقْسامٌ 과, 부, 부문

قاسِمٌ أَمِينٌ 카심 아민(현대의 이집트 수필가)

قِصَّةٌ - قِصَصٌ # 이야기, (단편) 소설

قَصِيدَةٌ - قَصائِدُ # 송시, 카시다

اِقْتِصادٌ 경제

أَقْصَرَ ، إِقْصارٌ # Ⅳ (~을) 짧게하다

قَصْرٌ - قُصُورٌ 성, 궁(전)

قَصِيرٌ - قِصارٌ 짧은

أَلأَقْصُرُ 룩소르

أَلْمَسْجِدُ الأَقْصى # 알악사 사원, 요원한 사원

قَضى - ِ ، قَضاءٌ # 판결하다

اِنْقَضى ، اِنْقِضاءٌ Ⅶ 경과하다, 지나치다(+ على '~을')

قاضٍ - قُضاةٌ 판사, 재판관

قَطَرُ # 카타르

اِنْقَطَعَ ، اِنْقِطاعٌ # Ⅶ 끊어지다; 끝나다, 중단되다

قِطْعَةٌ - قِطَعٌ 조각, 단편

مُقْتَطَفٌ - ات # 발췌, 선발

قاعِدَةٌ - قَواعِدُ # 문법의 규칙;(복수) 문법

إسْتَقَلَّ ، إسْتِقلالٌ # X 독립하다

قَليلٌ - قَلائِلُ، قِلالٌ 적은

أَقَلُّ (مِنْ) (~보다) 더 적은; 가장 적은; (+비한정 목적격 명사) 덜 ~한
〈보기〉 أَقَلُّ سَوادًا '덜 검은'

قَلْبٌ - قُلوبٌ # 마음, 심장

مَقْلوبٌ 거꾸로 된, 전도된

قَلَمٌ - أَقْلامٌ # 펜; 연필

قُماشٌ - أَقْمِشَةٌ # (옷)감, 천

قانونٌ - قَوانينُ # 법, 법규, 규정, 규칙

قانونُ التَّساوي في الحُقوقِ 평등법

قانونُ الحُقوقِ المَدَنِيَّةِ 민권법

أَقْنَعَ ، إِقْناعٌ (بِ) # IV 아무에게 (~을) 확신시키다

قَناةٌ - قَنَواتٌ # 운하

قَهَرَ ـَ ، قَهْرٌ # 억누르다

أَلْقاهِرَةُ 카이로

قَهْوَةٌ - قَهَواتٌ # 커피; 다방

مَقْهىً - مَقاهٍ 다방

قائِدٌ - قُوّادٌ ، قادَةٌ # 지도자, 사령관, 장수

قالَ ـُ، قَوْلٌ (لِ) # (~에게) 말하다

قالَ لِ 아무를 (~이라고) 부르다

مَقالَةٌ ، مَقالاتٌ 기사, 소론, 수필

قامَ ـُ ، قِيامٌ # 일어나다

قامَ بِ (~을) 행하다

قاوَمَ ، مُقاوَمَةٌ III 저항하다, 대항하다, 싸우다

أَقامَ ، إِقامَةٌ IV 거주하다; 세우다

قَوْمِيٌّ 민족적인, 민족주의의, 민족주의자

قَوْمِيَّةٌ 민족주의

قائِمٌ - ون 서 있는; 상임의; 존재하는

قائِمَةٌ - قَوائِمُ 목록, 명부

كَنيسَةُ القِيامَةِ 성묘 교회

قَوِيٌّ - أَقْوِياءُ # 힘있는, 강한

قَيْدٌ - قُيودٌ # 사슬, 족쇄; 구속, 속박

〈 ك 〉

كَ # ~와 같은, ~처럼

كَذا 그처럼, 그렇게

كَذا وَكَذا 이러이러한

كَذٰلِكَ 그렇게, 그처럼; 또한, 역시 (ذا 항도 보라)

كَما (+동사) ~한 것과 같이, ~도 또한, 역시

كَما أَنَّ (+명사, 대명사) ~한 것과 같이, ~도 또한, 역시

كُبَّةٌ # 쿱바(다진 고기 등으로 만든 음식)

كَبابٌ 카밥(잘게 썬 고기로 만든 음식)

كَبيرٌ - كِبارٌ # 큰; 나이 많은; 고위의

كِبارُ المُوَظَّفِينَ 고위 직원(공무원)

كَتَبَ ـُ ، كِتابَةٌ # 쓰다

كِتابٌ ـ كُتُبٌ 책

اَلْكِتابُ المُقَدَّسُ 성경, 성서

كاتِبٌ ـ كُتّابٌ 작가, 저술가; 서기

مَكْتَبٌ ـ مَكاتِبُ 사무실

مَكْتَبَةٌ ـ ات 도서관; 서점

كُتْلَةٌ ـ كُتَلٌ # 단체, 진영, 당파, 파벌

كَثِيرٌ ـ كِثارٌ # 많은

كَثِيرٌ مِنْ 많은 ~

كَثِيرًا 매우, 대단히; 자주

أَكْثَرُ (مِنْ) (~보다) 더 많은, 가장 많은 ;(+비한정 목적격 명사) 더~한 〈보기〉 أَكْثَرُ سَوادًا '더 검은'

كَذا ، لِذٰلِكَ # ذا 를 보라

كَرَّرَ ، تَكْرارٌ # 되풀이하다, 반복하다

كُرْسِيٌّ ـ كَراسٍ ، كَراسِيُّ # 의자

أَكْرَمَ ، إِكْرامٌ # IV 존경하다; 환대하다

كَرَمٌ 너그러운, 관대함

كَرِيمٌ ـ كُرَماءُ 너그러운, 관대한; 고귀한; 존경할만한

كَرِيمٌ 카림(남자 이름)

كَعْبُ بْنُ زُهَيْرٍ # 카압 이븐 주하이르(초기의 무슬림 시인)

كَفَّ ـِ ، كَفٌّ عَنْ # (~하기를) 그만 두다, 중지하다

كافَحَ ، مُكافَحَةٌ ، # III 싸우다, 투쟁하다, 전투하다

كِفاحٌ

مُكافِحٌ ـ ون 전사, 투사

كَفَّنَ ، تَكْفِينٌ # II 수의를 입히다, 싸다

كَفَى ـِ كِفايَةٌ ، # 넉넉하다, 충분하다

كَفَى ! 충분하다

اِكْتَفَى ، اِكْتِفاءٌ بِـ VIII ~으로 만족하다

كُلٌّ # 모든; 각각의; 온

اَلْكُلُّ 모든 것

كُلُّ ما فِي الأَمْرِ 전반적인 이야기는 ~이다

كُلُّ مَنْ ~하는 모든 이들

كُلُّ ما ~하는 모든 것

كُلِّيَّةٌ ـ ات 단과 대학, 학부

كُلِّيَّةُ الآدابِ 문과 대학

كِلا، كِلَيْ (كِلْتا، كِلْتَيْ) # 둘의, 양쪽의

كلاسيكِيٌّ # 고전의

تَكْلِيفٌ ـ تَكالِيفُ # 비용

تَكَلَّمَ، تَكَلُّمٌ / كَلامٌ # V 이야기하다, 말하다, (언어를) 사용하다

كَلِمَةٌ ـ ات 단어

كَلامٌ 말(하기), 대화, 담화

كَمْ # 얼마?(+비한정 단수 목적격) 얼마나 (많이)? (서술문에서) 얼마나!

كَمْ وَلَدًا 몇 명의 아이들?

كَمْ عُمْرُهُ ؟ 그의 나이는 얼마인가?

كَمْ سُرِرْنا بِهِ 그것으로 우리가 [illegible] 거웠던가!

أَكْمَلَ ، إِكْمَالٌ # Ⅳ 끝내다, 이루다, 완성하다

كَانُونُ الأَوَّلُ # 12월(시리아·레바논·요르단·이락)

كَنِيسَةٌ ـ كَنَائِسُ # 교회

كَنِيسَةُ القِيَامَةِ 성묘 교회

كُورِيَا 한국

كُورِيّ 한국의 ; 한국인

أَلْكُوَيْتُ # 쿠웨이트

كَادَ ـَ # (+직설법, أَنْ +접속법) 거의 ~하다, ~할 뻔하다

أَلْكُوفَةُ # 쿠파(이락의 도시)

كَوْكَبٌ ـ كَوَاكِبُ # 별

كَانَ ـُ ، كَوْنٌ # ~이다, 있다

كَوْنٌ ـ أَكْوَانٌ 존재, 실재; 우주; 세계

مَكَانٌ ـ أَمَاكِنُ ، أَمْكِنَةٌ 장소, 위치

مَكَانَ ~의 대신에

لَوْ كُنْتُ مَكَانَكَ 내가 너라면

مَكَانَةٌ ـ ات 위치, 지위; 위신

كَيْ ، لِكَيْ # ل 를 보라

كَيْلَا ، لِكَيْلَا ل 를 보라

كَيْفَ # 어떻게?

كَيْفَ الْحَالُ 어떻게 지내십니까? 안녕하십니까?

〈 ل 〉

لَـ # (강조사) 참으로, 정말로(لَوْ 도 보라)

لِ # (전치사) ~을 위하여; ~에 속한, ~의(소유); ~에게 (접속사); ~하기 위하여 (+단축법); ~하게 하다 (간접 명령)

صَدِيقٌ لِي 나의 한 친구

لِذٰلِكَ 그래서, 그 때문에

يَا لَهُ مِنْ ... 그는 얼마나 ~한가!

لِأَنَّ (접속사) 왜냐하면

لِكَيْ ، كَيْ ، لِأَنْ (+접속법) ~하기 위하여

لِكَيْلَا ، كَيْلَا، لِئَلَّا (+접속법) ~하지 않도록

لِمَاذَا 왜?

لَا # 아니오; ~않다

لَا شَكَّ 의심이 없다

لٰكِنْ ، لٰكِنَّ # 그러나, 하지만

لُبْنَانُ # (남성) 레바논

لَدَى # ~에(장소·시간); ~의 앞에서; (+동명사) ~하자마자; ~에 속한, ~의(소유)

أَلَّذِي # الذي 를 보라

لَعَلَّ # عَلَّ 를 보라

لُغَةٌ ـ ات # 언어

لُغَوِيٌّ ـ ون (니스바) 언어의, 언어학의; 언어학자, 문법학자

أَلْعُلُومُ اللُّغَوِيَّةُ 언어학

أَلْغَى ، إِلْغَاءٌ # Ⅳ 무효로 하다; 취소하다

لَقَّبَ ، تَلْقِيبٌ بِـ # Ⅱ (아무에게) ~으로 별명을 부르다

لَقِيَ ـَ ، لِقَاءٌ # 만나다, 마주치다; 찾아내다

أَلْقَى ، إِلْقَاءٌ Ⅳ 던지다; (연설·강의를) 하다

اِلْتَقَى ، اِلْتِقَاءٌ (بِـ) Ⅷ (~와) 만나다, 마주치다

لِقَاءٌ 만남, 마주침

إِلَى اللِّقَاءِ 또 만나자, "만날 때까지" (떠나거나 머무르는 사람에게)

لَمْ # (+단축법) ~하지 않았다

لَمْ .. بَعْدُ 아직 ~ 않았다

لَمْ .. حَتَّى ~하자마자 곧~

لَمَّا # ~할 때

لَمَحَ ـَ ، لَمْحٌ # (힐끗) 보다

بِلَمْحِ الطَّرْفِ 눈 깜짝할 사이에, 곧

لَنْ # (+접속법) ~하지 않을 것이다

لَنْدَنُ # 런던

لَهْجَةٌ ـ لَهَجَاتٌ # 사투리, 방언

لَهْوٌ # 즐거움, 쾌락

لَوْ .. لَـ # 만일 ~한다면; (+직설법) ~하기만 하면

لَوْ أَنَّ .. لَـ 만일 ~한다면; ~하기만 하면

وَلَوْ 비록 ~일지라도

لَوْحٌ ـ أَلْوَاحٌ # (칠)판

لَوْحَةٌ ـ ات 널판지; 도표

لَوْنٌ ـ أَلْوَانٌ # 색

ليبيا # 리비아

لَيْسَ # ~이 아니다, 없다.

لَيْلٌ # (집합) 밤(낮의 반대)

لَيْلَةٌ ـ ات ، لَيَالٍ ، لَيَائِلُ (개체) 밤; 저녁

〈 م 〉

ما # (의문 대명사) 무엇? (전치사의 목적어로는 مَ 로 씀)

كُلُّ ما ~하는 모든 것

ماذا (동사의 목적어 또는 주어) 무엇?

لِماذا ، لِمَ 왜?

ما (أَعْجَبَ) ~은 얼마나 (이상)한가!

ما (관계 대명사) ~하는 것(들)

ما .. مِنْ ~중에서 ~하는 것(들)

مِمَّا (=مِنْ + ما) ~하는 것에서

ما (부정) ~않다

ماجِسْتير # 석사 학위

مِئَةٌ / مائَةٌ # (일) 백, 100

مِئاتٌ مِنْ　수 백의

مَتى # 언제?; ~할 때(마다)

مَثَّلَ ، تَمْثِيلٌ # Ⅱ 대표하다

مِثْلٌ　(+소유격) ~와 같은 사람 (것)

مِثْلَ　(전치사) ~와 같은, ~와 비슷한

مَثَلاً　예를 들면

مُمَثِّلٌ — ون　대표자

أَلْفَنُّ التَّمْثِيلِيُّ　연극

تَمْثِيلِيَّةٌ　희곡

إِمْتِحانٌ — ات # 시험

مِخائيل نُعَيْمَة # 미하일 누아이마(현대의 레바논 작가)

مُدَّةٌ — مُدَدٌ # 기간

مَدَحَ — ، مَدْحٌ # 칭찬하다

مَدِينَةٌ — مُدُنٌ ، مَدائِنُ # 도시

أَلْمَدِينَةُ　메디나(예언자의 도시)

مَدَنِيٌّ　(니스바) 도시의, 도시 거주의, 문명화한; 도시인

أَلْحُقوقُ الْمَدَنِيَّةُ　민권

مَرَّ — ُ ، مُرورٌ # 지나가다

مَرَّ بِـ ، عَلى　~을 들르다, 경과하다

إِسْتَمَرَّ ، إِسْتِمْرارٌ (في)　X 계속하다; (~을) 지속하다; (+직설법) 계속 ~하다

مَرَّةٌ — ات　(한) 번

إِمْرُؤُ الْقَيْسِ # 임루 알카이스(이슬람 이전의 시인)

إِمْرَأَةٌ — نِساءٌ ، نِسْوَةٌ　(관사+: أَلْمَرْأَةُ) 여자, 여성

نِسائِيٌّ　(نِساءٌ 의 니스바) 여성의, 여자의

مَرْيَمُ # 마르얌, 미리암, 마리아(여자 이름)

(أَلسَّيِّدُ) أَلْمَسيحُ # 그리스도(님)

أَلْمَسيحِيَّةُ　기독교

مَسيحِيٌّ — ون　(니스바) 기독교의; 기독교인

أَمْسَكَ ، إِمْساكٌ # Ⅳ 잡다, 쥐다

مَساءٌ — أَمْساءٌ ، أُمْسِياتٌ # 저녁

مَساءُ الْخَيْرِ　안녕하세요?(저녁 인사)

مَساءً　저녁에

مِصْرُ # 이집트

مَضى — ِ ، مُضِيٌّ # (시간이) 지나다, 경과하다

ماضٍ — ماضونَ　지나간, 가버린; 지난, 요전의

مَعَ # ~와 함께; ~에도 불구하고

مَعَ ذٰلِكَ　그럼에도 불구하고, 아직도

مَعَ أَنَّ　~임에도 불구하고

مَعاً　함께; 동시에; 같이

مَكَّةُ # 멕카

أَلْمَكْسِيكُ # (남성) 멕시코

تَمَكَّنَ ، تَمَكُّنٌ مِنْ # V ~을 할 수 있다

مَكَانٌ كون 을 보라

تَمَالَكَ نَفْسَهُ ، تَمَالُكٌ # VI 자신을 억제하다, 자제하다

مِلْكٌ – أَمْلَاكٌ 재산, 소유물

مَلِكٌ – مُلُوكٌ 왕

أَلْمَلِكُ الضِّلِّيلُ 방랑왕(أَمْرُؤُ الْقَيْسِ : 이슬람 이전의 시인)

مَلَكِيٌّ (니스바) 왕의, 왕립의 ; 왕당파

مَلِكَةٌ – ات 여왕

مَلَاكٌ – مَلَائِكَةٌ 천사

مَمْلَكَةٌ – مَمَالِكُ 왕국, 군주국

مَمْلُوكٌ – مَمَالِيكُ 맘룩

مَنْ # (의문 대명사) 누구?; (비한정 관계대명사) ~하는 이(들)

مَنْ ... مِنْ ~ 중에서 ~하는 모든 이(들)

كُلُّ مَنْ ~하는 모든 이(들)

مِنْ # ~에서부터, ~중에, ~의 ; ~ 중의 하나(일부);~때문에, 즉 ~와 같이;(비한정 우선급+~보다)

مِمَّا ، مِمَّ (مِنْ – مَا) ما 를 보라

مَا .. مِنْ ما 를 보라

مِنْ عِنْدِهِ ~ 자신의 것에서; 즉석에서

مِنْ عِنْدِ ~의 곳(집·사무실 등)에서부터

مِنْ قَبْلُ 이전에, 미리, 일찌기

يَا لَهُ مِنْ 그는 얼마나 ~한가!

مَنَحَ َ ، مَنْحٌ # (아무에게)(무엇을) 수여하다

مُنْذُ # (전치사) ~아래, ~전에; (접속사) ~하는 이래로

مَنَعَ َ ، مَنْعٌ (مِنْ، عَنْ) # (아무에게)(무엇을) 금(지)하다

مَهْدٌ – مُهُودٌ # 요람

تَمْهِيدِيٌّ 예비의, 준비의

مَهْرٌ – مُهُورٌ # 지참금

مَاتَ ُ ، مَوْتٌ # 죽다

موريتانيا # 모리타니

مَالٌ – أَمْوَالٌ # 돈, 부, 재산

مَاءٌ – مِيَاهٌ # 물

مَيّ زِيَادَةُ # 마이 지야다(현대의 레바논·이집트 여류 작가)

مَيْدَانٌ – مَيَادِينُ # 영역, 분야;(활동) 범위; 광장

اِمْتَازَ ، اِمْتِيَازٌ بِـ # VIII ~로 구별되다, 두드러지다

تَمْيِيزٌ 구별;(아랍어 문법에서의)구별의 목적격, 탐이즈

اِمْتِيَازٌ 탁월; 구별, 특성

مِيمٌ # (여성) م 의 이름

〈 ن 〉

نَاسٌ ، أُنَاسٌ # أنس 을 보라

اِسْتَنْبَطَ ، اِسْتِنْبَاطٌ # 발굴하다, 발견하다; 끌어내다, 뽑아내다, 발췌하다

أَنْبَاطٌ 나바트인들

نَبِيٌّ ـ أَنْبِيَاءُ # 예언자

نَبَوِيٌّ (니스바) 예언자의; 예언자 무함맛의

أَنْتَجَ ، إِنْتَاجٌ # Ⅳ 생산하다, 산출하다

نَتِيجَةٌ ـ نَتَائِجُ 결과

نَتِيجَةً لِـ ~의 결과로

إِنْتَاجٌ 생산, 산출; 작품

نَاتِجًا عَنْ ~으로부터 기인한

نَجِيبٌ مَحْفُوظٌ # 나지브 마흐푸즈(현재의 이집트 소설가)

نَجَحَ ـُ ، نَجَاحٌ (فِي) # (~에) 성공하다

أَلْمُنْجِدُ # 알문지드(사전 이름)

نَحْنُ # 우리

اِنْتَخَبَ ، اِنْتِخَابٌ # Ⅷ 선거하다

اِنْتِخَابٌ ـ ات 선거

مَنْدُوبٌ ـ ون # 대표, 사절, 대리(인), 의원

نَازِكُ الْمَلَائِكَةِ # 나직 알말라이카(현대의 이라크 여류 시인·비평가)

مُنَاسَبَةٌ ـ ات # 경우; 기회

نُسْخَةٌ ـ نُسَخٌ # 사본, 부, 권

نِسَاءٌ # 여성들(اِمْرَأَةٌ의 복수)

أَنْشَأَ ، إِنْشَاءٌ # Ⅳ 세우다, 설립하다, 창설하다, 창립하다

نَشَرَ ـُ ، نَشْرٌ # 공표하다; 출판하다, 발생하다

اِنْتَشَرَ ، اِنْتِشَارٌ Ⅷ 퍼지다, 확산되다, 흩어지다; 만연되다

نَشْرٌ 발표; 출판, 발행

نَشْرَةٌ ـ نَشَرَاتٌ 책자, 회람, 공보, 간행물

نَشَاطٌ ـ ات # 활력, 활동

أَنْصَتَ ، إِنْصَاتٌ (لِـ / إِلَى) # Ⅳ (~을) 듣다, (~에) 귀를 기울이다

نَصَرَ ـُ ، نَصْرٌ (عَلَى) # (아무를)(~에 대해) 돕다; 이기게 하다

اِنْتَصَرَ ، اِنْتِصَارٌ (عَلَى) Ⅷ (~에 대해) 이기다

نَصْرَانِيٌّ ـ نَصَارَى 기독교인

نِصْفٌ ـ أَنْصَافٌ # 반, 1/2

مِنْطَقَةٌ ـ مَنَاطِقُ # 지역, 구역

نَظَرَ ـُ ، نَظَرٌ (إِلَى) # (~을) 보다, 여기다, 간주하다

نَظَرَ فِي 연구하다, 검토하다

اِنْتَظَرَ ، اِنْتِظَارٌ Ⅷ 기다리다

نَظَرٌ ـ أَنْظَارٌ 바라봄, 응시; 의견; 이론

كَانَ فِي الْاِنْتِظَارِ 기다리고 있다

أَلنَّظَّامُ # 알낫잠(남자 이름)

نِظَامٌ ـ أَنْظِمَةٌ ، نُظُمٌ # 조직, 체계, 질서

مُنَظَّمَةٌ ـ ات 기구, 단체

نَعَمْ # 예

نِعْمَةٌ ـ ات ، نِعَمٌ 은총, 축복

نَفْسٌ ـ أَنْفُسٌ # (여성) 영혼; ~자신; (똑)같은 ~

نَفَعَ ـَ ، نَفْعٌ # 유익하다, 쓸모 있다

نَقْدٌ ـ نُقُودٌ # 돈, 현금

نُقْطَةٌ ـ نُقَطٌ # 방울

نَقَلَ ـُ ، نَقْلٌ # 나르다, 옮기다; 전달하다

اِنْتَقَلَ (إِلى) ، اِنْتِقَالٌ Ⅷ (~으로) 움직이다, 옮아가다, 이사하다, 전학가다

نَمُوذَجٌ (مِنْ) ـ نَمَاذِجُ # (~의) 양식, 유형, 모형, 견본, 본, 예

مَنْهَجٌ ـ مَنَاهِجُ # 차례표, 프로그램; (진행) 절차, 방법

مَنْهَجُ التَّعْلِيمِ 교육 과정, 교과정

سَارَ عَلَى مَنْهَجٍ 아무처럼 행동하다

نَهَرَ ـَ ، نَهْرٌ # 퇴짜놓다, 거절하다; 꾸짖다, 비난하다

نَهْرٌ ـ أَنْهَارٌ، أَنْهُرٌ 강

نَهْضَةٌ ـ ات # 부활, 재생; (부흥) 운동

نَهَقَ ـَ ، نَهْقٌ # (나귀가) 울다

أَنْهَى ، إِنْهَاءٌ # Ⅳ 끝내다, 완료하다

اِنْتَهَى (مِنْ) ، اِنْتِهَاءٌ Ⅷ (~으로) 끝나다, 완료되다

نِهَايَةٌ ـ ات 끝, 종결, 결말

أَلاِنْتِهَاءُ مِنْ ~의 마침, 끝냄

أَنْوَرُ السَّادَاتُ # 안와르 알사다트(이집트의 대통령)

تَنَاوَلَ ، تَنَاوُلٌ # 다루다; 먹다, 들다

نَوَالُ السَّعْدَاوِي 나왈 알사으다위(현대의 이집트 여류 수필가)

نَامَ ـَ ، نَوْمٌ # 자다, 잠들다; 잠자리에 들다

نِيسَانُ # 4월(시리아·레바논·요르단·이락)

أَلنِّيلُ # 나일 강

〈 هـ 〉

هَدَفٌ ـ أَهْدَافٌ # 과녁; 목표, 목적; 의향

هَدِيَّةٌ ـ هَدَايَا # 선물

هٰذَا ـ هٰذَانِ ، هٰذَيْنِ ـ هٰؤُلاءِ (هٰذِهِ ـ هَاتَانِ ، هَاتَيْنِ ـ هٰؤُلاءِ) # 이(사람·것), 그(사람·것)

أَلأَهْرَامُ # 알아흐람(이집트의 신문; 글자 뜻 그대로는 "피라밋들")

هَارُونُ الرَّشِيدُ # 하룬 알라시드(압바스 조의 칼리프)

هَلْ # (의문사)

أَلْهِلالُ # 알힐랄(이집트의 문예지; 글자 뜻 그대로는 "초승달"

هِلِّينِيٌّ # 그리스의

هُمْ # 그들(남성)

هَمَّ ـُ ، هَمٌّ # ~에 관심을 갖게 하다, 관계하다, 소중하다

اِهْتَمَّ ، اِهْتِمَامٌ Ⅷ ~에 흥미(가 있다)…하다

أَهَمِّيَّةٌ 중요(성)

اِهْتِمَامٌ – ات 관심, 흥미, 배려

هَامٌّ 흥미있는, 관심있는, 중요한 ; 중대한

هُنَّ # 그들(여성)

هُنَا # 여기

هُنَاكَ 저기; ~이 있다

هَنَّأَ ، تَهْنِئَةٌ (عَلَى ، بِـ) # Ⅱ (아무에게)(~에 대해) 축하하다

اَلْهِنْدُ # 인도

هِنْدِيٌّ – هُنُودٌ (니스바) 인도의; 인도인

هِنْدُ 힌드(여자 이름)

مُهَنْدِسٌ – ون # 기사

هُوَ # 그(남자)

هُودٌ ## 후드(꾸란의 한 장)

هَادَ – ـُ ، هَوْدٌ ## 유대교도가 되다, 유대인이 되다

هِيَ # 그(여자)

هَيْكَلٌ – هَيَاكِلُ # 사원

〈 و 〉

وَ # ~와, 그리고;(상태문에서) ~하면서;(+소유격) 맹세코

وَاللهِ 하나님께 맹세코, 꼭

وَإِنْ 비록 ~일지라도

وَلَوْ 비록 ~일지라도

بَلْ وَ 그래도, 그러나 또한

وَثِقَ يَثِقُ ، ثِقَةٌ (بِـ) # (~을) 믿다, 신뢰하다, 신임하다

مِيثَاقٌ – مَوَاثِيقُ 헌장

وَجَبَ يَجِبُ ، وُجُوبٌ (عَلَى) (أَنْ) # (아무가)(~하는 것이) 필요하다, ~해야 하다

وَاجِبٌ – ات (عَلَى) (아무의) 의무

وَجَدَ يَجِدُ ، وُجُودٌ # 발견하다; 깨닫다, 납득하다; (수동) 있다

مَوْجُودٌ 발견된; 있는, 존재하는

مُوجَزٌ # 요약

وَجْهٌ – وُجُوهٌ # 얼굴

وِجْهَةٌ – ات 목적; 의향

وَحَّدَ ، تَوْحِيدٌ # Ⅱ 통합하다, 통일하다

اِتَّحَدَ ، اِتِّحَادٌ Ⅷ 합일하다; 연합하다, 연맹하다

وَحْدَهُ 그 홀로, 그 혼자서

وَحْدَةٌ – ات 통합, 통일; 단위

وَاحِدٌ 하나, 1

اِتِّحَادٌ 연합, 연방

اَلْأُمَمُ الْمُتَّحِدَةُ 국제연합

اَلْوِلَايَاتُ الْمُتَّحِدَةُ (الْأَمْرِيكِيَّةُ) (미) 합중국

وَدَّ / وَدِدْتُ ، يَوَدُّ # 원하다, 바라다

وِدَادٌ 위다드(여자 이름)

وَدَاعًا # 잘 가거라, 잘 있거라, 안녕!

مَوْرِدٌ – مَوَارِدُ # 자원; 출전; 수입

وَرَقٌ – أَوْرَاقٌ # (집합) 종이

أَوْرَاقُ اعْتِمَادٍ 신임장

وَرَقَةٌ ـ ات (개체) 종이(한 장)

وَرَاءَ # ~의 뒤에

مِنْ وَرَاءِ 뒤에서(부터)

وَزِيرٌ ـ وُزَرَاءُ # 장관

وَزِيرُ الخَارِجِيَّةِ 외무장관, (미국의) 국무장관

رَئِيسُ الوُزَرَاءِ ، رَئِيسُ الوِزَارَةِ 국무총리, 수상

وِزَارَةٌ ـ ات 부, 성; 내각

وِزَارَةُ الخَارِجِيَّةِ 외무부;(미국의) 국무성

وَسْطَ # ~의 가운데에

أَوْسَطُ (وُسْطَى) 가운데의, 중앙의, 중심의

أَلشَّرْقُ الأَوْسَطُ 중동

أَلقُرُونُ الوُسْطَى 중세

أَلبَحْرُ الأَبْيَضُ المُتَوَسِّطُ 지중해

وَسِعَ يَسَعُ ، سَعَةٌ # (~할만큼) 넓다

وَاسِعٌ 넓은, 널찍한, 광범위한

وَصَفَ يَصِفُ ، وَصْفٌ (بِأَنَّهُ) # ~을 (~하다고) 묘사하다, 서술하다

صِفَةٌ ـ ات 특질, 특성

وَصَلَ يَصِلُ ، وُصُولٌ # 도착하다; (+목적어 대명사) ~에게 전해지다, (편지 등이) ~에게 오다

اِتَّصَلَ ، اِتِّصَالٌ (بِـ) VIII (~와) 연결하다, 접촉하다, 연락하다; (~와) 관계가 있다

وَصْلَةٌ 연결, 접속; 와슬라(아랍어 문법에서 ا 가 모음이 없음을 나타내는 기호)

وَاصِلُ بْنُ عَطَاءٍ 와실 이븐 아타

أَوْصَى ، إِيصَاءٌ بِـ # IV (~을) 충고하다, 명하다, 부과하다

تَوْصِيَةٌ 조언, 충고

وَضَحَ يَضِحُ ، وُضُوحٌ # 뚜렷하다, 명백하다, 분명하다; 나타나다, 드러나다

وَاضِحٌ 뚜렷한, 명백한, 분명한, 확실한

وَضَعَ يَضَعُ ، وَضْعٌ # 두다, 놓다; (서류를) 작성하다

وَضْعٌ ـ أَوْضَاعٌ 상황, 상태

مَوْضُوعٌ ـ مَوَاضِيعُ 과목, 주제

تَوْطِيدٌ # 강화, 확고

وَطَنِيٌّ # 국가의, 조국의, 국립의, 애국의; 애국자

وَظِيفَةٌ ـ وَظَائِفُ # 일, 직업, 직(책); 직능, 직무

مُوَظَّفٌ ـ ون 고용인; 직원, 사원; 공무원

وَعَدَ يَعِدُ ، وَعْدٌ (بِـ) # 아무와 (~을) 약속하다

مَوْعِدٌ ـ مَوَاعِدُ ، مَوَاعِيدُ 약속 (시간)(مِيعَادٌ 의 복수 مَوَاعِيدُ 는 보통 مَوْعِدٌ 의 복수로 쓰임)

وَفَّرَ ، تَوْفِيرٌ (لِـ) # II (아무에게) ~을 충분히 주다, 풍부히 하다

تَوَفَّرَ ، تَوَفُّرٌ　V 풍부하다, 충분히 주어지다

وَفَّقَ #　II 아무를 성공하게 하다

أَللّٰهُ يُوَفِّقُكَ　하나님께서 당신을 성공하게 하신다

اِتَّفَقَ ، اِتِّفَاقٌ (عَلَى)　VIII (~에) 동의하다, 일치하다

تَوْفِيقٌ (بَيْنَ)　(~사이의) 일치, 조화, 화해

تَوْفِيقُ الْحَكِيمِ　타우픽 알하킴(현대의 이집트 극작가)

مِنَ الْمُتَّفَقِ عَلَيْهِ (أَنْ)　~은 일치(통의)되는 바이다, ~은 일치된다

وَفَّى ، تَوْفِيَةٌ #　II 아무에게 충분한 몫(할당)을 주다

وَفَاةٌ　죽음, 사망

وَقْتَئِذٍ #　그 때에

وَقْتٌ - أَوْقَاتٌ　시간

وَقَعَ يَقَعُ ، وُقُوعٌ #　놓여 있다, 위치하다; 떨어지다; 일어나다, 생기다

وَاقِعٌ　놓여 있는, 위치해 있는

وَقَفَ يَقِفُ ، وُقُوفٌ #　서다, 멈추다; (일어)서다

مَوْقِفٌ - مَوَاقِفُ (مِنْ)　(~에 대한) 태도, 입장, 처지

وَلَدَ يَلِدُ ، وِلَادَةٌ #　낳다

وُلِدَ، يُولَدُ ، وِلَادَةٌ　(수동) 태어나다

وَلَدٌ - أَوْلَادٌ　새끼, 아이, 자식; 소년; 아들

وِلَادَةٌ　탄생, 분만

مِيلَادٌ　탄생; 생일

قَبْلَ الْمِيلَادِ　기원 전, "(그리스도의) 탄생 전에"

مِيلَادِيٌّ　(니스바) 기원의, 서기의

وَالِدٌ　아버지

وَالِدَانِ　(주격) 어버이, 부모

وِلَايَةٌ - اتٌ #　주, 도, 성

أَلْوِلَايَاتُ الْمُتَّحِدَةُ الْأَمْرِيكِيَّةُ　미합중국, 미국

وَهَبَ يَهَبُ هِبَةٌ وَهْبٌ #　(아무에게)(~을) 주다, 증여하다, 수여하다

هِبَةٌ - اتٌ　선물

〈 ي 〉

يَا #　(호격사) ~아, ~여

يَا لَهُ مِنْ　그는 얼마나 ~한가!

يَتِيمٌ - أَيْتَامٌ #　고아

يَدٌ - أَيَادٍ #　(여성) 손

بِيَدِ　~의 수중에

يَدَوِيٌّ　(니스바) 손의, 수공의

أَلْجُمْهُورِيَّةُ الْعَرَبِيَّةُ الْيَمَنِيَّةُ #　예멘 아랍 공화국

يَمِينٌ - أَيْمُنٌ ، أَيْمَانٌ　(여성) 맹세

بَرِئَ مِنْ يَمِينِهِ　아무의 맹세에서 풀리다

يَهُودِيٌّ - يَهُودٌ #　유대인

أَلْيَهُودِيَّةُ　유대교

يَوْمٌ - أَيَّامٌ #　날, 일

أَلْيَوْمَ　오늘

أَلْيَوْمُ الْآخِرُ　최후의 심판일

يوم

بَعْدَ أَيَّامٍ 며칠 후에

يَوْمِيٌّ (니스바) 나날의, 일상의

يَوْمَئِذٍ 그 날에

■ 편저자 약력

• 이 두 선

한국외국어대학교 아랍어과 졸업
한국외국어대학교 대학원 중동지역학과 졸업
튀니지대학교 대학원 아랍어과 졸업(아랍어 석사)
현, 한국외국어대학교 아랍어과 교수

• 이 규 철

한국외국어대학교 아랍어과 졸업
동 대학원 아랍어과 졸업(문학 석사)
한국외국어대학교 및 육군사관학교 강사 역임
한국외국어 대학교 대학원 강사 역임
현, 부산 외국어대학교 아랍어과 교수
논문 : 『아랍어 문어체와 구어체의 음운론적 연구』(박사 학위 논문) 외 다수
저서 : 『종합아랍어』 제1권·제2권(공편저)

종합 아랍어 제 2권 증보판　　　　값 22,000원

초판발행 1998년 3월 1일
4쇄 발행 2011년 5월 6일
편 저 자 이두선, 이규철
발 행 인 윤우상
발 행 처 송산출판사
주 　소 서울시 서대문구 홍제 2동 104-6번지
전 　화 (02) 735-6189
팩 　스 (02) 737-2260
홈페이지 http://www.songsanpub.co.kr
등록일자 1976년 2월 2일. 제 9-40호

ISBN 978-89-7780-167-7 13790